U1002856

国家社科基金重点项目“任继愈哲学文献整理与研究”成果

任继愈哲学文丛

宗教学与无神论编

李 申 主编

REN JIYU ZHEXUE WENCONG
ZONGJIAOXUE YU WUSHENLUN BIAN

GUANGXI NORMAL UNIVERSITY PRESS
广西师范大学出版社
·桂林·

图书在版编目（CIP）数据

宗教学与无神论编 / 李申主编. --桂林 ：广西师范大学出版社，2021.11

（任继愈哲学文丛）

ISBN 978-7-5598-4078-3

Ⅰ. ①宗… Ⅱ. ①李… Ⅲ. ①宗教学—文集②无神论—文集 Ⅳ. ①B920-53②B91-53

中国版本图书馆 CIP 数据核字（2021）第 164284 号

广西师范大学出版社发行

（广西桂林市五里店路 9 号 邮政编码：541004
网址：http://www.bbtpress.com）

出版人：黄轩庄

全国新华书店经销

三河市三佳印刷装订有限公司印刷

（河北省三河市杨庄镇杨庄村 邮政编码：065200）

开本：880 mm × 1 240 mm 1/32

印张：14.75 字数：345 千

2021 年 11 月第 1 版 2021 年 11 月第 1 次印刷

定价：78.00 元

如发现印装质量问题，影响阅读，请与出版社发行部门联系调换。

《任继愈哲学文丛》编委会

主　　编：李　申

副 主 编：习五一　吕建福

编　　委（按姓氏笔画排列）：

习五一　王江武　王泽春　王　鹏　宁艳红　吕建福

朱俊艺　李　申　张二远　周　贇　庞　旭　胡朝阳

侯艳芳　韩　琪　蒲创国

本册主编：习五一

副 主 编：韩　琪

《任继愈哲学文丛》出版说明

这套《任继愈哲学文丛》（以下简称“《文丛》”）收集了任继愈先生全部哲学论著。《文丛》编委会诸位编委分工负责，补充了已经出版的文集或单行本未收录的论著，认真校勘了文字，根据其内容编入对应分册。

依据内容，《文丛》分为《中国哲学总论编》、《天人之际编》、《儒家与儒教哲学编》、《道家与道教哲学编》、《诸子哲学编》、《佛教哲学编》（上、下）、《宗教学与无神论编》7种，共8册。

收入《文丛》的著作基本上保留原名，个别著作的名称适当地做了一些调整，其原名在脚注中予以说明。

收入《文丛》的著作一般采用作者亲自校阅订正的最后版本进行校勘工作，对文中出现的错字、别字、漏字，以及引文中的误植、标点符号错误等问题，均按出版规范做了订正。

《文丛》所收著作，编者于每篇篇名后增加一条注释并用“*”注明，在脚注中介绍该篇著作的出版或发表情况。

《文丛》中一些引文的方式和引文出处等与现在都有或多或少的差异，此次整理和编辑时，参照文物保护“修旧如旧”的原则，一仍其旧，一般不做变动。

限于编者的水平，整理、编辑和校勘过程中可能有一些疏漏和错误的地方，诚望读者批评指正。

《任继愈哲学文丛》编委会

2021年5月6日

目 录

宗教学研究

科学无神论研究

宗教学研究

为发展马克思主义的宗教学而奋斗*

一

宗教学是社会上层建筑的一个重要部门，它渗透到人们的社会生活的各个方面。

马克思主义诞生前，人类对社会历史领域的一切研究，其指导思想是唯心史观。过去关于宗教的研究，包括历史上的无神论，都不可能是真正科学的。马克思主义的奠基人用辩证唯物主义和历史唯物主义的科学世界观对宗教问题进行了大量的研究，总结了前人关于宗教研究的成果，批判地继承了历史上各种无神论的遗产，奠定了马克思主义宗教学的基础，从此宗教学成为一门科学。马克思主义宗教学是马克思主义整个科学体系的一个重要方面。

马克思主义宗教学是在辩证唯物主义与历史唯物主义指导下，研究各种宗教的产生、发展及其走向消亡的规律的科学。宗教学既要研究各种宗教的历史、现状、教派、教义、经典以及宗教在社会

* 原载《哲学研究》1979年第4期。

历史上的作用，也要研究科学无神论、马克思主义宗教学原理、无产阶级对待宗教的政策等方面。

马克思主义诞生之前的旧唯物主义的无神论者，在自然观上是机械唯物论和形而上学，在社会历史观上则是唯心论，他们对宗教不可能做出真正科学的说明，他们的无神论总是不彻底的。人类进入资本主义社会，有了近代科学作为支柱的旧唯物主义无神论，其成就尚不过如此，由此上溯到封建社会、奴隶制社会，由于生产规模狭小和科学水平低下，那时的无神论当然更不足以降伏神通广大的宗教神学。只有马克思主义宗教学应用辩证唯物主义和历史唯物主义的科学世界观来分析和研究宗教问题，才是最彻底、最科学的无神论。

马克思主义宗教学在无神论问题上的彻底性，并不在于它主张科学无神论的坚决性，而是在于它科学地揭示了宗教的本质及其发生、发展和走向消亡的客观规律，论证了宗教这一社会现象历史地产生和消亡的必然性。与此相比较，其他一切宗教学说，或者由于阶级的偏见而拒绝承认这种客观规律的存在，或者由于世界观的局限而不能认识这种客观存在的规律，因而，它们都不是科学的宗教学，只有马克思主义的宗教学才是真正的科学。

马克思主义宗教学的内容是非常丰富的。它既要揭示宗教发生、发展和走向消亡的规律，就必须具体研究各种宗教产生的根源和发展的历史；它既要说明宗教的本质及其在社会历史中的作用，就必须具体研究各种宗教的历史、教义、教派、经典、理论及其社会意义，具体研究宗教与社会上的阶级斗争和其他意识形态（哲学、伦理、法律、文化、艺术、科学）的关系。就是说，马克思主义宗教学除了对一切宗教的共同本质和发展的共同规律进行一般的研究，还要对各种不同的宗教的特殊规律进行具体的研究。因此，原始宗教、佛教、道教、基督教、伊斯兰教，宗教心理、宗教艺术等方面，都应该是马克思主义宗教学研究的组成部分。

马克思主义宗教学的内容不仅包括各种具体宗教的研究，而且还包括与宗教神学相对立的无神论的研究。马克思主义宗教学本质上是一种科学无神论，它是在批判性地总结和继承历史上的无神论的优秀成果的基础上发展起来的。如果我们不研究中外无神论的理论和历史，就不能深入地把握马克思主义宗教学和科学无神论的内容。

此外，马克思主义宗教学的内容还应包括宗教与历史、宗教与民族、宗教与政治、宗教与哲学、宗教与道德伦理、宗教与文学艺术、宗教与科学等问题的研究，因为宗教在社会历史上的实际作用主要就体现在这些领域之中，而正是这些实际作用具体体现了宗教的本质与特性。

二

马克思主义宗教学在我国是一门发展较晚、基础较薄弱的学科。研究人员很少，大学里至今没有设立专门系科来培养这方面的人才，用马克思主义的科学世界观来研究宗教问题的著作和文章为数不多。这种落后的状况，就使得社会上有不少人对这门科学的性质和意义缺乏了解。有人问：“现在是搞‘四个现代化’，研究宗教学干什么？”为了使宗教学得到应有的发展，就必须向社会做必要的宣传，说清楚研究宗教学的意义。在当前条件下，特别要说清楚它在我国实现新时期的总任务、实现“四个现代化”的伟大事业中的重要作用。

就我个人粗浅的认识，研究宗教学的意义和作用，似乎可以归纳为以下四个方面：

（一）批判信仰主义和蒙昧主义，为实现社会主义现代化扫除障碍

华国锋同志在五届人大的政府工作报告中，提出了新时期的总任务，规划了在20世纪内把我国建设成为现代化的社会主义强国的宏伟蓝图，对各项事业都提出了明确的奋斗目标，其中提到要“积极开展……宗教学”的研究。这表明以华国锋同志为首的党中央关怀、重视宗教在社会生活中的地位和作用。我们从事宗教学研究的同志，热切希望在实现“四个现代化”的伟大事业中贡献力量。我们可以通过批判神学、破除迷信，扫除新长征路上的某些障碍。

近代中外历史表明，任何一次推动现代化的社会革命和社会变革，总是高举科学与民主两大旗帜。而批判神学、破除迷信，打破各种形式的蒙昧主义、专制主义的束缚，则是它必不可少的重要内容。历史上批判宗教神学和信仰主义的思想斗争，常常是变革旧制度的政治革命的先导。在中国近代，不少先进的人士都曾进行过批判宗教迷信的启蒙宣传，为资产阶级民主革命做舆论准备。

从欧洲文艺复兴时期以来，新兴资产阶级在进行反对封建制度的革命时，他们的先进思想家长时期地进行了反对中世纪神学和信仰主义的启蒙宣传，并与基督教教会做了激烈的斗争。15至16世纪，西欧资本主义刚刚兴起，资产阶级为了论证追求资本主义利润的合理性，他们的思想家开展了以批判中世纪的宗教禁欲主义为中心的人文主义运动。这个思想运动从意大利波及全欧，为资本主义的发展起了开辟道路、扫除障碍的作用。17世纪，尼德兰资产阶级在欧洲取得了第一次资产阶级革命的胜利。当时为争取革命的胜利和巩固革命的成果，便出现了以斯宾诺莎为代表的唯物主义无神论思潮，对基督教和犹太教神学进行了批判。17世纪英国资产阶级革命过程中，英国出现了自然神论思潮，这个思潮用理性和科学来改造和对抗传统的宗教神学，反对神学宣扬万能“上帝”凭其自由意志左右自然事物和社会生活，通过这种批判来反对君主专制制度，为英国资产阶级在1688年政变后建立的君主立宪制度奠定了思想基础。18世纪，法国的唯物主义和无神论反对信仰主义、蒙昧主义的斗争，更是直接为法国资产阶级政治大革命鸣锣开道的一场深刻而广泛的思想革命。这场思想革命的中心内容则是宣扬科学反对神学，提倡理性、反对迷信，主张人权、反对神权，其政治目的则是用资产阶级民主制度取代封建君主的专制主义和神权统治。19世纪，德国资产阶级也在反对封建专制制度的同时，掀起了具有德国特点的批判宗教神学的思想运动。康德哲学和黑格尔哲学与当时的德国资产阶级一样，都具有明显的两面性。在对待宗教神学的态度上，既有保守的一面，也有进步的一面。康德用不可知论的形式，从理性的王国中否定了“上帝”的地位和神学的权威；黑格尔则用“绝对观念”这种纯粹理性的实体来改造基督教神学中“三位一体”的“上帝”。最后，费尔巴哈彻底否定了康德的不可知论和黑格尔的绝对唯心论，干脆宣布“上帝”不过是人的本质的虚幻的映像，建立了人本主义的唯物主义。19世纪的德国资产阶级思想家对宗教神学的批判为1848年的德国革命做了一定的思想准备。

总之，欧洲各国资产阶级革命的历史事实清楚地证明，各国的资产阶级革命几乎都是通过对传统的宗教神学的批判，通过无神论的宣传，通过提倡科学与民主的启蒙教育来清除前进道路上的障碍，为革命的胜利创造条件的。西方资产阶级的先进思想家们为此进行了长期的、艰苦的斗争，不少人甚至为此付出了生命。西欧资产阶级反封建制度的民主革命进行得比较彻底，资产阶级民主制度得到了比较高度的发展，残留的封建专制主义和神权政治的影响比较少。今天，西方世界的科学技术之所以发展得比较快，当然有各种原因。但是，我们应该承认，资本主义上升时期的先进思想家们所进行的启蒙宣传，他们对传统的宗教神学和神权政治的批判，也是一个非常重要的因素。当然，我们也要看到，西方资产阶级在变成社会的统治阶级以后，转而利用宗教来维护自己的统治权。但是，人类历史总是向前进的，谁也不能使历史退回到中世纪封建神权的专制统治时代，谁也不可能重新把科学和哲学变成神学的婢女。

马克思主义的产生和发展，也是和反对宗教神学的斗争分不开的。马克思、恩格斯是在费尔巴哈批判宗教神学的影响下，从青年黑格尔左派转变为唯物主义者的。恩格斯是这样来说明费尔巴哈对他与马克思的影响的："这时，费尔巴哈的《基督教的本质》出版了。它一下子就消除了这个矛盾，它直截了当地使唯物主义重新登上王座。自然界是不依赖于任何哲学而存在的；它是我们人类即自然界的产物本身赖以生长的基础；在自然界和人以外，不存在任何东西，我们的宗教幻想所创造出来的最高存在物只是我们所固有的本质的虚幻反映。魔法被解除了；'体系'被炸开了，而且被抛在一旁，矛盾既然仅仅是存在于想象之中，也就解决了——这部书的解放作用，只有亲身体验过的人才能想象得到。那时大家都很兴奋：我们一时都成为费尔巴哈派了。马克思曾经怎样热烈地欢迎这种新观点，而这种新观点又是如何强烈地影响了他（尽管还有批判性的保留意见），这可以从《神圣家族》中看出来。”[①]

马克思、恩格斯从费尔巴哈那里继续前进，由对宗教的批判进一步发展到对政治的批判。由对神的批判进一步发展到对法的批判，得出了无产阶级革命的结论，对国际工人运动起了推动作用。

列宁在1905年俄国民主革命失败以后，针对当时革命队伍中出现的悲观失望情绪、“寻神说”、“造神说”等反动思潮以及其他形式的信仰主义和僧侣主义，写出了《唯物主义和经验批判主义》等著作，用辩证唯物主义的科学世界观武装了布尔什维克党。

毛泽东同志在我国新民主主义革命时期，十分重视对人民群众进行无神论的启蒙教育，启发人民群众打碎封建神权的政治枷锁和宗教迷信的精神束缚。

无产阶级的伟大导师们在领导无产阶级推翻资本主义的革命斗争中，写了一系列关于宗教问题的专门著述。他们用辩证唯物主义和历史唯物主义的科学世界观，阐述了宗教的本质及其在社会历史上的作用，揭示了宗教存在的根源及其发生、发展和走向消亡的客观规律，全面批判了宗教神学和各种形式的信仰主义，奠定了马克思主义宗教学和科学无神论的基础，制定了无产阶级政党对待宗教问题的路线和政策。

---

① 《路德维希·费尔巴哈和德国古典哲学的终结》,《马克思恩格斯选集》第四卷，人民出版社，1972年5月版，第218页。

一百多年来，马克思主义对宗教神学的批判和对无神论的科学理论的宣传，教育了广大的无产阶级和人民群众，使许多人从宗教迷雾中清醒过来。他们在革命导师的指引下，摘去了“装饰在锁链上的那些虚幻的花朵”，砸碎反动统治阶级套在自己脖子上的锁链，“伸手摘取真实的花朵”[①]。他们抛弃了对于虚幻天堂的幻想，为在现实人间建立真正的天堂——实现社会主义和共产主义而斗争。

历史告诉人们，批判宗教神学和信仰主义以及尊重理性、提倡科学的启蒙教育，在革命斗争中，对进步的阶级和进步势力都是必不可少的课题。它不仅为新兴资产阶级的反对封建主义斗争以及其他进步势力反对保守势力的斗争做了必要的思想准备，而且对于在马克思主义指导下的无产阶级革命的胜利也是必不可少的思想条件。

现在的问题是在我国当前实现社会主义现代化的进程中，我们宗教学研究应当起什么作用？

实现“四个现代化”并不是一项单纯的经济建设任务，而是性质极为深刻、内容非常广泛的一次社会革命。它不仅要改变我国的整个经济面貌，而且也必然要改变我们的精神生活和上层建筑各个领域的面貌。

从我国三十年来进行社会主义革命的历史实践，特别是从1974年周恩来总理在四届人大的报告中提出“四个现代化”以来的历史实践，我们看到，要在我国建成一个现代化的社会主义国家，不会是一帆风顺的。不仅会受到敌人反对，而且也还会遇到来自人民内部的各种各样的保守势力方面的阻力。其中，宗教神学思想、各种

① 马克思：《〈黑格尔法哲学批判〉导言》，《马克思恩格斯选集》第一卷，人民出版社，1972年5月版，第2页。

形式的信仰主义，严重地阻碍了“四个现代化”的实现。

十多年来，林彪、“四人帮”疯狂反对实现“四个现代化”的伟大目标。他们不是宗教徒和神学家，也没有公开宣传宗教神学，但是，他们为了篡党夺权，却继承了天命论的传统宗教观念。林彪说他们一伙是“既受于天，且受于人”的“天才”；“四人帮”则在唐山大地震时宣传什么“地转实为新地兆，天旋永立新天朝”，用封建帝王的“奉天承运”的天命论，为自己鼓劲、替帮派壮胆。

为了愚弄人民，把人民变成俯首听命、盲目顺从的工具，林彪、“四人帮”很长时期以来就有计划、有目的地歪曲和篡改马列主义、毛泽东思想的革命性质，妄图把其变成为一种僵死的宗教神学。他们别有用心地把领袖的一言一语都说成是绝对真理；他们反对实事求是，宣传盲目迷信、“句句照办”；他们反对人民群众改善物质文化生活的一切合理要求，鼓吹苦行、苦修的禁欲主义；他们仇视科学和文化，贬低理性与知识，说什么“知识越多越反动”，贩卖蒙昧主义。不仅如此，他们还把这一套信仰主义货色，用新的宗教仪式装潢起来，强加给革命人民。他们在全国强制推行所谓“早请示、晚汇报”，一举一动都要念念有词，在像前请罪，对着语录检讨……所有这一切，和宗教的祈祷、祭祀、忏悔等仪式几乎没有区别。这是一种特殊形式的新宗教。

这种新宗教和现代迷信给我们的事业带来了深重的灾难，一个好端端的社会主义国家几乎被他们拉回到中世纪去。人民本来是社会主义的主人，却变成靠忏悔过日子的罪人；迷信代替了科学实践，哲学社会科学变成了烦琐僵化的章句之学；研究科学有罪，发展生产有罪，实事求是、坚持真理更是有罪。国民经济濒临崩溃的边缘，科学文化日趋衰落。这些触目惊心的现实是全国人民有目共睹的。

现在，大家不禁要问：林彪、“四人帮”的新宗教为什么长期通行无阻，在许多人中煽起如醉如狂的宗教感情？这个问题值得我们理论工作者严肃对待。原因显然是多方面的，而其中一个重要的历史原因就是我们在民主革命时期对封建神权和宗教迷信的批判还不够深入彻底。五四运动时期，提出过“科学”与“民主”的口号，搞过一点启蒙宣传。但是，中国资产阶级的软弱性决定了这种宣传的深度和广度都不够，破得不深，立得不牢。几千年流传下来的封建宗法观念和信仰主义、蒙昧主义思想并未从人们的思想深处扫除干净，落后的小生产经济又为这些封建余孽提供了存在的社会土壤。正是由于中国的社会条件有不同于西方的特殊性，就决定了中国的修正主义必然有不同于西方的修正主义的特点。西方修正主义骨子里是资本主义，而中国的修正主义骨子里是封建主义。林彪、“四人帮”用小生产经济的封建宗法观念和信仰主义、蒙昧主义来冒充马克思主义，政治上变无产阶级专政为封建宗法的专制统治，经济上反对现代化，思想上把马克思主义修正成一种化了装的中世纪的经院哲学。

现在，林彪、“四人帮”虽然被打倒了，但他们这一套东西的流毒并没有完全肃清，现代宗教迷信赖以存在和发生作用的社会条件也还没有完全改变。从1978年理论界关于实践与真理问题的讨论中，我们看到，有些人就坚决反对“实践是检验真理的唯一标准”这一马克思主义的根本原理。他们一听到要从实际出发，实事求是，就高喊这是什么“砍旗”。他们继续主张：凡是领袖的话，“句句是真理”，字字要照办。这些同志并不是“四人帮”，甚至其中有些人还受过“四人帮”的打击迫害，但他们的思想与“四人帮”的封建主义、信仰主义却有某些共通之处。

历史和现实都教训了我们，使我们进一步认识到深入批判宗教神学、批判封建主义和信仰主义的必要性和迫切性。

要实现“四个现代化”，我们必须用马列主义、毛泽东思想作为我们事业的指导思想。但是，要使马列主义、毛泽东思想的科学世界观在全国人民头脑中完整地、准确地扎下根来，我们必须深入批判一切形式的修正主义，特别是要批判以林彪、“四人帮”为代表的以“左”的革命词句装潢门面，实际具有封建主义、信仰主义、蒙昧主义特点的中国式的修正主义，教育我们的广大人民以科学的态度，而不是以宗教迷信来对待马列主义和毛泽东思想。这样，就能帮助我们防止将来再出现新的林彪、“四人帮”式的阴谋家和骗子手，防止宗教神学和信仰主义以新的形式再次出现。在实现“四个现代化”的过程中，必然要碰到许多新问题、新事物，这只有靠我们在马克思主义的科学世界观的指导下，用科学的态度和方法，从实际出发来解决。虽然马克思主义给我们指出了普遍原理，但是中国在实现“四个现代化”中所遇到的许许多多新情况却不可能从马列主义经典著作中找到现成的答案。为了发展马克思主义的宗教学，我们必须付出艰苦的劳动。那种宗教徒式的虔诚，死守字句和条文，不仅不能把社会主义事业推向前进，而且相反，将要断送我们的党和国家。

要实现“四个现代化”，科学技术的现代化是关键。科学文化是在和宗教迷信的斗争中发展起来的。不破除信仰主义和蒙昧主义，不清除人们头脑中的迷信思想，要提高整个民族的科学文化水平、实现“四个现代化”是不可能的。

实现“四个现代化”是全民族的事业，只能依靠亿万群众的积极性和革命首创精神。要做到这一点，就必须批判宗教神学的“救世主”思想，批判封建神权和家长制观念，充分发扬社会主义民主。人民只有生活在高度民主的空气之中，才能充分发挥其聪明才智，才会以主人翁的精神来致力于实现“四个现代化”的伟大事业。

我们在宗教学研究战线上从事理论工作和实际工作的同志们，在批判宗教神学和信仰主义方面负有义不容辞的责任。我们应该行动起来，从各方面深入批判宗教神学和一切形式的信仰主义，宣传马克思主义，宣传科学与民主，破除迷信，解放思想，为实现“四个现代化”的伟大革命，做出我们应有的贡献。

（二）正确认识宗教发生、发展和走向消亡的客观规律，为党和国家制定宗教政策提供理论根据

马克思主义是彻底科学的无神论，根据历史发展的规律，我们说宗教必然消亡。但是，宗教怎样逐渐消亡？我们对宗教应采取什么样的政策和措施？这就必须认真研究宗教发生、发展和走向消亡的客观规律。不按照客观规律办事，必然要碰壁。

恩格斯早就指出，宗教存在的最深刻的根源在于异己的自然力量和社会力量对于人们的统治：“当社会通过占有和有计划地使用全部生产资料而使自己和一切社会成员摆脱奴役状态的时候（现在，人们正被这些由他们自己所生产的、但作为不可抗拒的异己力量而同自己相对立的生产资料所奴役），当谋事在人，成事也在人的时候，现在还在宗教中反映出来的最后的异己力量才会消失，因而宗教反映本身也就随着消失。原因很简单，这就是那时再没有什么东西可以反映了。”①

这就是说，宗教只能是在私有制和剥削制度的最后消灭和人们成为自然力量和社会力量的真正主人之后才能最后消亡。因此，马克思主义政党的根本任务是团结和教育包括信教群众在内的劳动群众为消灭资本主义、建设社会主义而斗争。我们党当然要对信教群众进行科学世界观和无神论的教育，但这是为了启发他们自觉地起来批判宗教，而不是对他们大声疾呼地向宗教宣战。列宁指出：“1874年，恩格斯谈到当时侨居伦敦的公社布朗基派流亡者发表的著名宣言时，认为他们大声疾呼向宗教宣战是一种愚蠢的举动，指出这样宣战是提高人们对宗教的兴趣、妨碍宗教真正消亡的最好手段。恩格斯斥责布朗基派不了解只有工人群众的阶级斗争从各方面吸引了最广大的无产阶级群众参加自觉的革命的社会实践，才能真正把被压迫的群众从宗教的压迫下解放出来，宣布工人政党的政治任务是同宗教作战，那不过是无政府主义的空谈而已。”②

恩格斯、列宁的这些教导是在他们对宗教的根源及其发生、发展和消亡规律的科学认识的基础上提出来的。建国以来，我们的党和国家基本上就是根据这些教导来制定和执行一系列的宗教政策的。当然，由于我们对我国的各种宗教发展和起作用的具体规律认识还有一个过程，所以在具体的宗教工作中还有一些错误，但是总

① 《反杜林论》,《马克思恩格斯选集》第三卷，人民出版社，1972年5月版，第356页。

② 《论工人政党对宗教的态度》,《列宁选集》第二卷，人民出版社，1972年10月第2版，第376页。

的说来，我们在宗教战线上的基本政策是遵循马克思主义宗教学所揭示的客观规律的。因此，我们在宗教战线上取得了很大的胜利。

林彪、“四人帮”在“文化大革命”中，为推行“乱中夺权”的阴谋，以极“左”的面目出现，全盘否定“文化大革命”前十七年宗教工作的成绩，破坏党的宗教政策，取消宗教工作的机构，迫害宗教工作的干部。他们不仅“大声疾呼地向宗教宣战”，而且向普通的信教群众宣战，禁止一切正常的、合法的宗教活动，不分青红皂白，把宗教界爱国人士，甚至信教群众统统当作“牛鬼蛇神”予以“横扫”，叫喊要在一个早晨彻底消灭宗教。林彪、“四人帮” 这一套做法，伤害信教群众的感情，混淆两类不同性质的矛盾，给一小撮坏人利用宗教从事反动活动以可乘之机。因此，我们在宗教工作战线上必须拨乱反正，清算林彪、“四人帮”对宗教工作造成的流毒，贯彻我党行之有效的以马列主义、毛泽东思想为指导的宗教政策。为了正本清源，我们必须正确认识宗教发生、发展和走向消亡的规律。正确地认识这个规律并运用它去改造客观世界，是我们在宗教工作战线上的同志的共同任务，也是马克思主义宗教学所要研究的根本内容。当马克思主义的宗教学正确反映了这个客观规律时，它就能在实践中发生巨大的作用，为我们党和国家制定正确的宗教政策提供理论根据，武装宗教工作者和革命群众的头脑，在实际工作和理论工作中有更大的自觉性，避免盲目性，做好我们的工作。

（三）了解世界各国宗教的历史与现状，为增进国际交往、加强国际团结做出应有的贡献

当今世界上有四十二亿人口，其中有宗教信仰的约占二十五亿，各种宗教影响着广大人口。在许多国家的政治生活和精神生活中，宗教仍然发挥着强大的影响，其中还有一部分国家的宪法规定了某一宗教是他们的国教。宗教界的动向常常对这些国家的政治形势和国际政策起相当的作用。为加强我国与各国人民，包括宗教徒在内的友好往来，我们需要研究与各国历史、文化有密切联系的宗教，并把宗教研究活动作为文化思想交流的桥梁之一。如果我们对宗教的各种情况缺乏具体的、深入的了解，就难以采取正确有效的方针，顺利地进行国际交往。

当前，国际上有些政治力量和政治思潮往往通过宗教形式表现出来，但它们的政治倾向和阶级特性并不完全一样，我们应该透过其宗教形式把握其不同的政治倾向，做具体的阶级分析。恩格斯在分析欧洲历史上多次革命运动与宗教的关系时为我们提供了光辉的范例。他指出："中世纪把意识形态的其他一切形式——哲学、政治、法学，都合并到神学中，使它们成为神学中的科目。因此，当时任何社会运动和政治运动都不得不采取神学的形式；对于完全受宗教影响的群众的感情来说，要掀起巨大的风暴，就必须让群众的切身利益披上宗教的外衣出现。"①

欧洲中世纪的反封建的革命反对派大多是以宗教运动的形式出现的。近代欧洲资产阶级早期的几次大的革命运动（16世纪德国资产阶级革命的序幕，17世纪尼德兰、瑞士、苏格兰、英格兰等国的资产阶级革命）都是以马丁·路德派或加尔文派的宗教改革作为其意识形态的外衣。类似情况在中国历史上更是屡见不鲜。从东汉末年的黄巾起义到清朝末年的太平天国革命，多次农民革命运动也是

① 《路德维希·费尔巴哈和德国古典哲学的终结》，《马克思恩格斯选集》第四卷，人民出版社，1972年5月版，第251页。

利用宗教形式作为其动员群众、组织群众的一种手段。这些历史事实都表明，起决定作用的因素是革命阶级的经济地位和政治要求，而采取的宗教形式只是在当时条件下的一种外衣。在当今世界上，在那些宗教势力对社会政治生活和精神生活依然发生强大影响的地区和国家，各种政治力量和不同阶级之间的斗争往往仍在意识形态上表现为不同的宗教形式。至于不同的政治力量对他们宗教教义信仰虔诚的程度，那是无关紧要的，对此不必过于认真。我们对具体情况必须进行具体分析。宗教从本质上说当然是保守的，以至是落后的，但隐藏在各种宗教形式背后的社会政治倾向并不完全相同，我们不能因为其具有宗教的形式而一概否定、一律反对。事实上，国际宗教人士中也的确有一些人怀有反殖、反帝、反霸的进步要求，而又有一些人甚至怀有利用某些教义来进行社会改革的善良愿望，还有一些人对我们社会主义中国怀着友好的感情。我们和他们有不同的信仰和不同的世界观，但这并不妨碍我们之间在反殖、反帝、反霸事业中有着共同的语言，更不妨碍我们国家与国家之间、人民和人民之间的正常交往、友谊与合作。我们应该对国际上这些复杂现象有清醒的认识和具体的分析，团结国际宗教界中一切友好进步人士，加强反殖、反帝、反霸的国际统一战线。

（四）不批判神学，就不能写好哲学史、世界史和文学史

1963年，毛泽东同志在一个批示中谈到研究宗教、批判神学的重要意义时，曾具体指出，不批判神学，就不能写好哲学史，也不能写好世界史和文学史。这个论断是很深刻的。宗教在历史上对社会生活各方面都有巨大的影响，所以各个社会阶级常常利用它来作为阶级斗争的武器。历史上的许多阶级斗争常常离不开宗教，甚至

直接表现为各种宗教或不同教派之间的斗争，有时则表现为宗教与各种无神论思潮的斗争。中外历史上多次农民起义、群众运动以及一些国家的民族解放运动，曾利用某些宗教教义和宗教组织形式作为动员群众、组织群众的一种手段。对于宗教在这些历史事件中所起的具体作用以及它和民族问题的关系，我们必须用历史唯物主义观点做出具体的历史分析，否则，要想写出科学的中国史和世界史是很困难的。

上层建筑、意识形态各个领域往往是互相影响，宗教与哲学、伦理、文学、艺术等意识形态更是经常相互渗透。哲学上的斗争常常与围绕宗教问题的斗争有密切的关系。拿中国哲学史来说，它与欧洲哲学史一样，也是唯物主义和唯心主义、辩证法和形而上学的斗争史，唯心主义和形而上学不过是宗教神学的哲学表现。所以，唯物主义和辩证法便经常在反对宗教神学的斗争中得到发展。我国的宗教神学溯源于商周以来的天命观，及至两汉则发展为董仲舒的神学目的论。从魏晋到隋唐，是佛、道（特别是佛教）广泛传播的时期，成为封建统治阶级的一种重要思想武器。宗教神学渗透到了人民生活的各个方面，影响着风俗习惯和文学艺术等各个领域。从荀况反对天命观的斗争，王充反对谶纬迷信的斗争，范缜反对佛教“灵魂不死”说的斗争，一浪高过一浪地推动着朴素唯物主义向前发展。与此相对立，哲学唯心主义则从佛教中汲取营养，形成了以程、朱、陆、王为代表的宋明理学唯心主义体系。宋明理学唯心主义这个佛、儒的混血儿，在封建社会后半期，起着维护君主专制主义、“以理杀人”的极端反动作用。从宋代的陈亮、叶适到明清的王夫之、颜元、戴震，这些战斗的唯物主义者，对于这种儒、佛合流的理学唯心主义进行了尖锐的斗争，也从不同的方面触动了封建主义的神圣教条，这为促进工商业的发展、保护市民的利益和支持资本主义的萌芽起了积极的作用。

在西方，由于基督教的精神统治，宗教神学对于哲学的影响更为直接。在西方哲学史上，“上帝存在”“灵魂不灭”“意志自由”三大神学问题，一直是唯心主义和唯物主义论战的中心内容。如果我们不具体把握哲学与宗教的关系，就不能真正懂得哲学发展的规律，也就写不好哲学史。我们要善于理解毛泽东同志这一指示，它所包括的意义，应当不限于哲学史、文学史、世界史，而是指要充分认识真正重视宗教与一切上层建筑之间的密切关系。要看到宗教这种意识形态已经成为过去遗留下来的全部文化中的一部分。

随着“四个现代化”的逐步实现，我国必将出现一个文化建设的高潮，哲学社会科学必然会有很大发展。哲学、历史学、伦理学、文学艺术的发展都面临着前所未有的深刻的变革，要求我们对宗教进行更深入地研究，对神学进行更彻底地批判。我们要估计到哲学社会科学的这种发展趋势，积极开展宗教学的研究。当然，研究宗教、批判神学并不单是我们宗教学工作者的任务，而是有关学科的共同任务。我们希望与广大哲学社会科学工作者一起来开展宗教学的研究，共同参加批判神学的战斗。

三

若干年来，林彪、“四人帮”的文化专制主义把我们的科学文化事业弄得到处是禁区，造成百花凋残、万马齐喑的局面。科学研究是老老实实的学问，是对客观真理的探索。从事科学研究的人，只有生活在能够独立思考、自由讨论的学术民主的空气之中，才有可能充分发挥自己的聪明才智和首创精神，攀登科学文化的高峰。为了发展马克思主义的宗教学，在这个领域内取得高水平的成果，写出高质量的学术著作，我们必须彻底清除林彪、“四人帮”文化专制主义的一切恶果，努力创造一种在学术上能够独立探索、自由讨论的民主空气和敢于坚持真理、勇于改正错误的革命学风。这就要求我们认真贯彻“百家争鸣”和“百花齐放”的方针，不折不扣地执行“三不”主义。要全面实行“双百”方针和“三不”主义，还可能遇到阻力。粉碎“四人帮”以后，党中央做了大量的工作来肃清文化专制主义的流毒，大力提倡社会主义民主。因此，我们应该理直气壮地阔步前进，解放思想，打破科学研究领域中的一切禁区，为真理而斗争。当然，对于真理的认识不可能是一次完成的。在追求真理的过程中，犯这样那样的错误，对任何人来说都是难以避免的。毛泽东同志说：“谁不犯一点错误呢？无论是谁，总要犯一些错误的，有大有小。”[①]科学研究中犯错误是常见的事，并没有什么可怕，发现错误改了就是。科学研究的过程，也就是不断克服错误继续前进的过程。我们欢迎在百家争鸣的民主空气中认识和发现客观真理，不断攀登新的科学高峰。

我们按照十一届三中全会的精神，要继续破除科学文化领域的一切禁区。这个问题对全面贯彻“双百”方针至关重要，大家都应

---

① 《农业合作化的一场辩论和当前的阶级斗争》，《毛泽东选集》第五卷，人民出版社，1977年4月版，第207页。

该查一查，看看在我们宗教研究领域中还有没有禁区、还有哪些禁区，然后大家一起来彻底打破。我初步想了一下，觉得在我们这个领域内有形、无形的禁区还是有的。例如，关于原始基督教的评价问题，在我们许多同志中是有明显的分歧意见的，但始终没有充分展开讨论。主张原始基督教有进步性的人，怕别人给扣上为宗教辩护的帽子。反对这种看法的人，又怕别人说自己与恩格斯的主张唱对台戏。这种两难情况就是双方都有禁区的明显表现。与此相关，对于宗教在社会历史上一般地有无进步作用的问题，也因类似的原因而没有展开自由的讨论。还有我们宗教学领域的百家争鸣的参加者的范围究竟有多大，这也是一个值得讨论的问题。在马克思主义者和无神论者内部，各种不同观点的争鸣，这是不成问题的。但是是否应该允许有神论者来和我们无神论者争鸣呢？有些人有顾虑。我们是无神论者，不赞成宗教有神论的世界观，但我们不能用强制的手段去强迫人们放弃宗教信仰，只能用民主讨论的办法、说服教育的办法，使他们自觉地逐步树立科学世界观。为此就必须让他们放心大胆地把自己的主张和道理讲出来，然后才能展开认真的讨论，用真理去说服别人，在宣传无神论的刊物上可以发表有神论者的文章，在民主的空气中进行理论上的辩论。这种辩论对于我们发展马克思主义宗教学的研究只会有好处。我这个主张也许有人不同意，我这是一家之言，讲出来是为了以实际行动参加“百家争鸣”。总之，我们要解放思想，破除禁区，切实贯彻“百家争鸣、百花齐放”的方针，造成浓厚的学术民主的空气，使马克思主义的宗教学的学术研究繁荣起来，顺利地发展，不断地向新的水平前进。

研究宗教，批判神学*
——纪念毛主席逝世一周年

伟大的领袖和导师毛主席，同马克思、恩格斯、列宁、斯大林一样，对于关系革命全局和人民利害的各种重大问题，无不给予深切的关注。往往在我们司空见惯、熟视无睹的地方，发现问题，提出任务，并为解决这些任务指明正确的方向。在沉痛纪念毛主席逝世一周年之际，缅怀毛主席一生的丰功伟绩和对马列主义的伟大贡献，重温毛主席关于批判宗教神学的光辉指示和开展宗教研究的亲切教诲，万分激动。

宗教神学，看起来不过是一些骗子的胡说八道，可置之不理，毛主席却历来给予应有的注意。早在《湖南农民运动考察报告》中，毛主席已经把神权同政权、族权、夫权并提，说它们“代表了全部封建宗法的思想和制度，是束缚中国人民特别是农民的四条极大的绳索”。因此，破除神权的束缚，就成了民主革命在文化战线上的一项重要任务。以后，毛主席又屡次提醒我们，“迷信思想还

* 原载《光明日报》，1977年9月27日。

在影响广大的群众”[①]，要我们告诉群众，必须自己起来同头脑中的敌人做斗争。在社会主义革命时期，毛主席又反复教导我们，一定要提高辨别香花和毒草的能力，开展对“牛鬼蛇神”的批判，“不懂得唯心主义和形而上学，没有同这些反面的东西做过斗争，你那个唯物主义和辩证法是不巩固的”[②]。

建国以来，毛主席根据国际国内阶级斗争发展的形势，对批判神学问题一直十分关怀。在1959年当面对我谆谆教导，指出要认真研究宗教。1963年12月，毛主席对于批判神学、研究宗教的问题又做了专门批示，他要求我们对于至今影响着广大人口的世界三大宗教——基督教、伊斯兰教和佛教，加强研究、有所认识；要求有一个用马克思主义领导的研究机构，出一些可以看的刊物，有更多一些用历史唯物主义写的文章。毛主席一贯号召批判宗教神学，完全是从人民的利益和革命的需要出发的。宗教神学或宗教唯心主义，同我们党的辩证唯物主义和历史唯物主义世界观是绝对不能相容的。“宗教是人民的鸦片”[③]，它是一切反动腐朽势力的精神支柱。

在我国的历史上，特别是传入佛教和建立道教以后，宗教一直是封建专制主义统治人民的精神枷锁。到了近代，基督教又成了帝国主义猖狂侵华的别动队。

宗教神学的说法，尽管花色很多，却有着共同的唯心主义和形而上学的反动的世界观；在论证剥削有理、压迫有理方面有一套

① 《文化工作中的统一战线》。

② 《在省市自治区党委书记会议上的讲话》。

③ 马克思：《〈黑格尔法哲学批判〉导言》，《马克思恩格斯选集》第一卷，人民出版社，1972年5月版，第2页。

狡诈而凶恶的诡辩。它极力否认客观物质世界的存在，硬说人们的一切苦难全是受不住“花花世界”诱惑的结果。它到处宣扬禁欲主义，把人们对于物质生活的合理要求说成是万恶的“欲望”，认为在现实生活中受的苦难越大，在死后的“天国”所得的“幸福”就越多。宗教神学就是通过这类胡说，“劝说”劳动者“自愿”地忍受残酷剥削，从而保证剥削者无限制的纵欲需要。

宗教神学提倡蒙昧主义，极端贬低人的理性的作用。它仇恨科学，仇恨文化，仇恨人类的一切文明和进步，目的在于把人们引导得愚昧无知，消灭人们辨别是非、善恶和真伪的能力，麻醉人们的反抗意识，把人们驯化成可以任意驱使的奴隶。

宗教神学还宣扬“内省”“忏悔”的“解脱”之道，用来对抗劳动人民争取自己解放的正确道路。它用“因果报应”之类的鬼话，证明劳动人民遭受苦难都是前世注定的，把阶级压迫造成的社会罪恶，归结为被压迫群众自身的罪过应得的“报应”。所谓“内省”“忏悔”“解脱”的全部奥秘，就是劝说人们接受宗教神学的世界观，要养成对于统治阶级残酷的经济剥削和政治压迫完全心甘情愿、逆来顺受的精神状态。

在历史上，农民起义也曾利用过宗教迷信作为自己组织群众、动员群众的一种手段，并增添进去一些本阶级的要求。但是，利用宗教迷信这种手段，却正是农民阶级的一种阶级局限性的表现，也是历次农民起义终归失败的一个重要因素。

因此可以说，宗教神学总是同科学和革命不能相容的，同社会进步和历史发展不能相容的。然而，在阶级对立发生以来几千年的历史中，宗教神学从来没有绝迹过，其原因就在于它有深刻的社会根源和认识论根源。

批判神学，指出宗教借以产生和发展的阶级根源，从而宣传群众起来推翻反动的剥削制度和腐朽的反革命阶级统治，为争取社会主义的胜利和共产主义的实现而斗争，是历史唯物主义的重要任务之一。因此，同宗教神学的斗争，就成了无产阶级革命和无产阶级专政的一项事业。

无产阶级革命导师通常把哲学唯心主义和僧侣主义看作是一回事。列宁指出："唯心主义不过是信仰主义的一种精巧圆滑的形态。"①宗教神学的认识论根源同唯心主义是一致的。因此，深入揭露宗教神学用以论证教义的种种谬论，不但便于人们识破它的欺骗性和荒谬性，而且对于洗刷唯心精神和形而上学，生动地掌握辩证唯物主义的认识论，都有不可忽略的意义。

我们从事哲学、文学和史学工作的同志，对于批判神学负有更大的责任。毛主席在同一个批示中说，不批判神学就不能写好哲学史，也不可能写好文学史或世界史。这是极其深刻的论断。因为宗教是阶级社会一个常见的怪物，它是影响社会历史发展的因素之一，作为意识形态的神学，它又影响着上层建筑的其他部门。不批判宗教神学，就不能全面地把唯物主义贯彻到社会历史领域的研究中去，就会给历史唯心主义留下可钻的空子。

拿中国哲学史来说，它与欧洲哲学史一样，也是唯物主义和唯心主义、辩证法和形而上学的斗争史。由于唯心主义和形而上学不过是宗教神学的奴仆，宗教神学是唯心主义和形而上学的实质，

① 《唯物主义和经验批判主义》，《列宁选集》第二卷，人民出版社，1972年10月第2版，第365页。

那么，不批判神学就会使唯物主义和辩证法的发展失去重要的对立面，成为不能完整理解的东西。我国宗教神学可以溯源于商周以来的天命观，及至两汉则发展成为董仲舒的神学目的论。从魏晋到隋唐，是佛、道，特别是佛教，十分猖獗的时期，成为封建统治阶级的一种重要思想武器。宗教神学渗透到了人民生活的各个方面，影响着风俗习惯和文学艺术等各个领域。荀况反对天命观的斗争，王充反对谶纬迷信的斗争，范缜反对佛教灵魂不死的斗争，一浪高一浪地推动着朴素唯物主义向前发展。不批判神学就不能理解唯物主义的战斗作用，不能给予这些唯物主义者以应有的历史地位。从魏晋玄学开始，哲学唯心主义还公开地从宗教神学主要是从佛教哲学中吸取营养，从而产生了以程、朱、陆、王为代表的宋明理学这个庞大臃肿的唯心主义体系。宋明理学这个佛、儒的混血儿，在封建社会后半期，起着维护君主专制主义，“以理杀人”的极端反动的作用。从宋代的陈亮、叶适到明清的王夫之、颜元、戴震，这些战斗的唯物主义者，对于理学唯心主义进行了尖锐的斗争，也从不同的方面触动了封建主义的神圣教条，这为促进工商业的发展，保护市民的利益和支持资本主义的萌芽，起了积极作用。我们从实际科研工作中，从走过的弯路中，更懂得了毛主席的教导的深刻含义，不批判神学就不能深刻揭露理学唯心主义的宗教本质，也不能更好地理解唯物主义的生动内容，不能理解战斗的唯物主义者批判理学唯心主义斗争的严重社会意义。全部哲学史清楚地表明，这些神学体系，同历史上出现过的任何思想意识一样，只是它们时代和阶级的产物。

毛主席教导说，马克思主义者“就是要在斗争的风雨中间，锻炼自己，发展自己，扩大自己的阵地”[①]。宗教神学历来是剥削阶级偏见最集中的地方，是僧侣们驰骋的世界。地主资产阶级的学者们虽然也有过一些研究或批判，他们有的不过是僧侣主义的更细致的补充，有的是从形式上进行批判而不能对宗教的阶级本质给以致命的打击。旧的阶级和集团及旧的唯物主义，在批判神学方面所根本不可能完成的任务，一定要在我们无产阶级专政的国家内完成，因为我们要同传统的观念实行最彻底的决裂，走向铲除一切宗教偏见的社会。无产阶级革命导师在批判宗教神学方面已为我们提供了光辉的典范。我们要在斗争的风雨中间扩大马克思主义的思想阵地。通过批判神学，完整地、准确地宣传马列主义、毛泽东思想，扩大马克思主义的思想阵地，这是我们的政治责任。

毛主席发出关于批判神学的指示至今已经十四个年头了。由于林彪和“四人帮”的干扰和破坏，一直没有得到有成效地贯彻。他们害怕用马列主义、毛泽东思想指导科学研究，有一个时期，甚至企图取消由毛主席亲自倡议建立的有关研究机构，悍然背叛毛主席的指示。“四人帮”推行反革命的修正主义路线，破坏社会主义生产，取消科学和文化，反对实现“四个现代化”，这同宗教神学提倡的禁欲主义和蒙昧主义一脉相承。他们鼓吹帝王将相创造历史，把地主阶级代表人物的思想胡说成是拯救社会、爱护人民、贯穿古今的“绝对精神”，这同宗教把皇帝神化为“上帝”毫无本质的区别。他们的反革命修正主义和唯心主义形而上学世界观，打着很深的神学的封建性的印记。

① 《关于正确处理人民内部矛盾的问题》。

在全党、全军、全国人民高举毛主席的伟大旗帜，认真贯彻华主席在党的十一大提出的抓纲治国的“八项战斗任务”的今天，纪念伟大领袖和导师毛主席逝世一周年，使我们更加感到毛主席关于加强宗教研究的光辉指示和亲切教导的内容深刻，意义深远。我们一定要在华主席、党中央的领导下，深入批判“四人帮”，扎扎实实地落实毛主席指示的精神，把“四人帮”给我们工作造成的损失迅速补起来，在宗教研究方面对人类做出较大的贡献。

破除迷信，解放思想，发展马克思主义的宗教学*

宗教是人类社会发展必经历史阶段中的一种意识形态。阶级出现以前就有了宗教。进入阶级社会，它与哲学分别占据着上层建筑的高层，相互配合，各自起着自己的作用。可以说，研究社会历史，如果不研究它的宗教，就缺了一个方面，对社会历史的理解是不完全的，甚至是不可能的。

自从人类进入奴隶制社会以后，宗教就成了为各种剥削制度服务的工具，以及这些社会中的上层建筑的一个组成部分。以盛行于欧洲的基督教为例，“基督教的社会原则曾为古代奴隶制进行过辩护，也曾把中世纪的农奴制吹得天花乱坠，必要的时候，虽然装出几分怜悯的表情，也还可以为无产阶级遭受压迫进行辩解”①。

产生于亚洲的佛教、伊斯兰教也有它们各自类似的情况。

这三个影响着世界广大人口的宗教，其活动范围早已超出了当初发生与传播的国界和地区，已成为世界性的宗教。它们又以宗教的特殊职能与不同的国家民族的文化、艺术、哲学、法律等各个部

---

* 原载《世界宗教研究》1979年第1期。

① 马克思：《“莱茵观察家”的共产主义》，《马克思恩格斯全集》第四卷，人民出版社，1958年8月版，第218页。

门相互渗透、相互影响、相互补充，以至纠结、融合，构成各个文化的共同体。如果我们研究一个国家的民族、文化及历史而不了解它的宗教，那是很困难的。

马克思主义者是唯物主义者，对待任何客观存在的事物不能采取装作看不见的自欺态度。凡是现实世界上已经存在的东西，总是事出有因。要认识它，就要懂得它。即使不赞成它，也要理解它。我们马克思主义者的任务不但要认识世界，还要改造世界。改造它，首先要认识它。

因此，研究至今影响着世界广大人口的宗教，是我们社会科学工作者给自己规定的历史使命。研究宗教要有工具，我们的工具就是辩证唯物主义和历史唯物主义，这是我们用来观察社会的望远镜和显微镜。

宗教研究不是从马克思主义开始的，历史上宗教学家、神学家们的著作可谓汗牛充栋。历史上中外学者关于宗教的研究论著更多。但是应看到马克思以前，人们对宗教的认识是肤浅的、片面的，甚至有的是荒谬的。因为宗教讲的是“天上”的问题，实际是人间现实问题歪曲的反映，到宗教里去寻找宗教的秘密，是永远找不到的。用宗教说明历史，永远说不清楚；用历史说明宗教，才可以揭示出宗教的真相。历史也有唯心的历史观与唯物的历史观的根本区别。所以我们认为在马克思主义以前，人们尽管花过不少力量对宗教进行过研究，由于条件不具备，不可能得出科学的结论。

问题已很清楚，正如毛主席早已指出的那样，不批判神学，就不能写好哲学史、文学史，以及世界史。毛主席的话，不能理解为批判神学就是为了写好哲学史、文学史、世界史，也不能狭隘地认为批判神学只限于历史领域。毛主席所指的批判神学，是对中世纪以来一切旧传统意识的批判。经过了中世纪封建社会的塑造、加工、不断完善，才构成包罗万象的宗教神学体系。为了建成社会主义新文化，要批判过去封建性的糟粕，封建性的糟粕中很重要的一部分就是神学。

毛主席有一次谈话中说他看过梁启超写的关于佛教研究的文章，认为梁的文章有好些问题没有讲清楚。梁启超的佛教研究论文没写清楚，主要原因是他还没有跳出神学影响，他不敢也不可能批判神学，他是跪在佛像面前来论述佛教的，佛的形象比他高大得多。歌咏赞叹还来不及，哪能批判地研究？毛主席指出，研究宗教要外行来搞，宗教徒有迷信，不行。当了宗教的俘虏，就不能分析它、解剖它。不敢破坏旧世界就不能建设新世界，精神世界的破和立也是这个道理。

毛主席指出批判神学、反对迷信，不只限于对神佛的虔诚，指的是作为一个马克思主义者应有的科学态度：

> 我们除了科学以外，什么都不要相信，就是说，不要迷信。中国人也好，外国人也好，死人也好，活人也好，对的就是对的，不对的就是不对的，不然就叫做迷信。要破除迷信。不论古代的也好，现代的也好，正确的就信，不正确的就不信，不仅不信而且还要批评。这才是科学的态度。[①]

毛主席当年的这些话，当时听了也觉得很深刻，但理解得还很不

① 《关于中华人民共和国宪法草案》，《毛泽东选集》第五卷，人民出版社，1977年4月版，第131页。

够。经过了“文化大革命”，亲眼看到、听到、感受到林彪、“四人帮”制造的种种新宗教、新迷信给全党、全军、全国各族人民所造成的深重灾难，才算有了比较深刻的理解。

研究宗教以至研究任何问题都离不开科学的方法。相信神甫、牧师的说教，当然不科学；从马列主义著作中摘取一言半句，不顾时间、地点、条件，不敢怀疑，也不敢分析，照搬照抄，这也是一种迷信。用神学的方法研究马克思主义，马克思主义也就变成了神学。这种迷信一旦附在身上，使人如痴如狂，陷于一种理直气壮的蒙昧主义。这种新神学对马列主义危害之烈、创痛之深，是马列主义发展史上前所未有的。这种怪现象之所以出现于我国，并不奇怪。林彪、“四人帮”是旧中国遗留下来的历史垃圾，是半殖民地半封建主义的渣滓。他们的封建性更重，他们把中世纪的封建宗教制度，再加以宗教的狂热，向群众强迫灌输。马列主义到了林彪、“四人帮”手中被歪曲得面目全非。

马克思主义宗教学需要研究的问题十分广泛，它将包括宗教的本质和根源，宗教的起源、发展、消亡的规律，马克思主义无神论的研究，社会主义制度下的宗教政策，等等。与宗教问题有关联的其他方面，如宗教与文学、宗教与艺术、宗教与民族问题、宗教与伦理、宗教与哲学等等都要投入大量的力量，并且要有各方面的通力协作，假之以岁月，才能逐个把问题理出一个眉目来。

为实现毛主席的遗愿，完成毛主席的嘱托，用马克思主义的立场、观点、方法对宗教这一社会历史现象给予科学的系统的研究并从中找出规律性的东西，发展马克思主义的宗教学，这是我们的任务。批判神学这是必须做的。神学中危害最大、锢蔽人们头脑最严重的一种神学，就是林彪、“四人帮”十多年来鼓吹的新神学。他们用马列主义伪装的宗教神学至今并未销声匿迹，中世纪的宗法、迷信、皇权、神权的枷锁如果还不打碎，我们的思想就无法解放。毛主席在延安整风运动中指出要反对党八股，要大张旗鼓地声讨党八股，剥去它的假马克思主义伪装，不许它装腔作势，借以吓人，使它无容身之地。今天我们对林彪、“四人帮”设置的新神学也要照此办理，要使它成为过街老鼠，人人喊打，使它没有容身之地。

我们要进行史无前例的“四个现代化”，凡是对“四个现代化”起着障碍作用的，我们一律扫除。我们怎能设想身负着这些千百年因袭的重担，封建宗法思想、迷信思想、蒙昧主义、宗教禁欲主义，以山林为高洁，以城市为罪恶渊薮，目不敢视五色，耳不敢听五声，经典上没有写的连想也不敢想，这种僵化的精神状态怎能和“四个现代化”的要求适应！林彪、“四人帮”给人们设置下的这些符咒不打倒，“四个现代化”只能是一句空话。

毒品贩子并不自己服用毒品，林彪、“四人帮”布下陷阱，用新宗教来毒害别人，为了使天下入其壳中，他们自己躲在一边窃喜其奸计得逞。他们用“高举”作为篡党夺权的敲门砖，用它时已经准备抛掉它。我们不能再上当受骗了。

批评神学，发展马克思主义的宗教学，并不是以极“左”的面目、以骂倒的方式代替科学的分析与批判。正如马克思所指出的：“我们不把世俗问题化为神学问题。我们要把神学问题化为世俗问题。”“政治解放和宗教的关系问题已经成了政治解放和人类解放的关系问题。”[①]

我们要把眼光放得更远大一些，跳出就宗教论宗教的小圈子，把辩证唯物主义的基本原理具体运用到宗教神学这一领域，为发展马克思主义的宗教学而奋斗。

① 《论犹太人问题》，《马克思恩格斯全集》第一卷，人民出版社，1956年12月版，第425页。

学习《决议》，推动宗教学研究*

《决议》是我党用集体智慧总结出来的革命经验。经验的价值，固然在于经验本身，更重要的价值在于总结。未经总结的经验，即使经验再好，也不过是“百姓日用而不知”，只能作为一时一地的特殊认识，它的普遍性、规律性尚未被揭示，它也就形成不了巨大的物质力量。

《决议》特别有一段与我们目前的工作有关，即“要继续贯彻执行宗教信仰自由的政策。坚持四项基本原则并不要求宗教信徒放弃他们的宗教信仰，只是要求他们不得进行反对马列主义、毛泽东思想的宣传，要求宗教不得干预政治和干预教育”。文字不多，却把党的宗教政策说透了。我国教徒在总人口中占少数（包括各种现行的宗教信仰者，不超过几千万人）。但是宗教问题涉及民族、国防、外交等许多方面的工作，从事历史、文化遗产的整理研究，宗教更是一个不能绕行的隘口。解放以来，党十分重视宗教工作，制定了一系列的方针政策，取得了不少宝贵经验。

《决议》对广大信教者和不信教者都做了合理的安排。宗教信

---

* 原载《光明日报》，1981年7月18日。本文系中国社会科学院部分专家座谈学习《关于建国以来党的若干历史问题的决议》发言摘要。

仰有自由，科学无神论宣传、反对封建迷信也有自由。至于具体的地区、部门如何落实政策，那要具体分析，具体处理。

作为一个科学工作者，作为一个宗教学研究者，我读了《决议》也很受鼓舞。宗教学这个生荒地，我们还刚刚开发，研究工作本来带有探索性，难免会发生差错。在研究过程中，即使同在马列主义指导下也会发生见解的分歧，这应当看作正常现象。在一定范围内开展讨论，可以推动科学工作者学习马克思主义宗教学原理，认真研究宗教方面的新情况、新问题，把理论和实际很好地结合起来，这对发展科学的宗教学有好处，对于全面理解和执行党的宗教政策也是有益的。

当前宗教研究中对三个问题的争论*

原编者按：《理论动态》254期曾刊登《对宗教方面的一些理论和实践问题的认识与体会》一文（作者赵朴初）。最近，我们收到中国社会科学院世界宗教研究所任继愈同志寄来《当前宗教研究中对三个问题的看法》一文，提出不同的看法。现将任文刊出，供研究。

一、意见分歧的产生

1978年秋，国家制订科研规划，我院各研究所组织全国力量分别制订五至十年的规划，有的学科成立了学会，为今后学术活动创造了条件。宗教研究所也仿照其他学科，组织力量制订规划，成立学会。研究宗教，在国内有三支力量：一是科学研究单位及大专院校从事历史唯物主义研究的教师及研究人员；二是各宗教团体组织

---

① 原载中央党校理论研究室编《理论研究资料》第49期，1981年4月12日。

的学者；三是宗教管理部门的理论研究干部。宗教学规划会议邀请的代表分别属于这三方面。

1979年初开会期间，有人发言说，“四人帮”到处拆庙，砸神像，歧视迫害宗教信徒，把宗教打入地下。当前的首要任务是落实宗教信仰自由政策，让宗教回到地面上来，而不是宣传无神论。讲无神论会干扰宗教政策的落实，妨碍安定团结，是帮倒忙。无神论宣传，迄今没有成功的经验，只有失败的教训。已信教的人，听了无神论，有反感；不信教的人，宣传无神论对他也没有用处。还有人认为宪法只规定有信仰自由就行了，可以取消关于宣传无神论的自由的规定。另外一些人则不同意上述观点，认为无神论宣传需要改进，但不能取消，它同落实党的宗教政策并不矛盾。

宗教规划会议的后期，通过宗教学会章程时，又遇到分歧。章程的第一条，有“在党的领导下……”，有人反对，认为不利于团结，于是改为“全国性的群众团体”。第二条有“在马列主义、毛泽东思想指导下……”，从事宗教工作的同志认为，沾了马列主义的边，以后在宗教界工作不好做；从事科研工作的同志认为，马列主义、毛泽东思想是一切科研工作的指南，研究宗教必须以马列主义为指导，宗教团体的章程与社会科学院主持的学术团体应有区别。双方意见无法统一，秘书处解决不了，最后打电报到北京请示邓力群同志，才勉强写进章程。宗教学会的理事名单经主席团多次酝酿，经过协商选出。

学会成立了，分歧出现了，理事们坐不到一起，三年来没有开过一次理事会。

二、从不能合作到争论的激化

1979年宗教会议后，我们把会议的文章选载了一些登在《宗教研究》第一期试刊上，由于印刷条件困难，直到秋季8月才印出来。

1980年上半年，南京《宗教》杂志刊载了四篇文章，集中批评《宗教研究》第一期试刊，也有专门针对我在昆明宗教学会上的发言的。前不久，赵朴初同志在《理论动态》上写了一篇文章，激烈而尖刻，它是南京《宗教》杂志观点的继续和发展。

三、争论的焦点集中到以下三个问题

第一，关于研究宗教的方向、目的。

第二，关于宗教的本质。

第三，无神论宣传和落实宗教政策有无矛盾。

中心在第二个问题——关于宗教的本质的认识，也可以说争论的症结所在。

为了叙述方便，暂把南京《宗教》杂志观点与赵朴初同志的观点称作“甲方”，我的见解称为“乙方”。

（一）研究宗教的方向之争

甲方认为，搞“四化”建设需要调动各方面的积极因素，而正确对待宗教问题，全面落实宗教政策，则是团结和调动广大教徒群众的关键，目前是当务之急，也是我们宗教研究工作的方向。[①]

乙方认为，如果作为宗教团体的刊物，这种说法虽不全面，却是可以理解的；如果把落实宗教政策、调动广大教徒的积极性作为全国宗教研究工作者的方向，是不合适的。因为宗教研究是党的理论工作的一部分，它是在马克思主义指导下，揭示宗教的本质及其发生、发展和消亡的规律，用科学世界观教育和武装全国广大人民群众，使他们从信仰主义、蒙昧主义、迷信中解放出来，相信科学，相信自己的力量，为祖国“四化”而奋斗。“四化”中的现代科学，它本身就包含了破除宗教迷信的内容。

（二）关于宗教的本质之争

甲方认为，宗教是鸦片，只是一个比喻，只表示“一个方面的属性”。认为比喻不反映本质，“一个方面的属性”，不能看作全部世界观的基石。“宗教是鸦片”的提法不利于安定团结。

乙方认为，迄今为止，我们一直遵循马克思和列宁的教导。马克思提出“宗教是人民的鸦片”。列宁更进一步强调：“宗教是麻醉人民的鸦片——马克思的这一句名言是马克思主义在宗教问题上的全部世界观的基石。”

乙方认为，只要抓住事物的本质，比喻可以更形象、更深刻地表示事物的本质。毛主席说：“帝国主义及一切反动派都是纸老虎。”就是一个反映本质的比喻，这个比喻揭示了一切帝国主义的外强中干的本质，它鼓舞着世界革命人民树立必胜的信心，它是

① 引文均见南京《宗教》，不另注出处。

建立在充分科学根据的基础上的。“纸老虎”这个词汇已经被世界各国人民所接受、所理解，从而丰富了世界多种语言的语汇。“鸦片”正是这样，它深刻地反映了宗教的本质和社会作用。迄今为止的一切历史事实都证明了它的正确性。

甲方援引了马克思的一句话，认为宗教的本质“是现实苦难的反映和抗议”，并说宗教对苦难世界的抗议，“概括了宗教的本质和社会作用”①。甲方由此推论说，宗教不再具有鸦片的消极作用，而起着“抗议”的积极作用。

乙方认为，必须全面、正确地理解马克思的这个论断。马克思在《〈黑格尔法哲学批判〉导言》中有关宗教的社会作用和本质的叙述，至少应包括以下三个方面的内容：

第一，宗教是对人间谬误的“天国”申辩，是颠倒的世界借以安慰和辩护的普遍根据。

第二，宗教给人民以幻想的幸福，为人民身上的锁链装饰上虚幻的花朵。

第三，宗教是现实苦难的表现和抗议。

这三方面的含义都涉及宗教的本质及社会作用，不能截取其中的一方面，而不管其余两个方面。②在一定意义下追求“天堂”、厌弃世间是表示抗议；佛经中舍身饲虎，也可以说是对现实苦难的抗议。然而，这形形色色的“抗议”都不是指向苦难的制造者，而是消极的无声的叹息，它表现了宗教的麻痹人民的性质，对于消除现实苦难有害无益。

---

① 见赵朴初文。

② 见《〈黑格尔法哲学批判〉导言》，文不具引。

列宁说得十分清楚：

> 宗教是麻醉人民的鸦片——马克思的这一句名言是马克思主义在宗教问题上的全部世界观的基石。马克思主义始终认为现代所有的宗教和教会，各式各样的宗教团体，都是资产阶级反动派用来捍卫剥削制度、麻醉工人阶级的机构。①
>
> 对于工作一生贫困一生的人，宗教教导他们在人间要服从和忍耐，劝他们把希望寄托在天国的恩赐上。对于依靠他人劳动而过活的人，宗教教导他们要在人间行善，廉价地为他们的整个剥削生活辩护，廉价地售给他们享受天国幸福的门票。宗教是麻醉人民的鸦片，宗教是一种精神上的劣质酒。资本的奴隶饮了这种酒就毁伤了自己作人的形象，忘记稍微过一点人所应过的生活。②

列宁这些论述，是对马克思关于“宗教是人民的鸦片”这句话的最明确的解释，甲方的解释与列宁是完全相反的。

甲方说：“过去宗教工作极‘左’路线的理论根据和不落实宗教政策的理由借口，往往把马克思这句名言曲解成‘宗教鸦片’这一公式。”③南京的《宗教》说:“那条错误路线在宗教问题上的表现，很大程度上都在于但知‘鸦片’二字，不问其他，把宗教

① 《论工人政党对宗教的态度》，《列宁选集》第二卷，人民出版社，1972年10月第2版，第375页。

② 《社会主义和宗教》，《列宁全集》第十卷，人民出版社，1958年12月版，第62-63页。

③ 见赵补初文。

的危害估计得太过头了。……对马克思这句名言的误解，正好给极‘左’路线提供理论根据，让他打起‘马克思主义’的旗号来撞骗，借以俘虏更多的人。”赵文不同意宗教在本质上与剥削阶级利益相一致，他提出：“剥削阶级利用宗教，作为维护剥削制度的精神支柱，固然是大量存在的事实，但被剥削阶级也利用宗教作为其精神支柱去反对剥削阶级。”这就是说，宗教是超阶级的，可以为一切阶级服务。

乙方认为这是违背历史唯物主义原理的。阶级出现以前，自然宗教的神往往是部落的英雄，不具有人压迫人的属性，如我国古代相传开天辟地的盘古，炼石补天的女娲，驯服野兽的伏羲，以及燧人氏、有巢氏，尝百草的神农，教民稼穑的后稷，战胜外来强大蚩尤部落的黄帝等等。进入阶级社会后，人为宗教的神才被赋予赏善罚恶的威力。在阶级社会里，阶级压迫和剥削所造成的社会苦难是宗教存在的主要根源，而宗教又反过来为这种压迫和剥削服务。马克思主义的著作中指的宗教，一般指的是“人为的宗教”。人为宗教，从组织到教义、教规，从上帝的神性到神学原理，无不打上阶级的烙印。

甲方不承认宗教是人民的鸦片，提出了“人民宗教”的观点，并且说这是马克思提出来的：“极其深刻的是，马克思特意指出，宗教正是从人民自己当中产生出来的，而并非像一些误解其意者所想的那样，认为是由反动统治者编造出来以骗取他们的信仰的。”

乙方认为，马克思主义从来反对宗教只是少数骗子编造出来骗人的那样简单化的说法，认为宗教的产生，既有认识论根源，又有社会阶级根源，但不能因此否认人为宗教具有欺骗性。马克思主义也没有主张有所谓“人民自己的宗教”。马克思说的“宗教是人民的鸦片”，正是说它对于人民是鸦片，起着麻醉人民的作用。阶级社会里，“人民”是一个相对于反动统治阶级的概念。对于反动统治者，即使他们信仰宗教也和人民一样虔诚，但宗教对他们有着实际的好处，是维护其统治的有力的思想工具。恩格斯也曾指出：

> 自发的宗教，……在它们产生的时候，并没有欺骗的成分，但在以后的发展中，很快就免不了有僧侣的欺诈。

这是说原始宗教已开始有了欺诈。接着说：

> 至于人为的宗教，虽然充满着虔诚的狂热，但在其创立的时候，便少不了欺骗和伪造历史，而基督教……也一开始就在这方面表现出了可观的成绩。①

列宁也说过：

> 俄国资产阶级为了反革命的目的，需要复活宗教，唤起对宗教的需求，编造宗教，向人民灌输宗教或用新的方法在人民中间巩固宗教。②

且不必引经据典，只要看一看古今中外的宗教神学所宣传的“启示”“奇迹”，有哪一条不是编造的呢？

---

① 《布鲁诺·鲍威尔和早期基督教》，《马克思恩格斯全集》第十九卷，人民出版社，1963年12月版，第327—328页。

② 《论拥护召回主义和造神说的派别》，《列宁全集》第十六卷，人民出版社，1959年4月版，第33页。

（三）无神论宣传与落实宗教政策有无矛盾的争论

甲方认为，宣传无神论是从“宗教是鸦片”的概念出发，过分估计宗教的危害作用，人为地去压制宗教活动，剥夺宗教生活的权利，会加强宗教狂热，也就加强宗教的麻醉作用。要人不信宗教，那是唯心主义的幻想。我们部署工作，不应当从这种幻想出发，一看见信教的人数多，就惊慌失措，盲目做出粗暴反应。只要教徒爱国守法，正常参加生产和工作，就应当团结他们。甲方还认为，宣传无神论就是“挞伐群众的宗教信仰”，“挑起宗教仇恨”，挑起有神论与无神论的争论，影响了宗教政策的落实。

乙方认为甲方的分析有以下的概念混乱：

1. 甲方认为，宣传无神论，必然破坏宗教政策，必然剥夺宗教生活的权利。乙方认为，无论在事实上或在理论上，没有这种必然性。宣传无神论属于思想领域里的斗争，它针对神学观点而不针对某些人，它不强加于人，根本不会限制教徒的正常信仰和宗教活动。相反，科学无神论揭示了宗教产生、发展和消亡的规律，能从理论上说明党的宗教政策的正确性。过去党的宗教政策受到破坏，不是由于宣传无神论，而是林彪、“四人帮”的罪过。南京《宗教》的文章，指摘我的文章，说“有人还把扫除宗教信仰说成是我国实现‘四化’的前提”。“扫除宗教信仰”六个字还加了引号，表示有出处，实际上这六个字是捏造出来的。我的文章是在最广泛的意义上论述了破除封建主义、信仰主义对实现“四化”的重要性，联系批判林彪、“四人帮”，这本是近年来许多文章中常见的观点，只要看上下文，就知道批判的是“四人帮”，不是指的批判现存的宗教是实现“四化”的前提。用编造事实来取胜，断章取义，此风不可用于科学研究。事实上，乙方从来没有因与有神论者世界观不同，而影响同他们在政治上的团结和工作上的合作。我们是无神论者，不信“上帝”，但我们一贯反对有些干部用行政命令对待信教群众的粗暴做法。我们的同志们在调查期间和教徒和睦相处，从他们那里学到知识，加深关于马克思主义宗教理论和政策的理解。1980年春，我们与南京大学宗教研究所共同调查温州地区的宗教活动，在丁光训主持下召开了多次座谈会。从1978年到1981年，我们编写《宗教辞典》，编写者也有教徒，他们都知道我们主张——“宗教是人民的鸦片”，双方互相尊重，工作很融洽，他们感到和我们研究所的同志们（也就是无神论者）共同工作，心情愉快，精神上没有负担。

2. 甲方说：“要人不信宗教，那是唯心主义的幻想。”乙方认为这种提法很离奇。照这样逻辑，思想政治工作完全无用，教育完全无用，科学普及也完全无用，对宗教的泛滥只能听之任之，不能从理论上驳斥，对宗教的欺骗性不能说半个“不”字。宗教对于整个社会来说，相当长的时期内是难以避免的，但对于个人的信仰来说，却是可以改变的。无神论的教育工作做得好，可以使较多的人赞成无神论，信神的人逐渐减少。我们九亿人口的社会主义国家，立国的原则是马列主义，领导的核心力量是中国共产党。无神论是唯物主义世界观的一个组成部分，它是有生命力的，应当提倡，不宜限制。信仰有神论有自由，是宗教政策；宣传无神论有自由，也是宗教政策。

3. 甲方把研究宗教与宗教管理工作混同起来。乙方认为，作为共产党领导下的科研机构，用马克思主义的基本原理评论宗教、研究宗教，是天经地义，是共产党领导下的科研人员的义务。用马克思主义的世界观武装全国人民，可以使国家加快“四个现代化”。主管宗教的各级行政部门当然要负责落实宗教政策，宗教界遗留下的冤假错案也应积极去清理，有些机关团体占用宗教活动场所的问题，要根据情况具体地、一件一件地解决，解铃的任务要由系铃人去解决。作为科研人员，讲一千遍无神论也造不成冤假错案，科研机构也无权指挥各级行政及其他群众团体退出占用的教堂财产。行政上的具体措施，可根据政策灵活掌握，但理论原则问题不能让步。

四、同样的形势，相反的估计

世界宗教研究所基本上每年都有人到全国各地调查宗教活动的现状。在宗教学规划会之前，1978年我们曾去云南调查了两个宗教徒聚居点，一个是沙甸回民区，一个是基督教徒聚居区。我们发现某些当地干部压迫教徒的信仰自由，伤害宗教徒的宗教感情，关押基督教徒达数年之久。这些破坏民族团结，造成宗教徒与政府对立的事件，我们写成报告并及时送宗教局参考。

从全国宗教活动看来，总的情况是：

第一，由于贯彻了党的宗教政策，平反了一些冤假错案，宗教生活逐步正常，教徒群众更加拥护党的领导，安定团结的形势得到加强。但也有些地区，干部中有“左”的思潮影响，落实宗教政策不力，教徒的宗教生活得不到满足。

第二，各种宗教近来很活跃，报刊上公开反映的只是极少的一部分。有些地区，如温州、福建、安徽、湖北等地的基督教徒活动都是自发的。有的地方，基督教徒连《圣经》也没有见过。他们很少是旧的教徒，大部分是新参加的。他们没有接受前三自爱国会的领导，也未直接受到外国传教分子的控制。但外国势力通过各种渠道积极活动，企图派当年的传教士回来，接上旧关系。去年，加拿大有一个传教士以旅游身份来到东北四平，看望当年的旧教友。

第三，宗教徒希望政府不干涉他们，由他们自由传教。有些伊斯兰教地区的教徒明白表示，他们自己出钱、出物资，修建教堂，不要政府的资助。藏族地区宗教狂热更甚，达赖的哥哥为达赖回国探路，煽动宗教狂热，搞民族分裂活动。前不久，班禅到青海视察，受到教徒的狂热欢迎，班禅的洗手水、大小便通过走后门，卖给教徒治病。

以上这些事实，甲、乙双方都看到了，但对形势做出估计却相反：

甲方认为，当前主要任务是落实宗教信仰自由政策，而不是宣传无神论，是让宗教信仰者由地下转到地上，由隐蔽活动转到公开活动；一讲无神论，把他吓回去了，又潜入地下，反而不利于管理了。乙方不同意这种估计。现在的事实是宗教活动，特别是几个大的宗教（基督教、伊斯兰教、佛教等教），早已不在地下了，有的地区的教徒群众已不理睬当地干部的领导，他们不等待政府的承认，早已大张旗鼓地活动了。现在的情况不是怕把他们吓回去，倒是他们不买政府的账，有的地方如果要管理，只能承认教徒们造成的既成事实，把他自己推出的宗教领袖予以追认。政府派去的宗教领导人，不被教徒群众信任，不被群众承认，甚至也有人千方百计地与海外挂钩。宗教徒听了“宗教是鸦片”字样，有反感（但他们并不因为“鸦片”二字就不进行活动），这不奇怪，奇怪的是自称“马列主义”的干部也反对“宗教是鸦片”的论断，听了这句名言就产生反感，这就不对了；宗教徒不高兴政府来管理宗教，这不难理解，而自称为正确执行党的宗教政策的干部也对“管理”二字有反感，这种思想情绪也是很不对的。我们对外国人讲，中国的基督教徒实行了“三自革新”，自治、自养、自传。事实上有哪一项工作可以离了党的领导？果真脱离了党的领导，不要政府的管理，必然会吃大亏、上大当的。宗教与哲学有相似之处，却有所不同。宗教不只是意识形态，它是旧社会遗留下来的上层建筑，由于它有组织形式，有教徒组成的团体，形成某一种共同的群众心理状态，所以宗教又是一种社会力量。哲学唯心主义者的思想装在他个人的头脑里，他的思想只不过支配着他个人的行动。宗教却不同，它可以形成群众的活动，掀起宗教狂热。政府不去管理，它必被坏人利用，危害社会主义，破坏安定团结。

我们宣传无神论，加强唯物主义的阵地，争取青少年中尚未信教的群众，用科学的世界观武装他们的头脑，这是我们每个理论工作者、每个党员、每个干部的职责。

五、争论如何解决

为了发展马克思主义的宗教学，在这个领域内取得经得起实践考验的研究成果，我们要努力创造一种在学术上能够独立探索、自由讨论的民主空气和敢于坚持真理、勇于改正错误的科学学风。这就要求我们认真贯彻“百家争鸣”的方针，不折不扣地执行“三不”主义。无神论者之间的学术见解可以争鸣，有神论者与无神论者之间也可以自由讨论。马克思主义者不主张强迫别人放弃或改变信仰，只有欧洲中世纪教会干过那种蠢事，曾对异端教徒用残酷的迫害的手段，强迫别人改变信仰。我们相信科学，主张通过辩论推动认识的深化，这样做对马克思主义的发展有好处。同样，也希望甲方的同志们平心静气地对待理论问题。建国三十多年来，由于不懂得或明知故犯，把学术问题当作政治问题来对待，棍棒乱舞，伤害了同志，败坏了学风，贻患于社会、国家，便宜了敌人（如“四人帮”及陈伯达、康生一伙），这种傻事再也不能干了。但愿今后：一是坚持四项基本原则；二是宗教团体与科研机构的工作和研究，自己给自己划划界限，少互相干扰；三是双方求同（求爱国主义之同）存异（存“鸦片”是否有害之异），互相尊重。

附注：宗教问题是全世界普遍存在的社会问题，本文只讲到甲乙双方的分歧，不是全面论述。

哲学与宗教*

人类在认识世界和改造世界的长期过程中逐渐形成了哲学——对世界（包括人生）的总的看法，即世界观。中外历史发展表明哲学出现在阶级社会。在原始公社时期，人与人之间的关系还不能自觉地认识，由于生产力极度低下，生活极端困苦，大自然给予人类的考验十分严酷。人类为了生存，把一切力量都用来对付自然。天灾、疾病、部落之间的争夺（部落之间相互争夺作为自然界的存在来对待），无情地摆在人类面前。人类无力克服这些苦难，于是产生了宗教。宗教在进入阶级社会以后，特别是在后来的文明社会，它是科学的敌人，是社会前进的障碍。但在原始社会，人类从无宗教到形成宗教倒是一个进步，它是人类思维能力向前发展，人类从与自然界浑然一体的状态下分离出来的标志。动物没有宗教，动物不可能产生一种支配自己的异己力量。只有人类才有宗教。

宗教是人造的，一旦造出来，它就不再服从人的管辖，反倒管辖起人来。哲学起源于宗教。哲学的发展过程，就是一步一步地摆脱宗教的束缚的过程，征诸中外历史，没有例外。宗教的“天国”

---

* 原载中国社会科学院世界宗教研究所编：《宗教·科学·哲学》，河南人民出版社，1982年8月版。

不能用论证的方法来证实它，虽然中外宗教神学家对此做了不少努力，也进行过证明，他们事实上都干了一些无效劳动。因为宗教立足于信仰和虔诚，而不是立足于理性的思辨、逻辑的论证。宗教祈求无上的精神力量援助，而不是教人激发自己的聪明智慧。宗教指示人们一个一个地向“上帝”投降、忏悔以求得宽恕，而不赞同人们向压迫自己的自然力量与社会力量反抗。“天国”的大门仅容一人一次通过，而不允许人群一拥而入。虽说“上帝”的形象是集体塑造的，它对每个信奉者实行各个击破，先当俘虏，后发进“天国”的门票。

宗教是人类对现实世界的歪曲反映。在古代，人类的生产斗争靠经验，征服自然的能力有限，还得“靠天吃饭”。吃饭靠天，要想思想上不靠天是不可能的。社会组织本来是人类自己安排的。但社会的存在、组织形式以及它的发展规律尚未被认识，人创造了社会，而社会却支配了人，人对自己的命运不能掌握，屈服于一种压迫自己的异己的力量。无论对自然、对社会，古代人类总是显得十分渺小。这就为宗教提供了滋生、蔓延的土壤。

哲学与宗教不同，它是人类生产斗争的知识、阶级斗争的知识的总结。它通过实践，产生思辨活动，在无数的生产斗争和阶级斗争中犯过错误，也取得了成功。总结成功的经验，吸取错误的教训，使人们变得聪明起来。把宝贵的经验和教训不断积累，并把它抽象概括为原则性的、总结性的格言，这就是哲学的雏形。先用诗的形式，为了便于记忆和流传，后来写成文字、著作。总结经验要有科学的方法，有科学的态度。哲学的基础是科学，哲学本身就包含着与宗教分离的内在因素。最早宗教指导着人类生活的全部，后来阵地逐渐被哲学所挤占，才缩小了它管辖的范围。

在原始社会里，人们对自然力量的压迫无法理解和无能为力，是原始宗教产生的主要原因。在阶级社会里，人们除了受自然力量的压迫，阶级压迫和剥削所造成的社会苦难则是宗教存在和发展的主要根源。历代剥削阶级的统治者，利用宗教作为保护剥削制度、消除人民的反抗意志的思想工具。原始的宗教，产生和存在只是由于人们对自然力量不理解。阶级社会的宗教，在原来使宗教赖以存在的基础之外，又加上人为的因素，人为地使宗教思想系统化、组织化，使宗教有意识地为政治服务，有助于王化，成为正人心、消乱源的思想武器。而科学的规律却来不得半点人为的虚假。宗教从此成了科学的敌人。宗教利用它的特点——信仰主义以压制理性主义。

哲学是在阶级社会中产生的。哲学对自然现象和社会现象提出了规律性的解释。哲学一开始就存在着符合客观事实的解释和不符合客观事实的解释。因为客观事实是离开主观而独立存在的，独立存在的事实是不断发展变化的。于是，哲学发展划分为唯物主义哲学（符合客观事实的）和唯心主义哲学（不符合客观事实的）。对客观事实是否有发展变化，有不同的观点：有一派哲学认为，事物有发展变化，这是辩证法；还有一派哲学认为，事物没有发展变化，这是形而上学。

宗教反对科学实践，而唯心主义哲学则歪曲科学实践。在历史上，宗教和唯心主义哲学经常结成同盟军，如中世纪的神学就是以哲学的形式去完成宗教的任务。宗教是粗糙的哲学，哲学是精致的神学。这两者的任务和目的相同，只是有高低精粗的差别。代表人类正确思维的哲学只有唯物主义和辩证法，它可以称为哲学的主流。但人类认识世界不是沿着直线前进的，要走不少弯路，有时顺利，有时停滞，甚至也有短暂的倒退。哲学前进一步，都要和宗教发生冲突。

虽说自然宗教产生于原始社会，人为的宗教产生于奴隶制社会，但宗教得到广泛蔓延，无论中外，都是在封建社会。封建社会比奴隶制社会前进了一个阶段。奴隶社会的存在和巩固靠更多的暴力，而辅之以说教。封建社会的经济特点是个体小农经济，统治者利用的手段比奴隶制有所缓和，不专靠皮鞭和刑罚，而给农民以小块土地，使他们对生产比奴隶积极性更高。但这并不等于放松了对农民的压迫和剥削，而是用宗教作为思想武器，推行奴化说教，使更多的人心安理得地被束缚在土地上，永世不得翻身。世界三大宗教的广泛流传，形成世界宗教，都得力于封建社会统治阶级的支持和推广。

中国哲学史发生于奴隶社会，它的成长和壮大却在封建社会。中国的奴隶制社会和资本主义社会不及欧洲各国具有典型性，而中国的封建社会则在全世界具有典型性，因为它使封建社会的经济、文化、科学技术走在当时世界的前列，有些领域达到高峰。有三千年历史的中国哲学，其主要发展过程是在封建社会进行的。如果说中国哲学史即中国封建社会的哲学史，也不能算过分。因为中国资本主义没有得到正常的发展，很快就跨进了社会主义阶段，因而反映资本主义的哲学思想比较简单，都还没有达到西方近代资产阶级的水平。

在封建社会，哲学只是宗教的附庸，没有能力从宗教神学的绝对权威下解放出来。中外的历史都已表明这一事实。中国封建社会的历史特别长，哲学从属于宗教的这一事实就更为突出。这一点古人自己也不大清楚。西方资产阶级开始时也不自觉地借用神学的范畴讲哲学，偷运唯物主义“私货”。欧洲中世纪的唯名论已开其端，斯宾诺莎借用“天”来代讲他的唯物主义泛神论。康德已开始区别哲学与宗教的使命对象，到了黑格尔得到进一步区别。

中国封建社会是全世界最典型的。说它典型，因为它的生产力、科学、文化都达到封建制度下可能达到的最高水平。为了维持封建制度的巩固，历代统治者费尽了心力。中心任务是巩固宗法制度，使宗法制度与封建的政治统治秩序密切结合起来。这一任务，儒家做了不少努力并收到实效。哲学的发展，中外共同的规律是唯物主义与唯心主义斗争的过程。特别在近代，把思维与存在的关系提高到自觉的程度。过去的哲学，则是人类认识世界的过程。由于科学水平的限制，生产规模狭小，人们的实践范围也受到限制，认识社会、历史、自然及人类思维的一般规律不得不受到宗教的局限，实质上属于唯物主义与唯心主义的斗争史，具体表现则为哲学摆脱宗教的过程。封建社会占主要统治地位的思想、意识形态即宗教。哲学的唯心主义“天”与宗教神学唯心主义世界观密切相关。中国的宗教神学不只是简单地宣扬上帝创造世界，它对人世吉凶、历史朝代兴亡、自然界水旱灾害，都有一套神学的解释。西周的“天命”神学，经历了春秋战国，被打得动摇了。封建地主阶级为了自己取得政治统治地位，在地上取得王权，也要打破西周以来维护旧制度的神权。等到封建统治制度已经建立，它也需要一种神权作为王权的新支柱。这就出现了秦汉以后的神学目的论，对汉代封建王权重新论证，出现了以董仲舒、《白虎通》为代表的神学目的论、天命决定论。

王权统治下，不可避免地要发生土地兼并，出现大量饥民，造成社会动荡。土地兼并，先从平民百姓开始，继而兼并到中小地主阶级，大地主只是少数。于是造成农民起义，社会动荡，推翻旧王朝，土地再分配，人口自然增长，土地重新兼并，农民又进行第二次革命。这样，一治一乱，多次循环，组成了中国二十四史的历代兴亡盛衰连环图画。“天命”神学、王权神授这一基本图式没有多少改变。统治者不断总结经验，把哲学与神学巧妙地结合起来，形成官方神学。汉以后，官方神学一度被冲击，哲学从神学中暂时获得解放，即魏晋玄学。魏晋时期，佛、道两大宗教广泛传播，与儒教争地盘。隋唐时，佛教、道教与孔子为教主的儒教号称“三教”，同时并行，既斗争，又联合。三教中既有宗教教义的宣传，也有宗教哲学理论的宣传，经过几百年的渗透、融合，到了宋代，三教并成一体——形成完整的儒教体系。它吸收了佛教、道教的宗教修养方法，让维护封建宗法制度的儒家出面，表面上摆出批判佛教与道教的姿态。

中国封建社会后期长期停滞不进，当然有许多原因，有一个原因应当指出，就是儒教扼杀了科学，扼杀了资本主义萌芽，禁锢了人们的思想，从而推迟了中国向资本主义迈进的步伐。

中国哲学史是唯物主义与唯心主义的斗争史，但具体表现则是各个不同时期、各种唯物主义流派向当时占统治地位的宗教思想做斗争的历史。哲学史也就是摆脱宗教羁绊的历史。

道高一尺，魔高一丈，宗教神学并不是一成不变的。宋代儒教体系的完成，表明宗教随时改变着它的形式。在斗争中成长起来的哲学，特别是唯物主义哲学，也逐渐使自己的体系完备，把人类认识推向深化，形成了一浪高一浪的势态。

如果看不到这一点，就看不到中国哲学史的特点及其前进的道路。

宗教研究与哲学研究*

宗教与哲学这两个学科，最早是没有划分的。愈到近代，学科就分得愈细，这二者也就分开了。在古代，人类在认识世界的过程中逐渐地产生了宗教。从人类学、考古学来看，宗教不是一开始就有的。有了宗教，标志着人类认识的深化。动物是没有宗教意识的，儿童也不会自行产生宗教意识。只有人类把自己与自然分化以后，产生一种崇拜的意识，这时才有宗教的概念。大家知道，最早由于生产力低下，人们对自然现象有神秘感，对自然无能为力，但又要为自己的生存而与自然界做斗争，在生产斗争过程中人们发现有一种异己的力量。对这种异己力量，人们又无法正确理解它，又不能制服它，这就是产生宗教的认识论的根源。宗教的出现，标志着人类社会发展到一定水平。

宗教最早称为“原始宗教”。由于当时生产力极端低下，而天灾人祸、毒蛇猛兽又时时威胁着人们。整个氏族都是共同生活，共同生产劳动，共同分配，共同抵御外界的威胁，也共同举行一些祈祷的仪式。带头的往往是氏族中最有威望的人。因此，当时人人都

* 本文系作者1982年8月22日在西北五省（区）伊斯兰教学术讨论会（西宁会议）上所做的报告。原载《青海社会科学》1982年第5期。

信仰宗教，无一例外，而且也没有专职的宗教职业者。

宗教起源是很早的，而哲学只是在阶级社会以后才产生。因此，哲学最多也只不过几千年的历史。哲学是一种世界观。只有在人类有高度的抽象思维之后，才能形成哲学世界观。从历史上看，宗教流行的范围比哲学广得多。现在，在世界上还没有发现哪一个民族没有宗教的，但不能说每一个民族都有哲学。因为哲学是一种思辨之学，而宗教是一种信仰之学。宗教只是从感情上、信仰上使人满足，而哲学是一种理性的、逻辑的、思辨的学问。人类没有高度的抽象思维，是不可能有哲学的。因此有原始宗教，但不能说有原始哲学。哲学一开始就为一定的阶级服务，它是阶级社会的产物。

宗教与哲学有什么关系呢？这种关系只是在阶级社会以后，即人类进入奴隶制社会之后才产生哲学。在封建社会、资本主义社会继续有所发展。进入阶级社会以后，人类社会生活越来越复杂，出现了一般学科所不能解答的问题，如人为什么有灾难，为什么有人富贵、有人贫贱，为什么好人得不到好报，为什么人的寿命有长有短等等问题，其他学问都不能回答。有两门学问宣称可以回答这些问题，而且自信只有它们才能回答。这两门学问，就是宗教与哲学。因此，进入阶级社会后，宗教和哲学发生了关系，而且这种关系越来越密切。

宗教的历史很长，与人类的社会生活关系密切，根子又很深。哲学往往依附于宗教，西方书上经常说，哲学是宗教的奴婢。进入阶级社会后，宗教与哲学究竟是一种什么关系呢？

众所周知，阶级社会，即奴隶社会、封建社会、资本主义社会，是少数人压迫、统治着多数人。阶级社会占统治地位的哲学，不管是哪一派，都要论证阶级社会的合理性，论证人剥削人、人压迫人是合理的。所不同的是，封建社会的哲学论证奴隶社会是不合理的，只有封建社会是天经地义的；资本主义社会的官方哲学又论证封建社会的不合理，只有资本主义是万古长存的。因此，进入阶级社会后，宗教与哲学在行动上互相配合，在理论上又互相补充。因为宗教与哲学都是上层建筑，都要维护它自己的经济基础，特别是该社会的所有制。

在阶级社会中，特别是封建社会这一阶段，宗教得到很大发展，这值得引起注意。影响比较大的世界三大宗教（佛教、基督教、伊斯兰教）都是在封建社会时期才越出一国、一地区的范围，成为世界性宗教的，这都不是偶然的。在奴隶社会里，奴隶主是靠暴力、靠刑罚、靠鞭子把奴隶管起来，奴隶被看作会说话的工具。到了封建社会，劳动者有一部分自己的生产工具，地主用不着天天跟着他们，也不需要组织集体的劳动，而是把地租给劳动者，只要收取地租就行。封建社会是一种分散经营的小农经济，统治者想加强自己的统治，巩固封建秩序，但又不能用像奴隶主对待奴隶的方法。因此，这个时期，宗教和哲学就从思想上、理论上制服劳动群众，让他们驯服。例如，中国的孔孟之道，宣扬的就是忠君、孝顺、“三纲五常”。春秋时期，孔子还不是一个宗教家，而是一个教育家、思想家。但到了汉代，汉武帝、董仲舒提出“独尊儒术”，把儒家奉为一尊，把孔子的著作奉为经典，只能背诵，不能怀疑，把孔子本人奉为神，逐渐开始宗教化。东汉时期，佛教传入，还有在本土形成的道教。南北朝时，这三教并存。唐朝时，三教的地位都已确立了。当时，国家遇到一些重要的典礼，都邀请三教的领袖人物在宫廷讲论。他们的讲论有一个发展过程。开始时，三教各讲自己的优点，攻击对方的弱点。到唐朝后期，三教多讲它们的一致性，而不去互争高低，有了互相融合的趋势。到了宋朝便进一步合流，并正式形成了儒教。儒教流行的地区就在汉族的广大地区。这是一种特殊的宗教，是以反宗教的形式出现，但它本身又有许多宗教的特征，它有经典，有教义，有流派，有体系。这个问题，目前学术界还有争论。不过现在在国内和国外，有一些人认为儒家思想是一种宗教，是有一定根据的。

在阶级社会里，宗教与哲学是配合得很好的，善恶是非的标准是一样的。例如，封建社会中忠君思想、“三纲五常”等，宗教和哲学的讲法是一致的，而且是互相配合的。哲学内部有争论，有唯心主义和唯物主义的斗争。唯物主义流派中，有的力图从宗教影响中摆脱出来。西方哲学，特别是到了近现代，也是要力图摆脱中世纪神学的影响。但这也有一个过程，开始不那么彻底，到了后来才逐渐摆脱“上帝”，变成了纯粹哲学的思维。

阶级社会中宗教与哲学的关系大概如此。

下面谈谈社会主义社会中，宗教与哲学的关系。这是一个值得很好研究的新的课题。

在资本主义社会里，生产资料仍然是私有制，宗教与哲学同样维护这种私有制，因此宗教要从哲学中分离出来就不那么彻底，也不那么容易。社会主义社会情况就不一样了。上面已经提到过，在阶级社会里，宗教与哲学同是当时的上层建筑，同为私有制辩护，而在社会主义社会里，宗教与哲学分开了。社会主义社会中占统治地位的哲学是马克思主义的哲学，这是社会主义的上层建筑，是维护社会主义制度的。而在这之前的资本主义社会，马克思主义哲学是破坏资本主义制度的，它不是资本主义社会的上层建筑。马克思主义的哲学只能是社会主义、共产主义社会的上层建筑。

宗教是旧社会的上层建筑，是一种旧的习惯势力遗留下来的，因此它不可能成为社会主义社会的上层建筑。在社会主义社会里，宗教和哲学在理论上是彻底分离开了，这是与以前任何阶级社会里宗教和哲学的关系根本不同的地方。社会主义社会中，有工人阶级的哲学，工人阶级的世界观，具体讲就是辩证唯物主义和历史唯物主义，而没有工人阶级的宗教。宗教世界观是一种唯心主义的世界观，是强调修炼内心，不包括改造世界、改造社会，更谈不上革命。但是，在社会主义时期，却有马克思主义的宗教学，它研究宗教发生、发展和消亡的客观规律，研究宗教的历史、宗教的社会作用、宗教与文化等的关系。只有马克思主义的宗教学，而没有马克思主义的宗教。

必须指出，在社会主义社会，在政治上，共产党人在建设“四化”事业中，与有宗教信仰的群众结成统一战线；但在世界观上，共产党人与宗教界人士是对立的。正如唯心主义与唯物主义对立一样，这两者不能搞统一战线。这对我们宗教研究工作者来说，是非常重要的，这是马列主义、毛泽东思想的指导原则，我们必须永远坚持下去。在新出版的《中国佛教史》序言中，我们讲得很清楚:“我们只讲清道理，对佛教作为宗教，我们批判的锋芒所向，是佛教的宗教世界观，而不是当前信奉佛教的群众；揭露的是佛教麻痹人民的宗教本质，而不是针对虔诚的善男信女。”①在世界观上要明确，要旗帜鲜明。共产党人从不隐瞒自己的观点，但我们可以而且必须与信教群众长期合作，共同工作。

宗教研究和哲学研究中应该注意的几个问题：

建国三十多年来，用马克思主义的观点来研究宗教仅仅是开始，我们都在探索中前进。是对，是错，提出来，我们大家共同研究、商量。

第一点，在社会主义时期，宗教研究如何为当前政治服务，这是一个很现实的问题。我们各个研究机构，包括宗教团体在内的研究机构，都是在党的统一宗教政策指导下开展各自的研究工作的。就拿研究所来说，国家要求我们对各种宗教的理论、现状、历史进行系统的研究。这种研究看起来好像与当前没有什么联系，但是只要是科学的研究结果，就可以为党政领导部门制定政策时提供参考。例如，对教派的研究，只要我们对某一教派做科学的、如实的研究，就可以为党政部门提供可靠的依据，这就是为当前政治服务。再如我们的开放政策，我们要与外国交朋友，如果不了解该国的历史、文化、宗教、风俗人情，我们怎么能交好朋友呢？在国内也如此。如果我们不了解各兄弟民族的历史、文化、宗教，也不利于团结各兄弟民族一道为“四化”而工作。这就是为现实服务。但这种服务是长期的，不能搞“立竿见影”。

宗教看起来好像离我们很远，但实际上与我们的现实生活、国际交往关系很密切。如中东问题，这是一个全世界大国争夺的焦

① 《中国佛教史》第一卷，中国社会科学出版社，1981年9月版，第17页。

点，也是政治上很敏感的地方，如果我们不重视这方面的研究，是不应该的。这既是一个宗教问题，又是一个很现实的政治问题；既要研究历史，又要研究现状，不能偏废。

第二点，宗教研究从哪几个方面入手。世界宗教研究所成立时，我们根据中央的指示，要对世界三大宗教的理论、现状和历史进行系统的研究。十几年来，我们一直是这样做的。这三者之间，恐怕理论研究更为重要。因为研究宗教的现状、历史，要有马克思主义的理论作为指导。不然的话，我们就不是清醒的马克思主义者，将会掉进浩如烟海的资料中，迷失方向。研究宗教，这三个方面都要考虑到，但对于每个人、每个具体的研究单位，可根据各自的特点有所侧重，但都不能偏废。

第三点，我们宗教研究工作者要有一个立脚点，这个立脚点就是马列主义、毛泽东思想。如我们研究一项课题或对某一教派进行研究，就不能站在这一派的立场上或成为这一派的信奉者。如果是这样，那就成了某一教派的神学家，这在历史上是有的，但不能成为宗教的研究者。没有正确的理论，就不可能有正确的科研成果。

我们还听到有一种说法：如果你不了解宗教，不站在某一种宗教立场上，怎么能研究宗教呢？这种说法在中国古代也有人这样主张过。例如古代庄子和惠子同站在桥上观鱼，庄子看到鱼自由地游来游去，就说："这鱼有多快乐啊！"惠子说："你不是鱼，你怎么知道这鱼快乐呢？"二人对这个问题展开了一场辩论。现在，理论上有这种说法，认为你不站在它那一边，怎么能理解它呢？你的研究可靠与否？还算不算数？我看这要做具体分析。宋朝苏东坡有一首游庐山东林寺的诗："横看成岭侧成峰，远近高低各不同。

不识庐山真面目，只缘身在此山中。”苏东坡描写的是庐山风景，这里也透露了哲学上的认识论的问题。就是说认识一个事物，如离得太近，反倒看不清，有一段距离，可能看得更清楚一些。但也不能太绝对化，不能说离得越远，看得越清。就拿研究佛教来说，要“进得去”“出得来”。“进得去”，要深入佛教理论的内部，对它的经典、教义、教派要熟悉。“出得来”，就得靠马列主义、毛泽东思想，从更高的立脚点来剖析佛教。在道教研究中也有类似的争论。道教宣扬人修炼得道，能成仙升天。相传淮南子刘安一家人得道升天，连鸡犬都升天。道教反驳那些不信得道升天的人，说：“你没有成神仙，你就没有资格知道神仙能升天。”也就是说，你要知道得道升天，你就得先成为神仙。这种说法也不能成立。譬如说，法学里有一门学科叫“犯罪学”，我想犯罪学家不可能是一个犯罪的专家吧。所以，我们宗教研究工作者，必须坚持马克思主义的立场、观点、方法，而不是先变成教徒才能懂得宗教。正如懂得黑格尔哲学最深刻的并不是黑格尔及其学派，而是马克思、恩格斯、列宁。

还有一些善意的学者，说马克思主义和宗教的一些教义是一致的。这种说法在客规上对双方来说都是有害的。因为宗教世界观与马克思主义哲学是两种截然对立的世界观，强拉在一起，既损害马克思主义的基本原则，也伤害信教者的感情，对双方都没有好处。所以，我们在互相谅解、互相尊重、互相配合的基础上搞合作，这样会好一些。基于这种情况，我们宗教研究所最近出版了佛教学者法尊法师的《集量论略解》。法尊不是马克思主义者，但他对西藏因明学有多年的研究，只要有学术价值，我们就尽力使它出版。我们既要坚持马克思主义的原则，又要防止狭隘的门户之见。

只有无产阶级才有气魄、有能力继承一切优秀的文化遗产。对宗教界的著作、刊物，我们从来不批评，尊重他们的宗教感情。我们可以在自己的刊物上正面阐述我们自己的看法。但另一方面，如宗教界放弃宗教立场，这也没有必要。马克思主义者研究宗教有自己的原则，宗教界有自己的立场，不必要求舍己从人。双方互相谅解，才能更好地推动宗教研究的开展。

第四点，关于目前宗教研究工作者队伍。看来这支队伍包括三种力量：第一种力量是全国的科研机构和高等院校，这是用马克思主义理论武装起来的一支力量，这支力量在世界观上旗帜鲜明，研究内容也明确；第二种力量是宗教工作部门，如统战部、民委等部门中的研究力量，他们更多地接触实际，结合现状，这方面条件比较有利；第三种力量是宗教团体及其宗教学校，他们站在信仰者的立场，“在教言教”，有丰富的宗教知识，我们不能要求他们用马克思主义理论来批判有神论，也不应该这样来要求。目前，这三种力量都在增长中。宗教研究工作是我们党理论研究工作的一个组成部分，这几支研究力量能互相尊重、互相谅解、互相合作，在各自的岗位上为宗教研究努力的话，我们这个宗教研究是大有可为的。因为宗教研究这样一个宏伟的工程绝不是少数人、少数单位所能包得下来的。只有全体宗教研究工作者（包括信教的、不信教的）群策群力把这事业做好，这也是我们对“四化”所做的贡献。

今天就讲这些。有不对的地方，请各位批评指正。

宗教学讲义*

一、宗教学原理

宗教是人类社会发展到一定阶段的一种社会现象，宗教学是研究宗教产生、发展及其消亡的规律的科学。宗教本身不是科学，它是站在科学的对立面，是反对科学的。但是用历史唯物主义的立场、观点、方法来研究宗教，这种研究就是科学。在现实生活中，这样的情况很多。比如，人睡着了说梦话，喝醉了酒胡言乱语，梦话和胡言乱语不是科学，但是以它作为对象来研究，这就是科学，这是心理学研究的范围。这种研究是科学。又比如，说谎不是科学，但是对说谎这种现象的研究则是科学。我们提出宗教学是研究宗教有其产生、发展、消亡的规律的科学，这个定义不是所有的人

* 本文系作者1982—1983年在北京大学哲学系宗教学专业的讲义，由刘苏根据录音整理，并经作者修改。曾收入《任继愈宗教论集》，中国社会科学出版社，2010年7月版。2013年8月，国家图书馆出版社出版单行本。《美学与宗教》部分曾发表于《念旧企新——任继愈自述》，山西人民出版社，1997年12月版；一部分曾发表于《天人之际》，上海文艺出版社，1998年6月版。

都能接受的，因为从宗教信仰者的立场来看，宗教是从来就有的，是天生的，受神的启示而存在的，宗教是永恒存在的。他们既不承认宗教有产生、发展，更难以设想宗教会消亡。只有马克思主义的研究者，站在历史唯物主义立场上才能提出这个观点。从这里可以看出，没有马克思主义的宗教，但有马克思主义的宗教学。宗教不是马克思主义的，宗教是一种唯心主义的世界观。也有些好心人提出，宗教经过社会主义、经过改造，加些新内容，可以形成一种马克思主义的宗教。这种提法本身是荒谬的、自相矛盾的，也是无法理解的。在几何学上没有法子让人画一个“方的圆”，方就是方，圆是曲线。“马克思主义的宗教”和“方的圆”同样使人难以理解。马克思主义是主张无神论，是坚持唯物主义的世界观的，而宗教却正相反。

西方资产阶级也有“宗教学”这个名称，这是从中世纪神学沿袭下来的。神学是从宗教立场上来看这个问题，他们和马克思主义的宗教学名称一样，但不是一回事，有本质的不同。

宗教是人类社会发展到一定阶段的一种社会现象，其他的社会意识形态，如文学、艺术、道德、哲学，也是人类社会发展到一定阶段出现的社会现象，不是先天就有的，它们是经历了漫长的人类社会实践逐渐地产生的。文学、艺术、道德，宗教也在内，是阶级社会出现以前早已存在的，只是进入阶级社会以后，被加上了阶级的内容。一旦产生以后，它们就成为人类不可缺少的精神生活要素，很难设想将来有一天，比如到了共产主义社会，人们不要文学、艺术、道德了。我们相信，这些社会意识形态将随着人类文化的进步、社会生活的充实、思想境界的提高，变得更加繁荣、绚丽。

另外，也有一些社会历史现象，如法律、国家组织出现较晚，是阶级出现后的产物，奴隶制以前不存在。法律随着阶级出现而产生，也随着阶级消亡而消亡。国家也一样。就宗教来说，宗教与哲学较接近，宗教产生比哲学早，在母系氏族公社时期就存在了。哲学产生于阶级社会出现以后，它作为世界观，为一定统治阶级辩护。阶级出现以前，只能说有一种哲学的萌芽，没有形成哲学体系。人类社会出现宗教、哲学后，这两种意识形态有许多地方经常被人们相提并论。从传统方面来看，有接近的地方。这两种意识形态，在阶级社会中都属于远离它的经济基础的上层建筑。它们都是要解决人们在社会生活中最难解答的问题。比如，人生的目的、归宿，人的价值，世界的本源，社会发展的动力是什么，灵魂是不是要消灭，诸如此类的问题，人类反复探索了几千年，到今天仍未得到完美的解答。这些老大难的问题，其他学科，如史学、文学、艺术、自然科学，都无法解答，也没有任务来解答。但哲学与宗教主要是要解答这些问题。[①]解答这些问题有许多方案。哲学有许多流派，不同流派有不同的解决方案。宗教也有许多派别，也是提出种种不同的解决方案。再进一步看，宗教这种社会历史现象，与其他的历史现象有什么不一样？它不同于文学、艺术、道德、法律以及哲学的地方在哪里？文学、艺术、道德、法律都是对社会存在的反映，宗教又是怎么反映的？

文学、艺术是通过形象来反映社会存在。艺术的形象，广义的

① 20世纪30年代以后，哲学走到了一个非常狭窄的死胡同，对上述重大问题放弃钻研，只研究一些玩弄概念的形式。宗教学在西方世界又得到发展，特别在50年代以后各大学纷纷开设宗教课程。

艺术包括音乐，音乐是声音的表达、声音的一种形象；建筑是固体的形象，通过形象来反映社会存在。

道德是用人类行为规范来反映社会存在。

哲学用思辨的方式、逻辑推理的方式来反映社会存在。

法律用行政强制的方式来反映社会存在，不同的统治阶级有不同的法律。

宗教是用虚幻的方式来反映社会存在，它的反映好像镜子，但照出的影子是歪曲的。哲学以思辨方式反映社会存在，唯心主义的世界观是颠倒的反映，马克思说过唯心主义者看世界是头向下，是颠倒的，它本末倒置。而宗教却是歪曲地反映。宗教具有以下三个特点：

第一，以幻想的方式制造出一个或一批崇拜的对象。

第二，在现实世界之外，以幻想的方式制造一个彼岸世界。这与第一个特点的区别是第一个是用幻想制造崇拜对象，这是制造一个“天国”“极乐世界”来逃避现实。

第三，迎合人们求乐避苦的愿望，给人以精神的安慰，满足人们精神的需要。

这三个特点有一个共同的思想基础，那就是信仰。信仰包括迷信、幻想在内。因为它是建筑在信仰的基础上，就不需要加以论证，信就有，不信就没有，宗教家都主张“心诚则灵”。

宗教与其他社会意识形态不同的地方，还在于不仅仅停留在思想意识的活动上。比如哲学，是世界观，是思想意识的活动。宗教除了思想意识活动，还与群众的社会生活密切联系着，它不光传播思想，还伴随着思想的传播形成一个团体，有组织地行动，并采取一定的宗教仪式，宗教仪式与民族习俗相结合。中国土生土长的宗教与外来的不同，这种宗教与那种宗教不同，这个民族地区的宗教与那个民族地区的宗教也不一样。有的与民族习俗相结合，有的超越了民族的界限，成为世界性的宗教，如天主教做弥撒，它的仪式全世界都一样。总之，宗教不仅传播思想，它通过集体活动逐渐形成一种社会力量，这种社会力量培养人们产生宗教感情。这些特点是哲学所不具备的。虽然宗教宣称与哲学有同样的任务，解答人生问题、社会价值问题，但它有自己的特点。一切的意识形态都是存在的反映，都是现实生活的反映，宗教的幻想也是现实生活的反映，也是受一定的经济基础所制约的。如果我们一定要给宗教的幻想找出直接的经济的原因，那就显得迂腐了。可是它确确实实是一定的社会经济的产物，关于灵魂、魔力这些观念，它只有它的否定性的经济基础。在史前时期，经济发展处在低级阶段的时候，人们的生产力发展十分低下，人在自然的威力下显得无能为力，对自然界很不理解，对自然界产生惊叹，对它膜拜。人类认识能力达不到的地方，就以虚幻的观念作为补充。这种虚幻的观念，有时也成为解释自然现象的条件，有时作为原因，其实都是虚幻的观念。中国古书《淮南子·天文训》，其中讲到开天辟地的传说：

> 昔者共工与颛顼争为帝，怒而触不周之山，天柱折，地维绝。天倾西北，故日月星辰移焉；地不满东南，故水潦尘埃归焉。

这显然是中原地带华夏民族共同的认识。当时人的眼界没那么宽，知识有限。最早哲学包含在宗教里面，以后哲学逐渐从宗教中分化独立出来。

二、原始宗教

宗教最早产生约在母系氏族社会，旧石器时代的晚期。在我国历史上称为“仰韶文化”，它代表文化发展史上的一个层次、阶段。大体属于比较繁荣的母系氏族公社阶段。从地下发掘来看，有固定的埋葬制度。仰韶文化遗址中，陕西临潼姜寨，西安半坡村，宝鸡北边，滑县、华阴县附近，都发现有公共的墓地，死者埋葬的地点很集中，有一定的埋葬方式。死者的头多半向着同一个方向。墓葬群有的都向南，有的都向西。随葬物品都是生活日用的陶器罐、盆，也有装饰品、食物。妇女的殉葬物品往往比男子的丰富。说明当时母系氏族时期的人，相信人死后会到别的地方去生活，否则不会把日用品、食品、装饰品放在身边。这种行动表明，那时的人相信人死后的灵魂还过着生前一样的生活，所以给死者那样的安排。氏族公社时期生产很落后，得到生活用品、食物不容易，妇女的殉葬品比男子多，在物资极端缺少的条件下，妇女受到优厚待遇，说明妇女比男子尊贵，社会地位高于男子。死者的头朝向基本上一致，说明他们相信人死后，灵魂要回到传说中老家的地方去。我国的一些少数民族里还保存类似的埋葬仪式。云南、贵州在彝族经典中有《指阴路经》[①]。

人类从没宗教进化到有宗教，这是人类进步的标志。人有宗教，动物无宗教，灵长类的黑猩猩、猴子很聪明，都没有宗教意识。儿童没有宗教意识，儿童的宗教意识是大人灌输的。

进入母系氏族社会开始有图腾崇拜，以某种动物或植物作为图徽、标志，当作这个氏族的保护神来崇拜。进入文明社会，图腾崇拜已经废止，也还有旧的残余的痕迹保留下来。比如，有的民族给小孩佩戴护身符，为了免遭灾难。抗日战争时期，日本侵略军多佩戴护身符，认为这样做，战场上不会被打死。[②]佛教徒认为佛牙可以辟邪，保护国家的安全。[③]在西安半坡村彩陶中有鱼形纹的彩陶，马家窑发掘出绘有青蛙、鸟的彩陶，这都是那个时候不同氏族的图腾。中国古书中有许多关于图腾崇拜的记载。《说文解字》提到，南方蛮、闽，从虫；北方狄，从犬；东方貉，从豸；西方羌，从羊。这些不是虫就是兽，从前认为是中原人称呼边远地区的人的贬义词，其实从考古人类学的角度看，这些称谓无所谓褒贬，它们是那时不同氏族的图腾。古代相传的姓，“姓”字从“女”、从“生”，就是起源于母系氏族时代。炎帝姓姜，活动于渭河流域到黄河中游、陕西这一带，姜姓以羊为图腾；生活在河北、河南一带

① 云南省禄劝县巫师所念的《指阴路经》，指引死者从当地普渡河渡河北行，经会泽、昭通进入四川凉山一带。可以认为，彝族祖先源出四川凉山一带。参阅马学良：《彝文经典和彝族的原始宗教》，载《世界宗教研究》第二集，中国社会科学出版社，1980年8月版。

② 抗日战争时期，从打死的日军尸体上发现不少这样的护身符。

③ 北京房山云居寺于1983年发现埋藏的舍利三颗。北京西山上建有佛牙塔，里面贮藏佛牙一颗，佛教徒奉为国宝。

黄帝的部落，史称“有熊氏”，他们以熊为图腾；楚国的先人也姓熊，也是以熊为图腾的。古代传说记载，黄帝与蚩尤大战，黄帝打仗时曾驱使熊、罴、貔、貅、貙、虎六种野兽作战。今人的驯兽有许多科学方法，训练动物表演节目还可以，但不能驱使大批经过训练的熊、罴上战场作战。这种传说记载应当是指的黄帝带领以熊、罴等六个图腾为标记的氏族共同作战并取得胜利。

黄河下游，太皞氏以凤为图腾，姓风。甲骨文“风”与“凤”是一个写法。《说文解字》云：“凤出于东方君子之国。”太皞氏在黄河下游，中国东部山东一带。少皞氏可能是太皞氏的分支，以“鸟名官”，都是以鸟类作为图腾。据《左传》记载，少皞氏下面以鸟为图腾的有二十四个氏族。

江汉流域，古书记载是属于三苗集团。三苗集团以蛇为图腾。神话传说伏羲、女娲都是人首蛇身。1972年，长沙马王堆出土的汉墓，棺材上用漆画的彩画，就是人首蛇身。可见，江汉流域比较流行的图腾是蛇。

据《史记》记载，商朝人的祖先契，其母简狄吞玄鸟（燕）卵而生契。可见，玄鸟是商朝祖先的图腾。母系氏族只知有母，不知有父，也可看出商朝人与东方氏族集团关系密切。周的根据地是陕西岐山。周朝灭商以后，将政治中心搬到洛阳，周公封于鲁（山东曲阜），太公封于齐（山东临淄），说明周以最重要的力量镇服东方。从历史上看，前人讲得不大清楚，从宗教历史发展来看，可以帮助我们了解历史。

《淮南子·本经训》提到尧除民害，天下大治，危害老百姓的有修蛇，尧“断修蛇于洞庭”。楚地正是以蛇为图腾的地方。“禽封豨于桑林”，“豨”是野猪；“封”是“大”的意思；“禽”即“擒”，“活捉”的意思。这可以看出，尧平定了以蛇、以猪为图腾的那些部族。平定了部落间的战斗，人民拥戴他为首领。这就是后人以神话的方式来记录当时部落间战斗的情况。从此处可以想见：汉朝初期的人，像《淮南子》的作者，对古代图腾代表的实质内容已不大清楚，图腾上画的是野兽，而它代表的是氏族。古人以神话说明历史，我们以历史来说明神话，这就是今人研究方法胜过古人之处。宗教学不光使人增长一些关于宗教的知识，还可以帮助我们了解古代的历史、文化、民族各方面的关系。

图腾崇拜是人类蒙昧时代的一种意识形态，人类处在原始的采集和渔猎经济的水平，没有力量改变自然。人们的活动要依靠群体，人的群体不可能太大，只能在不太大的集体中共同生活，十几个人、二十来人一起生活。再大了，行动不方便，食物分配也有困难。在这个集体中，很自然地以血缘关系为基础，即以女性为中心的小集体，带着她的子女，带着一部分人靠采集维持生活。这个时代的人们还不能自觉地把人和自然、动物、植物分开，有时候把它们当成与自己差不多的有生命的实体。这一点，我们从儿童心理学上来看，人在幼稚时期怎样看待外界，对外界的关系认不清楚。研究幼儿心理的人有这样的经验：两三岁的孩子被石头绊了一跤，摔疼了就哭。保育员哄他，把石头打几下，解了气，小孩就不哭了。从幼儿的水平看，石头跟他作对，打它几下，给自己出了气。孩子把外界和自己都看作有生命的东西，分不清楚。列宁在《哲学笔记》中一再教导我们，研究哲学史，必须研究儿童的心理，要研究认识史，不然哲学史、辩证法就搞不清楚。我们研究宗教的起源和发展，也是人类认识世界的一种反映，不过这种反映是歪曲的、不真实的，夹杂神话和其他的东西。出现这种社会现象不奇怪，必须经历这个过程。人类超过动物再往前进，要经历好多历程，一关关地过，才到达今天。当时的人认为，他们崇拜的图腾比人类有更高的能力，人类要受它的保护，尽管蛇、野猪、熊、虎之类比人低下，但当时的人不那么理解。这类动物也就受保护，禁止杀害。这种图腾遗留下来的影响，今天文明社会中并没完全消失。比如，有的宗教的教徒不吃黄牛肉，据人类学家研究，这个教的前身以牛为他们的图腾。印度毒蛇很多，经常伤人，但群众不肯把蛇弄死。以捉蛇为职业的人很多，他们把捉到的蛇送到村外放走。这也是图腾的残余吧。某大国还保护猴子，不敢伤害，几年前有人估计该国猴子有五千万，也可以从中看出图腾崇拜在文明社会的残余。

母系氏族公社通过这种方式把本氏族的人团结在一起。以图腾作为标志，还可以起到区别于其他氏族的作用。放在当时的历史条件中来看，图腾崇拜对氏族、对社会的存在、发展、繁荣都曾起积极作用。我们也不能简单地或者不加分析地说，宗教是坏东西，一出现就是骗人的。宗教有幻想性、欺骗性[①]，但我们要具体分析，从没有图腾与有了图腾崇拜相比，标志着人类认识往前进了一步，

---

① 恩格斯：《布鲁诺·鲍威尔和早期基督教》："事情很清楚，自发的宗教，如黑人对偶像的膜拜或雅利安人共有的原始宗教，在它产生的时候，并没有欺骗的成分，但在以后的发展中，很快地免不了有僧侣们的欺诈。至于人为的宗教，虽然充满着虔诚的狂热，但在其创立的时候便少不了欺骗和伪造历史，而基督教，正如鲍威尔在批判新约时所提出的，也一开始就在这方面表现出了可观的成绩。"见《马克思恩格斯全集》第十九卷，人民出版社，1965年9月版，第327–328页。

而不是往后退。猴子、猩猩就没有图腾崇拜，始终是猴子、猩猩。图腾崇拜这个社会现象，还说不上是后来那种人为的宗教，但它已经有了宗教意识、宗教的萌芽，这就是人类认识世界的水平向更高的发展必须经过的一个阶段。宗教的发展也是社会发展的反映。

三、宗教的发展

从社会发展的时期来看，是指从部落联盟到奴隶制，包括“三皇五帝”到夏、商、周。由于文献资料的限制，我们把重点放在夏、商、周进入阶级社会以后的情况。

部落联盟前没有形成“上帝”的观念，母系氏族社会的神是自然力的幻想，当时出现了天地、日月、山川之神。自然力的神，地位平等，不分高下，神只具有自然属性，还未具有社会属性。到父系氏族社会时期，神开始具有社会属性，有了祖先崇拜。像传说中的黄帝，既是神，又是人，人和神体现在同一个崇拜的对象上。祖先崇拜阶段的神，它管辖的权限只限于本部落，还未形成统率众神的神。自夏朝开始，进入阶级社会，建立了国家，君主权力比部落联盟时期集中。相传禹集会诸侯，防风氏迟到，即将他杀掉。人类社会产生了政权集中的力量，天上也出现了最高的支配力量。君主自称是“天神”的代理人。《墨子·兼爱篇下》引《禹誓》中讲：“告诉听众们，都要听我的话。为什么要伐有苗，因为有苗违反天意，我代天行罚。”《墨子·明鬼篇》也引《禹誓》讲道，禹征有扈氏“天用剿绝其命”，“共行天之罚”，禹代天惩罚有扈氏。

《墨子·非命下》引《总德》说，禹代天执行命令，违背“天命”将带来灾难。儒家孔孟崇拜尧、舜、文王、周公，墨子则崇拜夏禹。《墨子》书中保存了不少关于禹的材料。历史上记载，很多地方提到夏王朝崇信“天”和“命”。夏征有苗、有扈，代“天”征伐，称“天伐”或“天讨”。“”[1]（命）字是象形字，表示在大屋顶下，一个人在发命令。“”[2]字没有口，就是“令”。两个字是一个意思。孔子《论语》一再称赞禹，认为禹是一个最完善的人。禹有三条美德：第一，“菲饮食而致孝乎鬼神”；第二，“恶衣服而致美乎黻冕”；第三，“卑宫室而尽力乎沟洫”。[3]这三条中有两条都与鬼神有关。第一条很清楚，是尊重鬼神的；第二条是祭天的礼服。从这里可以看出夏朝统治者对“天”的崇拜。

进入阶级社会后，对“天”的崇拜不再是全社会普通成员的信奉。敬天地成了统治者的特权，只有君主才有资格代“天”说话，这是与以前氏族公社时期宗教信仰不同的地方。还有，这时的“天”已经可以惩罚人了。“天命”除管水旱风雨，还管惩罚恶人，谁违抗君主命令，就是罪恶，就将受到惩罚、制裁。天神的这种特权，是阶级社会前所未有的。宗教虽然是讲的神、鬼，实际上是社会现实歪曲的反映。

有些宗教崇拜是从氏族公社时期遗留下来的，像祖先崇拜，只是崇拜的内容有了改变。社会现象比自然现象复杂。社会性质变了，宗教思想也跟着变化，但意识形态的变化不像刀切斧砍那

① 见《金文编·秦公簋》。

② 见《金文编·颂鼎》。

③ 《论语·泰伯》。

样整齐。比如，奴隶制已消灭很久，到清朝，18世纪，还有家内奴隶，《红楼梦》中讲的小厮、丫头都是家内奴隶，这是奴隶制的残余。祖先崇拜也有类似的情况。祖先崇拜是父系氏族公社时期的宗教信仰，可是进入奴隶制社会、封建社会后还存在，只是内容有了变化。父系氏族社会的祖先崇拜，崇拜的祖先是英雄，这个英雄为本氏族造福，所以本氏族成员纪念他、崇拜他。进入奴隶制社会，祖先崇拜除了保留祖先是英雄、值得崇拜那些因素，还因为他是君王的祖先，并非有德有功才去崇拜。《礼记·祭法》讲到古代舜、禹、汤祭祀的情况：

> 有虞氏禘黄帝而郊喾，祖颛顼而宗尧。夏后氏亦禘黄帝而郊鲧，祖颛顼而宗禹。殷人禘喾而郊冥，祖契而宗汤。周人禘喾而郊稷，祖文王而宗武王。

有虞氏将黄帝放在太祖庙里祭祀，而“郊”祭天时以喾配祭。“宗”是直接祭的先辈，“祖颛顼而宗尧”。“殷人禘喾而郊冥，祖契而宗汤。周人禘喾而郊稷，祖文王而宗武王。”“禘”是祭太祖庙，郑玄对此作注说，舜以下举了禹、商、周。“有虞氏以上尚德（按：看重对本部落、本氏族的贡献），禘、郊、祖、宗，配用有德者而已。”自夏以下，建立了国家政权，祭祀时只祭统治者的祖先，不问才德，也配远古有德的英雄。而舜祭的黄帝、喾、颛顼、尧都不是直系亲属。夏以后的祭祀，祭禹、汤、文王、武王，所祭祀的都是自己的祖先。从祭祀的仪式中可以看到政治制度、社会制度在祖先祭祀上的反映，反映了当时的奴隶制、私有制。

再看殉葬的问题。古代殉葬品是用死者生前的生活用品、生产工具等。进入奴隶制后起了变化，奴隶像牲畜一样，本身就是一种生产工具，没有自己的人格。氏族公社时期殉葬物品有多有少，但未发现用人殉葬的。奴隶制社会开始用人殉葬，人同马、狗埋在一起，说明相信人死后还过生前的生活，所以配备一些生活用的东西，有马，有狗，还有奴隶。人殉这件事实，正好说明这个社会已进入奴隶制社会。如果不是进入奴隶制社会，不是殉奴隶，而是随便殉抓来的俘虏，很难设想以俘虏殉葬，在地下不会去捣乱。人与狗、马放在一起，是被看成同等供使用的物品。如河南二里头考古发掘出夏朝的墓穴，墓主仰身直体，殉葬物有鼎、豆（，陶制用具）、觚、角（）、卣（均酒器），还发现被活埋的奴隶。[①]

据地下考古发现商朝文化一处遗址，房子下面埋葬有小孩骨架两副、狗的骨架一副。另一处在屋的基础下，有大人头、小人头各三个，头的方向与房子方向一致，说明盖房时人与狗是同时埋在房下的。郑州二里岗有酒具、人骨、三副猪骨共埋一处，说明人与猪处于同一地位。到商朝后期，人殉、人祭的规模更扩大了，有时一次殉葬好几百人。以奴隶殉葬，在奴隶制时代，没有人从道德、人道主义的立场责难这种制度；如果有的话，也说是太奢侈。到了春秋秦穆公时，《诗·秦风·黄鸟》三章，秦国民间诗歌哀悼当时称为“三良”（名叫奄息、仲行、铖虎）的人殉葬，他们被活埋。这是奴隶制行将崩溃、封建制开始萌芽的时期，才有人提出责难，认为不合理。

夏、商、周三代都是奴隶制，它们的宗教信仰本身没有什么变化。夏、商、周有继承的关系，都继承了“天神”的崇拜，认为

---

① 郭沫若《中国史稿》第一册有记载。

君主出兵讨伐反抗他的部落或国家，不是代表个人，而是代表“天意”。前面提到《禹誓》中伐三苗就说是代“天”行伐。后来商汤伐夏桀声言代“天”伐桀。到周朝武王伐纣也说是代“天”伐商。《尚书·泰誓》是武王伐纣的誓词：“商罪贯盈[①]，天命诛之。予弗顺天，厥罪惟均。”如果“我”不按“天”的意志办，“我”也和商犯了同样的罪。从这里可看出，殷人继承了夏人的“上帝”，当了“上帝”的代言人。“上帝”还是一个，夏朝的“上帝”到了殷人手里就成为殷人的“上帝”。夏王朝建立后，也常以君主代“天”传话，夏的第二代君主启讨伐有扈氏，《尚书·甘誓》提到这件事。有扈氏与夏朝是同族，都是姒姓的后裔。既然都是同一个祖先的后裔，按情理，祖先都要保护，但是启宣布有扈氏违背“天命”，应受惩罚。还讲，如果战斗中不努力去打有扈，祖先就要惩罚；努力战斗，祖先就会奖赏。这个祖先的神、天神与君主的权力一致起来了，违背君主的意志，就要受“天”的惩罚，这只是假借祖先神的意志、天神的意志的一种说法。祖先的神与天神比较，天神比祖先神的权力更大、地位更高，祖先神崇拜与天神崇拜结合起来，祖先神可以传达天神的意志。从这里可以看出王权神授的观念由来已久。自从有阶级后，夏朝开始，国君们懂得假借天神权威来实现他的统治和命令。天神崇拜实际上是为了加强地上王权。从夏到殷，从殷到周，这三个朝代对天神崇拜有直接继承的关系。

在历史学界曾一度认为周人与殷人是两个不同的民族，差别很大，文化很不一样。从考古出土文物来看，商、周两代的继承关系

① 成语“恶贯满盈”由来已久，出自《尚书》。

是主要的。旧说殷人用龟甲骨占卜，周人用筮（蓍草）占卜。陕西周人故居，发现周人用龟甲骨占卜，骨卜上刻有字，周人在灭殷以前祭殷朝的王，而不是祭自己的祖先，要求殷人祖先保护自己。有一片甲骨文记载，周人杀两个女奴隶、两只羊、三只猪祭祀商朝祖先成汤。还发现一片甲骨文记载，周文王祭殷纣王之父太甲。卜辞说周文王求太甲保佑、赐福。卜辞说太甲保佑你了，今年年成很好。周灭殷以后，地位就变了，殷人就不再占统治地位，天神也就不再保佑殷人而保佑周人了。《诗经·大雅·文王》歌颂："文王在上，于昭于天。周虽旧邦，其命维新。"这意思是周朝作为国家来说，早就有了，但是得到"天命"，是新得到的。"有周丕显，帝命不时。文王陟降，在帝左右。"殷在没有丧失"天"的信任时，可以配"上帝"，但在违背时就没有资格配享"上帝"。而周人的祖宗上升到天上，受到"上帝"的恩宠，在"上帝"左右，因此周人的祖先神配享"上帝"是理所当然的。

文王在时还祭纣父保佑，灭商后就立刻变了。《逸周书·作雒解》中谈到周人以"上帝"配享后稷（周人祖先）。《史记·封禅书》说，周公"郊祀后稷以配天，宗祀文王于明堂以配上帝"。后稷配"天"，文王配"上帝"，我们不去分别"天"与"上帝"谁大谁小，"天"和"上帝"有什么关系，我们的着眼点在于祖宗神以配享天神，这是很清楚的。殷周对"上帝""天神"的信仰是相承下来的，不能说殷人光祭祖先不祭"上帝"，周人才开始又祭天又祭祖。实际上殷人与周人都是祭天也祭祖。地上有了统一的政权，天上才有统一的神。理论上是这样讲的，没有地上的王权，便没有天上的神权，从地上发现的实物、卜辞和文字记载也是这样，天上的神是地上政权的反映。

我们再追问，从殷到周，社会历史在发展，在变革，从宗教思想方面看，有没有变化呢？老一代思想家提出过这个问题。近人王国维提出，殷周之际是中国历史发生很大变革的时期。这个变化，史学家像郭沫若、范文澜都有所论述。我们想通过宗教现象，从宗教信仰方面来考察它的变革同当时社会的关系，用我们的考察与历史相印证。

殷周之际的社会变革不是氏族制向奴隶制的转变，因为夏代、商代已经是奴隶制了，也不能认为它是从奴隶制向封建制的转变[①]。从殷到周，是从不发达的奴隶制向发达的奴隶制的转变，也可以说是从早期阶段的奴隶制向发达阶段的奴隶制的转变。甲骨文有记载，五个奴隶的价值等于一匹马，杀人殉葬与马、牛、羊、狗一起埋葬，这说明商朝的奴隶制不发达，奴隶在生产中的作用没有充分发挥出来。周人也用人殉葬，但杀死的人数大大减少。《尚书·酒诰》也有这方面的记载，大意说，殷朝俘虏、奴隶喜喝酒，违背周的法令，也不要杀死，用来劳动。《尚书·多士》也说到参与叛乱的人，不要杀他们，说明周朝时奴隶制较发达，利用奴隶生产较充分。殷朝与周朝还有一个差别。殷人对国家的统治不太完整、周密，在盘庚以前，国都不固定，盘庚后期国都才固定下来，这时候很多贵族在殷朝统治下，关系较松散。从地下发掘的文物看，殷朝的版图很大，除黄河流域，一直到江淮一带；过了长江，在湖南、江西，都发现了殷文化遗址，可见殷王朝疆土辽阔。周朝接替殷王

① 范文澜同志说过，殷到周的变革是奴隶制向封建制的转变。这个看法我们不赞成。

朝，孔子称文王之德“三分天下有其二，以服事殷”。从这称赞中，可以发现两个问题：一是殷王朝还有部落联盟统治的影响，政权较松散；二是文王也不像儒家所称赞的真正是个有德之君。文王称“西伯”，封地百里，地方很小，怎么就有三分之二的土地归了文王？不是蚕食，就是扩张得来的。唐时史学家刘知几曾提出疑问。这说明殷王朝与周王朝比较起来，殷的统治较松散。地上王国的权力没做到十分集中、巩固，天上的神的权力也显得软弱。周人灭殷后有了很大改变。周人中心地区在陕西岐山很小的地方，人数不多，灭殷后要统治广大地区，必须想法避免殷人失败的教训。周朝建立了一套严密的“天子—诸侯—卿大夫”的统治秩序，有较精密的等级，像金字塔一样，天子高高在上，下面有诸侯、卿大夫。周人利用了氏族公社遗留下的宗法制度，以父系家长为核心，以血统世袭来维护财产继承权。国君的财产继承就是整个国家，国家是国君的私产。周人灭殷后，军事力量向东方延伸到山东（齐、鲁）、山西（晋）、河北（燕。前几年，在北京南郊发现燕国故都）。在这里派上长期驻军，收缩了防线，长江以南没有驻军了。

周以姬姓为主体，大规模分封诸侯，建立属国，天子定期巡视，称为“巡”（春季巡视）、“狩”（秋季巡视），春、秋各一次。诸侯定期向周王朝贺。明确各国封地边界，军队数量也有规定，还定下诸侯勤王制度，天子有难，发令诸侯来保护。《东周列国志》中有周幽王宠妃褒姒“烽火戏诸侯”的故事，这说明，周朝有一套严格制度。还规定同姓不婚、长子继承。定庙制，天子有九庙。诸侯有七庙，这些制度颁布到天下，成为奴隶制国家的根本大法。庙的制度分大宗、小宗，宗法制从此健全起来。随父系家长制建立了一套宗法制度，定下了祖宗的神位和祭祀等级。周朝规定同姓不婚，与异姓贵族联婚，结成姻亲关系，用亲戚关系加强了统治者之间的联系。周人的奴隶制是发达的宗法奴隶制。

政治上的变革也决定了宗教思想的变革。周人继承了殷人的“天神”观念，又加以改造。比如殷人把天神看作统率自然力的最高主宰。日、月、风、云、雷、电都是天神的辅助，阶级社会出现前，日、月、风、云、雷、电都在同一层次，没有高下，但进入阶级社会后，众神的地位分了高下，都受天神的管辖，把奴隶制的君臣关系搬到天上去了。天上的神有了统属的关系，有高下尊卑之分，具有了社会属性。在殷王朝时代，自然属性多于社会属性。从人类认识史上来看，反映了在当时殷人的时代，自然界对人的威胁很大，自然界的威力不可抗拒，这表现在天神的性格也不可捉摸，权威很大，喜怒无常，人们要随时观其颜色，听其支配。从留下的甲骨卜辞看，殷人对风雨、祭祀、战争都要占卜，几乎每事必卜，必先问问神的意思。这反映什么问题呢？是不是殷人特别迷信？从现象上看是特别迷信；从道理上看，殷人生产力较低下，战胜自然的能力有限，所以处处要向神请示，靠天吃饭，人们无法预知天神的意图。从甲骨文看，殷王与天神无血统关系，殷王不能直接向上帝祈祷，而是委托自己的祖宗神代为向天神转达他的请求。天神对殷人来说还是一个盲目的支配力量。作为一个宗教来说，奴隶制社会要求一种更好的维护奴隶制的上层建筑。在殷商时代，宗教的职能还没有有意识地发挥得那么完备。

周人也是天神崇拜，周的君主自称天子，“天子”的名称是从周开始的。西方基督教称耶稣基督是“上帝”的儿子，“上帝”关怀地上的有罪的群众，派遣他唯一的儿子基督来拯救世人。其实周人早已在公元前11世纪就提出了这个观点，“上帝”让他的儿子管理老百姓。周王就是天子，这是政权向神权挂钩。周人有宗法制度，又和诸侯、大夫、子民结合在一起。周王的祖宗神保护其子孙，周王与天神成为一家。周人眼中的“上帝”不再像殷人的“上帝”那样喜怒无常，周人的上帝变得慈祥，关怀下民，与下民建立亲密无间的宗法关系。在政治上、道德上，周天子是神的代言人。周朝文字记载，殷的国君也曾是天神的儿子，但他未按天神的意志办事，道德败坏，天神抛弃了他，结果选定周王作为嫡长子。周王要认真执行天命，才能保持他的地位。周人改造后的“上帝”仍然是百神之长，但它带有更多的社会属性，维护周人建立的宗法奴隶制。周人讲“天命靡常”，“天不可信”。有很多讲哲学史的人认为这是无神论思想，其实这是一种误解。这里不是说周人怀疑“上帝”的存在，怀疑“天命”。周人提出这个口号，用它来论证“天”要周代替殷，“天命”不是永恒站在殷一边，“我”代表“天命”，“天”就站在“我”这一边，“天命靡常”就是这个意思。殷人违背天意，胡作非为，“天”不信任它，不会永远保佑它。说周的统治者不信“天命”，这是不可能的。当时人的认识水平、认识的过程，不可能达到那样的高度。

再看周代宗法制度，也改变了祖先崇拜的内容。祖先崇拜在殷朝后期，殷代已有几百年，统治者的冥诞丧庆几乎天天有，天天都要祭祖。殷朝帝王的名号不含道德的意义，比如太乙、帝乙、祖甲、太甲，这都是用作人名的符号，可是周王名号有道德的含义，如文王、武王、穆王、昭王、宣王，都有道德的含义。武王之所以称“武”，有克定祸乱功劳的君王，死后称作“武”。“昭王”，

“圣闻周达”叫作“昭”。天子尊号的道德含义，直接包含了天神属性的道德含义。周人崇拜“上帝”与殷人崇拜“上帝”形式上差不多，内容上有了区别。殷人的祖先崇拜血缘意义较多，也有社会属性；而周人则是道德意义较多，也有自然属性。天神崇拜的观念有了新发展，周人提出“以德配天”，“配”有配合、辅助之意。周王的权力不仅来自高贵血统，也来自高度的道德品格，所以周王得到“上帝”赐予的权力。天神委托君主以权力统治民众。天神也管理君主，使他不要失去好的品德，并且要求他不要失去神的信任。《诗·大雅·皇矣》说，上帝很关心下民的疾苦，“求民之莫”。“莫”（），黄昏，太阳被草挡住了，看不清楚，引申为“幕”，也引申为“膜”，有一层东西挡住，隔膜。人民的被掩盖住的疾苦，无法表达，“上帝”给予解决，“上帝”关怀人民。周人把宗教信仰、道德说教、政治统治三者结合在一起，变成完整的为奴隶制服务的意识形态。这种“上帝”的观念，与殷人的天神崇拜有高下精粗的区别。周人的天神崇拜被赋予更多的奴隶制社会的社会属性。殷人的天神崇拜发展为周人的天神崇拜，是从初期的奴隶制到发达的奴隶制之间在宗教上的、神的信仰上的反映。我们看到殷人物质生产力有很高的水平，铸造的青铜器令世界为之震惊，造酒、纺织都很好，但殷人在精神方面比较平凡，这点周人比殷人有很大的进步。

四、宗教的产生和消亡

不像宗教家所说的，宗教与人类同在，有人类就有宗教。

以中华民族的宗教发展为例，它是从没有宗教发展为有宗教的，说明宗教有起源，而起源要具备一定条件。有了宗教以后，就有发展。发展包括从低级到高级、从简单到复杂的过程。从母系氏族社会开始，由图腾崇拜到祖先崇拜，到天神崇拜，这反映了母系氏族社会、父系氏族社会、部落联盟，一直到国家政权建立的发展过程。在发展过程中，神的属性也随着有所改变。没阶级以前，部落联盟时期，有选举制度、让贤制度，反映到当时的神和人之间还没有血缘的关系。进入阶级社会，有了私有制，君王家天下，君王逐渐变成了天之子，这时神与人之间便建立了血缘关系，统治者提倡“敬天法祖”，神与祖先一致起来。从这里可以看出从自发的宗教到人为的宗教的变化过程。自发的宗教保存着较多的原始宗教的形式，没有成套的宗教典籍，没有专职人员，没有固定的宗教组织。宗教活动与民族的社会活动、文娱活动、生产活动结合在一起，分不开来。到了人为的宗教时期，有了经典，有了专职人员，有固定组织。自发的宗教与人为的宗教不是刀切斧砍一步就跨越过来的，二者之间没有严格的界限，是逐渐发展的过程，是从粗糙到精致、从不完备到完备的过程。

宗教的变化，自发宗教到人为宗教漫长的变化过程中，形式上、内容上有些改变。形成人为宗教以后，还在不断变化，这个变化可分为以下四种形态和方式：第一，某种宗教信仰，在同一个民族内部发生了变化。例如这个民族，过去信仰这种宗教，后来又信仰另外的宗教。这是一种变化方式。第二，吸收了其他不同宗教的内容，使它有所改变，民族还是这个民族，宗教还是这个宗教，只是内容有所变化。第三，宗教的观念、宗教的感情、宗教的思想逐渐地冲淡了。第四，这种宗教在发展过程中逐渐地消亡。这不是说宗教现象消亡，只是某种宗教消亡了。

上面这四种情况，在中国历史上都存在，在世界的宗教史上也存在。

（一）一种宗教信仰在同一个民族内被另一种宗教所代替

这也不是一朝一夕就能改变的。比如中国西北新疆地区，长期居住约有十个民族，有维吾尔族、哈萨克族、塔吉克族、乌孜别克族、锡伯族等，其中以维吾尔族人数最多。在这个广大的地区，十个民族祖祖辈辈生活在这里。佛教在这个地区有一千到一千五百年的历史。南北朝以来，新疆是“丝绸之路”的必经之地。通过这条路传播了佛教的教义、经典，中国最早的汉译佛经大部分是从新疆地区传入的，不是直接从佛教发源地印度传入的。古书记载从“胡本”（是对印度原文梵本说的），即新疆地区民族语言的译本。新疆吐鲁番一带以及塔里木盆地地下发掘的文物，很多是用当地民族语言译的佛经。其中有回鹘文、焉耆文、龟兹（《汉书》有译作“屈支”）文、佉卢文、于阗文、吐火罗文，其中有好多语言已无人使用，成为死文字，只有少数专家会这种文字。这一带石窟寺发现许多壁画。据历史记载，公元4世纪，名僧法显去印度取经，经过和阗，他记载中说当地国家安定，人民富足，都信佛教，僧众达到好几万人。法显住在瞿摩帝伽蓝，寺中有僧人三千人。这里大寺七十座，小寺无数。唐玄奘在7世纪（公元644 年）也经过和阗，伽蓝一百多所，僧徒五千多人，比法显时有所下降。新疆喀什（古书称“疏勒国”）在法显经过时，僧众一千多人，信小乘；7世纪中叶，玄奘经过时有一万余人。[①]这都说明西域从4至8世纪都信佛教。到8世纪初，朝鲜僧人慧超也路过疏勒，据他的记载，当地有寺、僧，信小乘，还拜袄神（火、日、月、星辰），信袄教。这个时期新疆地区信奉佛教，有的信大乘，有的信小乘。

到10世纪以后，伊斯兰教开始传入新疆，相当于宋朝以后。佛寺在新疆西部开始被摧毁，遗址保留下来的不多。宗教对其他宗教（异教）有强烈的排他性。我这次去印度开会，看了几个佛教遗址。佛教圣地鹿野苑是释迦牟尼第一次说法的地方和佛成道的地方，菩提树还在，庙宇没有了。还看到印度名寺那烂陀寺，兴盛时有僧人一万多人，最多曾达几万人，现在那些地方都成了废墟。新疆东部还有一部分佛寺保留下来的痕迹，库车（龟兹）、吐鲁番（高昌）、交河（汉唐时的重镇），这些地方石窟寺还有一些。库车附近，克孜尔（拜城）千佛洞还保留二百三十六个石窟，内有壁画佛像。库车附近孔木吐拉也有千佛洞，还保留九十九个石窟。佛像好多都遭到破坏，头部、面部都用刀刻上“×”的痕迹。还有一部分遭到破坏，是在19世纪后，外国资本主义学者偷窃，把墙上的壁画切成方块偷运出境，运回国后再拼合上。石窟中还有一块切下不曾运走的壁画，作为样品，提请游人注意。伊斯兰教进入新疆后，不允许佛教继续传播，佛教画像遭到破坏。可以看出，一种宗教代替另一种宗教，它们代替的过程较缓慢。伊斯兰教在新疆地区是由西到东发展的，东部的佛教一直延续到元朝。元朝是开放的时期，佛教、伊斯兰教等都允许存在。大约到16世纪末，佛教在新疆

① 《西游记》中提到玄奘取经前，唐太宗与之结为兄弟。结为兄弟一事是有的，但不是唐太宗，而是经过高昌国时与国王麴氏结为兄弟。

地区才完全绝迹。前后经历了六七百年的时间，才从佛教盛传的地区完全改变为伊斯兰教占统治地位的地区。

有一种说法，宗教问题也就是民族问题。从历史上看，宗教问题与民族问题不是一个问题，同一个民族的信仰是可以转变的。民族问题与宗教问题有密切关系，全民族都信一个宗教与不信同一个宗教的有区别，但不能混同起来，处理宗教问题与处理民族问题应该有所不同。因为民族问题不是意识形态的问题，它与血统、语言、风俗习惯有关系，而宗教是意识形态的问题，是思想、信仰、世界观的问题，它完全可以在不同民族中信仰同一种宗教，如佛教在日本、中国、朝鲜都有信的；也可以在一个民族中信仰不同的宗教，如汉族中就有信佛教、基督教、天主教的。民族与宗教可以一致，也可以不一致；可以合起来，也可以分开。宗教问题与民族问题应该分别开来处理。处理民族问题不能当作世界观的问题、意识形态的问题来处理，这完全是两回事。

新疆伊斯兰教是从佛教转化来的，伊斯兰教的活动中间还包含、保留着佛教的影响、痕迹。维吾尔族舞蹈很有名，手部、颈部动作比较灵活。熟悉佛教历史的人发现维吾尔族舞中有一种两手合十的姿势，伊斯兰教就没有这个动作，而佛教的礼节中有合十的动作，说明维吾尔族舞保留一部分佛教遗留下来的动作。

（二）汲取不同宗教的内容，充实自己，改变自己

比如，佛教传到中国后，遭到很多抵制。佛教能传到中国有好多客观原因，历史上明确记载西汉末年哀帝时，佛教已传入，到东汉初年已有文字翻译。真正流行中国内地，是在汉末黄巾起义的时候，即桓、灵时期。这个时期是中国最混乱、最腐朽的时期，外

戚、宦官专政。历史上的偶然性在特定条件下有时会起决定作用。东汉皇室短命的皇帝较多，有活十岁、七八岁，甚至二三岁的，寿命很短。中国封建社会皇帝死了，儿子继承，一代一代的小皇帝，掌握不了天下大事，必须由太后临朝听政。皇帝短命，皇后很年轻就成了太后。东汉常有年轻太后临朝，因而外戚得以专政。到桓、灵时代，政治混乱，是非不分，赏罚不明，民不聊生，这种社会状态对宗教的传播流行提供了好的条件。

与佛教同时流行的不止一种宗教，还有道教的太平道。太平道是黄巾起义所利用的一种宗教，在沿海一带的山东、河北流行，也就是过去燕齐方士。四川、汉中五斗米道流行，这也是黄巾起义前后出现的。特别在黄巾起义失败后，宗教更加发展。黄巾起义不是很成熟的农民起义。历史记载，农民携家带口，带着老小，牵着耕牛，武装起来占领城池，转移不如官军机动灵活，被官军打败了。可是刘氏政权统治基础动摇了，从此中国变成分裂的局面，统一不起来，一直到南北朝，达三百多年陷于分裂，这与黄巾起义对中央集权的冲击有关系。

农民失败后，政治上、军事上失败了，但农民并没有放弃求生的愿望，总还希望有好日子过。在《斯大林全集》中曾提到，俄国农民起义失败后，“不得不退却，不得不把委屈和耻辱、愤怒和绝望埋在心里。他们仰望茫茫的苍天，希望在那里找到救星”。这是农民在起义失败后产生的绝望心理，但仍然不放弃改善悲惨命运的希望。在这种情况下，宗教就乘虚而入。中国的佛教与道教是在黄巾起义失败后大大流行起来的。

中国的道教宣传两种内容：对统治者讲长生不死，可以养生；

对下层百姓，道教要求对人治病、赶鬼来进行传播。道教就是靠迎合上层社会要求长生以及下层人民缺医少药要求救治的心理，而在群众中传播开来的。佛教刚传入中国时也讲究看风水、治病。这两种宗教在当时中国的上层社会、下层社会宣传的内容差不多，因此中国的帝王也把这两种宗教看成差不多的东西。在桓帝宫内把黄老与佛的像供在一个庙里，建立“黄老浮屠之祠”。这就是把二教等同看待。大臣襄楷给桓帝上书：“宫中立黄老浮屠之祠，此道清虚。”清心寡欲才能学得进去，得到好处。皇帝宫内宫女近万人，欲望太多，如何能得到它的保佑呢？可见当时中国人理解的佛、道都是差不多的。

后来佛教得到发展的机会，有一个原因：黄巾起义以道教、太平道作为组织群众的武器。太平道提出“苍天已死，黄天当立”的口号，引导人民起来革命。因此，统治者对道教有所警惕。在这种特殊的情况下，中国的佛教在汉魏以后比道教发展得更快。佛教发展得快，这不是把印度佛教完全搬过来的。《四十二章经》是中国最早的佛经翻译，一般的译著都能找到原本，但查不出《四十二章经》原本是怎样来的，所以研究佛教史的学者，有人认为它是中国人编造的，不是来自印度。经过认真研究，我们发现《四十二章经》正是由于找不到它的原本的根据，才说明它翻译得比较早。它不是一句一句翻译的，是讲它的大意，它基本的意思却是早期佛经中有的。如讲的“五戒”，不杀生、不偷盗、不饮酒、不贪财、不好色等，都是佛教的基本教义。《四十二章经》结合汉朝道教方士、神仙的说法做出解释，正是说明《四十二章经》不是伪经，而是真正的、最早的佛经翻译。最早的翻译就是表达意思，不是一句一句地翻译。

佛教传入中国首先遇到的问题，就是如何适应中国的封建的宗法制度。中国宗法制度最根本的总原则是“三纲五常”。“纲”是永恒不变的，是带动一切的，维护封建的宗法制度，巩固君臣、父子、夫妻的关系。这种关系不是相对的，而是绝对的。君臣关系是绝对地服从，也就是忠孝。印度佛教很少讲“三纲”，而且还打破世俗的君臣、父子、夫妇的社会关系。道教不主张出家，最初道士都可娶妻生子，道教的正一派，江西龙虎山的张天师即父子世袭。后来有一部分道教主张出家。佛教徒必须出家，离开父母妻子，这当然也就摆脱了君臣的关系；衣着服饰不一样，并要剃发，中国古人不能剃发。这直接冲击了封建社会的忠孝，对“三纲”制度不利。佛教刚传入中国时遭到批评。批评这种宗教无君、无父、无家，不忠不孝是最大的错误。佛教最早的著作中，经常为此提出辩护，佛教的忠孝不是形式的，而是实质的，并引中国古书证明它自己是对的，引经据典举例说，太伯（周朝的一个王子）知道太公想把王位传给文王，便逃到楚地，断发文身。认为太伯是大孝，最讲仁义、谦让，把国家让出来。举此例说明服饰不一样，能说是不讲忠孝之道吗？又举佛经的一个例子，三国时翻译的《太子须大拿经》。太子须大拿相信佛道，认为财物对人有害，应施舍给人，不应自己保留。他把父亲的遗产完全送给别人，把国家很宝贵的大象（印度的交通工具）送给冤家。有人要买两个奴隶，他甚至把孩子施舍给他。这个太子靠布施得道成佛。成佛后，父母受到他的恩惠得到超脱，国家得到太平，仇敌对他的国家不敢侵犯。以此证明，一个人成了佛，国家得救，父母兄弟得到超脱，乃是大孝。这里说明中国封建社会封建宗法势力特别强，就像佛教这种外来宗教如果不能适应中国封建社会的特殊要求，就不可能立足。所以，佛教对中国反佛教辩论时，没有一个佛教徒为自己辩护说："你们所讲的忠孝不是第一义、最高的原则，最高的原则应该讲出家、精神修养。"没人敢这么讲，都说佛教完全符合中国社会的需要，完全符合"三纲五常"的要求。也不敢说封建宗法制度"三纲"的道理比佛教差或不如佛教，一切佛教徒宣传时都说信了佛教后就可以更好地实现"三纲"的原则，甚至比儒家在家里实行得还要彻底，效果还要伟大，以此来辩护。佛教从开始传入中国就起了变化，改变了它的内容。有人说中国的佛教不是真正的佛教，传入中国后就变了，与印度佛教不一样。这种说法我认为是从形式上看，提出这个问题是可以的，也是可以理解的。从历史唯物主义的立场上看，世界上没有一种学说、理论离开了它的实际的社会基础、社会条件而能存在下去。

印度的佛教是不是真正的佛教呢？自从释迦牟尼逝世后，印度佛教不断分化。7世纪后，印度佛教分化为上座部、大众部。上座部指有资格的长老，讲经坐在高座上。大众部是多数信徒、僧侣。以后这两部又继续分化为十八个小部派。发展下去，又逐渐出现大乘、空宗、有宗。这些都是印度的佛教，我们怎么能说印度这么多流派哪一种哪一派代表释迦牟尼？释迦牟尼著作都没有文字记载，都是口头传授。什么样的叫作"真正的佛教"，不好这么提。这个提法违反历史唯物主义的原则。随着时代不同，宗教与上层建筑一样，随着它的基础发生变化。马克思说："理论在一个国家实现的程度，总是决定于理论满足这个国家的需要的程度。"[①]需要它就流

① 《〈黑格尔法哲学批判〉导言》，《马克思恩格斯选集》第一卷，人民出版社，1972年5月版，第10页。

行，不需要就不流行。这里讲的“需要”，不是主观的东西，个人的需要、社会的需要、历史的需要，要分开来。《圣经》上说“上帝”需要光，就有了光，那是臆造。如果是社会的需要、历史的需要，这种需要不是主观的，而是客观的。例如，生产需要发展，人民生活需要改善，这不是哪个人的需要，不是张三、李四的主观愿望。违背了这个需要，就要出乱子，因为它是客观的需要。十一届三中全会比较得民心，是八亿农民的愿望。愿望是主观的，八亿农民的愿望就是客观的反映。

以上以佛教为例子说明一种宗教会有变化，这种变化与当时的社会、历史、环境条件有关系，适应了它的要求就会存在，不适应要求就不能存在。这是宗教变化的第二种情形。第一种变化就像新疆地区的宗教信仰，先信佛教，后信伊斯兰教，宗教信仰在一个民族中是可以改变的。一个民族可以改变宗教信仰，因此一个人的信仰也是可以改变的。一个人可以由信仰宗教转变为无神论者。

（三）宗教观念逐渐淡薄，不如从前虔诚

这种例子也有。福建泉州、广东广州在三国以后，特别在南朝（公元四五世纪），是海外贸易交通的港口。随着中西交通的发达、密切，“丝绸之路”有了两条，一条由玉门往西走新疆天山北道和天山南道，这是老的陆地的“丝绸之路”。到唐宋以后，特别是宋以后，开辟了海上的“丝绸之路”，进行海外贸易。中国远洋航船在唐朝很发达，中国航船载重量达到了当时的世界最高水平，而且中国造的航船还可以出口。泉州、广州是海外贸易港口，当时与波斯湾阿拉伯国家来往很多，伊斯兰教教徒在此港口也有来往，定居的也很多，一直到今天，还保留了古老的清真寺。清真寺里刻的阿拉伯文就可证明。这说明伊斯兰教的信仰者在西北地区有一大片，在东南地区也很众多。但是对于伊斯兰教那些清规戒律，这两个地区的教徒就不一样。福建有些回民也养猪，只是不吃，是养来卖的。那里阿訇宗教职业者比较少，由西北地区派去阿訇来管理清真寺。可见，宗教这种社会现象，随着人类的社会生活在改变着自己。之所以会有这种差别，都是由社会原因决定的。《古兰经》是伊斯兰教共同信奉的经典，西北和东南却有差别：有的严格，有的灵活。“存在决定意识”，这个原理是颠扑不破的，宗教的这个改变完全可以从科学上来解释，不能说成他的信仰虔诚，你的不虔诚。主要是人的社会生活决定的。

（四）宗教逐渐消亡

中国历史上就有这种实例，如中国的犹太教。犹太教传到中国也很早，有明文记载，犹太人住在开封，信奉犹太教。后来这部分人并未迁走，但犹太教却消失了。很多研究犹太教的人都不理解。犹太民族是很顽强的民族，犹太人走到哪里都抱成团。现在以色列人数不多，气魄很大。一直到现在，在各国只要有犹太人聚居的地方，他们都抱成团，有犹太教堂。他们的团体很牢固，掌握金融业，有银行家、企业家，科学家也很多。犹太民族很少被融合掉。可是偏偏在中国，犹太教就消融掉了。研究犹太教的人要到开封去找犹太教的根，可是去了也没有找到。这说明作为特定的一种宗教是可以消亡的。不是说宗教现象在历史上消亡，而是特定的宗教，一部分人、一部分地区，在某些情况下，特定的宗教是可以消亡的。不是行政命令，不是天灾人祸，而是自然而然地消亡了。开封的犹太教就是这样。

以上四种变化，我想可以包括世界上所有宗教变化的规律。这四种变化都说明宗教不是一成不变的，它有产生到消亡的过程。不是由于人的天性，生来就有宗教观念、宗教感情、宗教思想，或者生来就有宗教的需要。原始人没有宗教观念，后来有了图腾信仰、祖先崇拜……这是一步步发展来的。人不是生来就有宗教观念、宗教感情的。这就是马克思主义者与非马克思主义者的宗教学的根本区别。有人说，只要有人类就有宗教。这个说法不对，没有这样的事。我们只尊重事实。我们根据事实来做出结论，我们的结论是宗教是社会历史现象，有其产生、发展、变化、消亡的过程。从过去的例子来看是局部的，有局限性，但是可以从局部的例子中反映出它的本质。宗教随着社会、历史条件，随着它的经济基础在起变化。我们不是说最后的宗教消亡在哪一天，我们不是算命的，但在历史上我们看得到，也有证明。一种宗教，在某一个地区的某个宗教在由强变弱，有的已消亡了。比如人类要消灭疾病，不能说世界上人类已完全消灭疾病，但有的疾病可以消灭。十亿人口的中国，天花、霍乱就消灭了。宗教不像疾病，不能用强力去制止它、消灭它，但随着人们的社会生活的改变、人民生活的改善、科学的发达、人类对世界的认识、人类对自己命运的掌握，逐渐地从不自由到自由，从较少的自由到较多的自由，宗教的前途不是越来越兴旺发达。要想用强力、用行政命令去干涉宗教，要打垮它、摧毁它，这是不了解宗教的本质，是无知、愚蠢的行为。宗教对多数人来说是认识问题、思想问题，不能用行政命令来干预认识问题。个人怎么想、信什么，宪法明文规定要受到保护。宗教信仰是受宪法保护的。我们立国的根本，以四项基本原则为基础，有人不相信四项基本原则，怀疑它，这也不犯罪。如果他起破坏作用，这就要受到法律制裁。马克思主义是我们的指导原则，有人不相信马克思主义，相信唯心论，这也有他的自由，不能勉强他非相信不可；如果强制他相信，这也很愚蠢，没有道理。

可见，马克思主义的宗教学是研究宗教的产生、发展、变化、消亡的学说，这就是宗教研究的对象。

五、宗教的性质

国内宗教研究界流行有“宗教五性”说，这“五性”是长期性、群众性、民族性、国际性、复杂性。“五性”之中，除国际性应当出现于国家建立之后，其余诸性源远流长。人类社会进入阶级社会后，宗教具有阶级性。上述诸性是专就宗教作为社会现象的社会群体来说的。作为意识形态，宗教还有幻想性、直观性、排他性、渗透性。这四种性质，有它思想运动的规律。前五种特性是宗教和其他上层建筑共有的，后四种是宗教独有的。后四种特性中，以幻想性为核心，有了幻想性才是宗教。恩格斯在《反杜林论》中指出：“一切宗教都不过是支配着人们日常生活的外部力量在人们头脑中的幻想的反映，在这种反映中，人间的力量采取了超人间的力量的形式。”[①]这是从认识论角度来论述宗教世界观的本质。宗

① 《反杜林论》,《马克思恩格斯选集》第三卷，人民出版社，1972年5月版，第354页。

教既然是社会历史现象，它的出现和存在在社会上不可能不发生作用。如不发生作用，这种意识形态就无存在的价值和必要。

宗教的社会作用。宗教的产生标志着人类认识世界的一种进步。人类从没有宗教到有宗教，从不知道信仰宗教到知道信仰宗教，这是认识上的进步。正如从原始公社发展到奴隶社会是进步的道理一样，不论它合理不合理，但从人类发展史看应当承认它是前进了。进入阶级社会中，宗教帮了统治者的忙，对劳动者的苦难遭遇进行安抚、劝慰，用它消灭人民反抗的意识。马克思、列宁一再指出宗教是“麻醉人民的鸦片烟”。《〈黑格尔法哲学批判〉导言》说：“宗教里的苦难既是现实的苦难的表现，又是对这种现实的苦难的抗议。”又说：“宗教是被压迫生灵的叹息，是无情世界的感情，正像它是没有精神的制度的精神一样。宗教是人民的鸦片。”①列宁在这个基础上又进一步阐述：“宗教是麻醉人民的鸦片——马克思的这一句名言是马克思主义在宗教问题上的全部世界观的基石。”②

这里提出了新的问题：马克思、列宁讲宗教是鸦片烟，指的是剥削阶级社会，宗教为剥削者所利用，社会主义社会的宗教是不是鸦片烟？这还要回到宗教的特点本身去看这个问题。因为宗教的产生、发展是人类认识世界的过程，但是这种认识是被歪曲了的认识，也包含颠倒的认识。颠倒的认识与歪曲的认识都不是事物真

---

① 《〈黑格尔法哲学批判〉导言》，《马克思恩格斯选集》第一卷，人民出版社，1972年5月版，第2页。

② 《论工人政党对宗教的态度》，《列宁选集》第二卷，人民出版社，1972年10月第2版，第375页。

实的反映，但两者还有区别。唯物主义者认为，唯心主义者的世界观是颠倒的，只要把它再倒过来，还不失为一种对世界的外貌的观察，正如马克思对黑格尔的唯心主义的改造那样。至于歪曲了的世界观，就像凹凸镜，照出的是凹凸不平的影像。对宗教的研究不同于对其他科学的研究，要警惕宗教说教是不是真实。幻想性是宗教的特点，所以对宗教的说教不能根据字面的意义去理解，要放在具体的社会历史中去考察。不在于论证歪曲的说教有无道理，因为指出宗教如何歪曲真实的，这个任务通过科学实践不难做到，而且应该做到。我们研究的目的在于探求歪曲说教之所以产生的社会历史环境，也就是说，不是用宗教去说明历史，而是以历史说明宗教，这是研究宗教学的目的和方法。

历史唯物主义告诉我们，宗教的产生有两个根源：一是认识论的根源，一是社会的根源。人们习惯地把认识论的根源看作属于自然科学、心理学或其他方面的研究范围，把认识论根源仅仅看成与自然科学有关系。由于古代自然科学不发达，对自然现象不理解，因而产生宗教思想。这种说法无疑是对的。但也要看到产生宗教的认识论根源不只在古代存在，当代也存在，不能仅仅理解为对自然界现象不理解、缺乏自然科学知识，才出现不正确的认识。应该看到认识论范围，既包括自然现象，也包括社会现象。对社会现象如果没有科学世界观作为指导，是无法看清的。经常有人问：许多科学家也信仰宗教，难道他们也缺乏科学知识？这个问题并不难理解。任何自然科学家都是研究自然界的某一个方面、某一小范围内的专家，比如研究生物学的某一部分、物理学的某一部分、化学的某一部分等等。世界是复杂多样的，社会现象比自然现象复杂得多，一个卓越的自然科学家只能在他研究的某领域内是权威，绝不可能在他研究的范围之外也精通。他对社会现象的知识可以很少，甚至无知。在他的研究范围内是个巨人，出了那个范围，对社会、对人生可能见解很肤浅，并不高明。所谓“专家”，只是对很小范围内的东西知道得很多的人，超出他研究的范围，他也是个普通人，也许还不及普通人。宗教产生的认识论的根源经常存在，认识永无穷尽，知识领域可以无限扩大，但做不到无所不知。不能说自然科学发达了，人对世界、对社会就有充分的认识。人对自己、对社会理解还很少。既然不能如实按世界的本来样子来认识、理解世界，就会受骗，歪曲的思想意识会影响和左右人们的认识。

社会根源与社会现象的复杂性有关系。人类对社会现象认识不准确，就会得出违反科学、违反常识的结论。所以，出现歪曲了的世界观并不奇怪。认识不是一次完成的，人类认识世界的过程必然要经历曲折的道路。再回到认识论的角度考察，宗教信仰的对象是虚幻的实体。宗教信仰认为这种实体最有价值，是人类追求的最高目标，所以它以虚幻的信仰作为根据，必然引申出它的行为——宗教实践。这种实践不同于科学实践，它没有科学根据。宗教的社会作用与认识论的错误是连在一起的、不可分的。从认识论方面看，是对现实世界的歪曲的反映，而从社会作用看，它起麻醉作用、鸦片烟的作用。

再从历史来看，宗教曾起过组织群众进行武装起义的作用，但这不是经常的，因为武装起义不是经常的，也不是每个朝代都有，而它的麻醉作用却是经常的。如果说宗教是对苦难的抗议，但这种抗议也是微弱的。古代农民起义真正的推动力量，是以政治的、经济的利益为纲领。世界上没有纯粹的宗教革命或纯粹的宗教战争，因为宗教的教义不会让人造反。宗教在阶级社会中起过组织群众进行革命的作用，是因为古代人民没有结社的自由，也缺乏组织群众的有效形式，所以曾经利用宗教作为形式，教主就是领袖，各层宗教机构分别领导教徒参加革命活动。这是在古代民主不发达的特定社会条件下，不得不利用的一种形式。从人民的经验看，也有古今的差别。在古代，人民愚昧落后，没有民主的组织，没有民主的习惯，所以农民起义时，宗教在历史上起过组织和鼓动作用。但在社会主义社会，情况不一样，社会主义革命时期有工人阶级领导，有政党组织，不需要用宗教作为掩护来进行革命。取得政权以后，社会主义社会群众的民主权利就更多了，有党、团、工、青、妇以及各级的人大、政协组织，宗教再也不是组织群众、武装群众来进行活动的形式了，宗教是落后的形式。社会主义社会中，宗教是满足人民群众信仰的需要，是宗教信徒的群众组织，它的职能是宗教职能，与古代不一样。

那么，宗教是否已经不具有鸦片烟的作用了呢？从1840年以后，外国资本主义侵略势力打进中国，奴役中国人民，强迫我们接受资本主义的一些东西，包括宗教、洋货、鸦片烟。中国人民为了摆脱这种奴役现状，要改变这种半殖民地半封建的状况，1949年时把外国资本主义赶走了。到十一届三中全会后，又有一个新的变化，我们有选择地把外国资本主义的东西引进来。当中国没有独立自主以前，外国侵略者打进来，强迫我们接受他们的一套制度，也包括宗教。我们独立自主以后，把侵略势力赶出去，只把对我们有用的东西引进来。这一百多年经历了三个过程：外国侵略势力打进来，把外国侵略势力赶出去，把对我们有用的东西引进来。这是“三部曲”。我们为了发展生产，迅速改变贫穷落后的面貌，改变自然经济状态，学会管理现代企业经验，我们允许他们拿走一部分利润，允许他们剥削。我们不能认为外国资本家热心到中国来办厂、办企业，资本家的性质就改变了，不能说资本主义性质与社会主义性质没有区别，必须清醒地认识这个差别。社会主义与资本主义的界限不容混淆，这是个大是大非问题。我们过去在大是大非上犯错误很多，前十几年分不清封建主义和社会主义，把封建主义当成社会主义；把自力更生当成闭关自守，自我封闭起来；把自然经济的平均主义“大锅饭”当成社会主义，等等。那些错误不应重犯。

现在回过头来看宗教问题。宗教信仰是虚构出来的，它的本质决定了它的欺骗性，由于它是虚构出来的精神世界（对象），由此引申出它的麻痹作用。今天为了建设“四化”、发展生产，有宗教信仰与没有宗教信仰的人在政治上、经济上有共同的利益。我们“四化”实现了，国家富强了，教徒与非教徒都会从政治、经济上得到好处，这就是共同的基础。宗教信仰的差异，在人民中间不占重要地位，而是处于次要地位。这从理论上看，教徒与非教徒、有神论者与无神论者有共同的基础。这就是爱国主义、建设“四化”的共同基础。宗教的本质——欺骗性、麻醉性——不会因为进入社会主义而改变，但今天没有必要过多地或随时随地地讲宗教是鸦片烟。不讲不等于说宗教的性质已经改变，也不等于说宗教不具有鸦片烟的本质。正如我们今天不讲外国资本家剥削中国工人，并不等于说外国资本家不是来赚钱，而是完全出于发善心，无私地帮助我们搞“四化”建设。这就要求我们用马克思主义的宗教学来武装我们的头脑，正确地执行宗教政策。我们一时一刻也不能忘了用马克思主义哲学、历史唯物主义的基本原理来分析宗教现象。为了团结各界人士，共同把社会主义祖国建设好，要争取、团结、教育各族人民、各界人士，包括宗教的职业人员。农村生产发展了，农民生活富裕了，要注意防止在农村滥修庙宇。信教群众自发筹款修建庙宇，要加以疏导，尽可能少建，不要大兴土木，以免大量耗费人力财力，妨害社会主义物质文明和精神文明的建设。我们建设“四化”最需要修建、扩建文化宫、科学宫，改善学校设备。不允许宗教干预国家行政、司法，绝不允许强迫任何人，特别是十八岁以下青少年信教、出家，到寺院里学经。我们要让青少年身心健康地发展，就要限制宗教在十八岁以下青少年中传播。决不允许恢复已被废除的宗教特权和宗教的剥削制度。在宗教改革以前，在一些地区做了大量工作，宗教的封建特权、封建的剥削是很残酷的，它的残酷剥削和一般的不一样，由于宗教的麻醉性、欺骗性，使被剥削者心甘情愿地奉献。

我们要坚决奉行团结宗教人士的政策，还要明确马克思主义世界观与宗教世界观不一样，这就要求我们不是死记硬背宗教政策的条文，而要真正以历史唯物主义的观点、方法来观察社会现象、观察宗教，这样才能明确地、大胆地去贯彻宗教政策。共产党人是无神论者，应该坚持不懈地宣传无神论，不是用简单的强制方法。用马克思主义立场、观点、方法对宗教问题进行科学研究，是党的理论工作的重要组成部分。用马克思主义哲学批判唯心论，包括有神论，在人民群众，特别是青少年中进行辩证唯物论和历史唯物论的科学世界观的教育，也包括无神论，这是宣传战线上的重要任务之一。我们要建设一支用马克思主义武装起来的宗教理论队伍，努力办好用马克思主义研究宗教问题的研究机构、大学有关专业，这是党的理论队伍建设的一个不可缺少的重要方面。

我们要认识宗教的本质，同时要贯彻宗教政策。这二者，哪一方面都忽略不得。

六、宗教研究的基本问题

每种学科都有它所研究的基本问题，哲学的基本问题是思维与存在的关系问题。古往今来，任何哲学流派都必须对这个问题做出答复，由此引申出世界的可知性问题。有一个时期认为，辩证法与形而上学也是哲学的基本问题。这是两个对子，一个是唯心与唯物，一个是辩证法与形而上学。现在这个说法不大为哲学界所接受。哲学界只承认思维与存在的关系是哲学的基本问题，而辩证法与形而上学这一对矛盾也是思维与存在的关系问题，是哲学的基本问题的一个方面，不是另外平行的两个对子。

哲学上的问题延续了几千年没有陈旧，其他的上层建筑也各有其基本问题。

法学研究的基本问题是国家内部各个组成部分权利与义务的关系。权利与义务的关系共有五个方面，包括个人与个人、个人与集体、集体与集体、国家与个人、国家与集体。关于国家内部权利与义务的关系，人们可以接受，并且有强制性。国际法是研究国家之间的权利与义务的关系，国与国之间出现纠纷，由国际法裁决，如海牙国际法庭。但国家之上没有一个政权实体， 没有一个更高的权力来强制执行，国际法是道义上的判决。联合国不是政权机构，它做出的判决，有关国家不执行，也毫无办法。联合国做出许多决定，基本上未能贯彻执行，因为法是国家内部的。

道德学研究的基本问题是公私关系问题，也就是人与人之间相处的准则。道德与法律不一样，法律以强力制裁，而道德只能用舆论制裁。道德的原则是建立在自觉的基础之上。原始社会，人与人之间的关系靠民族习惯维持，没有理论，只有习俗。即使公私关系处理得很顺利，但不算有道德，因为当时未产生道德的自我意识。

文学艺术研究的基本问题是创作与欣赏的关系问题。美离了欣赏就不存在。没有自然的美。美的概念本身，包括人类的判断、欣赏在内。美的概念与大小长短的概念不一样。人们不加判断，大小长短的尺度仍然存在。说它是美的，已加入了人的主观意识，干预了客观对象，欣赏的对象不是纯客观的。比如咸、苦，好看、好听，既有客观根据，也有主观判断。有了客观根据 而缺少主观选择，所谓“美”的印象就不存在。以声音为例，音乐欣赏不能脱离主观与客观。古书记载，唐太宗与大臣谈话，大臣说：“坏的音乐影响人的感情，南朝陈后主宫廷演奏乐曲《玉树后庭花》，一派亡国之音，路人听后为之难过流泪，可见音乐对民俗有影响。”唐太宗说：“南朝政治混乱，人民生活很痛苦，群众听了难过。现在这曲牌还在，再演奏《玉树后庭花》，我们听了会不会伤感呢？不会的。”唐太宗的说法不承认音乐的客观效果，把音乐看作只是主观感情，其见解是片面的。开追悼会演奏的哀乐不会使人愉快，曲调本身就是悲伤的，不会引起兴高采烈的感情。这说明美的感受有客观的根据，也有欣赏者主观的因素在内。

宗教学的基本问题是研究天人关系的学问。西方说是神与人的关系。宗教学与其他学科有很大的不同。其他学科研究的关系双方都有其客观存在的实体，唯独宗教学研究的天人关系，一方是实体（人），一方是虚幻的实体（作为信仰的对象“天”）。宗教特有的幻想性决定了它不同于其他上层建筑。在天人关系中间，有人把“天”当作自然，这个天人关系便分化出哲学，即人与自然的关系，发展成为思维与存在的关系。哲学是从宗教中分化出来的。

西方哲学史、中国哲学史一开始便遇到“世界是什么构成的”这一问题，是水、火，还是空气，这中间就有天人关系的分化。有的认为“天”是神所造的，有的则认为是元素构成的，这就从宗教分化出了哲学。天人关系再细分，有种种学说流派：一是由“天”或“神”产生了人。很多宗教都是这种说法。二是人创造了神。这是近代的观点。这种思想最明确提出的是费尔巴哈，在古希腊也有类似的看法。有的哲学家说，一头牛也信仰“上帝”的话，它的“上帝”一定是长了两个犄角，会吃草的。这也说明“上帝”是人创造的。这种观点是从宗教中分化出来的无神论思想或唯物论思想。三是神人相互感应说。这又可细分为神在人的心中、神在人的本性中、神超越于人之上、人是神的翻版。四是泛神论：到处是神、是“天”。泛神论以宗教的形式表达了世界观，带有唯物论的倾向、因素。五是神创造世界。这是基督教、伊斯兰教的说法。六是佛教不承认有造物主。世界是因缘（各种条件）凑成的，正统派认为因缘（条件）是精神性的，也有认为因缘（条件）是物质性的。

总之，各种天人关系的观点都是在不同的角度对宗教的解释。任何宗教，我们要看它对待天人关系的说法，来加以分析，看它是什么派，什么倾向，引导出什么结论来，与哲学的关系，和其他科学的关系。由神人关系推演下去，引出第二个问题，即神是否可知、天人关系是否可知。这与哲学基本问题第二个方面——世界是否可知相类似。宗教学在基本问题上也同样引出这个问题：一方面认为神是可知的，但不是唯物主义的认识、实践，而是神秘的体验、直观来获得的；另一方面，有的学派认为神是不可知的。宗教学上的不可知论与哲学上的不可知论（引导到唯心主义），价值和作用刚好相反，哲学上的不可知论可能走向唯心论，给宗教保留地盘。而宗教的不可知论可能背离宗教，走向哲学，接近怀疑论。宗教的怀疑论，往往导出唯物论的结论来。

宗教学的基本问题——天人关系，是个宗教问题，同时与哲学也很密切。如果宗教学的规范——幻想性贯彻不好、不彻底，就会脱离原来的范围，走向它的反面，不再是宗教。宗教学问题，一方面要看到它是个信仰，更重要的要注意它与认识论有密切关系；另一方面要从信仰角度考察宗教；再一方面要从认识论角度考察宗教。人类接受宗教有两个途径，一个是从认识论的角度进入宗教信仰，一个是从信仰的角度直接进入宗教。前一种从认识论的角度引导人进入宗教信仰，如佛教，先通过哲学的分析、概念的分析、逻辑问题的分析，引导人走向信仰宗教，特别是佛教中的因明学，西方学者称为“佛教逻辑”。因明学与逻辑有区别，它也讲逻辑，从现象界的认识、概念、推理、判断都有，但因明学是为宗教服务的认识论，它不是引导人得到逻辑的结论，而是引导人脱离现实，走向信仰，是特殊的思维方法。这是从认识论的途径引导人否认认识、脱离认识，走向信仰。另一途径，直接从信仰开始，否认推理、判断、逻辑思维的作用。他们把理性思维看作认识

“天”“神”的障碍，必须超脱这些理性思维、科学的分析，只用直观体认“天”的存在。这两种途径在宗教学中都存在，而且互相补充，但归根结底，它建立一种虚幻的世界观，这是宗教的根本立场。如果只看到一些逻辑性的论证，就认为它是哲学，不是宗教，就会被现象所迷惑。

七、宗教的形态、发展与社会思潮的关系

宗教的存在与发展总是受到社会政治形势的制约和时代思潮的影响，一切与宗教敌对的思想在宗教势力强大的情况下，有时也利用宗教为外衣，传播一些不利于宗教的思想，甚至于反对宗教的思想，如唯物论思想、无神论思想、泛神论思想、自然神论思想等。以中国宗教史、哲学史为例，可以帮助我们理解这样的历史事实。

中国原始宗教，从奴隶社会起，建立了以天神崇拜、祖先崇拜相结合的神学体系。从西周以后，“敬天法祖”成为中原文化中心的传统宗教观念，汉族地区流行更盛。崇拜天神就是为了加强地上王权的统治，国君称为“天子”，被统治的老百姓是天子的子民。百姓与国君的关系，既是民，又是子，在理论上被说成是亲如家人。这种宗教神学思想到秦汉时期（公元前2世纪至公元2 世纪），神学目的论成为最流行的、影响最大的一种宗教思想，这种宗教思想遭到当时自然科学的驳斥，认为“天”没有目的、没有意志，如王充（东汉时哲学家）《论衡·自然篇》驳斥汉朝流行的神学目的论。神学目的论主张，万物是按“天”的意志产生的。王充说:“如

谓天地为之，为之宜用手，天地安得万万千千手，并为万万千千物乎！”可见，天地间万物的产生，不是有目的的，而是“天地合气，万物自生”，好像“夫妇合气，子自生”一样，是自然而然地产生的。当时，科学家与唯物论者、无神论者又提出，“天”既爱人，以仁爱为目的，为何又生出毒蛇、猛兽来害人呢？“天”既爱人，为何又生出恶人、坏人、昏君、贪官来害人呢？在批判神学目的论中提出新的看法。元气自然论[①]就是针对神学目的论而建立的，以桓谭、王充为代表人物。神学目的论的意图，并不在于解释或说明万物的起因，不在于说明客观世界，其目的在于为汉朝统治者服务。论证“天”是有目的的，是仁慈可亲的。这个理论为地上王权做辩护，以神学理论缓和君主统治者与被统治者之间的矛盾。汉朝的现实，政治越来越黑暗，贪官污吏横行，加上东汉末年灾荒频仍，人民大量流离死亡[②]，朝廷卖官[③]，瘟疫流行[④]，生产上遭到的破坏也很严重[⑤]。

现实如此黑暗，再向群众宣传“天”是爱老百姓的、慈祥的，“天生万物以养人”，就失去了说服力。东汉出现了怀疑与批判神

① “自然”二字的理解，现在的讲法不注意原意。“然”字就是“如此”。“自然”即本来就是如此的，不是有一个造物主有目的地使它如此。

② 王粲《七哀诗》：“白骨蔽平原。”

③ 崔烈花了五百万买了个司徒。皇帝召见他时，对左右的宦官说：“价钱要的太少了，要一千万他也能出。”

④ 名医张仲景的《伤寒论》就是在这样的瘟疫流行时期，总结实践经验写出的一本具有很高水平的中医理论著作。“伤寒”在当时是传染病的总称。

⑤ 曹操征集军粮，在山东一带搜刮粮食，粮食不够，发现军粮中掺杂人肉干。淮南、淮北一带，袁术军中吃蒲草根、河蚌、桑葚充饥。

学目的论的思潮[①]。仲长统提出："人事为本，天道为末。"这是当时进步思潮力图从宗教影响下摆脱出来的一种新观点。社会的黑暗、人民的疾苦也给宗教造成滋生、发展的机会。宗教在三国以后得到很大发展，神学目的论那种比较粗糙的宗教被比较精致的宗教所代替，佛教开始兴旺起来。

佛教本来在西汉末年哀帝时已传入中原，过去三百年左右，它的影响还不大，信徒不多，虽有不少经典译为汉文，但只在少数人中传播，没有更广泛的社会影响。汉末三国以后，佛教才得到大发展的机会。佛教不讲"天命""鬼神"，也不讲神学目的论，因而没有遭受到当时元气自然论那种无神论者的批驳，佛教与元气自然论没有发生冲突。客观上，元气自然论打败了神学目的论，给佛教的传播造成方便的机会。佛教讲的神学与中国固有的天命论不一样，它第一次向中国人传播三世轮回、因果报应。中国过去也有"善有善报，恶有恶报""积善之家必有余庆，积不善之家必有余殃"的说法。中国也有鬼神报仇、报恩的传说，比如《左传》记载伯有的故事[②]，还有彭生的故事[③]、"结草"的故事[④]。佛教的因果

① 王符、荀悦、仲长统、崔寔等人都是代表人物。

② 伯有是郑国贵族，在内战中被杀。郑国人常自相惊扰，说"伯有来了"，全城人惊慌奔走。

③ 《左传·庄公八年》：彭生被人利用，被杀屈死。死后，他变野猪向仇人报仇，"豕，人立而啼"。

④ 《左传·宣公十五年》：晋大夫魏武子平时对儿子魏颗说，死后可遣嫁爱妾。但临终，他却嘱咐儿子将爱妾殉葬。魏武子死后，魏颗将父妾改嫁而未殉葬。后来魏颗与杜回打仗，见有人把草结在一起，使杜回马蹄被草绊倒而被活捉，才使魏颗免于失败，获得大胜。夜梦老人说："我是你所嫁妇人之父来报恩。"

报应学说认为整个世界的生物共分为六大类，它们叫作“六道”，即天、人、畜生、地狱、阿修罗、饿鬼。“天”是生活在天上的一种生物，相貌像人，生得端正，寿命很长，活两万岁，也有死亡；“人”是现世的人；“畜生”是牛、马、猫、狗等畜类；“地狱”是生活在地狱中的生物；“阿修罗”面貌凶恶，常与“天”作战；“饿鬼”是经常处于饥饿之中的生物。佛教宣传说这六种生物在世界上相互轮回，按它的行为而定。若做好事多，生在天上；做坏事多，变成畜生、饿鬼。不论是哪一种，都是要死的，永世不得超出轮回的痛苦，世界充满了痛苦、烦恼。佛教这种宗教理论，对中国当时神学目的论的影响减弱了，但是统治者又必须有一种思想统治的工具来代替它，维持一个国家的统治、政权。列宁说过，有两种工具，一个是刽子手的职能，一个是牧师的职能，这两个方面要相互配合。当中国旧的牧师不起作用了，来了新的牧师替补。神学目的论失灵时，佛教就补上来。当然，从宗教理论上说，佛教比神学目的论更严密、高明。

再看佛教在中国的影响的扩大，还有其他因素。佛教为了适应在中国社会的传播，要迎合中国社会的思潮。它刚到中国来时，与黄老之学相结合，与神仙方术相结合。中国人也以黄老思想来迎接佛教，当时汉桓帝宫中庙宇供奉的神像有黄老、释迦牟尼。当时，佛教也没有强调它自己不同于黄老，而是甘愿依附于黄老。中国晋朝道士王浮著有《老子化胡经》，说老子西去，到了印度，收释迦牟尼为弟子，借以论证道教高于佛教。当时佛教势力还不强大，认为能攀上老子这样的亲戚未尝不是一件好事。佛教徒没有积极去反驳，也未否认佛与老子有师徒关系。等到佛教势力越来越壮大时，才开始反驳《老子化胡经》，后来又取得皇帝的支持，《老子化胡经》被禁止，不许流行。这说明社会思潮的影响对佛教的改变。佛教本身有些观点、教义，也不是百分之百地照着办，在不同时期、不同条件下有适应环境的一面。

另外一点，佛教在中国的发展、传播有一个逐渐壮大的过程。中国封建统治阶级利用佛教也有一个从不自觉到自觉的过程。佛教有些教义，经过修正才得到中国上层统治者的承认、支持。也有一些理论、观点是佛教坚持的。比如，中国宗法势力很顽强，从氏族公社到奴隶制，都以宗法制血缘关系作为标志来分封诸侯、分封国家。到了封建制社会，一直到全国解放以后，我们在乡村中还可看到封建宗法制的影响。如果研究中国的历史、宗教、社会，对于中国的封建宗法势力认识不足，就不能掌握中国社会的特点。

印度出家人的地位最高，国王出行时见到僧人，还要向他致敬，隆重地下跪，一般地合掌。国王、贵族向和尚敬礼时，和尚则可不必还礼。高僧在高座上讲经，座位太高，大臣、首相跪在地上，高僧踩着他的背登上高座上去讲经。在佛教流行的国家，能当高僧的垫脚石被视为荣幸。中国讲“三纲”，这是国家的支柱。在外国，父母见到做僧人的儿子也要施礼，儿子不须还礼，释迦牟尼的弟子高于世俗人。在中国三国魏晋南北朝时期引起过争论，一派主张和尚不向国王、父母致敬，采取印度的办法；另一派则反对。争论的结果，外国的办法在中国行不通，最后还是僧人见到国王要行礼，出家的儿子见到父母要行礼。当时争论的文章题目《沙门不敬王者论》，沙门没有胜利，还要向王者致敬。唐朝翻译家玄奘回国后，声望很高，受到皇帝的恩宠。皇帝出外，玄奘都陪同。他翻译了一千三百多部佛经。但他回国后，还要向皇帝请假回乡为父母扫墓。这都说明佛教所受中国封建宗法制度的影响，必须适应中国当时的社会条件。佛教传入中国后，维护封建纲常名教，宣传“三世因果报应”的宗教教义，用神学的枷锁把人牢牢固定住。佛教把行为分为三种，称为“三业”：身业（行为）、口业（言论）、意业（意识、思想活动）。佛教宣传任何的“业”都将引起相应的后果（果报）。这种宗教理论是原罪说的一种。原罪说也是基督教教义之一，大意说人类祖先亚当、夏娃住在天国伊甸园，“上帝”告诫园中果子不能吃。蛇诱骗他们吃了果子，结果犯了罪，从第一代就犯了罪，即“原罪”。人类的一切灾难都是从“原罪”引起的。刚出生的婴儿，哪怕夭折了，也有罪，他的罪是与生俱来的。这种宗教学说，目的在于把苦难的根源归结于受苦难的当事者本人，根本的原因是与生俱来的，社会不负责任。照佛教的说法，一切的罪过都是身、口、意“三业”引起的后果，这一条很厉害，使人们无法推脱自己的责任，善恶标准也就是当时社会上所承认的标准。比如，奴隶社会就是奴隶所有制的善恶标准，封建社会就是封建所有制的善恶标准，资本主义社会就是资本主义所有制的善恶标准。善恶标准是与社会存在相结合的。在中国的封建社会中，忠君、孝父母就是最大的善，不忠不孝就是最大的罪恶。佛教讲的是另外的世界，但是判定惩罚的标准，完全是按照现实所处的那个社会的要求来衡量，就是要把一个人完全纳入封建宗法专制主义的规范之内。南北朝时，南朝宋文帝说，天下人要是都接受佛教的道理，就不必发愁天下不太平。佛教教导人们去做封建社会的驯服工具。

佛教自进入中国后做了些改变，但它的基本教义并没有变。比如，佛教在汉族地区与游牧地区的戒律规定不尽相同。在西藏、蒙古，佛教徒可以吃肉，而在汉族地区，佛教徒只能吃素。为了适应当地情况，允许做一些改变。这些改变是为了它的存在和发展。

与佛教发生和发展几乎同时的，还有一支宗教势力很大的道教。道教是在旧宗教神仙、方士信仰的基础上发展起来的。道教一方面照顾到上层贵族、统治者的需要，提出一些理论、宗教修养的办法；一方面又照顾到下层群众的需要，提出一些理论、办法。上层贵族要求长生，如秦始皇、汉武帝，国家统一了，有了极大的权力，希望长生不死。他们一再受方士的骗，但还一再愿意上当受骗，求长生不死的药、求仙。一般下层群众生活困难，处于缺医少药的情况，有病不得治，没有兴趣企求长生，道教就宣传以符水治病、赶鬼。赶鬼还是以鬼赶鬼，也是有神论[①]。道教对上层贵族以及下层群众都能投其所好，所以得到群众的拥护与支持。道教也是为封建宗法制度服务的一种宗教，它与佛教服务的对象是一样的。隋唐时期，儒、释、道教鼎立，都受到重用。

宗教势力强大的时代，人们没力量摆脱宗教的束缚，什么学问都要包括在宗教里，欧洲中世纪一切学问都是神学的奴婢。有些反对宗教的思想，有时借宗教作为保护伞，从宗教内部掀起反宗教的暗流，对宗教起着破坏的作用。由于宗教的控制越加严密，一些进步思想不得不利用宗教，从宗教内部建立对宗教起破坏作用的学说。

再结合中国封建社会的实际情况来看。中国封建社会两千多年，大体分作两个阶段。根据史学界的看法，唐朝黄巢起义以前为

① 有人问，宗教产生以前，人不知道什么是神，应当是无神论。不能这么看。有宗教以前，人不知道神存在，这不是无神论。无神论是批判有神论的理论。

一阶段，是封建社会前期；宋以后从11世纪到19世纪鸦片战争为一阶段，是封建社会后期，持续近一千年。前期，封建社会的制度对生产、生产力起了相当积极的推动、保护作用；越往后发展，封建的生产关系越限制了生产力的发展。封建地主阶级作为一个统治阶级来说，越到后期，积累的统治经验越来越丰富，国家机器运用得越加成熟，封建体制越得到加强，封建等级君臣关系越来越绝对化。从汉唐到宋以后有很大不一样。以前汉唐有宰相，宰相辅佐皇帝，君臣间可以坐而论道。皇帝不能执行职责，大臣可以将皇帝废掉。西汉宰相霍光废掉皇帝（昌邑王），立了新的皇帝（宣帝）。西汉末年，王莽也曾废掉皇帝，以宰相的地位来执行皇帝的任务。直到汉朝最后一代皇帝，曹操虽然没有废皇帝，但把皇帝控制起来。宰相权力很大，皇权不是绝对集中。到宋代，君臣不再坐而论道，皇帝坐着，宰相以下都站着。到南宋时，朱熹给皇帝讲书也站着讲，皇帝不喜欢他，下诏令说："天冷了，你岁数大，站着讲我也过意不去，不用再讲了。"把他赶出了宫廷。宋以后，财权、军权完全集中在中央。中央指挥军队，出征时发给大将布阵图，不按阵图作战，打胜了也无功。宋与辽、金打仗，老打败仗。岳飞打金兀术，总打胜仗，是因皇帝逃跑了，来不及发布阵图，岳飞自己做主，就打了胜仗。中国的中央集权太厉害，将帅不能发挥自己的长处。用人大权完全由中央掌管，县长以上都是中央任命。教育也由中央发布教材、考试题目。

以上说明国家统一，要求集中、集权。与政治形势相配合，为中央集权服务的上层建筑也有相应的反映。宋、元以后，佛教、道教、儒教三教合一，以前三教间的争论不见了，它们互相配合、协调行动，以对付造反的农民，确曾收到显著效果。通过长期宗教哲学思想的灌输，宋以后没有出现像曹丕、司马炎那样用宫廷政变方式夺取政权的。看起来宗教讲的是天上的事情，另一个世界的事情，实际上要解决的问题是人间最实际的问题。宗教在社会思潮中也是一种反映，不过宗教是幻想的反映，这种反映是凹凸不平的镜子照出来的歪曲了的影像。影像是歪曲了的，但是产生影像的原始的对象——社会却是实实在在的，产生影像的原型、产生影像的根据不是虚幻的。这说明一个道理：宗教不可能脱离当时的社会、政治、历史、经济以及民族的特点而存在。

佛教、道教、基督教讲天上的东西，但不能离开人间。基督教传到中国从唐朝算起，也有一千多年了。为什么它生不下根呢？因为中国封建宗法制度的特点它不理解、不去适应。罗马教廷要求教徒信了基督，不能拜祖先、拜父母、敬天地。它虽然传来得很早，唐朝初年传入，却无法推行。而佛教原来的教义也反对敬天地、拜祖先，只是传到中国，适应了中国的特点，才生了根，慢慢与儒教、道教结合起来，就得到巩固。基督教来华三次，只有鸦片战争后，借外国的大炮和不平等条约，第三次打进来，才没有被赶走，但发展也不快。这说明宗教脱离了社会思潮就不能立足。

一种外来的理论它要生根、起作用，要有很长的适应过程。《共产党宣言》翻译得很早，1905年开始有翻译，大家不太懂得共产主义。到了“十月革命”以后，有了党的领导，有了工人运动，慢慢懂得马列主义，有些地方也还不是真懂。搞了三十五年，我们才懂了马列主义结合中国经济建设的实际，找到了改革的道路。现在的模式可能是最好的，按这个步伐走下去，可能会走得又稳又快。宗教学、哲学看起来与基础离得相当遥远，实际上关系十分密切。社会科学难讲，也难懂，更难得运用，道理就在这里。讲的问题、概念很抽象，要落实到非常具体的土地上才能见效。

八、宗教信仰与认识者的关系

（一）认识的阶级性

认识受阶级集团利益的制约，不同的阶级有不同的认识方法，制约是不可避免的。庄子在哲学史上第一个系统地、严肃地提出认识的主体与认识受认识者的观点、立场制约的问题。《齐物论》说：

> 毛嫱丽姬，人之所美也，鱼见之深入，鸟见之高飞，麋鹿见之决骤。四者孰知天下之正色哉?

人与鱼、鸟、麋鹿的美的标准不一样。《秋水》说：

> 以道观之，物无贵贱；以物观之，自贵而相贱；以俗观之，贵贱不在己。以差观之，因其所大而大之，则万物莫不大；因其所小而小之，则万物莫不小。……以功观之，因其所有而有之，则万物莫不有；因其所无而无之，则万物莫不无。……以趣观之，因其所然而然之，则万物莫不然；因其所非而非之，则万物莫不非。

《德充符》说：

自其异者视之，肝胆楚越也；自其同者视之，万物皆一也。

庄子讲到以“× ”观之，从不同的角度观察对象，其结果就很不一样，表明认识者比较客观的态度，目的在于打破传统的成见、保守的认识方法，说明古人对认识的贡献。我们今天应站在更高的角度来认识事物。庄子这个提法好像摄影师在不同的角度拍摄片子。事实上，庄子并不那么客观。庄子已经站在相对主义的哲学家的立场来观察事物，不可能站在鸟的、鱼的或其他生物的立场来观察。庄子是人，是社会的人，在阶级社会中，不会有超阶级的人。因此，庄子不可能不具有自己的立场、观点、方法。

再如元朝戏曲家马致远说：“密匝匝蚁排兵，乱纷纷蜂酿蜜，闹攘攘蝇争血。”用文学手法描写当时的社会，互相你争我夺。这是从人的角度看动物界的活动，认为是乱糟糟的毫无意义。根据近代的研究，动物活动、蚂蚁打仗也是争夺食物、占领地盘，这之间也有挑起战争的原因存在。阶级社会中一切都有原因并引起相应的后果。人类认识史上自从发现了因果关系，才算进入哲学思维的阶段。这促进哲学上的认识论的发展，特别是有一派专讲因果关系。我们从认识角度上观察，除了刺激、反应活动，由于有了利害关系，还带有意向的作用。“意向”使认识者带有某种倾向性。“意向”因素作用在人类认识史上不能忽视。例如，有人看到报纸报道火车出轨，有一半人受了伤。作为一个读者，可以客观地读这条新闻。但如果读报者确知该次列车上有自己的亲人在内，就不会平心静气地、绝对客观地对待这则消息，往往希望自己的亲人不在伤亡人数之内。这是人之常情。看球赛也一样，观众本来是旁观者，不参加球赛，但他们难免有倾向性，希望某方获胜。在认识外界时，也有这种倾向。在自然科学实验中，培养科学工作者保持绝对客观，要冷静观察，不能带倾向性。举个例子：北大有一个青年教师做巴甫洛夫实验，做第二遍时发出“嗯”的一声，导师提醒他这种态度不科学。“嗯”表示诧异，表示他心里有个预期的结果，而这个结果并未出现。实验的结果只能由实验本身结果做出回答，受情绪干扰，判断就不准确，自然科学要求不带倾向性。但是即使实验过程不允许有倾向性，然而在安排这一实验时却不能没有目的性。例如以农业科学来说，改良品种、增产措施等就有目的性。世界上不存在毫无目的的实验。社会科学，具体地说，比如哲学的认识过程，不仅反映外在的现象，重要的还在于改造对象。马克思说，哲学的目的不在于认识世界，而在于改造世界。哲学上是与非的价值判断终归受立场、观点的影响。社会中有时小集团的利益与整体有矛盾，妨害全局的利益。哲学和宗教的世界观在认识过程中，同样会受意向的影响，纯客观是办不到的。

（二）认识过程中抽象的分类问题

人类认识世界，不能像庄子那样自以为绝对客观，不带意向，站在超越人类的立场来观察世界。人类认识外界的过程是从具体到抽象。根据儿童心理学来看，一个幼儿认识外界是从他经常接触到的东西开始，比如桌子、狗。教他认识桌子时，指给他这是桌子。这里产生一个问题，我们教他认识的是当前看得见、摸得着的桌子呢，还是把桌子作为符号，使他认识作为桌子这个类的对象呢？我们要求他有“类”的认识。小孩认识了幼儿园的桌子，同样的，家里还有一张桌子，尽管大小、颜色不一样，但他可以从那张桌子推到这张桌子。取得这样的知识才叫作“认识”，认识总包括着抽象的观念。小孩认识一条狗，看见的是黄狗，通过这条狗得出了狗的概念，引出“狗”这个符号，以后才能认识黑狗、白狗、花狗。最初符号不是抽象的，而是具体的。人类的认识都是从具体到抽象的过程中建立起来的。有了抽象的本领后，有时不加限制地滥用，把抽象推向极端，哲学上就会从唯物主义转化为唯心主义，就会从正确走向反面。列宁说，真理哪怕多走一步，就会成为谬误。宗教世界观就曾经借用哲学上无限制的抽象的办法来论证，以致描绘“上帝”的存在，认为最高的抽象就是精神实体，具体的事物有局限性，而抽象的精神实体是永恒的，不受时空限制。哲学上的失误也可从理论上给宗教信仰提供方便：一种情况是哲学力图摆脱宗教的控制；第二种情况是有一部分哲学流派为宗教做论证；还有一种是不自觉地和宗教掺和在一起，划不清界限。这三种情况历史上有，现实生活中也有。具体到抽象的认识过程具有普遍性。学认字也是从特殊到普遍的过程。小学生识字，老师先写“大”或“人”，黑板是黑的，字是白的，学生在纸上写，是白纸黑字，这也是从符号过渡到概念的抽象的过程。小学生怎么认识这个字了呢？位置、颜色都变了，回到了家，甚或由北京到了上海都认识，这说明符号起了作用。这里出现了两对概念：抽象与具体，普遍与特殊。这两对还不完全相同。具体指通常想到的，如桌子、椅子等。具体的范围可以很大，宇宙也是具体，但宇宙不能说特殊，特殊的对立面是普遍。因此，抽象和具体、特殊和普遍还有区别。凡属于具体的以及特殊的，都与观察者个人的立场、观点有关系。凡属抽象的、普遍的共相，超出了认识者个人的小范围，而具有更广泛的意义。比如，具体的山水，修水库前这座山还在，修水库后，这座具体的山可能淹没了或淹没了一部分，改变了形状、大小，甚至埋到水下，但抽象的山，即“山”的概念依然存在。抽象在人的认识上占有很重要的地位。随着认识的深化，逐步加深内容，扩大范围。举一个例子：“小黄牛”进行抽象为“黄牛”（一类），再抽象为“牛”，进一步抽象为“偶蹄类反刍动物”，再进一步抽象为“动物”，往上推为“生物”，再上推为“物”。哲学史上称“物”为“大共名”，实际上没有这个“物”。正因为它高度抽象，有的哲学家把“物”的概念当作“存在”或“有”；而它又不是具体的东西，因此，有的哲学家又称作“无”，因为“无”与“有”是一个意思，它不具有任何个体的、特殊的东西的轻重、大小、颜色、声音、气味等属性。从高度抽象的概念出发，有些哲学家将这些抽掉属性的“有”“存在”“无”叫作“上帝”，最后就一步跨到“上帝”那里去了。抽象思维是人类唯一的认识手段，人类离开了抽象就无从获得认识。由于人类使用了抽象思维手段，才有可能把知识广为传播和继承，也包括翻译。计算机也是翻译的一种。有了抽象思维手段才能进行科学预测。这种活动属于人类社会生活的一个内容，这就不可避免要受到社会集团、民族、阶级、组织的影响和制约。宗教从自发宗教发展到人为宗教以后，有教团组织，有教派，有经典，有集体的宗教活动。把同一教派的信教群众组织起来，形成社团结构，这就不可避免受它的团体、社会结构的利害关系的影响。宗教也会产生它的偏见，比如，只相信自己信奉的宗教是真正值得信奉的对象。每个宗教都只相信自己的神是真神，其他宗教的神则是异端，邪教，对无神论者就更不能容忍了。这都是宗教的偏见。这种偏见在阶级社会里，剥削阶级占统治势力的情况下，有时把某个宗教定为国教，别的宗教都不合法，产生压迫异教徒的行为。中世纪设立异教裁判所，是专为惩治与自己宗教观念不同的人的机构。以宗教为例，也可说明认识是受阶级的利害关系的制约。我们宪法规定，各种信仰一律平等，信教与不信教一律平等，这是从理论上阐明我们没有宗教偏见，这也是从认识论上看我们宪法的优越性。多少年来的宗教偏见，在我们国家内得到了纠正，并得到法律的保护。

（三）认识的意向

人们认识过程中不仅仅反映外界存在，而且在反映中还包含了阶级集团的以及个人的意向在内。阶级的、集团的与个人的利害关系，社会主义社会的人，根本利益基本上一致，但又有差别，不完全一致。有了利害关系，认识者的意向即发生影响，在改造世界的过程中起作用。个人的意向反映个人的主观愿望，作用不大。如果一个集团、一个阶级的意向，作用就大多了。这种意向与其说是精神作用，毋宁看作是物质力量。从个人来看，这种意向是主观的，但作为阶级意向来看，则是客观的。集团的意向是不容忽视的。为什么我们说宗教问题不能忽视？宗教政策要认真贯彻，我们党一再强调这一点，就是因为作为集体长期形成的固定的观念，不容易改变，这个集体对别的集体的利害关系、是非标准、价值观念，都不尽一致，甚至有分歧。比如，有人批评北京某些居民有什么缺点，北京的居民不会火冒三丈，但如果涉及某一个小城镇的居民有什么缺点，这个小城镇的人听后就会很反感。再比如，有人批评中国的某些大学生有什么缺点，触及面不大，但如果说北大学生有什么缺点，北大同学就会敏感了，就要辩论辩论。对于宗教徒来说，即所谓“宗教感情”；对于一个民族来说，即所谓“民族感情”。这个问题不光是个学术问题，这又是现实生活中的实际问题。民族感情、宗教感情是长期积累形成的，其中有好传统，也有糟粕和偏见。有时人们对长期形成的偏见，不惜拼命去维护，甚至造成流血事件，历史上不乏先例。这就说明在认识过程中，某些集团、阶级、小团体的利害关系干扰正确认识，让人们不能如实地客观地反映世界。

现在再从认识者的是非标准来看，它起的作用是发挥一种物质力量，有时这种力量推动历史进程。但由于集体或团体、阶级受的局限性，这种认识尽管推动了历史前进，但未必正确，往往出现一种盲目性，这在历史上屡见不鲜。古代中国与外国，直到近代的农民起义，曾经推动了社会历史前进。起义规模有大有小，各式各样，但一切农民起义都带有历史盲目性。失败的起义，农民当然不能掌握自己的命运；推翻了旧王朝以后，农民仍然不能掌握自己的命运，而且农民起义中好多与宗教结合起来，这就是阶级的、历史的局限性造成的结果。从理论上说，农民不是先进的阶级，不能体现先进的生产关系。

有了先进的阶级，有了正确的立场、观点，在进行认识时也未必能取得正确认识。马克思主义观点遭到反对，因为不同阶级有不同的世界观。资产阶级世界观占据了头脑，无产阶级世界观不能被接受；反过来，无产阶级世界观占统治地位，资产阶级世界观就不能被接受。宗教唯心主义世界观与唯物主义无神论世界观是对立的，是对抗性的。宗教唯心主义世界观已经建立，并成为各种宗教的神学体系。这些宗教神学的世界观形成的各种学说也都有各自的信仰者。宗教徒有他们用宗教信仰主义的思想方法观察世界的方式，也带有宗教集团观察世界的意向，带有宗教感情的倾向性，他们以信仰为第一位，科学无神论被排除在外。因此，宗教有神论与科学无神论成为长期对峙的局面。这个阵线也不是固定不变的，科学无神论的势力大，宗教有神论地盘就缩小；反过来，宗教有神论势力大，科学无神论地盘就缩小。双方势力的消长，不仅仅是理论上的胜利，谁讲得更充分，谁就占上风。比如，中国哲学史上范缜的《神灭论》驳斥当时的宗教有神论，驳斥得很有力，有科学性。但当时的佛教没有由于有了范缜的光辉著作就销声匿迹了，佛教不但未衰退，还有所增长，从南朝梁以后，隋唐越来越发展，这说明理论的争辩仅仅是一个方面，不能决定阵地的扩大或缩小。双方势力的消长，涉及社会发展状况、经济状况、政治安定的状况，人与人之间关系合理的状况。此外还有家庭、人口、就业等一系列问题都曲折地反映到人们的世界观领域内并有所表现。存在决定意识，以上所讲种种关系、问题都叫作“社会存在”。社会存在可表现为哲学，也可表现为宗教，我们从这里也可看到宗教存在的长期性。

宗教存在的认识论根源涉及范围很广，它也受阶级的、集团的制约。每一个人在认识过程中都要受社会现实的利害关系的制约。宗教信仰也有其认识论问题，宗教立足于信仰，它有认识论的根源，这是一个方面；另一方面，还要看到认识论的根源又是受宗教信仰的偏见影响，妨害它不能如实反映世界。宗教存在有现实基础，有历史渊源。因此，对待宗教信仰，不能仅仅把信仰者看作迷信、不开窍，而实际上宗教存在、宗教传播有很多方面。再加上人类认识论中意向的作用，有主观倾向性。这种倾向性与本身的利害关系密切相连。这种意向，有露骨的、明显的，也有不自觉的、潜在的。不能认为凡是一个阶级都是一种想法。过去说有多少阶级，就有多少主义，事实上不这么简单，一个阶级内部的想法也各式各样，各种主义也五花八门。宗教的认识论根源十分复杂，不能简单化。

九、宗教信仰与哲学思辨

宗教的基础是信仰，哲学的基础是理性思辨。“信仰”一词多半是指较严肃的、崇敬的对象。不属于崇敬的范围，用“相信”一词。与之类似的词是“信念”。对一般原理、原则、真理相信的，用“信念”；对日常生活中发生的事（如不怀疑火车到达时间），不用“信念”。不论信仰、信念都具相信的内在因素，“相信”这个状况在人们思想中的地位十分重要，值得加以分析。相信的对象有高低各种层次的分别，迷信是最低的一级。信仰的对象可以是真的，也可以不真，但对信仰者来说，一定认为是真的。从反面考虑，我们说“相信”时，总包含不怀疑，不具有试一试的因素。关于相信或信仰有不同层次：坚信，表示不动摇（如信仰某种宗教，坚信某种主义）；确信，如地球是圆的；还有一种是迷信（祷告菩萨保佑）；还有一种相信，“宁可信其有而不可信其无”，就选择它是有，而去相信。层次不同，但有共同点，即有一种意向、倾向性，这就是“信”的倾向，或者叫“偏向”。根据以上情况看，信仰一定要排斥客观的分析，也不重视或不依靠理性的思辨。这种排斥有几种可能性：不可能不信，把不信的方面排斥掉；不希望、不情愿不信；没有意识到不信，或由于习惯、传统，就跟着大家相信了。这三种情况都属于信仰的内容，都不借助于理性思辨。

哲学思辨指的是理性的思辨。辩证唯物主义者首先要承认客观世界是存在的，人的认识反映客观存在。根据认识运动思辨的能力对客观世界进行分析，这是唯物主义认识论的常识，唯物论的认识论就是要如实地反映、客观地反映。“如实”就是依照事物的本来的样子，不增加，不减少。实际上很难完全做到。在反映客观存在的过程中，有多种因素对人们的认识进行干扰，让人们不能完全如实地反映客观世界。这有种种原因。

第一，利害的原因。头一条就是阶级性。人是有阶级性的，同样的事在不同阶级、不同立场的人，得到的印象不一样。比如，《湖南农民运动考察报告》中说，对农民运动，有的人认为好得很；有的人认为是“痞子运动”，“糟得很”。这显然是受阶级利益的影响，才对同一事物得出相反的结论。再如，人类认识受宗派性的干扰或小团体的干扰。在《慈恩法师传》中提到玄奘回国后受到政府重视，他为僧团利益，要求政府对犯法僧人用僧律制裁，不用世俗法律制裁。玄奘虽在唐朝颇受重视，但没有得到政府批准。这种要求就是他站在僧众立场上，希望用僧律管理僧众事务。佛教不杀生，最重的处罚不过是责打一顿，开除僧籍，赶出寺院。从政府看，这将纵容违法乱纪、破坏社会秩序的坏和尚。玄奘的弟子辩机不守清规，与公主乱搞男女关系，受到腰斩；按僧律处断就不会处以死刑。再如，我国宗法制度源远流长，宗族的利害也会使人从维护宗族的立场去判断是非，不能如实反映。又如，我国封建时代交通不便，人们的观念往往受乡土观念的影响，有局限性。《管子·水地》篇中提到某地的水养某地的人，就会造成人的性格善恶、天资利钝的差别。齐地的水，使人“贪粗而好勇”；楚地的水，使人“轻果而贼”（伤害、剽悍）；越地的水，使人“愚疾而垢”；齐晋的水，使人“巧佞而好利”；宋地的水，使人“简易而好正”。有人说《水地》篇可能出于宋人之手。唐朝李筌（军事学家）《太白阴经》中有“秦人劲，晋人刚，吴人怯，海岱之人壮，凉陇之人勇”，这都是受地区观念的偏见的局限，让人们在认识中看不清事实的真相，哪能一个地区所有的人都有一样的性格？“海岱之人壮”，指的是山东一带，其实这里既出孔子、孟子，也出江青、张春桥那样孱弱的人。再者，种族的原因，把另一种族的人看作“劣等民族”，如南非的种族歧视。还有国家的原因。这个问题比较复杂，爱国主义是好的传统，可是第一次世界大战时，马克思主义者提出，真正觉悟的人不能帮助其有侵略性的祖国去打仗。列宁反对保卫沙皇利益而参加战争。日本侵华战争中，有一部分日本人反对侵华，参加反战同盟。在爱国的口号上，容易使人在行为上发生差错。两伊战争都是以爱国口号号召打仗，我们站在超越一国局限的地位看这场战争，早结束对两国人民都有利。以上是由于利害的原因产生的一些表现。

第二，感情的原因。在情感上让认识的主体不能如实地、客观地认识事物。例如，鲁迅《祝福》中，祥林嫂不相信她的孩子已死去了，总认为还活着。《蔡元培全集》中有《祭亡妻黄仲玉》一文，最后有“死者果有知耶？吾平日决不敢信。死者果无知耶？我今为汝而不敢信”。祭文当然不能看作严格的认识论，但这都说明人在认识过程中不能不受到感情倾向的影响。

第三种，偏见的原因。《列子·说符》中说，有个人丢了一把斧子，怀疑是邻人之子偷去。他开始留意观察邻人之子的言谈、举止，越看越像偷斧子的人。后来遗失的斧子找到了，再留意观察邻人之子的言谈举止，又完全不像偷斧子的人了。《韩非子·说难》中说："宋有富人，天雨墙坏。其子曰：'不筑，必将有盗。'其邻人之父亦云。暮而果大亡其财。家人甚智其子，而疑邻人之父。"这也是偏见的例子。又说："弥子瑕有宠于卫君。卫国之法，窃驾君车者罪刖。弥子瑕母病，人间往夜告弥子，弥子矫驾君车以出。君闻而贤之，曰：'孝哉！为母之故，忘其刖罪。'异日，与君游于果园，食桃而甘，不尽，以其半啖君，君曰：'爱我哉！忘其口味，以啖寡人。'及弥子色衰爱弛，得罪于君，君曰：'是固尝矫驾吾车，又尝啖我以余桃。'"因而加罪于弥子瑕。这也是偏见。电影《黄山来的姑娘》中，女主人的毛衣丢了，她怀疑小保姆偷了，也是生活中偏见的例子。

第四，认识的局限性。我国古人都认为"天圆地方"。古人不知传染病是由于病毒、细菌引起的，《黄帝内经》说是由于四时不正之气的侵害。拉瓦锡以前不知道氧气的存在，对燃烧说不清，说是由于燃素，这种解释等于没解释。这些都是认识的局限性，使人不能如实、客观地反映。

第五，习惯或经验的原因。经常看见某种现象，习以为常，不再追究。如鸡叫就天亮，认为这就是天亮的原因，从统计归纳的方法来看，这种方法不严密。

第六，认识者的机体、接受能力、分析能力的局限性。可分作五种可能：一是接受机构的关系，如人色盲，红绿不分。二是认识者的分析、处理问题的机构，即大脑思维运算能力的局限性。智力的差别，如幼儿开始认识到三，再多了就数不清了，经过训练才逐步提高。三是逻辑思维训练不够，能力低下。比如电子计算机运算次数多少也有极大的差别。四是抽象思维能力的差别。这也影响如实地认识事物。学哲学史的人都会发现，抽象思维水平高的古人，比有些现代人还要高明。五是认识者意外的事故。如意外的病、意外的遭遇的影响。这都属于认识者的机体的能力的局限。

第七，客观对象的变化。如天气预报的出入。如世界事物的变化，若不理解就会发生认识上的错误。又如正常人与疾病间的关系，不能用昨天还是健康的人来说明今天不是患者。认识对象随时在起变化，必须考虑进去。

第八，主观、客观都在变化。这就引起对事物认识的结果不一样，一夜之间都会有变化，我们不能把人看作机器。

以上八个方面都可能在不自觉中影响如实反映。严格地说，绝对的“如实”是不可能的。经常看到有的政府预算或计划报告，统计生产增加比值时，都要扣除物价上涨因素，这种统计方法是可取的。我们在认识中要不要扣除那些干扰的因素呢？过去没有扣除干扰因素，常常夹杂非唯物主义的东西。对简单的现象可以考虑到这些因素，予以扣除。如木棍放于水中，出现折光视觉印象，由于经验多，认识者主动修正这种视觉印象，排除干扰。但在更复杂的情况下，人们对于干扰因素没有想到要扣除，当然不能即时扣除。这就是说，我们对外部第一步就没有如实地反映，出现了偏差，那么以下许多步骤的认识过程，怎么能保证如实反映事物呢？因此要警惕这一点。我们是唯物主义者，但实际上由于夹杂了许多干扰因素，使人不能如实反映客观世界，随之而来，我们的判断不可能是正确的。这是仅仅从接收外界印象到表象就发生了问题。还要看到人的认识功能的诸多干扰因素，世界上没有纯粹的认识。认识世界的过程经常包含改造世界。认识世界与改造世界不能截然分开。认识世界的过程就是改造世界的过程，在改造中加深了认识的广度。

这又回到宗教信仰与哲学思辨的关系。宗教信仰没有分析、思辨、考察的过程，但宗教信仰有意向，有倾向性，这是宗教的内核。这种意向在哲学的思辨中也有。我们认识、改造世界的过程中，不是都通过思辨的。认识是有机的整体，在社会实践中，有理性的思辨活动，也必然受意向的支配。生活实践中，意向作用占的比重相当大。人们真正平心静气地思考、推理，做出结论的情况不是很多，更多的情况下是靠相信意向来支配我们的活动。比如，每天下午活动后，食堂准有晚饭吃，到时候就去，相信总会有饭吃，用不着去思考。生活中失去相信的意向，人们每走一步都要思考、分析，可能就活不下去了。食堂饭菜是否合乎卫生标准，如完全怀疑它就不敢去吃。否则，对一切事物、一切行动，甚至人们说一句话都推敲、怀疑，发展下去，要得精神病。对一切采取怀疑，将会没有朋友，没有社交，行动都困难。意向在人们生活中经常起作用，人们的认识没有纯认识，都伴随着意向的功能。

为什么宗教对哲学发生影响？为什么宗教的存在有长期性？因为支配人生活的那部分内容，宗教上有，哲学上也有，它们有交叉点。两者不是划得一清二楚。从世界观来看，是完全不同的两大类，但在实际生活中，具体到一个人的思维活动、社会活动，不是截然划得清楚的。这些方面宗教的要素的基础、意向有交叉关系。宗教和哲学这两者有没有相互影响的关系？实际上有二律背反的矛盾。建立科学的唯物史观要如实反映世界，但实际上存在着种种限制，又不能如实地反映。认识领域没有真空地带，一个唯物主义者不可能百分之百唯物。唯物主义做不到的部分，唯心主义必然占领。宗教信仰不需要科学根据， 理性思辨对信仰起破坏作用，这是从理论逻辑上说。实际生活中，离开了主观意向，处理日常生活都困难。按纯哲学的原则指导生活的人很少很少。相信意向对现实生活中的每个人来说，其不可缺少的程度绝不下于对理性思辨需要的程度。

相信意向与信仰有无区别，宗教与哲学有无分水岭、有无交界处，这方面问题如给以充分注意，将会对唯物主义世界观认识论的完善有好处，对唯心世界观的批判有好处。如果简单从事，就不能真正抓住宗教世界观在认识论中的要害。我们就必须认真地区别二者的关系。

宗教世界观既然以信仰为基础，它也有认识论的根源。在人们认识世界的过程中，人们日常生活不可须臾离开的“相信意向”，很容易把人们引向宗教信仰主义，通过正常的认识的途径把人们引向邪路。宗教不是有限制地利用“相信意向”来正确处理，而是无限制地利用“相信意向”，走向根本不存在的精神彼岸世界。

十、宗教与哲学的融合与分化

宗教起源很早，母系氏族社会就有了宗教思想，相信有灵魂。

哲学思想体系形成较晚，是进入阶级社会以后才有的。最早的宗教（原始宗教、自然宗教）包括当时人们对自然界的认识、生产活动、文娱活动、祭祀活动以及部落间的战斗行动，都纳入宗教活动。进入阶级社会后，有了为统治阶级服务的哲学。哲学是逐渐从宗教中分离出来的，只是分离得不是很彻底。以中国古代哲学发展情况为例，奴隶社会宗教讲“天命”、信“天命”，哲学也讲“天命”、信“天命”，只是两者解释不一样。进入封建社会，宗教又进一步发展。[①]因为封建社会中，农民处在分散经营、个体劳动、一家一户为单位的制度下生产。封建社会的农民不同于奴隶社会的奴隶，奴隶劳动基本上是集体劳动，规模很大。《诗经》上载有“十千为耦”，劳动大军多到万人。我国古代的井田制被古人美化为对劳动者最合理、最宽大的制度，实际上这是一种便于监督奴隶劳动的生产管理制度。将田划分为方块，规定奴隶负责完成在方块内的生产任务。由于奴隶对田间劳动没有兴趣，必须严格督促管理、强迫劳动，奴隶主们才能有收益。封建制是分散的个体生产方式，要求农民老老实实地干活，就必须用教化的手段，加强思想统治。哲学、宗教都是维护统治的思想工具。宗教得到封建社会统治者的提倡，通过散布顺从、忠诚、不反抗、忍受苦难和屈辱的训练，使得老百姓易于统治，因而宗教比在奴隶社会得到更大的发展。

宗教与哲学涉及的问题、研究的对象有一致之处。特别在古代，一致之处更多。在古代，人们对宗教与哲学两门学问看不出有何区别。比如，司马迁写给他的朋友任少卿的信中曾讲到，他写

---

① 世界上三大宗教——基督教、伊斯兰教、佛教，最早都是从奴隶制社会开始，到封建社会才发展成为世界性宗教。

《史记》，为的是研究“天人之际”，即研究“天”与“人”的关系。在古代，“天”与“人”的关系，既是哲学探索的范围，也是宗教探索的范围。其他科学，如天文、医学、数学都各有它们的特殊研究的对象，而宗教与哲学都在于研究宇宙、人生的总规律，它们都是关于世界观的学问。哲学有哲学的世界观，宗教有宗教的世界观。同样研究天人关系，如果把“天”看作是自然，所研究的是人与自然的关系，由此产生唯物论或唯心论，这就是哲学。如果把“天”解释为有人格的“神”或“上帝”，这种天人关系所研究的主要是宗教问题。哲学中的神学目的论也讲天人之际，这表明古代哲学与宗教不是划分得像现代人理解的那样清楚。哲学的基本问题与宗教两者的界限在古代很不明显，越往古代越难划分。哲学的中心课题是思维与存在的关系问题，这种关系，越是古代越不明显，越到近代越明显。这两个是一致的。

黑格尔《哲学史讲演录》中说：“哲学与宗教站在同一的基础上，有个共同的对象。”这话说得不错，可是宗教和哲学对象一样，方法却不一样。哲学分析研究对象是通过思辨、推理，而宗教是通过直观、信仰。宗教不是客观地、科学地研究对象。这在古代不是认识得很清楚，古代哲学对纯思辨的兴趣也不浓厚。在古代宗教中也有推理的，比如汉代董仲舒提出神学目的论，论证“天”对人有恩惠、慈爱，“天”是有人格的，天生万物以养人。董仲舒用“天人感应”来论证其哲学，目的在于论证人是按照“天”的意志才生出来的，“天”有四时，人有四肢；“天圆地方”，人头圆，脚是方的；“天”有日月，人有耳目；“天”有雷霆，人有喜怒。“天”好生恶杀，四季中春、夏、秋三季植物都能生长，只有冬季不能生长。生长这个现象体现“天”对万物的慈爱，冬天体现“天”的威严、刑杀。董仲舒根据古代黄河流域的气候条件，用比附的手法建立他的神学目的论。他说，一年四季，有三个季度在生养万物，只有一个季度（冬）是杀，证明“天”是仁爱的。这种证明的方法很不严格，没有普遍意义，经不起推敲。在地球上，热带和南北两极，一年之内没有四季的界限，董仲舒的推论就遇到困难。“天生万物以养人”，这种说法也同样没有根据。如果说“天”生了猪为给人吃，表示“天”对人的仁慈，那么，“天”生人是不是为了养活蚊子、跳蚤？[①]恩格斯在《自然辩证法》中说，老鼠被创造出来是为了给猫吃，是浅薄的目的论思想。董仲舒的神学目的论是神学经学，表明在古代，哲学与宗教混在一起，分不清楚。这种学说既是封建社会所需要的哲学，也是封建社会所需要的宗教。

经过唯物论的批判，神学目的论失去了它的影响，到魏晋南北朝时期，佛、道盛行，它们都不讲神学目的论，甚至以批判神学目的论的面目出现。于是有人说佛教是无神论的宗教。宗教总是有神论的，而佛本身就是神。以中国为例，魏晋时代，已有几种神学体系：一种是“天命”神学，受命于“天”，“天命”决定历史的进程；还有佛教的神学体系、道教的神学体系。“天命”神学讲一切是“天命”决定的，就是西周以来的传统。魏晋以来的改朝换代，是因为顺乎“天命”。皇帝下诏书一直到清朝，都是“奉天承运皇帝，诏曰”。承受“天命”就是一种神学体系。

① 《列子·说符》已经提出过“非天本为蚊蚋生人、虎狼生肉者哉”，以反驳目的论的论辩。

再一种是佛教的神学体系，不讲“天命”，但讲“灵魂不死”和“三世因果”。前世的行为结果，决定了今世的遭遇；今生的行为（业），将在来生得到报应，这中间埋藏一个没有明确说的前提，就是灵魂不灭。如果灵魂已死了，这辈子种下的“因”，下辈子谁来承受它的“果”呢？可见必须有灵魂不灭的前提，才能讲三世因果报应。“灵魂不死”“上帝存在”“意志自由”三大命题，在西方中世纪一直是宗教哲学界长期关注的三大问题。在中国南北朝时期也曾掀起过“灵魂不死”的大辩论。

道教神学讲长生，认为经过修炼的身体可以永世长存，即所谓“神仙”。淮南王刘安是个道家，著有《淮南子》。传说刘安得道后，全家升仙，“鸡鸣于天上，狗吠于云间”。鲁迅讽刺说：“刘太太搬家连鸡狗都带上天去了。”“一人得道，鸡犬升天”的典故就是从此来的。

佛教三世因果观点，道教身体永远不死的观念，不是神学目的论，而是因果报应论，这恰恰是汉朝的传统的无神论者没有接触过的有神论的另一个方面。汉朝的无神论者与唯物论者集中力量批判了神学目的论。王充的《论衡》反复阐述“元气自然”，无目的，“天”无意志。佛教神学提出新的三世因果问题，袁弘《后汉纪》说：“王公大人，若矍然自失。”对待比较粗糙的神学目的论，王充等唯物论者提出了有力的批判，在理论上取得了成就。但是佛教宣扬的宗教神学、三世因果问题，比起神学目的论，在理论上更加深化了。当时的无神论者无力解决三世因果问题，佛教利用它的因果报应论趁机占领了宗教领地。

从中国与西方古代哲学来看，要完全摆脱宗教是不可能的，有些唯物主义的哲学家和开明君主也主张“以神道设教”。可见即使认识的问题解决了，在理论上驳倒了有神论，但政治上需要有神论，宗教仍然受到支持，得到发展。

再从理论上看，哲学要研究的对象，包括自然、社会、人类思维最一般的规律。对于自然的研究，古代没有现在科学的测试手段，常以想象填补科学认识不足之处。古代唯物论都是朴素的，都带臆测成分。只有到了近代，有了近代科学和测试手段，才有科学实验的证据，而不是以想象来补充不足。如化学家拉瓦锡提出“物质不灭”。他通过现代测试手段，得到了无可辩驳的科学结论，从而有力地说明物质形式虽转化了，但物质不灭。与拉瓦锡差不多同时的中国的王船山提出物质不灭的观念，他举例说，一车柴火，烧后有的变成烟，剩下的变成灰，实际上柴没有消失，只是变成别的物质了。二人的见解、思想方法差不多，时代也差不多，只是王船山没有用实验室测试手段来论证自己的观点，这只是设想，而拉瓦锡是以测试手段来证实。王船山的唯物论是朴素唯物论的阶段，有臆测成分，他的见解可能很有价值，但受测试手段的局限性，与现代机械唯物论有了区别。比如，近代有了显微镜才有细胞学，有原子裂变手段才有今天的核能物理。今天的高能物理学和古希腊的原子论是两回事。

从社会现象的解释来看，宗教和哲学更难以划清界限。古人也曾不断探索社会发展的规律，但成就很少。今天我们对自然界的物质结构了解得很多，而且能制造出前人想象不到的新产品来，但我们对社会的认识还是很不够，也有猜测的成分，甚至比古人高明不了多少。我国古人曾用元气说来解释自然现象，说明天地万物都由“元气”构成，用以反对神学目的论，在当时是先进的思想。但是，用元气说来解释人的产生和遭遇就遇到困难。因人有两种属性：一是自然属性，生物学的属性，人具有一般的动物的特性；人的另一种属性是社会属性，人是社会关系中的人。社会属性的人，在古代的哲学家还不大理解。王充讲到人何以有富贵贫贱的差别时，还是力图用“元气自然”的观点来解释。他讲骨相长得好，必然富贵；骨相长得不好，必然贫贱、短命。王充主观愿望是反对神学目的论，但以骨相、生来禀受的“气”的厚薄来解释人的贵贱、寿夭，其结果陷入宿命论，得出宗教命定论的结论。主观上用唯物论，客观上陷入命定论，本来是反对神学目的论的理论，结果却与神学一致起来。用“元气”解释自然现象，在当时的认识水平，应当承认它是科学的，而用“元气”来解释社会的治乱就错了。古代用“气”来解释社会治乱的不止王充，唐代刘禹锡《西塞山怀古》说：“王濬楼船下益州，金陵王气黯然收。”刘禹锡是诗人，也是著名哲学家，他认为金陵“王气”尽了，再也不会成为帝王建都的地方了。宋朝哲学家陈亮劝孝宗收复失地恢复中原，主张迁都，提出的理由也是杭州气运（“王气”）已经衰竭了，气运西移，应迁都建康（今南京）。这都是以唯物论观点开始，结果陷入唯心论。在社会历史观方面，历史上多少唯物论哲学家，也不能真正与宗教划清界限。

这个现象，在西方哲学史家中也能看到。黑格尔在《哲学史讲演录》中说：“波斯与印度的宗教中有很多深邃、崇高、思辨的思想，……我们甚至在宗教中遇到显明昭著的哲学。……经院哲学基本上是神学，在这里我们发现神学与哲学的结合，或者说是混合。

这种现象使我们很觉得烦难。”他举例说，教父哲学与经院哲学中有神学，也有哲学。教父哲学如奥古斯丁（345—430年，相当于晋朝）是基督教的神父，他提出“上帝”是最后的真理，是至上的善，信“上帝”是最高的享受。他最早的著作《原罪》指出，人世上的灾难是随着人的罪恶而来的，只有依赖“上帝”，才能免除罪恶，才能得救。这是命定论的哲学，善人与恶人结果都是预定的。他的著作有《忏悔录》。他还提出皇权应受神权的支配。中世纪教会以它作为根据，代表教会神权与王权做斗争。奥古斯丁还说：“理解为了信仰，信仰为了理解。”两个并提，里面讲的是如何与“上帝”来往，也有些哲学的想法，是教父哲学。

意大利人安瑟伦（约1033—1109年，约与我国南宋朱熹同时）是中世纪第一位经院哲学家，主张教权高于王权，一般高于个别，最真实的是一般，个别属于第二性，信仰是理解的基础，理解是为信仰提供理论根据。他为“上帝”的存在提供了一个有名的本体论的证明。这个证明分三个步骤：第一步，当思考着“上帝”时，将“上帝”当作一切完美的根源，即当作完美的本身来思考。第二步，完美的本身必须是存在的，否则不能是完美的。第三步，既然“上帝”就是完美本身，因此“上帝”就一定存在。因为它是存在的，所以存在。这是兜圈子的论证，我们叫作“循环论证”，等于没有论证。这个论证，在西方对后世很有影响，得到笛卡尔、黑格尔的称赞。黑格尔很不了解东方的哲学，他看到东方的宗教内有深刻见解的哲学，有崇高的思想，这一点倒是说对了。但是，他认为宗教中不应有高深的哲学，黑格尔的原话是“甚至……遇到显明昭著的哲学”，印度、波斯的宗教中“甚至”有高深的哲学，意思是说不应该有，它居然有了。他的第一个错误在于西方中心论的偏见，认为东方不应该有高深的哲学。他的第二个错误在于对宗教与哲学的混合，使他感到研究起来很“烦难”、不方便。总之，他认为宗教中不应有高深的哲学，宗教不应与哲学混在一起。黑格尔素以富有历史见解受到重视，但他对于宗教发展则缺乏历史观念。同时，他也对东方的哲学和宗教了解甚少。历史表明，宗教与哲学的混合，在中世纪以前是个普遍的正常现象，中国、印度等国都是如此。两者不混合，倒是难以理解的。

一直到人类掌握了辩证唯物论与历史唯物论，才使得宗教、神学与哲学彻底决裂。马克思主义以前，宗教与哲学总是藕断丝连，不能彻底划清界限。18世纪的唯物论者狄德罗也没有彻底与神学决裂。中世纪的唯物论是朴素的唯物论，没有现代科学测试的手段，它的结论不能达到现代科学的要求。进入资本主义以后，西方欧洲哲学家与中世纪时代的经院哲学家不一样，经历了文艺复兴人本主义的冲击，讲到个人的权利、个性解放、追求幸福、向往自由。这些观念在近代有了人本主义以后，不再被看作是异端、罪恶，才使人的地位逐渐从神的权限中解放出来。当时，生产技术也带动了自然科学的发展，促进了科学的进步。恩格斯说：“社会一旦有技术上的需要，这种需要就会比十所大学更能把科学推向前进。”[1]人类社会生产活动是直接推动科学发展的动力。由于自然科学的发展，人类的愚昧落后状况有所改善，对自然界某些现象不再像古代那样无知，对风雨雷电、自然灾害有了科学解释。这是有了现代科学，

① 《马克思和恩格斯书信（之七）· 恩格斯致瓦 · 博尔吉乌斯》，《马克思恩格斯选集》第四卷。

开拓了人们的眼界，武装了人们的头脑。这些成就要充分肯定。但还要看到，进入近代社会，人们对社会现象的认识提高了多少呢？对富贵、贫贱的差别，社会秩序的不合理，却找不到合理的解释。几千年来有头脑的哲学家都企图解释这个问题。如司马迁在《史记·伯夷列传》提到世界上总是好人吃亏、坏人得势，“天道”是公平还是不公平？进入资本主义社会，社会中的贫富贵贱的不平等、不合理，还是没有得到合理的解释。在自然规律的探索方面做出了伟大的贡献，在人类认识史上无愧为伟大的唯物主义者、伟大的无神论者，但是他们对社会现象、历史现象仍然是所知甚少，甚至是无知。有了近代科学，对自然界给人们带来的威慑力量、带来的灾难，由此产生的敬畏的虔诚减弱了，但对社会给人们带来的灾难、自己的命运无法掌握，由此产生的迷惘、畏惧并没有减少。原始人对自然无能为力，在自然力面前感到个人的渺小，对自然力产生了崇拜、敬畏。进入文明社会，对自然力不像从前那样无知，但个人不能主宰自己的命运，好似冥冥中还有一种巨大的力量，一个看不见的造物主，掌握着人的吉凶祸福。这在中外文学作品中反映很多。如中国作家老舍的《骆驼祥子》的主人公祥子，从来不占别人的便宜，凭自己的劳动挣饭吃，为人忠厚朴实，只盼着能过个太平日子，结果却是每况愈下，走投无路，沉沦下去。再如《茶馆》中的王利发，一辈子委曲求全，而他生活了几十年的那个社会使他委曲也不得求全，生活不下去，最后上吊自杀，结束了悲惨的一生。现实生活表明，人类在改造自然方面取得很大成就，资本主义出现后短短一百年间取得了人类几千年没有取得的成就，自然灾害给人们的威胁不像古代那样严重。但是也要看到，即使在现代，人类支配自然的力量还是有限的，科学最发达的国家也无法避免天灾对人的危害。假如再来一次冰川时期，地球上覆盖了一米厚的冰雪，现在的科学水平也抵挡不了。连年的干旱缺雨会造成农业歉收，毁灭性的地震还无法准确预报。这说明哲学还不得不继续受宗教的干扰。因为社会本身充满危机，大的是国与国间的战争危机，小的如就业问题、疾病问题、家庭问题，使一些人产生一种不安全感。存在不安全感的社会生活里，希望安全；资本主义社会到处充满着竞争、不公正，希望公正；很完好的东西，怕它破坏，希望永恒；战争危机还存在，希望和平……像这些大大小小的问题，都是人们天天要遇到的。时代和社会要求哲学和宗教对这些问题给予解答。哲学用思维推理、论证，用比较严肃认真的手段来达到论证的目的。哲学家虽然看到长期以来折磨人们的现实，但也提不出妥善的解决办法，越是实事求是的哲学家，越不敢说大话。“包医疑难杂症”，走江湖卖假药的医生才敢说大话。康德说过：“认识、理性有限度，限度以内我有发言权，限度以外我就不敢说了。”态度较谨慎。黑格尔比较大胆一些，提出自己解决的方法，但他的大胆，也没有使他管辖的区域达到无限，他也不敢否认宗教的存在。当代的西方资产阶级哲学，对宗教表面上不关心，而是把宗教的神秘直观地以哲学的形式反映出来。以哲学的语言，把神秘直观地反映出来，也可以说哲学与宗教更进一步得到结合。这是马克思主义以外的当代活动着的哲学流派。在这种情况下，只有宗教全面地把问题承包下来，宣称人生的一切苦难，宗教都能解决。它用的方法不是逻辑的推理，而是以感情的安慰，使人心理上得到满足。心理的因素在哲学上不占地位。哲学上的是非不考虑心理因素，但宗教不一样。例如，一个小孩发烧，很难受，躺在母亲怀里，便安心入睡。但是，如果将他放在床上，他就又哭又闹，不能安睡。心理因素对儿童很重要，他在母亲怀里感到安定。这不是医学所能解释的，这是心理学上的问题。成年人也需要精神上的安慰，在“上帝”、精神偶像的面前甘心当无知的孩子。再加上长期的宗教的灌输，让信教的人面对“上帝”产生一种像一个孩子面对父母那样的倾心仰慕的感情，把自己比作迷途的羔羊，听候牧羊人（“上帝”）的指引。虔诚的信徒讲到“上帝”时，感情激动，声音都是颤抖的。宗教的存在有社会的根源，也包括心理因素。

有些西方哲学家不主张有神论，也不相信有一个赏善罚恶的“上帝”，但他也相信宗教。他说宗教代表最高的善，代表个人的良心。有一种说法叫“理性的宗教”。康德就有这种说法。康德墓碑上写着：“在我上面的是星，在我心里的是道德的规范。”贺麟先生将它译为:“上有日月星辰，下有天理良心。”这造成科学与宗教并存的局面。但我们要指出，宗教号召人们接受宗教的世界观，可以得到心理的安慰、精神的自由和解脱。但有一点，在辩证唯物主义者看来，宗教有一最大的致命的弱点，即它花了很大力量论证它的存在的必要性和好处，但没有花一点精力去追究人们苦难的根源。宗教解决苦难的办法是教人反省自己，改变精神状态。制造苦难的人、阶级没有罪，罪在每个受罪的人。原罪说就是这个主张。原罪说的危害性之大，也大在这里。人从生下来就带来了情欲，带来了罪恶，父母有情欲，产生了子女，子女再有情欲，一代一代传下去，罪恶是自己造成的，苦恼是自己酿造的。这个说法显然没有说服力。再以《骆驼祥子》中的祥子、《茶馆》中的王掌柜为例，他们犯了什么罪，可是不公平的命运在等着他们，真正犯罪的人反倒不受惩罚。马克思主义以前的哲学流派都认为宗教不解决社会问题，只能解决个人的精神痛苦。只有马克思主义哲学明确地提出要改造世界，不光是个人有共产主义觉悟，舍己为人，而且致力于改造不合理的阶级秩序、阶级关系。马克思主义以前的哲学在唯心、唯物方面的斗争较激烈，阵线较清楚。在马克思主义以前，一切哲学对社会、伦理、道德问题没有明显的唯物主义与唯心主义界限。在自然观、认识论方面，哲学与宗教有区别，而且两者都自觉地认识到它们中间的差异。一涉及社会现象、历史现象，马克思主义以前的哲学家几乎都是唯心史观，都是脱离实际的空谈家。

法国18世纪唯物论者反对基督教教会，指出教会的罪恶，指出宗教是骗子，宗教得到流行是傻子遇到骗子。对于揭露宗教的欺骗宣传，做了可贵的努力。但这些唯物论者也未认识到宗教的本质，也不理解宗教是历史的产物。宗教世界观的特点是虚幻性，但它却不是虚情假意地去骗人，而是严肃地引导人们上当受骗，去接受宗教的世界观。例如，中国杰出的无神论者范缜提出光辉的战斗性的神灭论，在形神关系上达到当时认识的很高的水平。他指出人的身体与人的精神作用不可分的关系，好像刀子和它的锋利一样，形神关系是一件事物的两个方面。像范缜这样一位伟大的无神论者，对宗教产生的社会本质，对鬼神观念的流行原因，却显得无力冲破。南朝的佛教并不因为有了《神灭论》就偃旗息鼓，相反，经过了隋唐，佛教却大大发展了。

在西方，费尔巴哈的著作《宗教的本质》（1846年出版）把人的依赖感作为宗教的基础。人类所依赖的自然的对象各不相同，所以自然宗教也有很多神。人先把依赖的对象人格化，看成有人格、有感情、有知觉、有意志的东西，把它人化，然后再崇拜它，宗教的本质是人的本质的异化。当人由物理实体变成政治实体的时候，君王统治人们的时候，自然宗教变成精神宗教。因为有一个统一的君主，才有统一的神。他的自然宗教的用法与马克思主义者的宗教学用法不一样，我们指的自然宗教是原始宗教。费尔巴哈继承黑格尔的异化观念，用异化解释宗教的存在和出现，意思是说人类自己创造了神，被创造出来的神又反过来统治人类，人类拜倒在自己创造的神的面前，显得无能为力，用“异化”这个词说明宗教现象的产生、和在。

马克思也用过“异化”这个词，但是马克思讲“异化”，意思是说工人制造了产品，产品是工人创造出来的，工人反而成为他制造出来的产品的奴隶。马克思要探求异化现象产生的根源，并要消灭这种根源。马克思主义的异化观揭示了资本主义社会最典型的异化的本质。马克思主义以前的异化观，包括黑格尔、席勒、费希特、费尔巴哈在内，他们都是从社会的外部现象提出问题并寻找答案。如德国诗人席勒也讲“异化”。他说劳动分工给工人带来危害，把工人永远束缚在整体的机器上，人变成为机器的部件，这就是异化。黑格尔讲“异化”，认为自我意识的外在化即异化。世界就是自我意识的异化。还说，人在各种历史活动中，作为主体不断地分裂，不断地异化，变成自己的对立物。黑格尔看到社会本来是人创造的，但社会又给人带来了灾难，这叫作“异化”。费尔巴哈的异化理论在于说明，不是“上帝”创造了人，而是人创造了“上帝”；人创造出的神，又成为超自然的力量来支配人。

马克思主义提出异化，最早说的是异化劳动，后来进一步发展了这个学说，认为资本主义社会和资本主义以前的阶级社会是所有制的异化，劳动者创造了社会财富，社会财富折磨劳动者，自己造了一个折磨自己的对象，一切阶级社会就是这样。整个人类创造了世界，世界变成了异己的力量、与人对立的东西，阶级形成后，私有制给人造成灾难。马克思的异化，讲工人劳动本身，创造了社会财富，工人本来是社会的主人，在资本主义社会，工人变成社会的奴隶，不是主人了；再者，工人操作机器，工人又变成机器的奴隶；第三，劳动产品是工人创造的，但产品变成商品以后，就不属于工人所有，与工人对立，工人反倒受商品的折磨。总归一句话，劳动创造了世界，但创造的财富越多，对工人折磨越大，财富集中在少数人手里，工人不免贫困，资本家得到的越多，工人得到的越少，压迫工人自己的力量是工人自己创造出来的，这就是异化。马克思还提出，异化不是永存的现象，要消灭这种异化现象，就要消灭资本主义制度，也就是要消灭异化。当代西方哲学流派，不但从经济、政治，而且从道德、心理到艺术、文学，都讲异化，是另外一回事，与宗教学说中的异化无关，这里不讲。

宗教与哲学本来是混在一起的，后来逐渐分开。古代分不清，也不肯分清，到了资本主义社会比较地能够分开，但马克思主义以前还不能彻底分开。因为马克思主义以前，对社会、历史的观察还缺乏科学的理论武器，没有唯物史观。宗教世界观与唯心主义世界观经常结合在一起，互相补充，互相支持，再加上剥削阶级本身要求宗教帮忙，所以宗教在阶级社会里得到长期存在，而且不断发展，有其社会根源。

十一、宗教与道德

道德的概念包括两方面内容：一是道德实践：道德的行动；二是道德的意识：行为者自觉承担道德的责任，这不是法律责任。关于道德的含义，在学术界不同学派有不同理解，这里谈谈我的看法。

（一）道德范围

道德的出现有一个发展的过程。在原始公社，人们共同劳动，平均分配成果，凡是本氏族的成员都受本氏族的约束，遵守集体的决定，要为本氏族利益勇敢作战、复仇，在战斗中可以杀死俘虏。在公社中，对失去劳动力的老人，有的地方要杀死；氏族中打仗受重伤的人，在不能治的情况下，也要由本氏族人杀掉。由于生产力低下，这种行为为大家所接受，当时人认为这是合理的。这种合理的行为可以称为"原始道德"[①]。进入阶级社会才有自觉的道德，这种情况与原始宗教有类似之处。氏族社会只有原始宗教或自发宗教，进入阶级社会后有人为宗教。自觉的道德是私有制产生后的新课题，因为氏族公社时期没有私有财产，公私关系在人们生活中没有发生很重要的矛盾。

道德这门学科是关于公私关系的学问。只有到了私有制社会，公私关系才作为一个严肃对待的问题，提到一定的高度，促使人们

① 原始道德的行为规范由习惯决定，而不出于行为者的自觉。这种原始道德，也可以不算作道德。

重新认识它。原始社会的共同生活习惯，不像后人所了解的道德的含义，如庄子把原始社会描绘为“至德之世”。庄子理想的“至德之世”是最高的道德社会，这在我们看来，说不上道德或不道德，也许叫作“非道德”？叫它“非道德”也不太准确，因为它说不上是道德或不道德，它是一种集体生活中习惯的方式。那时也有上下级的关系，但绝不是像有了阶级以后那样的上下级关系。比如，公社时期的平均分配，也不是绝对的平均。打死猛兽，兽皮分给最勇敢的人，大家不认为不平等。后来，虎皮交椅只有元帅才能坐，表示一种政治地位，有了等级的区别，意义也就变了。也有人说动物也有道德，蚂蚁、蜜蜂也有君臣之义，虎狼有父子之仁，这是人为地把人类的属性强加于动物。

原始社会约定俗成的大家遵守的习惯，当时人的权利与义务结合在一起，统一不分，每个公社成员享受同等的权利和义务。意识形态在人类社会发展中几乎是同步进行的。宗教方面，氏族公社时期有图腾崇拜、祖先崇拜，到部落联盟又产生天神崇拜，这都是原始宗教或自发的宗教。这一阶段的道德也可叫作“原始道德”，它与民族的风俗习惯结合在一起，人们没有自觉的道德感。法律，严格地说，有了阶级、国家才有法律，但是还有些规定，共同生活的准则，既是道德，又是法律，混在一起。马王堆出土的帛书《十六经》《经法》提到黄帝战胜蚩尤，把蚩尤的胃割下填上草当球踢，把头发割下当旗的装饰。这带有原始宗教的意味，相信人死后有灵魂，把尸体分割，不使它产生危害。贵州毕节三官寨社会调查，发现彝族崇拜近祖（父辈、祖父辈）而排斥远祖。人们认为祖父辈以上的是鬼怪，必须将它赶走。这与进入阶级社会时的祖先崇拜有很大差别。原始社会的宗教崇拜内容较粗糙，与当时的认识水平相一致。但也开始有惩罚出现。这里可看出，氏族社会制度下，原始宗教、道德、法律浑然一体、不可分割，不能认为它们是严格的道德、法律。这种意识形态共同维护社会的发展，保证社会生活正常。

（二）礼俗的民族性

这也与道德有关系，受民族、地区的影响制约。荀子说:“干、越、夷、貉之子，生而同声，长而异俗，教使之然也。”[①]这个道理带有普遍性。礼俗总是受社会生活的制约，有民族性，有共同的心理状态、共同的文化传统。原始道德是礼俗的一部分，只限于它自己（个人）与群体发生关系的那一部分实践[②]。共同的风俗习惯形成礼俗。“礼”字本来与宗教有关联，“礼”字从“豊”（象形字），是祭神的礼物。古代风俗与宗教结合在一起，不易区分。

最初的道德与习俗、生活条件分不开。中国农业社会以耕作为主，很早就有敬老的习惯，因为农业生产要有播种、气象等知识，老人的经验丰富，受到尊敬。采集、狩猎为主的时代，生产力低下，生活艰苦，流动性大，老年人往往给集体带来拖累，老人就不受尊重。达尔文写的《世界游记》中载有南美印第安族老年的妇女被本族年轻人捉来煮着吃，还说“味道不错”的事情。以上两种情况，在当时当地的本民族都公认为是行为的准则，也就是道德的。

氏族社会中血缘关系至上，集体利益高于个人利益，氏族部落的存在高于个人存在，个人要无条件地服从集体。氏族成员的行为

---

① 《荀子·劝学》。

② 有一些礼俗与道德无关，如文身、婚礼等。

对整体有害的要禁止，对整体有利的受到支持。恩格斯提到，部落时代人们的界限是很狭隘的，认为本部落的都是对的，外部落的都是不对的。那时评论善恶是非往往以本部落的利益为衡量的标准。这种标准影响到后来很长时期。比如，墨家后来分成若干流派，“相谓别墨”，凡不属于自己一派的墨家被指斥为“别墨”，认为它属于非正统的；佛教称其他宗教为“外道”；中国学者称自己学派以外的为“外学”；学术著作中有“内篇”“外篇”，认为重要的编入“内篇”，不重要的编入“外篇”。以“内”“外”区别是非，渊源很久，这种狭隘性是从氏族部落风俗习惯遗传下来的。像爱劳动、扶助孤寡、注重互助，这是原始社会的道德，也是原始社会的宗教信念。

（三）道德变革与社会变革

古书中常说上古时人是不自私的，《礼运·大同篇》说：“不独亲其亲，不独子其子。”这是氏族公社习惯做到“老有所终，壮有所用，幼有所长”，共同维护氏族的生存，古人称为“大同”社会。公社制度本来是无私的，无私的行为不会引起特别尊敬，大家都一样。随着社会的发展，进入私有制社会，有了公私的矛盾。如果有人为了群体的公利，放弃个人的私利，这种行为就受到尊重，称之为“有道德”。这时的公而忘私不是由于习惯，而是出于行为者的自觉的选择，便受到尊重。社会不断发展，道德标准随时代变革而变革，有一部分要继承，有一部分要抛弃。不管什么社会，人都在集体中生活，社会制度尽管有不同，社会与社会之间有共同性，所以道德有继承性。凡足以促使人类社会群体得到维持、发展的行为，就是道德行为，将受到鼓励、尊重、赞扬，为群体所拥护。反过来，为了私而破坏了公，这是不道德的。道德这门学问自始至终就是探讨公私关系的学科。社会制度不同、历史发展的阶段不同，公私内容有变化，但如何正确合理处理好公私关系，始终是道德学探讨的基本内容。遇到社会变革、新旧交替的时代，两种社会的道德标准同时存在。封建制是从奴隶制内部滋长出来的，资本主义制度是从封建制内部滋长出来的，旧的未死，新的已在成长，这种情况，两种标准都会同时存在。例如，在春秋战国时期，即封建制从奴隶制产生的时期[①]，晋献公老年宠信骊姬，骊姬请求晋献公废太子申生，以己子为太子。晋献公允其所请，下令废太子申生并赐死。申生说："侍君以敬，侍父以孝。"如果不服从君命，就是不忠不孝，无以为人，准备就死。申生遵守的是传统道德准则。申生左右的人劝他侍君应把君所交付之事办好，这就是忠，不去死不算违抗君命。当时还有一种看法，侍君要服从正命，不从乱命。从乱命即不忠，故不应死。这就提出了不同的道德准则。[②]又如，晋灵公是昏君，大臣赵宣子常向晋灵公进谏，晋灵公怒，派鉏麑刺杀赵宣子。鉏麑夜至赵府，见赵宣子冠带整齐，挑灯夜坐，等待上朝。鉏麑自忖刺杀勤于国事的大臣是不忠，没完成主人交给的使命是不信，不忠不信，难立人世，于是撞死在槐下。[③]这两个例子说明，新旧社会交替时期，社会变了，道德准则也随着改变。

一种社会制度走向另一种制度有其规律，不能由人挑选。想

---

① 对中国封建制与奴隶制的分期，学术界有种种说法。春秋战国进入封建社会这是一种说法。这种说法之所以受到多数学者的承认，原因是春秋战国时期变化很大、很剧烈，比起主张其他分期的来看，变革表现得更充分。

② 事见《国语·晋语一》。

③ 事见《国语·晋语五》。

进入什么社会就进入什么社会，这是空想社会主义的想法。社会结构既不能选择，道德标准也不能选择。法律有强制性，道德也有强制性。不按法律办事要受法律的强制性的惩罚。而道德的强制性不同于来自外面的惩罚，而是来自社会舆论的压力下给人们以心灵的启迪。自觉地遵循这种心灵启迪，使人有自由、幸福感；不能做到自觉地遵循这种心灵的启迪，使人感到精神制裁的压力。一定的社会制度下产生的道德准则也是不能选择的。道德、法律、政治对社会经济基础都起着直接的作用，而哲学、宗教起间接的作用。道德的作用在于规范行为、维系人心、维系社会。法律惩治人们做过的事，但想做而未有行为，法律则不管。道德却要干预人们的行为动机，想做坏事，就被认为是不道德的。法律处罚已经做过的，道德预防要做的事。法律鼓励那些配合政府的行为（如坦白从宽），而道德则鼓励那些对社会有好处的行为和思想。这种意义下，道德与法律距离较远，道德与宗教的作用比较近。从这个角度看，它们有某些相近之处，具有正人心的社会职能。

封建社会出现的维护封建制度的道德行为和思想，不能认为都是保守的、要不得的，也不可以认为只有那些在封建社会里造反的思想、离经叛道的思想才是应当肯定的。封建社会的作家，忠君思想与爱国思想分不清。文学史上讲到杜甫有爱国思想，爱那个腐朽的唐王朝；杜甫有忠君思想，忠于荒淫无能的昏君。忠君、爱国思想是杜甫作品中的思想主流。又如，岳飞也有忠君、爱国的道德。宋高宗赵构很昏庸，岳飞忠于这个昏君，最后被冤死。很多人指出这是古人的局限性。我们不能脱离时代来看历史事件，不能要求资本主义萌芽之前，在封建社会中出现反封建思想。如果没有新的生产关系出现，没有资本主义萌芽，而希望有一种思想在封建社会内部来反对封建制度，就好像要求一个人提着自己的头发离开地面一样。不能说凡是封建社会的忠君思想都是保守的、不进步的，也不能说凡是造反的思想都是值得肯定的、进步的，像安禄山造反就不进步。可见，道德、哲学、宗教在阶级社会中起了互相配合的作用。配合得好，就使社会趋于安定、发展、巩固，这种思想应当肯定。因此，不能笼统地说，凡是不宣传造反的就是保守的。从社会作用角度看，不管是道德、哲学、宗教，当封建社会还未解体，还没有新的生产关系出现时，维护封建制度不是历史上的错误，而是社会的需要。所以对宗教在封建社会中与道德、政治、法律起了配合作用这一点来说，不能武断地说它是反动的。

但还要看到，宗教与道德、哲学不同的地方。哲学通过理性思辨、逻辑推论引导人们深入认识世界、分析世界。唯物主义哲学按照世界的本来面貌来认识世界，唯心主义往往不能，而宗教也是对世界提出自己的看法，即宗教世界观，但它没有唯物主义，只有唯心主义；没有思辨、逻辑的方法，只有信仰主义、蒙昧主义、直观的方法。哲学、道德对当前世界的看法，有时是对的，有时是错的，而宗教世界观对当前世界的看法，永远是错的，没有对过。哲学，在马克思主义以前，不是全对，但有一部分正确。道德、哲学、法律也企图把当时社会秩序安排妥当，纳入理想的轨道来认识它、改造它，古人对世界的改造作用是极有限的。宗教也提出改变不合理的现实世界，观察社会，但它只是要改造人的内心世界，不改造外在的社会结构。它用“天堂”“地狱”“因果报应”来吓唬群众。在宗教世界观的指引下，不能使信仰者以理性的态度正确地认识社会，而是用麻醉的手法，使群众接受不合理的社会待遇。社会的不合理给人们造成的苦难，宗教界不是从社会上找原因，而是从受害者的心理上找原因，不是社会对不起受苦难者，而是受苦难者自食苦果，让群众心安理得地承受苦难的命运。这就是宗教与哲学、道德及其他上层建筑极大不同的地方。上述几种上层建筑任务是一样的，都是对当前社会有所认识、有所改造，但宗教指引人们走向一条歧路。

在没有出现资本主义萌芽、没有出现破坏封建制度的因素的情况下，要求人们反抗封建制度是不现实的，也是不科学的。斯大林说，农民反对贪官，要求好皇帝，这个要求是现实的。宗教叫人信仰一个最公平的皇帝，就是“上帝”，它不要求在现实世界中有一个好皇帝。这个“上帝”在另一个精神世界里接待宗教信徒。佛教有接引佛接引信徒到“西方极乐世界”。宗教起到麻醉作用就在这里。我们不苛求于宗教，责怪它不反封建，我们所要指出的，是从世界观上来看，它无时无刻不在麻醉群众、欺骗群众，就是它曾经有个时期鼓动农民革命的时候，包括洪秀全利用宗教领导太平天国进行战争的时候，它也包含了欺骗性。马克思的“宗教是麻醉人民的鸦片”这句话是符合历史事实的。我们对宗教的本质要有清醒的估计，一定要看到宗教世界观的欺骗性，同时也要注意宗教政策。在认识世界这条道路上，宗教引导人们走的是一条邪路，引导人们接受宗教唯心主义世界观，这是宗教毒害人的地方。还要指出，道德与宗教不是纯粹的理论，同时是实践，那是不同于生产实践、科学实验的一种社会实践。道德和宗教引导人们产生一种社会行为，这种行为影响着社会。宗教与道德接近的程度比宗教与哲学接近的程度更多一些。马克思主义哲学是实践的哲学。马克思主义以前的旧哲学的理论更多一些，实践少一些，而道德与宗教与哲学比较，实践却多一些。有好多地方，宗教实践与道德实践有好多相似之处，如道德有“杀身成仁”“舍生取义”，宗教也有“舍身殉道”“舍身饲虎”，这种相似给人一种错觉，好像宗教与道德可以互相补充，对社会、对人类都起促进、推动的作用。

十二、道德与宗教之间的分合的关系

从历史发展看，原始社会人们是共同生产、共同劳动、共同分配，基本上是以群体部落为单位，那时的意识形态带有原始性。道德、法律、宗教等意识形态都混在一起，因为那时没有必要也不可能区别开来；后来才独立分化出来，有各自的领域、范畴。

随着社会的发展，道德发展为独立的意识形态，人们习惯上把道德归为研究善恶的学问，西方近代经常把真、善、美三个分支并列看待。“真”是哲学认识论研究范围，“善”是道德、宗教范围，“美”是美学、艺术。特别是德国古典哲学，非常强调这种三分法，至今有相当的影响，为不少人接受。这种分法现在看来科学根据未必充分。人类社会生产的发展与人类文化的发展形影不离，文化是社会生产发展的影子。原始社会风习包括民俗、习惯，意识形态是混合的总体。原始社会的生产活动是通过集体智慧的创造并经过集体的认可，约定俗成，成为氏族共同遵守的风习，并且世代相传。这中间也有改变，但很缓慢。

社会生产的发展，先有农牧分工，后来有体力、脑力劳动的分工。人类社会进入奴隶制，才有了更细致的学科的分工，划分了各自的领域，各学科有了自己研究的对象。哲学以思维与存在的关系为研究对象——这也是进入近代才赋有完全的意义，法学研究权利与义务的关系，美学研究创作与欣赏的关系，宗教研究天人关系，道德研究公私关系——公私问题是到私有制出现后才作为重要社会问题引起人们的重视。道德作为独立的意识形态、独立的研究对象，只能在阶级社会出现后才存在。一种学问之所以能够构成“学”，必然有它特殊的对象和独立的范畴；没有独立的范畴，这门学问就不成熟。范畴通俗的说法是“行话”，即行业的专用语。范畴的内容随着人类的认识逐渐丰富、发展。例如，中国文字“善”最早的意思是羔羊适口，好吃；“美”，羔羊很肥大；“德”，占有的意思；“好”，男女很好，分不开。从一个概念的形成、文字的来源来看，都是描述具体的东西的某种性质，或对于描述某种东西的感受、印象，抽象的程度低下，即概括能力不高。从心理学来看，儿童不容易懂抽象的名词，具体的东西容易接受，代词不容易接受。因为具体名词可以直接看见，如桌、椅，比较固定，易懂；可是代词的“我”“你”“他”，随地位不同而改变。代词的抽象性比实际事物远一点。抽象名词离具体事物就更远了。“道德”“仁义”“忠诚”是人类交往中，生活实践更进一步抽象的结果，有一些民族语言中至今还未出现这种词条。也就是说，他们的社会生活中，道德价值判断还不曾出现。这说明道德的观念不是生来具有的，它是社会发展到一定阶段的历史性产物。例如，“信”，即信义，也是道德范畴之一，这个观念在原始社会中就不存在，没有出现。不是说那时的人不讲信用，原始社会“百姓日用而不知”，在生活中没有人感到“信”的需要，人们天天使用它，但不曾自觉地认识它，因为当时没有必要提出这个范畴来指导人们的生活。社会发展了，范畴越来越丰富，内容越来越明确。从以上例子看，人类文化整体不可能单项发展，一种社会发展阶段，同一发展层次中各种意识形态有分工和合作的功能、机能，各种不同学科、意识形态相互配合、补充。像文学、艺术、道德、宗教、哲学都在互相配合、共同维持、促进社会发展，都起了这种作用。当时人们不自觉地认识这点，带有盲目性。后来有了唯物史观，对社会现象、意识形态才提供了科学的理解和解释。比如，交响乐队演奏时，各种乐器发出不同的声音，起了不同的作用，但奏的是同一个曲子，和谐动人。道德、法律、文学、艺术、宗教在一定的历史发展阶段起着社会文化交响乐的作用，不能互相代替，但完成着共同的任务。

从社会发展看，我们主张社会分期按照马克思主义经典分为五个阶段，由没有阶级到有阶级。有阶级的是奴隶制、封建制、资本主义制度。没有阶级的是两头，原始公社和共产主义社会。社会主义社会是从资本主义社会过渡到共产主义社会，从它的发展方向看是属于共产主义阶段，从它包含的因素来看，许多是它以前的社会制度中遗留下来的。尤其在中国，封建性的东西比资本主义的东西更多。原始公社的道德观，原始社会的风俗习惯，公私矛盾不突出，公私关系的研究不重要。进入私有制、阶级社会，公私关系才越来越重要。研究公私关系的学问才被重视起来。进入奴隶制，也开始进入道德的研究领域，如“忠”“孝”“仁”“义”

等概念出现了。这些道德范畴与当时奴隶制宗教关系非常密切。“敬天法祖”既是道德规范，也是宗教信仰。进入封建社会，中国封建社会的特点是宗法封建制，“敬天法祖”思想从奴隶制延续到封建社会。早期封建社会道德与宗教的比例，宗教成分多一些。汉初的“天人感应”是哲学体系，同时也是一种宗教神学体系，也是道德标准，即要求人的行为以“天”为榜样。以“天”“人”相比附，“天”有四时，“人”有四肢；“天”有“五行”，“人”有“五常”；“天”有上下，“人”有贵贱、尊卑。当时认为这是自然秩序，是社会秩序，也是道德规范。董仲舒的著作中有《人副天数》，把天人关系做了详尽的附会。封建社会后期，道德方面讲“伦常”“人伦”，这是道德秩序；宗教方面讲“天”“天理”。道德讲人性，就是让人格得到充实、完善，使行为避免背离封建社会的秩序，这种努力就是道德修养，这种修养是出于人的本性。宗教修养与道德密切配合，提出“乐天”“事天”“敬天”。能做到这点，道德得到完善，也达到宗教的目的。比如，“天命之谓性”是道德命题，也是宗教命题。从个人修养说，修身、齐家到治国平天下，最后目的达到“至善”（“止于至善”）——最高的精神境界。这既是道德修养境界，也是宗教修养境界；既符合人性，也符合天性。后期封建社会道德学说的“人伦”与宗教的“天理”是一致的。“仁者，爱人”是道德的要求、宗教的要求。“仁者”见“天地之心”，“天心”体现了“仁”，又叫“天地之仁”“天地之心”。人与人的关系、公私关系上要“尽伦尽职”[①]。在道德生

① “伦”是秩序，“职”是地位。

活中做到“尽伦尽职”，在宗教生活上做到“知性知天”，这是比较高的精神修养，直接与“天”打交道。中国哲学史上讲到“人性恶”（荀子）、“人性善”（孔子、孟子）、“性三品”（韩愈）、“善恶混”（扬雄），各种人性说很热闹。到封建社会后期，特别是宋以后，人性论不像从前那么热闹了，只剩下一种性善说占着统治地位，其他人性论都不存在了。宋朝的《三字经》开宗明义，第一句就讲“人之初，性本善”。这本书成为封建王朝全国通用的儿童教材。这反映中国封建社会后期，道德训练与宗教训练配合得很好，一致起来。道德生活上“尽伦尽职”，在宗教修养上最高标准是“知性知天”，性善说成为封建社会人性论最后的结论。人性是善的，天性是善的，天性就是“仁”，“仁”就是“天地之心”。由于封建社会在中国历史上时间较长，封建的道德学说、宗教学说内容比较丰富。

到资本主义社会，道德观念有了不同，“意志自由”突出来。“意志自由”有不同解释，一种是“任意”“随便”，这不属于道德学范围；另一种解释，使人的意志得到自由，从不自由到自由有一个过程；还有一种解释，是“上帝”“神”的意志本来是自由的，不存在是否自由或要求自由的问题。“上帝”的自由，不在讨论范围之内。只有第二种意义的“意志自由”才有道德实践的含义，是道德学说的范围。资本主义社会针对封建社会“意志自由”很差的情况，要求个性解放，把人从封建桎梏下解放出来。封建社会的个人，特别在中国，是封建宗法制度关系网下面的一个组成部分，个人在其中所处的地位是君的臣、父的子、夫的妻，“尽伦尽职”，“伦”没有选择的自由，生在皇家是贵胄，生在平民家是百姓，社会地位没有选择的自由，人的地位也是生来就固定了的，“冠虽蔽必加于首，履虽新必贯于足”[①]。汉初两个大臣在皇帝面前辩论上下的分别，争论“汤武革命”的是非问题，一方说汤武是顺天应人，是正确的行为；但另一方说不对，君臣大义不能颠倒，对是君，错也是君。这里反映了取得政权后的汉朝不再强调“汤武革命”，而要巩固现存的秩序。

资本主义社会提出“天赋人权”，人人有生存、就业的权利，人生来是平等的，应当享有自由。资本主义时代的社会关系比封建制度下的社会关系要复杂，公与私的关系的研究，“道德学”作为一门学问，是进入近代才提到科学研究日程上来的。在封建社会中，道德与宗教联系得非常紧密。例如，儒教又是哲学，又是宗教，宗教与哲学结合得很紧密。进入资本主义社会，个人构成集体的部件，提到“意志自由”的问题。在社会中，世俗生活向君权争自由，争民权、个人的地位；在“天国”中，向神权争人权，向“上帝”争人权。“意志自由”这个口号只有在近代资本主义社会中才有实际意义。中国古代老庄讲放任、自由、不要政府，和近代讲的自由、个性解放很不一样，不能笼统地说老庄早已讲过了自由解放，近代卢梭以来讲的人权自由不新鲜。实际上这与卢梭提出的性质不一样。

资产阶级的道德学说，有一派讲道德的目的就在于追求快乐、幸福。幸福是人生追求的目标。古代社会也有提倡追求幸福的，但这种流派不占势力，也不显得理直气壮。只有进入近代，对幸福的

① 见《史记·儒林列传》。

追求、快乐主义，在道德学说上找到充分的根据。这是因为社会变了，个人的地位被重视了，才有了争自由、争幸福的要求。但是，社会作为有机整体，公私关系是相互制约的，只讲一方面，对社会造成不利。追求幸福的这一派还得受社会的制约，与此相对立的道德流派——理性主义则主张“义务”，规定“自律”的法则。资本主义法治提出自己立法自己遵守，而这个“立法”是道德的立法，自己制定的，要自觉地遵守。这与前一派相反，要求牺牲个人快乐，为最高的道德尽“义务”。有的哲学家举例子：一个商人故意抬高商品的价钱，说言不二价。早年我国江南有一些商店里写着“一言堂”①。商业中的“一言堂”，照理性主义者看来，不能算道德，因为它的“一言堂”是为了建立信誉，为长远做生意有利，没有在商业赚钱之外为社会尽更多的义务。因为公平交易本来是商业工作者应该做到的。比如，一个人守法，没进过监狱，对每个公民来说是应该的，不值得特别尊敬。在正当的权利以外，为社会、为公众多做了一些牺牲，才算作有道德。例如，从不偷人钱，这是应该的，不是高尚。像雷锋那样，拿出自己的钱去帮助人，这就是高尚行为。资本主义社会，大鱼吃小鱼，做买卖赚钱，知识卖专利，无所谓道德。但是，放弃了这些人人公识的权利，像居里夫人发现了镭，有人要用高价收买她的专利，她放弃专利，不为自己赚钱，科学家要为人类做贡献，这就是高尚的道德行为。

以上两种学派都有市场。我们客观看追求幸福快乐，不能说绝对就低级，因为幸福有许多层次，高低不一样。比如，助人为乐

① 最早的“一言堂”的意思是说，我这个商店卖东西一个价钱，不管谁来都一样。现在演化为政治术语，专制、不民主叫“一言堂”。

也是幸福。用钱帮助人，钱花掉了，有人认为是损失，但有人认为得到了精神上的安慰，也是一种快乐。这种快乐不是得到了什么东西，不是拿到了奖金，而是换来了精神上的享受，心安理得，心情舒畅。不能说快乐主义就完全低级。反过来，从理性主义来看，尽了义务，高一等。进一步追问：义务的界限在哪里？达到标准或不合标准，尽到义务或未尽到义务，从尽义务来衡量道德，没有穷尽，永远没有完成的那一天。道德的要求 就是社会的要求，是资本主义社会的要求。资本主义道德标准不论说得如何高深玄妙，归根结底，它是维护资本主义私有制的道德，不可能像哲学家、道德学家说的那么高明。口头上讲为了全人类的平等、自由，只要有阶级社会存在，就不能有全人类的平等、自由。只有无产阶级才能说到做到；资产阶级只能说，却做不到。道德总是为各个时代的统治阶级利益服务的。比如，道德学上讲的“善”，任何时代都有其阶级内容。“杀身成仁”，为了伟大理想不怕死，这是“善”的标准。反革命集团也要求自己的成员完不成任务就要“成仁”。抗日战争中，日本侵略军固守堡垒，他们的上级要求士兵不准投降，只能战死。我们的八路军、抗日战士、英雄人物，也是视死如归。抽象地看，双方士兵都有战死沙场的，但不能说双方死者都是英雄。为革命视死如归，死得其所，为正义而死，才是英雄。日本侵华战争时期，侵略军的死是不正义的，死得毫无价值。如果从推动社会发展、历史进步的角度来看，一部分人用死来推动共产主义早日实现，但另一部分人至死反对进步，推迟共产主义实现，起着阻碍人类前进的作用。是推动社会进步，早日实现共产主义有价值呢，还是推迟实现共产主义有价值？“杀身成仁”还要有具体内容，不是执行一个任务到死不回头，这就算道德行为。有的顽固到底，毫无道德价值。如果只讲“杀身成仁”，抽掉阶级内容，不看公私关系处理得是否正确，就迷失了大方向。旧社会有个成语“桀犬吠尧，各为其主”，这种说法没有是非标准，是错的。

道德就是讲“善”的学问，这个说法没有根据，不能同意。这是因为“善”不能离开“真”，有是非真假的问题。仅仅说为了理想奋斗到底就叫作“善”，这不对。如果理想错了，为了错误的理想奋斗到底，难道也叫作“善”吗？现在社会上提倡“万元户”，如果不择手段为了赚钱，即使百折不回，也不值得提倡，对社会也无好处。“自我牺牲”等好多概念都有阶级内容，要正确认识它的阶级内容，要有是非观念。宗教家讲的“善”，佛教讲的“五戒”“十善”，都是没有阶级性的说法，是抽象的道德，不能给人们起指导作用。他们往往以一个阶级的利益作为出发点，说成全民、全人类的利益。这在理论上是有毛病的，在社会实践上是有害的。社会主义以前的社会都是私有制，要保护剥削，维护少数人的统治地位。在那个时期，后一朝代往往表扬前一朝代的忠臣，如史可法、文天祥等为前一朝代而死，后一朝代对他们表示尊敬，建立祠堂。这有实际作用，它可以为新王朝树立榜样，是为了教育后人。明末清初，洪承畴降清，为清朝立了很大功劳。几十年后，到了乾隆时，天下大定，在写《明史》时，将他放入《贰臣传》，作为变节分子、奸臣来教育清朝臣民。

有了历史唯物主义这个工具，我们应该区别于资产阶级学者们看待道德问题。宗教劝人为“善”，讲“至善”，道德也讲“善”。阶级社会中，宗教讲的“善”与道德讲的“善”，其内容、标准可以完全一致，因为服务对象是一致的。道德与宗教为了更好地配合，有时有意不划清界限。道德与宗教混在一起，这是中世纪的特点。欧洲有四百年的资本主义社会实践，封建主义思想残余较少。我国资本主义未得到很好发展，资本主义反封建时间短，反封建主义很不彻底，很快进入社会主义，道德与宗教的关系在中国的表现与西方差别很大，人们的思想意识中更具有中世纪道德色彩。例如，老一辈参加革命的人，他们打土豪、分田地很坚定，生死关过了。很多老同志过了生死关，却过不了儿女关，纵容他们的子弟，倚仗父母特权干坏事。“六亲不认”在中国封建法制流行时是骂人的话，但在西方不是什么了不起的问题。

社会发展中，道德与宗教互相配合、互相影响、互相补充，特别是中国受中世纪封建影响很深，更是与宗教混而难分。社会科学研究的著作中“引经据典”，是为了取得证据。但是近三十年来，好多科研著作中的“引经据典”是为了壮声势——经典著作中的话，难道还能怀疑吗？这是中世纪的影响在当前科研中的表现。在这种思想指导下，人很难独立思考问题、发现问题。经典中没有说过的怎么办？就等着，不敢办。道德与宗教在阶级社会中长期以来相互补充和合作，宗教给人的比道德要慷慨得多。道德与幸福之间发生矛盾，不能协调时，只能牺牲一面。在同样问题上，宗教则从旁给以填补，有德的人必定得到“上帝”的保佑。道德中得不到的，从宗教中得到补偿，宗教给人幸福，可以在当世，也可在来世。今天社会主义社会中，还有人提出宗教可以作为社会主义道德的补充，这种说法已有其几千年的背景，不必感到奇怪。但我们要认识到，今天有共产主义的道德标准不需要宗教来补充。道德需要宗教补充，那只是剥削阶级的需要。

十三、美学与宗教

（一）

美学（aesthetics）是从西方传过来的。这个词的原意，通常指能引起人们惊叹、怜悯、恐惧等感情的艺术品。这个词的意义比较肤浅，不太准确。我想“美学”这个词用“鉴赏之学”来表达更为恰当。平常说美学研究的范围是美，这还不完整。比如艺术家画鬼、画钟馗，并不是漂亮的形象，但仍然作为艺术欣赏的对象。又如中国园林中选的石头，不是选四面光滑平整的，而往往选残缺的、有窟窿的、不完整的、看起来丑陋的，讲究选所谓“瘦、透、皱、陋”的石头。又如画神仙，要画得清奇古怪。作为鉴赏对象，从另外的角度来看它美不美，不是从它本身来看它的漂亮。中国的山水画中的树很少是成材的、笔直的，都是扭曲的、有树洞的。画梅花也不是直上直下，常常画成根部突出、扭曲、枯瘦的。仕女画也不是画得很漂亮，而是讲究淑静之气，目的是在于画出仕女的风度。

鉴赏是主观、客观的结合，没有客观对象则无从鉴赏，但没有主观判断也无所谓鉴赏。鉴赏是在美学价值上对对象做出的判断、评价，但鉴赏之学不承认美有它的客观基础是不对的。古人就极力强调内心的欣赏，不一定有对象，只要内心起欣赏的作用就算鉴赏了。陶渊明有一五弦琴，无弦。陶渊明弹琴，取出来抚摸以寄意。

这种欣赏是“但得琴中趣，何必弦上音”，领会琴趣就行了，不一定通过琴弦来发音，这样才算达到欣赏的目的。这种美的鉴赏也只能是陶渊明自己欣赏，无法使别人共同欣赏，只能“独奏”，不能“合奏”。这种欣赏态度有片面性。如果真有这种事，这只是陶渊明个人的癖好，不能作为普遍原则。

Aesthetics在近代被提出来作为独立的学科。这门学问目前的状况是作为哲学的部分而存在。现在，中国、外国美学界都有人主张所谓“自然美”。自然美是相对于人工美来说的。有没有纯粹的自然美，现在也有争论。因为自然、客观存在的外界的东西，如山水、草木、日月、风景，从古代就存在，它客观地摆在那里，但人类懂得歌颂、欣赏自然美，却不曾发生在遥远的古代。北京猿人时期，周口店地区山川秀丽，气候宜人，遍地树木花草，那时北京猿人关心的是如何狩猎。如果有一种客观存在的“美”，它不以人们的意识为转移，这种观点值得怀疑。美的概念是人类通过感觉对于对象加以分析、判断所得到的结果。美与人的感官是分不开的，就好像甜与人的舌头的感觉的关系一样。糖是甜的，盐是咸的，甜、咸都是客观存在的，通过人们的舌头的味蕾得出甜或咸的判断。美的感觉是通过眼的视觉而呈现的。美、甜、咸来自感觉器官，这是共同的。按旧的说法有五种感觉：色、声、香、味、触。这五种感觉有高低层次的差别。有些感觉比较原始，生下来就具备，不需要经过社会训练、文化教养就有的，比如味觉——甜、咸，感觉——滑、温、凉。感觉的层次较低，生来就能感到，婴儿喂糖水就喝，喂药就抗拒，不必要训练就能分辨。也有一些感觉，如颜色、声音，只要不色盲、不聋就能感知。但这两方面的感觉会随社会的影响、文化的教养、民族的习惯而有所变化。对感觉的判断、分析的能力就比味觉、触觉深得多。对于美的欣赏、鉴别的本领有高有下，有好多层次。比如，街上人穿衣服，有的花哨，但较庸俗；有的协调。声音经过人类加工变成音乐，也有高下层次不同，有的音乐低级下流，有的高尚。但对甜、咸不好说有高下，只能说程度上的区别。感官欣赏有高下的分别，古代那些没有文化教养的贵族，包括皇帝，沉溺于声色之好，这就是满足低级的感官需要，以为那就是享受，是美。饮食方面，高下的程度不像音乐、绘画层次那么多，然而也有高级烹调师与低级烹调师的差别，欣赏者水平也有高有低。但不论怎样，味觉的鉴赏本领所受局限较多。欧洲18—19世纪，法国上层社会流行所谓大吃大喝的享乐主义，沙龙里设有呕吐的地方，吃得肚里装不下，就到呕吐的地方呕吐，吐过后又继续吃。外国制作香水的工程师靠鼻子来嗅出香水的等级，造酒师用舌尝。对品尝、鉴别者来说不能常去尝，要停下休息，否则就不灵了，这类鉴别的局限性也较大。《论语》记载："子（按：指孔子）在齐闻韶，三月不知肉味。"[①]这从另一方面说明味觉与听觉相比，听觉给人感受更深，味觉被冲淡了。只有视觉和听觉的鉴赏更能持久。人可以一天到晚地看和听，百听不腻，百看不厌。

要指出的是，通过看和听判断是不是美的，要看它的价值的标准是什么。鉴赏的标准有民族性、社会性，进入阶级社会后则增加了阶级性。所以，美学也就成为一定社会的上层建筑的组成部分，它和道德、法律、哲学、宗教一样，具有维护社会秩序的职

① 有人断句："闻韶三月……"不是三个月之意。也有人将"三月"断为"音"。通用的说法还是"……闻韶，三月……"

能。现在把美学归入哲学门类之下，是哲学的一个分支。但从发展趋势看，美学很可能独立出来，另立门户。随着生产力发展，人们生活水平提高，对美的要求更迫切。鉴赏的需求，小的如养花、画画；大的如建立园林，美化城市，更扩大为绿化国土，共产主义时代还要美化地球。可说美学的前途无量，会有很大发展。关于美的应用，在社会生活方面，是社会上层建筑，这一点，中国人早就有认识。传统的古典著作《礼记·乐记》提出美的教育、训练，与道德、政治、法律、教育配合起来，可以治国，以“乐”作为“六艺”之一。《荀子·乐论》提出：“乐者，先王之所以饰喜也。”高兴，用乐来表示。又说：“夫声之入人也深，其化人也速，故先王谨为之文。乐中平则民和而不流，乐肃庄则民齐而不乱。民和齐则兵劲城固，敌国不敢婴也。”音乐有教育作用，和平的乐可增加人民的团结；严肃的乐可以使人民齐而不乱，加强社会秩序。如果内部团结，更有秩序，国家就安定了，敌人就不敢来侵犯。荀子说：“乐合同，礼别异。”[①]这是从社会功能来说礼、乐的区别，是最早提出的礼、乐互相配合的辩证关系。这是古人对封建社会的国家学说与文化艺术的作用的关系提出的深刻见解。

但从美学作为独立学科来看，只有艺术美，而无自然美，人们鉴赏的只是艺术的美。所谓“自然美”，说到底，还是经过人们思想意识加工过的美。自然是摆在那里的客观存在，美不美，一定要通过人的接触、感受，对它做出判断和评价，这才叫作美。人们称赞自然美，这种说法本身就否定了自然美的存在。比如说山明水

① 《荀子·乐论》。

秀，“明”“秀”的性质是人加给它的，它无所谓“明”“秀”。水自己在流，能行船，这是它的特点。大山，人们称赞它雄伟，这又是人加给它的。山本身只有高度，而不存在“雄伟”的属性。形容江河奔放，江河的水的流量是客观的，“奔放”是人给加上去的。又如，雨是水蒸气凝结成的，但久旱后的雨，人们说“喜雨”；久雨不停，说是“苦雨”。风也不过是空气的流动，王羲之《兰亭集序》中说“惠风和畅”，这也是人为的判断；如果观察者换了另外的人，则有“凄风”或“暴风”等。看月亮，心情开朗时认为是“朗月”，心情凄凉时认为是“冷月”。对于花，杜甫有“感时花溅泪”（苦难时的感受）。有人称赞颐和园的好处是虚实对比，一边是宫殿、山石，一边是湖波塔影。人们以一幅画的要求来构造颐和园的建筑。有人反问，既然一切是艺术的美，而美中有一种古朴的美、拙重的美，如以树根天然的形状做成的艺术品，这怎么理解呢？古朴的美是在今天高度文化的社会中才能提出。原因是有了大量人工的艺术品后，看厌了，需要调剂一下，这就要求回到自然，是技巧高度发达的社会的人做的翻案文章。如无高度发达的技巧，就不存在古朴的美。例如，周口店原始社会遗址全部是自然，没有亭台楼阁，只有山洞、草木，不能说那种状态就是美。人一步步改变了自然面貌，使之更适合人类文化生活的要求。提倡回到自然，那只能是有了一定高度的文化的社会，才回过头来提出的口号。自然美是人为的美的一部分，是人加上去的，或者说是人类创造美的一种必要的补充。如果没有发达的文化，没有自我意识的觉醒，人还不知自我的存在，那种纯自然就无所谓美。人类产生了自我意识，才把美提到鉴赏的日程上来，有了美的先决条件——鉴赏能力（所以说美学是鉴赏之学，就是这个意思），才能感受自然的美。

鉴赏能力与社会实践、民族文化有很大关系。例如，有些花在这个民族被看得很高，在别的民族就不一定。中国人欣赏兰花、菊花，并把松、竹、梅称为“岁寒三友”。对玫瑰花的欣赏在西方与东方很不一样。西方提到玫瑰，不光是说它颜色美，还与幸福、甜蜜的生活联系在一起。这就与中国人提到梅、菊加上耐寒、抗暴这样一些含义一样。中国认为杨柳美，《诗经》有“昔我往矣，杨柳依依。今我来思，雨雪霏霏”，后来歌颂杨柳的诗更多了，杜甫的诗歌颂杨柳摇曳多姿。但西方对它并无好感，说它是哭泣的树（weeping willow）。

鉴赏有民族性、文化传统。正因为鉴赏有这些特点，所以鉴赏不可避免与政治生活、阶级利益发生关系。在古代（资本主义以前的社会），一切的学问都与宗教有关系，美学标准也离不开宗教主旨和宗教要求。山西大同云冈大佛像、河南洛阳龙门大佛像都在十七米以上。四川嘉定大佛比大足的大佛更大，嘉定大佛有半个山那么高。佛像的建立意义在哪里？从宗教美学的意义看，很明显地把神与人对立起来，人在佛像前感到自己的渺小。除艺术造就（衣服、雕饰等）而言，宗教利用艺术为其服务，要宣传神的伟大、人的渺小，通过艺术创造、通过形象去帮助说明神的伟大、人的渺小。哲学理论、宗教神学、艺术创造要互相配合。

北京天坛象征“天”。祈年殿的颜色是蓝的，形状是圆形，人到了天坛祭天时，感到“天”的至高无上，人在天坛下，只能翘首仰望，显得“天”高不可攀。祭天的仪式只能由皇帝主持，只有皇帝才能与“天”发生关系，老百姓根本没有资格祭天。这是中国儒教的政教合一的一种表现。宗教利用艺术让人们接受宗教神学观点，通过图像说明宗教的真理。艺术作品以物质作为媒介、手段，表达宗教最高的理想。宗教用的媒介有声音、色调、线条、建筑材料、语言（文字符号）。各种媒介表达人们的观念、祈求，也就是表达宗教所提倡的“意向”。

以音乐为例。各种宗教音乐不一样。基督教颂神诗与佛教的佛曲不一样，但它们也有共同之处，都是表达对信仰对象赞叹、仰慕的感情。各地寺庙的佛曲都表达一种要求得到外来强大力量拯救苦难的心情。宗教建筑的色调、线条也如此。大的宗教建筑，天幕的颜色都较庄重，摒弃华丽的颜色。寺庙建筑也是尽量地高大宏伟，站在建筑物前，使瞻拜者感到自己的渺小。伊斯兰教的清真寺，颜色浅，给人一种圣洁的感觉，它通过有形的建筑物，向人显示神性是崇高、圣洁的。从这不难看出，宗教与美学之间的关系，即宗教利用形象表达宗教抽象的世界观或意识形态，用有形来表达无形，以种种方式，如通过听觉、视觉受到宗教音乐、建筑的刺激，引起敬慕之感。对神的崇拜，也就是对自己的缩小，一方面夸大崇拜对象，一方面缩小自己。不管什么宗教都要使人感到在神面前自己是微不足道的。不管什么宗教都要证明人对自己的命运无能为力，只有神的权力是无限的，是永恒的。这些可用哲学、文学来表示，也可用艺术表示。

荀子是无神论者，他首先提出美、音乐可以为政治服务，可以赞助教化。有神论者认为音乐、艺术不但可以赞助教化，还可以赞助天地、鬼神，赞助崇拜对象。进入资本主义社会，人的自觉的意识更进一步得到发展，比中世纪有很大不同。但是，宗教还是可以利用艺术。现代人征服自然的能力比古人强多了，人走上太空，地球都变小了，但是一直到今天，人对自己、对社会还是所知甚少，甚至无知。社会对人是个未知数，就好像古人对山崩、迅雷、暴雨等自然灾害不可避免一样无知。今天人类对社会基本上还是无知无能。社会主义社会历史较短，经验不足，也是在摸索经验。比如，新中国成立三十多年，怎么把经济关系理顺，把劳动者的积极性发挥出来，把不合理的现象消灭掉，也还在摸索经验，还刚刚开始。在许多未知数面前，宗教在社会上还起作用。比如，宗教画的圣母像，表现圣洁、慈祥。塑造佛像面貌多表现为慈祥，用来反衬人世间的冷酷，给苦难者以精神上的满足。这是吸引信徒的一种手法。从高大的佛塑像的头部挂一条垂直线到地面，可以发现佛像并不是垂直的，而是全身微向前倾斜。这并不是塑造者技术上的失误，恰恰表示塑造者的匠心，它可以使朝拜者产生佛像与朝拜者亲近的印象。这是以艺术形象表达宗教的意图。从这可看出，宗教艺术的作用不能仅仅看作展示美的形象。好多美学的文章讲到佛教的雕塑，都从服饰、花纹等方面讲得多，但对塑像的意图却不太注意。如果没有这个意图，就不会费这么大劲去塑造。研究宗教，要时刻想到它的社会性，忘掉这一点就会忘掉宗教之所以为宗教这一主要性质。

如宗教音乐，一般不激烈、不刺激，节奏缓和，无很高的高音，也无很低的低音。这种音乐可以收到较好的宗教效果。信徒们从闹闹嚷嚷的世俗生活中，一下子进入了一个清静、安谧、肃穆的境界，暂时摆脱了紧张、喧闹，享受一下缓和、松散的气氛，使人感到寺内外显然是两个世界。一百年前，佛教在北美不大流行，北美是基督教的领地。近年佛教信徒不少，现在也有白种人当和尚。他们说进入庙门，就进入了一种特殊环境，从塑像到音乐，给人以平稳、安舒的感觉，恍然到了另一世界，耳目一新，所以很能引起人们的兴趣。宗教音乐不要求调子优美、节奏明快，而要求平稳、舒缓，听了给人以心平气和的感觉，假如熏陶久了，牢骚就会消减了，人就心平气和了，不满情绪也就消失了。这就表明，宗教世界观已经通过音乐灌输到人的思想中去了。宗教音乐调整人的内心，使人不对不合理的世界进行反抗，逆来顺受，宗教目的就达到了。

以中国为例，中国封建社会要维持它的存在，维持阶级的统治，必须有一整套上层建筑，从各个领域共同维护纲常名教，忠国忠君，孝顺父母。儒教、佛教、道教都一样，通过文学、艺术、音乐为一个共同的封建社会服务。我们长期以来不大注意学科间交互融合的关系、协调的作用。我们要看到社会的存在，巩固社会的秩序，必须各方面协调，才能前进。在当前来说，建设“四化”就是总目标，社会主义时期的宗教，要用国家的力量引导它起积极的作用。社会主义时期的宗教作用是个新的课题，有很多问题要进行研究。

（二）

1. 美的感受

感受首先是生理欲望要求的感受。比如，吃喝欲望的感受，在心理上、感情上急迫地要得到它，吃东西、喝酒都是生理自然的要求，一旦得到了满足，就有愉快的感受。这种要求是生理方面的。

还有一种感受。比如，帮助人做了好事，精神上得到慰藉，得到快乐。这种快乐是在理性的支配下得到的，不是从生理上自然的要求得到的，这就是道德上的满足。得到这种满足，也会给人愉快的享受。

美的感受不同于以上两种，它与欣赏对象密切有关。它欣赏的是形式的美，普通表现为艺术性：绘画、雕刻、建筑等。从美学的观点看，欣赏的是形式美。比如音乐，音量高低、音质的配合、节奏、音符的排列组合变化也是一种形式美。又如文学美， 诗歌、戏剧也是形式的美。形式的美可以有实用价值（如工艺美术品），也可以不包括实用价值。我们欣赏美的对象，不同于要占有美的对象。这种美的欣赏是美学所要关心的。至于真正使感官得到满足的那种愉快的美，那种艺术不是真正的艺术。如低级下流的歌曲、黄色戏剧、下流小说，它不是从人格上、情操上给人满足，仅仅从感觉欲望上给人以肉体上、感官方面的满足。因此，美学要区别美感与快感。快感指的是生理上的感受，那是人类、动物都具有的，这不是美学研究的对象。只有美感是美学所研究的对象。当然，美感也包含快乐，但不以快乐为目的。那种低级的吃喝玩乐的享受，是丑而不是美。

2. 美的普遍有效性

美的东西是完全由主观决定的，那么美有没有共同的标准？没有主观判断的说不上美，但是否纯粹主观就能决定呢？有无共同标准？有人说梨味道好，有人说柑橘味道好，这没有共同标准，争不出是非来。但美的欣赏，我们对艺术品来说，人们的实际经验都可以证明，不是这个人看了认为美，那个人看了认为不美。艺术美确有共同性。一幅画，好多人看了都说好。所以，从美的普遍有效性来看，不能说完全是主观的，因为这与个人口味嗜好有区别。鉴赏之学包含了主观、客观的统一的接受判断过程。统一有两种可能：一是根据鉴赏、判断产生精神上的愉快享受；二是根据愉快的享受，对那个东西产生美好的印象。二者有区别，一个是通过鉴赏产生精神上的享受，再一个是通过愉快的享受而产生鉴赏、欣赏对象。前一种是美学研究的范围，通过鉴赏而产生精神上、心理上的满足，这样的过程是主、客观统一判断的过程，这就是美学所要研究、探索的。反过来，通过愉快的享受、愉快的感觉而欣赏的对象，属于低级的生物的本能的享受，不是美学所研究的。由愉快而引起的判断，是经验性、动物性，个体的、感官的愉快。如吃得愉快，只是满足官能，不是真正的美。这种官能的满足，不具有普遍有效性。如果由于鉴赏、判断引起精神的愉快，这样的美的享受带有普遍性，是鉴赏的美，但要加以区别。审美判断不同于逻辑，它不是从概念出发，概念不能引导人得到美。逻辑学家金岳霖说他不能作诗，他看见一句话，就当作一个命题来对待。一句话变成命题，诗味就没有了，诗不是命题，概念化的语言不美。花是美的，它不是逻辑判断得来的，不是经过推理方式得来的。花，人人看了有同感，这说明包含了概念的成分，因为概念具有普遍性。但美的判断又不同于概念，不像逻辑概念有知性的范畴，不是从抽象思维得来的，而是通过感性加工，使众多的复合的表现处于协调的状态，是复合体，不是单一体。比如，花有颜色，不止于此，有花瓣，而花瓣有结构、有层次，还不止于此，还有姿态，有叶子配合，有背景、有衬托等种种复合体才构成美的形象。美是经过人的思想加工制作的过程，所以它超越了感性，但又没离开感性；它有概念因素，但又不同于概念，因为概念有确定性，但美的判断有变化。在这种复杂的感受下，才产生审美的愉快的感受。审美的愉快是人类用很多的心理功能交织在一起，这主要靠想象力、知性。想象力与概念联系而产生美的欣赏，想象力不是固定的，概念具有固定性。不固定的想象与固定的概念统一、协调起来，才产生美的感受。同样的问题可从不同角度观察，比如花有香味，这是感官的判断；花是植物，这是逻辑判断，带有客观的普遍性；花是美的，主观但又有普遍性。美的判断，不同于概念，但又有普遍性。我们欣赏美，与个人利害不一定有关，不以个人利害为标准，就比较容易做出客观的判断。一般地说，美的享受往往与感受者的利害相联系，这种感受是主观的。但是，美的感受又具有普遍性。具有普遍性的事物往往概念化，而美的感受却必须避免概念化。它不是概念化，但具有普遍性，它与鉴赏者没有利害关系，但能引起人愉快的感觉。心理的活动与欣赏的对象的关系在美学中密不可分，是美学研究中很重要的一个内容。艺术创作与艺术欣赏构成美学的基本内容。想象力与概念处于不固定的运动关系之中。通常说形象思维，就是指的艺术创作；审美的感受，指的就是欣赏。古人说，欣赏要“不落言诠”（“诠”就是一种解释），欣赏好的诗、画，不是以固定的概念能表达得了的，即所谓“意在言外”，意在概念的表达之外。古人说“言不尽意”，语言不能尽意，它包括不了丰富的内容。

3. 审美的判断

审美的判断，看它能不能超乎个人利害的要求，即要超越功利。有的哲学家举例说，欣赏一匹马，怎样是美呢？马健壮、匀称，叫作美。他说这不是美学的欣赏。马长得健壮，是说健壮的马能拉车，这是从实用的角度来看，有实用目的就影响客观的判断。

说花美，不是说花能吃、能用等，不是实用的问题。实用就容易引出不符合美的要求的判断，这是西方很流行的说法。这种说法有它的根据，但并不正确。完全超功利的美是很难想象的。如马，中国晋朝支道林（支遁，僧人）养马，别人问他："养马为何？"支答："喜其神骏。"[①]这是马的精神状态，不是骑乘的问题。古人也有"古道西风瘦马"的名句，"瘦马"也成为美的欣赏对象，它衬托出一幅秋色苍凉的意象。有的美学家主张"非功利"，是没什么根据的。因为，我们判断一个东西，不是直接与功利有关，但间接与功利也有关。西方资产阶级美学家有合理的地方，他们提出美的欣赏，不是美的占有。真正的欣赏不包括占有，如美的风景、花，并不是带回家去。还提到美不是概念的东西，变成命题就失去诗意。美的对象可以引起人深刻的认识。这还是值得深思的。审美判断归根到底还是有目的的，不过目的不仅限于个人的目的，而且有社会目的。很好的音乐可以鼓舞士气；很好的文学作品可以鼓舞人的斗志，引导人向上。为了人民的利益，为了建设祖国，为了人类的进步，这种目的是应该有的。那种毫无目的的艺术创作，古往今来还没有过。19世纪以来，西方出现过为艺术而艺术，不要艺术以外目的的思潮，这种理论也还是有它的目的。它的目的在于用不要目的来反对艺术为宗教神学服务的目的，其进步性在于给艺术从中世纪影响下解脱出来建立理论根据。艺术创作要有目的，只要这个目的不是为了个人，而是为了民族、国家、社会的繁荣昌盛，这样的目的是艺术产生的动力，也是艺术的生命所在，还可以成为创作

① 〔南朝宋〕刘义庆：《世说新语·言语》。

的动力。还可以这样强调：没有目的性的美学创作就没有价值。

4. 美的社会性

审美判断，不同于哲学上的认识过程。审美判断，对美的评论、鉴赏，没有概念化的、固定的程式，但又具有普遍有效性。因为美的东西，可以传达给别人。一首好诗，可传给别人得到同样的美的感受，传达出去就说明有普遍有效性；如无普遍有效性，就不能流传出去。古人常说："人同此心，心同此理。"在这说法的基础上，还可以提出，普遍有效性必须产生在一定社会历史条件下，没有一个超阶级、超社会、超历史条件的普遍有效性。我们说美，指的是一定的社会生活中的人的那种概念、那种心理状态。如果世界上就剩了一个人，这个人不会想到装饰自己、照照镜子。美的观念一定是有人和我们在一起生活以后的意识形态。人没有社会生活，就没有美的观念。"人同此心，心同此理"是在一定社会关系内产生的心理状态，不是抽掉社会内容的说法。感觉、感受都有社会性。非洲有人生下来在唇上、鼻上穿眼戴环或象牙等装饰品以及文身等。美，一定有社会性，脱离社会性，没有永恒的美。有人提出疑问：壮丽山河，壮美、崇高，这种美是自然的，世界上到处都有壮丽河山，这与社会、民族有什么关系？看起来脱离了社会、国家，但对这种山河美、自然美的欣赏，曲折地反映了人的文化修养、历史教养。如无一定的文化教养、历史训练，看到高山、大河、海涛，首先感到很可怕、惊恐，而不懂得欣赏它。原始人对暴风骤雨、闪电雷鸣是有恐惧感的，而没兴趣去欣赏。原始人离我们很遥远，我们不能武断地推测他们的感情活动，但从高等动物，从儿童的身上，可以得到印证。儿童对黑夜、高山、海涛、闪电、雷鸣是感到恐惧而不是去欣赏。真正欣赏山河的壮丽、自然的伟大，只有有了文化教养、有了历史的熏陶之后才会产生。美的社会性很重要，评论一个事物美不美，要放在一定的社会环境内来加以判断，才能得出它应该有的评价。只有有文化的人才具有鉴赏壮美的水平，而且鉴赏者要有一定的时间与空间的距离才有可能。虽然有了文化，如果自己正在暴风雨中，首先是躲雨，顾不上去欣赏。在时间、空间上拉开一段距离，才有闲情逸致去欣赏。巍峨的雪山、辽阔的草地很壮美，红军爬雪山、过草地，承受暴风大雪，当时首先感到的不是它的壮丽，只想到怎么早日走过去。等到有了一定的距离，时间、空间都拉开一点，才谈得上欣赏。美学的“距离说”有它的合理之处，不能完全否定。

5. 美的范型、形式

一个东西美不美，应有标准。这个标准，有的明确提出，有的没有明确提出。战国时期楚辞作家宋玉形容美人：“增之一分则太长，减之一分则太短；著粉则太白，施朱则太赤。”连续用了四个“太”字。怎么叫作“太”？他心目中有个范型，用这个范型去衡量欣赏的对象，发现这个对象恰恰符合理想中的范型。几何学上认为好的圆，必须符合几何学的“圆”的定义。美也要符合“美”的范型，不能超过，也不能不及。这可看出，美是主观的判断，但这个主观判断要符合理想的范型——客观标准。范型也有它的民族性、社会性。宋玉说的“美”，是华夏美人的标准。如果宋玉是一位非洲作家，就不会说“著粉则太白，施朱则太赤”，而可能说“施墨则太黑，施棕则太浅”了。尽管哲学家、美学家都说范型是客观的、不受人的意志的影响，实际上是社会现实生活的反映，把社会现实生活理想化、完美化的范型，看起来是客观的、超现实的。应当指出，所谓“范型”，乃是社会现实生活理想的最完美的典型，也是构想出来的。说甲像乙，是把这个命题的宾语当作范型。中国唐朝武则天的宠臣张昌宗，年轻貌美，排行老六，朝廷上有人称赞他漂亮，说“六郎似荷花”，以荷花作为张昌宗的范型。又出来一个更会逢迎拍马的人，称赞说“荷花似六郎”，把六郎作为荷花的范型，更加美化了六郎。如果范型仅仅指大小、长短、黑白，而不加上社会属性，就不成其为范型。社会是阶级社会，就有阶级属性、道德属性。有了这些附加的社会属性为内容，它才有美的丰富内容。比如，中国绘画中经常画松、竹、梅，称为“岁寒三友”，认为它们不怕严霜考验。如果抽掉社会属性和地理条件，假如在新加坡的人，从未有过严寒冰霜的遭遇，对松、竹、梅的抗寒判断也无从产生，同样一幅松、竹、梅的画，他们就不会产生中国人的意象。孤零零地画松树，就算画得多么好，也构不成他们的范型。范型看起来是完备的、超时空的，但范型的可变性、流动性、适应性的弹性很大。因为一种美的观念、印象 能唤起许多人的欣赏和联想，但不能唤起一切人的欣赏和联想。因为思想、联想不是凝固的，它随欣赏者的不同而变化。美的欣赏、审美判断要求没有确定的、凝固的观念，再加想象力，形成表象，这种表象用语言不能完全表达，然而通过语言、绘画或其他媒介，最后给人以整体的印象。古人说。“诗无达诂[①]。”一首诗没有固定不变的解释，这就是说形象思维不同于逻辑抽象思维。它与哲学概念、推理、生物学、

① “诂”是字义的解释，“达”是通用的解释。

几何学不一样。几何学概念，谁运用来解题都一样，没有民族性、地区性、社会性。诗却没有一个被大家共同接受的“达诂”。如果有，就不是好诗；唐朝诗人李商隐的诗《锦瑟》：

锦瑟无端五十弦，一弦一柱思华年。
庄生晓梦迷蝴蝶，望帝春心托杜鹃。
沧海月明珠有泪，蓝田日暖玉生烟。
此情可待成追忆，只是当时已惘然。

给这首诗做注释的多极了，有的说是自叙诗，有的说是爱情诗，有的说是政治诗。这首诗给人的印象，不管怎么解释，都觉得是迷惘、惆怅、追念过去。用的这些词，都是具体的东西：弦、蝴蝶、杜鹃、沧海、日、月、珠、玉，都是具体有限的形象，以有限的形象展示无限的感情、复杂的心理活动，内容很丰富。艺术往往在描写死亡、爱情、安静的具体经验，意象中展示出自由、“上帝”、灵魂等超经验的理念，通过具体的事物表达非常抽象的思想、意识。也就是说，是不具有明显目的性的目的，是人为的，又不能露出雕琢的痕迹。表现自然，借助想象力，超出经验之上，以一种形象走向不明确的概念，这就是艺术不同于科学思维之处。科学思维要清楚，不能模糊。近代有模糊数学，这也不是为了让人模糊，而是要求更准确而不能独断。但艺术不同，以一种形象思维的方式给人以生动感人的享受。艺术产品不能重复，复制品没有原作有价值。然而，科学的价值就在于经得起重复，无论谁来做，结果都一样。艺术不可教，只能大致指点一下，艺术家不是教出来的，贵在独创，是有特色的、唯一的，但又要有典型性、有范型。艺术也要改造自然，但要不带人为的痕迹。艺术要有判断、想象，要有美的理想，要表达严格的理性。艺术品与审美判断有时一致，有时不一致。有的艺术品不一定符合美的要求，有的美的作品不一定有艺术性。

6. 审美判断的目的性

神学家讲目的论，汉代董仲舒讲“人副天数”，人是根据“上天”意志创造的，老鼠生下来是给猫吃的，等等。这是比较粗浅的目的论。这种目的论随着科学发达，人类认识的进步，失去了市场。还有一种目的论，即对社会现象，人们做不出解释时，特别是对有机生物学，附会一种目的说。有机体的生存、发展，往往给人一种印象，似乎是有目的的。如鸟在空中飞翔，它的翅膀构造符合流体力学的原理，减轻空气阻力，加强浮力；鱼在水中游动，鱼鳔的构造特别适合在水中浮游。但这被看成有一个什么目的的缘故。植物生长的光合作用，枝叶有趋光性，在地下埋藏着的树根则有向有肥有水的地方发展的功能。科学表明，生物有机体一方面要产生自己，另一方面还要维持自己，树根、树叶、树干有一个互相支持、配合、依存的复杂过程。宗教家宣称，冥冥之中有个看不见的设计者，对世界事物进行安排、设计。生态保持平衡，生物链一环扣一环，生态平衡破坏了，整个生物界就遭到损失。树有生育、繁衍的生存目的，人类的繁衍、生育有没有目的？如果有，又是谁给予的？庸俗目的论者认为，人生一个口，免得多说话惹祸；生两只耳，兼听则明。保皇派曾说，人有膝盖是为了叩头，遭到鲁迅辛辣地讽刺。但是，宗教从不放弃利用生物界、有机界的复杂性来为其服务。

艺术有没有目的性？艺术的目的性在哪里？美的世界有无目

的性？很多资产阶级学者都认为有目的，这就是道德。艺术的最高的目的，就是使人格自我完善，而最高的自我完善的保证就是“上帝”。艺术也要追求永恒，而最经得起考验的永恒就是“灵魂不死”。尽管很多哲学家提出“上帝”的证明，也有理性主义哲学家认为“上帝”的存在是无法证明的，但很多哲学家、艺术家认为“上帝”的存在虽无法证明其有，但“上帝”存在确有其必要。为了纯洁人的灵魂，为了锻炼人的品格，主观上要求有个“上帝”。法国唯物主义者伏尔泰说，没有“上帝”，要造一个出来。高尔基说过，我们不要贵族的“上帝”，我们要造自己的“上帝”。列宁批评高尔基思想糊涂。法国大革命激进派罗伯斯庇尔也说过要造一个“上帝”。这些现象说明，一切的剥削阶级，即便当它进步的时候，也离不开“上帝”。从美学的领域看，资产阶级美学，归根到底要给“上帝”留位置，最高的美，即最崇高、最伟大的不是高山大河，而是“上帝”。艺术宣传永恒不朽，最不朽的是灵魂。美学也要配合阶级的要求，通过美的领域，对资产阶级道德密切配合，共同为巩固资本主义社会秩序服务。

从学科分类上看，社会上层建筑有社会的、道德的、法律的、哲学的、美学的等各门学科。但从它的功能来看，不是分得那么清楚，是一盘棋，共同配合，有交叉，有重复，维持当时当地的社会秩序。不论文学、音乐、艺术，互相配合、支持，也互相影响，为当时的社会制度服务。因此，宗教学原理，不能仅仅就盯着宗教学这个狭小的范围，要与文学、艺术、哲学以及其他上层建筑领域联系起来考察，才能真正理解历史唯物主义的精髓所在。为什么历史唯物主义是一门科学？就在于它把发展的规律看透了，从社会存在的各个方面综合地观察，最后做出科学结论。宗教本质上是旧社会遗留下来的意识形态，不是社会主义时期新兴的意识形态，它与旧社会其他意识形态有着千丝万缕的联系，宗教带有阶级烙印。宗教利用艺术来吸引更多的群众，群众通过艺术接受宗教的世界观，这是历史事实。

（三）

1. 艺术创造

美学是鉴赏之学，传统的说法，一般包括诗歌、建筑等。我们说美的东西，不光说像真的，而且要求有新的含义。学画画，必练素描，似乎纯客观的描写，并不等于照相，要把对象的个性掌握住，不要求完全与描写对象一样。画家齐白石曾说过，画实物应当在“似与不似之间”，“不似则为欺世，太似则为媚俗”。苏东坡论作诗：“作诗必此诗，定知非诗人。”南朝顾恺之给人画像，画完后将那人面颊上加上三根毛。实际此人面颊并没有三根毛，增添了三根毛，那人的神气就突出了。[①]艺术创造有客观规律，同时要发扬创作者主观的臆想，作品体现出创作者的修养、品格。完全是现实生活的再现，则没有艺术价值。曹禺谈到《茶馆》在欧洲演出时受到空前的欢迎。话剧是引进的，现在欧洲话剧完全与生活接近。生活细节如洗脸、吃饭等完全再现，很庸俗。艺术不能与生活等同，艺术要经过提炼加工、典型浓缩，必须有创造，否则不成为

①《世说新语·巧艺》：“顾长康画裴叔则，颊上益三毛。人问其故，顾曰：‘裴楷俊朗有识具，正此是其识具。’看画者寻之，定觉益三毛如有神明，殊胜未安时。”

艺术。艺术创造要有目的性，有指导思想。艺术表现的中心问题是对人生的深化。表现自然美，还是为了表现人生，而不是为了描述自然。艺术作品的深度、广度，决定于它对社会、对生活、对人生认识的深度和广度，即艺术作品必须体现生活和社会。艺术要通过作品来认识人（社会关系中的人，而不是生物学的人）。对人的理解所达到的深度、广度，也就是作者对社会理解所达到的深度、广度。中国传统的文艺批评原则是“文以载道”。按照古人的说法，封建时代文人创作要体现封建社会的纲常名教——道。“文以载道”这个观念有合理的内核。因为这个口号意味着作者认识到艺术的社会职能和社会责任，这是中国文艺理论的重要命题。从美学的观点看，“文”的范围还可以扩大，一切艺术作品都是“文”，文章是“文”，花纹装饰是“文”，音乐也是“文”。“道”不再指封建社会纲常名教的规范，而是社会生活的价值标准。一个好的作品，可以使人从中领悟到走向生活的道路，掌握生活的准则，不只是给鉴赏者留下美好的印象。艺术作品的价值高下，就看它体现社会生活的深度、广度。对“文以载道”，古人有习惯的理解；对这个词的意思，可理解为艺术的社会责任，即美与善、美与真知灼见的一致性。

艺术创作包含以下四点：

（1）表现作者的人格、作品风格。一幅画或一件艺术品，一看就能知道出自某个画家或艺术家之手。比如，雕塑家罗丹的作品，懂行的人一眼就能看出这是罗丹的作品；拉斐尔的画，明眼人也能看出是他的作品。中国有句“文如其人”的话，作品的风格体现作家的人格。

（2）必须新鲜，不要重复。韩愈说，作文章“唯陈言之务去”。有个文艺批评家说过，第一个用花比喻美人的作家是头等聪明的人，后来再用花来比喻美人的作家就是低能的人。美的鉴赏力，是随社会的进步、人类的发展、认识的深化而不断深化的过程。力戒重复，要求有新意。

（3）艺术创作要有灵感，特别是诗、音乐。诗人、作曲家很有感受，找一句诗、一首乐曲的基调，苦思不得，可突然冒出来了。贝多芬构思一支乐曲，一次在田间散步，冥思苦想，乐曲的基调一下子冒了出来，他唯恐灵感跑掉，就立即将它记录下来，写成乐谱，经过一道小溪，不顾一切，蹚水过去，直奔琴室。灵感来得不易，一旦抓住，就出现新的作品。古人讲灵感时，有“遍寻觅不得，有时还自来”的体会。人的认识，有一个智力的飞跃阶段，这符合认识规律。谢灵运的诗句“池塘生春草”，不知什么时候，池塘畔草芽萌发，不知不觉春天来到了人间。这话很平凡，并不惊人，然而这几个字来得不易，谢灵运说得到这五个字，若有“神助”。这些都说明从认识事物到表达出它的特点（本质）的过程，有一个认识的飞跃。

（4）小中见大。艺术作品都是具体的东西，要求小中见大，从特殊看普遍，局部看全体，偶然看必然，这也是形象思维的特点，具典型性。“典型”是美学的一个重要范畴，讲的是一个人，却是带有普遍意义的人。反映时代、阶层，有普遍性、代表性，这叫作典型性，也就是小中见大。

艺术创造必须有上述特点，也要看到每个创造者、作者是属于一定社会、阶级、时代、民族，因而作品也要反映出这些特征，否则超越一切特殊性的艺术作品，不成为艺术，只是一堆概念，没有生命。

2. 艺术鉴赏

（1）鉴赏判断

创造有作者，也就是人类加工、艺术加工。没有加工过的自然美，如山河的美，松涛、海涛、雪山，北京的八景之一“西山晴雪”。李白的《静夜思》：“床前明月光，疑是地上霜。”月光不要加工，自然就有的，但这些自然美也要通过人给它点破，不是把整个搬来，有的明白指出，有的暗示给人留出想象的余地。自然美的欣赏如不注入人为的含义，自然美本身是美不起来的。人的创造、作品，要有鉴赏、判断。鉴赏，除了直接享受，还需要欣赏者的判断。对于鉴赏者来说，判断是必不可少的要素，离了判断就无鉴赏，鉴赏本身包含了判断。这种经验，人们都有。比如看戏，有同伴一起看，看到满意的地方，互相点头示意，交换意见，包含了判断。看球赛也一样，一个人看和与同伴一起看，相互评论一两句，情趣不一样，都可得到欣赏的满足。《孟子》就接触到这个问题：欣赏音乐或看艺术品，一个人单独欣赏好，还是和大家共同欣赏好？合乎常情的回答是和大家共同欣赏更有兴趣。[①]欣赏离不开判断，判断离不开认识。作为判断者，对欣赏对象进行评论，必然受时代、民族、风习的制约。同一作品，不同的判断者，可得出不同的结论。唐朝王梵志（僧人、诗人）的诗句“他人骑大马，我独跨驴子。回顾担柴汉，心下较些子”，原意是宣扬知足常乐的人生观，比上不足，比下有余，可以心安理得地过日子。画家徐悲鸿以

① 《孟子·梁惠王下》：“‘独乐乐，与人乐乐，孰乐？’曰：‘不若与人。’曰：‘与少乐乐，与众乐乐，孰乐？’曰：‘不若与众。’”

此为主题画了一幅画，画的前面一人骑马，后面一人骑驴，最后一人不是担柴汉，而是推车人。这幅画徐悲鸿带到苏联去展览，得到很高评价，苏联人说推车人肌肉健壮，反映了劳动人民的体魄。这说明鉴赏者与判断者受阶级、时代的局限，同一个对象、同一件事情，判断不一样，得出的结论也不一样。这涉及美的标准是客观还是主观的问题，我们不能简单地说是客观的或主观的。对于一个客观的对象，欣赏者受阶级地位、文化素养、民族因素等众多因素的综合影响才能做出判断，不能简单地说是主观的或客观的。一个东西不是任何人看起来都一样。王梵志是唐朝人，他的诗没有反映劳动人民的意思，但苏联欣赏者对同一主题做出了另外的理解。

（2）鉴赏修养

鉴赏，如果没有一定文化素养、社会素养，对自然美就会视而不见、听而不闻。对山峰、松涛、云海等的欣赏，要有一定的文化修养，才会认为它美。比如，儿童春天游公园，并不关心春天的自然景物，他们往往向游人最多的地方去看热闹。可见欣赏自然美，包含着鉴赏者的文化修养。古人有诗云："儿童不知春何处，只向游人多处行。"诗人谢冰心做了翻案文章："游人不知春何处，只向儿童多处行。"儿童代表春天，儿童多的地方，也就是春天所在的地方。这又把欣赏引向更深的层次。鲁迅曾提到《水浒传》"林教头风雪山神庙"一回中描写林冲眼中的下雪天——"那雪下得正紧"，这里并没有讲"琼楼玉宇"。《红楼梦》里大观园的人物赏雪与《水浒传》描写的不一样，不同的人物有不同的鉴赏判断。

鉴赏要有文化教养，关于古今中外的知识越丰富，鉴赏的视野越开阔，含义也更丰富。意大利罗马古城堡有一个斗技场，是三层圆形的石头建筑，现在只有残存遗址，是当年让奴隶与野兽格斗、奴隶与奴隶互相斗技，供罗马贵族们观赏取乐的场所。如果熟悉欧洲古代历史，看到斗技场，可引起许多兴亡感慨；如没有这些知识，就看不出什么意思。又如，印度释迦牟尼当年最早传教的地方鹿野苑，今天只剩下废墟，没有佛教知识的人去看了也只看到一片瓦砾。唐玄奘留学之处，现在也成了一片废墟。一千多年前玄奘去印度留学，为沟通中印文化起了很好的作用。中国人去参观他留学的遗址，会产生种种联想，会流连忘返。然而，面对同一个古迹，一位非洲旅游者看了后，没有中国人的感受，只说："把人累死了。"可见，文化修养对于鉴赏对象的评价十分重要，否则古迹文物就一文不值。李白《忆秦娥》是一首怀古的词，词中"西风残照，汉家陵阙"[①]两句，评论家王国维认为此八字"关千古登临之口"，把古往今来凭吊古迹的人的口封住了，再没有比这首诗表达得更深刻的了。

（3）鉴赏修养要有联想

陈子昂《登幽州台歌》："前不见古人，后不见来者。念天地之悠悠，独怆然而涕下。"对古今变迁的对比，有无限感慨和联想。李后主（李煜）词："小楼昨夜又东风，故国不堪回首月明中。"这是亡国之君怀念旧日宫廷生活的哀叹。但在抗日战争时期，大片国土沦陷，好多到大后方去的人都常吟诵它。有个工程师经常念这两句词，他所联想的，绝不是李后主心目中所怀恋的南京城宫殿，而是联想到沦陷的家园、故土，主题很不一样。通过联想

---

① 李白《忆秦娥》："箫声咽，秦娥梦断秦楼月。秦楼月，年年柳色，灞陵伤别。乐游原上清秋节，咸阳古道音尘绝。音尘绝，西风残照，汉家陵阙。"

加深了鉴赏的深度。

（4）想象

最有名的例子是俞伯牙与钟子期的故事。传说俞伯牙善弹琴，钟子期善听琴。俞伯牙想的是高山，钟子期听出演奏者意在高山；俞伯牙想的是流水，钟子期从琴音中听出演奏者意在流水。又如，吴国公子季札访鲁，听到鲁国乐队给他演奏各国的乐曲，他对各国的音乐做出评论说，这是治国之音，那是乱世之音，等等。这里既包含着欣赏者的音乐修养，也包含着欣赏者的想象。想象可使艺术内容丰富，因为任何艺术作品，都是以形象来表现具体的内容，表现总是有局限性，想象能丰富它的内容。外国绘画流行一种印象派或未来派，这种派别的作品，一般人的印象是看不懂，至少认为难以理解，国内也有人提倡这种流派。有人批评说是资产阶级腐朽的东西，真正能欣赏这类作品的人可能不多。不过，从理论上说，印象派、未来派有理论根据， 值得引起重视的，就是着重发挥艺术想象的功能。艺术作品如果画得太像，它将削弱艺术想象的功能。为了充分表现一种艺术作品的丰富内容，就借助于想象，用不充分表达的手法作为表达的手段。它抓住了美学的本质的一个方面，而且是不可忽视的一个方面，不应该简单地指责它是“资产阶级的东西”。因为人类生活越来越复杂，作家用一个有形的、有限的作品来表现复杂的内容有困难，出现这种流派，不值得大惊小怪。如果欣赏的人多就流行、发展起来，欣赏的人少就流行不开，自然会局限在小范围之内。用不着去批判、清除，不存在精神污染的问题。但是，艺术欣赏与想象不可分，没有想象，就没有艺术。音乐家认为音乐不仅表现声音，而且应该能够表现出颜色、气味。我认为这话很深刻，各种艺术是相通的，这是有道理的。北大教授、诗人林庚早年在清华园写的诗即如此：

破晓中天旁的水声，
深山中老虎的眼睛；
如一卷迷濛的古代的画，
帐幔子上的影消失去。
在鱼白的窗外鸟唱，
如一曲初春的解冻歌，
（冥冥的广漠里的心。）
温柔的冰裂的声音，
自北极像一首歌，
在梦中隐隐地传来。[①]

总之，想象对于艺术是必需的，不能没有想象。

（5）缺陷，不完美的美

缺陷反映了世界的真实性。生活中的不圆满，任何时代、任何社会都有。缺陷是客观存在的本质。艺术家善于掌握它，欣赏者也要善于懂得缺陷的价值，就可以正确理解、欣赏艺术作品。比如，悲剧结局总是不圆满，给人印象深，比喜剧更感人。个人的不幸遭遇，不算悲剧，遭车祸而死，情节很惨，但不叫悲剧。悲剧是矛盾情节造成矛盾的结局，作品中的主人公的善良愿望、美好理想与客观环境发生矛盾，而且是不可克服的矛盾，使事态发展一步步

① 林庚：《问路集》，北京大学出版社，1984年6月版，第57页。

走到不可挽回的境地，这个不圆满的结局无人能改变它，造成了悲剧。悲剧鉴赏的价值在此，感动人也在此。《红楼梦》有很多人评论说，破坏宝黛婚姻，是有人在使坏，破坏了宝玉和黛玉的幸福。这个看法有道理，许多评论家也这样主张，但不一定符合原来悲剧的意义。真正的悲剧，不都是些坏人，而都是些好心人，都愿意把事情做好，结果事与愿违，这是悲剧的深刻性。悲剧深刻的地方，在于描述了那些怀着善良愿望的人们，他们的善良愿望刚好造成悲惨的结局，而这个结局又是不可挽回的。一种看不见的力量使它阴差阳错，造成悲剧的结局。《红楼梦》作者本人也解答不了这个问题，他就说这是命定，一切都是命——宿命论。用宿命论来作为他的回答。

认识到世界的缺陷，认识到事物的不完美的不可避免性，表明人类认识世界的深化。这种不完美，我们给它一种理论上的评价，这就需要有鉴赏修养。

3. 美学与宗教相互影响

鉴赏与创作都离不开民族的历史、文化、哲学、宗教，离不开社会环境、时代。美术作品包括文学作品在内，不可避免地要受宗教流行时期的影响，创作题材受到宗教的影响。吴道子画的寺庙壁画《地狱变相图》画得很好，很感动人，庙外“两市屠沽，鱼肉不售”。西方文艺复兴时期，许多作品是宗教画，那时画出的神像都带有人情味。

艺术创造的目的与宗教哲学很相近，甚至相同，都要通过这门学科，指导社会生活、人们的方向。宗教、哲学、艺术互相融合、感染、交流。艺术不同于其他学科的地方，在于通过人的感觉器官来表达思维活动，通过形象思维的方式来达到认识事物本质的目的。形象思维不同于逻辑思维。社会上有一种误解，认为形象思维相当于感性认识，这种看法不对。感性认识对理性认识来说是低级阶段，不能反映事物规律，不能揭露事物的本质，感性认识是人类接触外物的第一道工序。但形象思维不同于感性认识，它是通过形象的描述来揭露事物的本质，不是停留在感觉经验的层次上，而是通过造型（包括音乐、文学）来发掘事物的本质。不能说伟大的作家、诗人，对人生、社会认识的深度比哲学家少或浅，他们处在同样的层次，只是通过不同的途径来观察人生，对社会、对人生做出评价，指出应走的道路供人们选择。他们的目的都在于发掘事物的本质，有的通过理性、通过逻辑思维，有的通过造型、通过形象，有的通过音乐节奏，他们的目标都是要探寻社会的本质，回答人生的目的，它们之间没有高低的区别。爱国主义的文学家用文艺作品发扬伟大的中华民族爱国主义思想，《义勇军进行曲》用音乐激发人的爱国主义感情。世界是可知的，但世界十分复杂，世界可知并不等于说现在已完全知道，人类只能不断增加认识的深度、广度，但认识没有穷尽。文学提出“意在言外”，文学表达也是有限的，还有内容表达不尽。欣赏一幅好画，意味无穷。有价值的东西值得经常欣赏，每一次欣赏都会有新的收获。正因为世界极其复杂，人的认识又有局限性，因此，哲学、艺术、宗教等都力图解答、指明人们走的道路。艺术作品、鉴赏的对象的产生，以及它们的作者都受当时时代的、民族的、阶级的、历史的局限，欣赏者也同样受历史的、时代的、民族的、阶级的局限。这就更加使得宗教通过艺术来发展自己，艺术也划不清与宗教的界限。因此，可以说宗教存在的长期性，除了它本身长期存在的根据，其他的学科也帮助宗教，让它长期存在。艺术表现宗教生活、宗教思想。宗教在社会上的作用，更多的因素是其他学科自觉地、不自觉地和宗教混合在一起、交织在一起，在人们的生活中起作用，影响人们的理想。我们客观地看艺术与宗教的问题，应该更深入地理解生活、社会，才能正确地对待宗教存在的社会现实。

十四、祖先崇拜

祖先崇拜，是母系氏族社会进一步发展为父系氏族社会的产物。由于生产力的提高，人们不再靠采集，而是靠种植和养殖（野生植物、动物的驯化）。采集生活不固定，一处采集光了，再换一个地方。农业耕作，男子成为主要劳动力。驯养畜群，照管家畜，只有在农业有了一定的基础的条件下，才有可能（这要有定居，不能到处游荡，去了不再回来），这类工作也多为男子的事。妇女从事纺织，制作陶器。考古发掘的陶片里面有手指纹，指纹较细小（不可能是小孩，只能是妇女）。畜群成为私有财产，也是一种交换手段。父系氏族社会的主要标志是按父系确定下一代的地位和继承权。男子成了维系该氏族的中心，妇女居于从属地位。

云南有的地方还保留有母系氏族的残余，妇女继承财产，但产权不好固定（世系容易乱，姊妹共夫、兄弟共妻、母女共夫、舅父外甥共妻）。

甘肃临夏秦魏家遗址有二十四座合葬墓，其中成人合葬墓十六座、成人与儿童合葬墓八座。成人合葬墓中男子仰卧直肢，侧身屈肢者为女性，面向男子。甘肃武威皇娘娘台（属于齐家文化）父系氏族社会后期一男二女合葬墓，三人一次埋入，男子正中仰卧，二女子左右侧屈下肢，各自面向男子，两手放在胸前，这应看作妻妾为丈夫殉葬的例证。

祖先崇拜逐渐代替了图腾崇拜，并由此发展成为祖先崇拜的制度与民族习惯：宗教—哲学—敬祖，道德—尊男性族长。

《淮南子·齐俗训》说："帝颛顼之法，妇人不辟男子于路者，拂于四达之衢。"妇女在路上遇到男子不让路，对于男子便是不祥，就要举行宗教仪式来解除不祥（"拂于四达之衢"）。男尊女卑，已成为习惯。

父系制建立后，对图腾也有了新的解释，演变为地域的名称，有的氏族不再认为自己与某一图腾氏族有关系，出自某一图腾，而各自认从他们的男性祖先。《国语·晋语》说："昔少典（按：男方氏族）娶于有蟜氏（按：女方氏族），生黄帝、炎帝。黄帝以姬水成，炎帝以姜水成，成而异德，故黄帝为姬，炎帝为姜。"姜姓以羊为图腾，经过了时代的变迁，成了因生于姜水而得姓（炎帝）。黄帝号"有熊氏"，以熊为图腾，也改成生于姬水而姓姬。黄帝和炎帝分属两个不同的部落，曾战于"阪泉之野"（有过三次激烈的战争），现在变成亲兄弟。今天我们自称为"炎黄子孙"，可见这个改变后的传说得到中华民族多数人承认。

祖先崇拜把本氏族某一较早的氏族部落的著名人物奉为始祖。把祖先说成给后人造福的英雄，这些英雄人物（半人半神）多是男性，只有一个女娲是女性。

炎帝出自羊图腾氏族（羌），演变为神农氏，成为农业的创始人。《左传·哀公九年》：“炎帝为火师，姜姓其后也。”《左传·昭公十七年》：“炎帝以火纪，故为火师而火名。”炎帝为火神。

早期传说，炎帝与黄帝曾有过一次大战。黄帝发动六个图腾的氏族，炎帝被黄帝打败。经过了后来历史传说的演变，炎帝也被认为是华夏族的祖先，黄帝和炎帝是有蟜氏所生的亲兄弟。今天凡是华裔海内外同胞都自认为是“炎黄子孙”。这种传说成了团结广大华人的有力口号。

熊图腾氏族的黄帝演变为华夏的始祖，陕西黄陵县有黄帝陵。原始社会的发明创造都记在黄帝名下。弓矢、衣服、养蚕（传说黄帝妃嫘祖发明）、舟车、宫室、文字、历法，都是黄帝发明或委托人创造的。黄帝命仓颉造文字，传说仓颉四目，文字造成后，“天雨粟，鬼夜哭”①。

凤鸟图腾的氏族为太皞，演变中，与南方蛇图腾氏族的伏羲氏混合，成为驯养家畜、畜牧业的创始人。伏羲画卦（八卦）。舜为东夷之人（耕于历山，今山东济南），应与太皞、少皞氏族接近。舜让位后，南巡，死在苍梧，今湖南九嶷山。

据古代传说记载：

> 夫圣王之制祀也，法施于民则祀之，以死勤事则祀之，以劳定国则祀之，能御大灾则祀之，能捍大患则祀之。非是族也，不在祀典。

① 这种传说说明人类掌握了文字，把文明推进到一个新的阶段，可以做出惊天动地的事业。

> 昔烈山氏之有天下也，其子曰柱（按：北方小男孩叫作柱子、铁柱），能殖百谷百蔬。夏之兴也，周弃继之（按：周的祖先曰弃，夏禹时人），故祀以为稷。共工氏之伯九有也，其子曰后土，能平九土，故祀以为社。黄帝能成命百物，以明民共财，颛顼能修之。帝喾能序三辰以固民，尧能单均刑法以仪民，舜勤民事而野死，鲧障洪水而殛死，禹能以德修鲧之功，契为司徒而民辑，冥勤其官而水死，汤以宽治民而除其邪，稷勤百谷而山死，文王以文昭，武王去民之秽。①

《中国哲学史》教科书（四卷本）说：

> 原始社会神话传说的神，都是创造物质财富、推进生产、关心人民生活的英雄（开天辟地的盘古；炼石补天的女娲；中毒不死，发明医药，教民稼穑的神农；为民除害，指天射日的羿，等等）。

祖先崇拜都把本氏族有过显赫贡献的领袖奉为始祖。维系本氏族的图腾崇拜，逐渐被人类用英雄人物代替。图腾崇拜阶段，人与兽、人与自然之间的界限还不大清楚，到父系氏族社会，人类能以比较接近历史真实的认识来对待周围的事物（人和事、人和自然），也是人类征服自然这种社会实践提高了人们的认识能力和思维水平，这是一个大的进步。

祖先崇拜阶段，每个部落都有自己的传说的始祖（没有文字记载，靠传说。传说并不等于虚构）。始祖只能是男性的。他的后裔是可追溯的，财产是可以继承的，人们认为始祖关心他的后代

---

① 《国语·鲁语上》。

子孙。后代子孙也把祖先的创造发明记在各自的祖先的账上。这也应当看作真实的，至少有相当的历史真实性。如果一个民族没有长处，没有创造，就难以存在。

从地下考古实物证明，祖先崇拜不只是在汉族地区，在全国各地、世界各地都有男性生殖器崇拜的宗教仪式（也可叫作风俗习惯）。在一些文化遗址里，除了生活用具、生产用具，还有泥土塑造、烧成的陶且（祖）或石且。亚洲地区，朝鲜、泰国、印度等地，我国云南、陕西、河南、山东、甘肃、湖北、湖南、广西、新疆、台湾等几十处[①]，除了大量地下考古发掘的实物，见于文字记载的也不少。中国文字有"六书"（象形、指事、会意、形声、假借、转注），古代"且"的写法，甲骨文作""；金文（钟鼎）作""；楷书作"祖"，加"示"，表示神性。如"祭"（即人的手拿一块肉奉神）、"察"（即"祭"上有屋顶，表示神看清楚了）、"崇""祟""禜"，都与神有关。

人们往往把最原始的思想经过后来多次提炼，才脱离了朴素的原型。

石且、陶且的崇拜，说明原始社会已朦胧地感到人类生命的起源与"且"有关，但古代人又不能完全理解。原始宗教中的"且"的崇拜，受到各地区、各民族的普遍重视，因为它关系到一个民族繁荣昌盛的大局[②]。

---

① 宋兆麟:《石祖崇拜》，《世界宗教研究》1983年第1期；于锦绣:《夷族近祖崇拜》，《世界宗教研究》1983年第2期。

② 看古书多从社会学、人类学考虑，可以帮助我们了解古代的历史和社会。比如《老子》"玄牝之门，天地之根"，"牝"是女性生殖器，"玄"是玄远的、幽深的、看不清楚的意思。老子认为产生天地也应当有个地方，这个产生地是玄远的、幽深的。

由这种朦胧状态进一步发展，形成了祖先崇拜的理论（周人“敬天法祖”），提倡的道德为尊长、敬老（男性族长）。

从图腾崇拜到祖先崇拜，人、神混淆在一起，但中心思想仍然是人类发挥想象力去征服自然的幻想，也标志着人类认识自然可能达到的水平。图腾崇拜到祖先崇拜也体现了中华民族的发展、成长的过程。前面所讲的，以鸟为图腾是北方、东方的氏族的标志，以蛇为图腾是南方氏族的标志。蛇图腾演变为龙[①]，鸟图腾演变为凤。龙与凤，记载着南方、北方的氏族的融合。龙凤标志逐渐被国内不同的氏族所接受，成为皇帝、皇后的普遍标志。图腾崇拜早已不复存在，而其遗迹——龙凤标志一直延续了几千年之久。我国汉唐以后，不论哪个封建王朝，都以龙为天子的标志。《易》乾卦“九五”之尊，讲的是龙。经历了宋、元、明、清，辛亥革命后的1915年，袁世凯想当皇帝，也做了一身龙袍。

十五、部落联盟和天神崇拜

以父系氏族为基础的社会结构，继续发展成为部落联盟，是原始社会向奴隶社会的过渡时期。社会分工扩大了交换，生产率提高了，生产力发展了，私有财产多了，出现了私有制。父系氏族社会内部出现了家内奴隶，氏族部落领袖成了显贵。

战争也开始掠夺财产和奴隶。各部落之间产生了更多的交往，

---

① 中国的龙形近蛇。欧洲的龙形近狗，四足站立，腹部悬空。

而出现了联盟。只靠氏族血缘为联系的纽带已不能满足新形势的需要，于是氏族公社的组织之上，还需要有一个更高一级的组织——以地域经济共同体为核心，才可以满足生产力发展的要求。氏族部落公推领袖处理部落间的有关事务，判断是非，主持赏罚。刚刚开始的组织比较松散，但也有赏罚的权力，甚至也可以通过议事会议处死不服从的人。

《史记·五帝本纪》记载中国古代有“五帝”：炎帝神农、黄帝，颛顼，帝喾，帝尧，帝舜[①]。这些氏族活动的地区基本不出黄河流域，有的在黄河中上游，有的在黄河下游山东（东夷）。他们轮流充当部落联盟的首领，被尊奉为领袖。相传舜以后，禹当联盟的领袖时，会诸侯于会稽，防风氏迟到，遭到斩首的处罚。《史记·孔子世家》载：

> 吴伐越，堕会稽，得骨节专车。吴使使问仲尼：“骨何者最大？”仲尼曰：“禹致群神于会稽山，防风氏后至，禹杀而戮之，其节专车，此为大矣。”……客曰：“防风何守？”仲尼曰：“汪罔氏之君守封、禺之山，为釐姓。在虞、夏、商为汪罔，于周为长翟，今谓之大人。”客曰：“人长几何？”仲尼曰：“僬侥氏三尺，短之至也。长者不过十之，数之极也。”

这件事实说明部落联盟不是虚空的机构，有实际的权力。

① 据《世本》《大戴礼》，以黄帝、颛顼、帝喾、唐尧、虞舜为“五帝”；孔安国《尚书序》、皇甫谧《帝王世纪》以伏羲、神农、黄帝为“三皇”，少昊、颛顼、高辛、唐、虞为“五帝”。

氏族公社时期，活动范围及氏族成员人数都受到限制。进入部落联盟时期，氏族各自崇拜的对象不可能在更大范围内也被其他氏族承认，各个氏族崇拜的对象也有一个互相融合的过程。这个阶段的神，就超出了一个氏族的范围，而要塑造一个氏族联盟成员中都能接受、共同信奉的神。地上已经出现了一个凌驾于任何部落神之上的最高的神，古人把这个最高神叫作“天”①。没有地上统一的领袖，就不会有天上统一的神，这个道理在历史唯物主义者看来，是不难理解的。

> 即使是最疯狂的迷信，其实也包含有人类本质的永恒本性，尽管具有的形式已经是歪曲了的和走了样的。②
>
> 社会生活在本质上是实践的。凡是把理论导致神秘主义方面去的神秘东西，都能在人的实践中以及对这个实践的理解中得到合理的解决。③
>
> 至于没有统一的君主就绝不会出现统一的神；至于神的统一性只不过是统一的东方专制君主的反映，那个神支配着形形色色的自然现象，联合着各种互相对抗的自然力，而这个君主在表面上或实际上联合着利益冲突、彼此敌对的个人——关于这一切，费尔巴哈却认为没有谈论的必要。④

---

① “巅”“顶”“头”“天”都是至高无上的意思。

② 恩格斯:《英国状况——评托马斯·卡莱尔的“过去和现在”1843年伦敦版》，《马克思恩格斯全集》第一卷，人民出版社，1956年12月版，第651页。

③ 马克思:《关于费尔巴哈的提纲》，《马克思恩格斯全集》第一卷，人民出版社，1956年12月版，第5页。

④ 恩格斯：《致马克思（1846年10月18日）》，《马克思恩格斯全集》第

据《国语·楚语》记载，颛顼以前，“民神杂糅，不可方物，夫人作享，家为巫史”。没有专业的神职人员，每家都可以出降神，民与神之间界限不清楚。颛顼担任部落联盟的领袖后，“命南正重司天以属神，命火正黎司地以属民”，“绝地天通”。南正（官名）重安排天上神的秩序，火正（官名）黎管理地上的人民。断绝了氏族成员与天神交往的路，宗教活动（请天神、祭祀天神）都由专职人员来管。部落联盟领袖为最高祭司，垄断了祭天神的特权。从此，有了专门的巫觋神职人员。脑力劳动和体力劳动初步分化。

《史记·封禅书》记载着古代有十二次封禅大典[①]。十二次中有禹、汤、周成王是奴隶制的帝王，其余九次封禅者均为部落联盟领袖。

《尚书·舜典》载：“舜……肆类于上帝，禋于六宗，望于山川，遍于群神，辑五瑞。既月乃日，觐四岳群牧，班瑞于群后。”先祭天神，然后按尊卑次序祭祀四时、寒暑、日、月、星、水旱等六宗，以及名山大川、丘陵、坟衍等神。为了表示自己最高首领的权力，把象征四岳群牧所掌握的圭（）、璧（，君主权力的象征）先收回，然后选择吉日再亲自颁发下去。这是部落联盟时代，军事、政治与宗教职能密切结合的表现。

部落联盟首领是最高祭司，利用宗教特权加强其政治地位。天

二十七卷，人民出版社，1972年6月版，第65—66页。

① 封典祭天，举行的地点选在最高的山上，当时人认为泰山最高，孔子说：“登泰山而小天下。”祭天的典礼，即规定在泰山举行。禅典祭地，地点选在低一点的山上举行。

神的出现已表明“天”不仅与自然界的秩序有关，还与政治统治权有关。原始社会逐渐向国家形式过渡，宗教的形式和内容也逐渐被赋予阶级社会的特点，成为阶级压迫的工具。原始社会的宗教图腾崇拜到祖先崇拜到天神崇拜，那些被崇拜的对象都不带有阶级属性，不管人间的赏罚。进入阶级社会，“天”“神”开始用赏罚来惩治老百姓。《墨子·兼爱下》引《禹誓》：“济济有众，咸听朕言。非惟小子，敢行称乱。蠢兹有苗，用天之罚。若予既率尔群对诸群，以征有苗。”《墨子》所引的《禹誓》不见于《尚书》，其内容与先秦正史记载基本相同，它表达了部落联盟时期的盟主代“天”立言的语气，是可信的。

十六、没有“上帝”的宗教（一）

通常人们认为，相信“上帝创造世界”的说法的是宗教。这是受了西方基督教的影响产生的成见。对中国文化影响最深远的并不是宣扬“上帝创造世界”的那种宗教。如佛教是没有“上帝”的宗教。“佛”，梵文Buddha，音译“浮屠”“佛陀”，“觉悟”的意思（古音没有轻唇音，“弗”都念“不”）。佛教自释迦牟尼说法起，宣传佛教的宗教哲学“四谛”。“谛”是“真理”之意。“四谛”即四条基本原则。“四谛”即“苦谛”“集谛”“灭谛”“道谛”。

（一）苦谛

佛教宗教哲学认为世间一切都是苦的。一切的生物，佛教称为“有情”。“有情”“无情”，以及世间都是苦，充满了苦。佛教有一派将苦分为三种，一是行苦，二是苦苦，三是坏苦。行苦，“行”指的是活动，一切活动谓“行”，即身、口、意行都会引起相应的“果”。特别是指意愿的活动叫作“行”。苦苦，第一个“苦”是动词，“逼迫”之意；第二个“苦”是名词，被迫陷入苦海。坏苦，“老死”谓“坏苦”，即从存在到不存在造成的苦。

还有一派将苦分为八种苦。“八苦”有生、老、病、死四苦；还有怨憎会苦，人生中常遇到脾气不投的聚合在一起；爱别离苦，亲爱的人不能在一起；求不得苦，要求的得不到；五盛阴苦，又叫作“五蕴”，五种因素组成众生，即“色”“受”“想”“行”“识”凑在一起，造成苦难。这是说，整个人生充满了苦，世界充满了苦。佛教认为，它们的宗教哲理“苦”是真理，这是“四谛”中的第一谛，这也可以说是佛教观察人生、观察世界的出发点。

（二）集谛

从生理、心理的活动进行分析，佛教认为，一切烦恼都带有根本性的烦恼（“本惑”），还有由根本性烦恼派生出来的叫作“随烦恼”（“随惑”）。“本惑”有以下几种：

1. 贪：贪欲、贪财。“贪”是“着”的意思，即附在上面。佛教认为众生的心到处是附着的，也叫“染着”（不干净）。佛教对“贪”看得很重。

2. 嗔：发怒、仇恨、怨恨情绪。“嗔”又分作三种：（1）有情嗔：指人类、生物之间杀人害命、互相仇恨，以致造成战争。（2）无情嗔：佛教分类，以非生物的东西叫作“无情”，生物叫作“有情”。这是对世间非生物的东西的仇恨。看见一个东西不高兴，毁掉它。比如，生气砸东西。（3）见嗔：即见解、学说、理论引起的仇恨。印度两派互相辩论，以生命为赌注，失败者斩首相谢，为坚持自己的见解引起的仇恨。

3. 痴：愚昧、无知。“痴”又叫作“无明”，指对事物的道理不清楚。

以上三种“本惑”是带根本性的惑，是造成人类烦恼的原因。佛教认为“无明”占的地位更重要，一切罪恶都是从“无明”引起的。对“贪”的危害性看不清，也是“无明”引起的。“无明”是与生俱来的，每个人都有。因此，对“无明”不能再追问是怎么发生的，是从哪儿引起的。“无明”本身就是引起烦恼的根本原因，所以不能问。①

4. 慢：骄傲，也是造成苦的因素。“慢”又分为七种：（1）慢：和别人相比，别人比我差，我觉得比他强；看着别人与自己差不多，我也觉得差不多，有骄傲的意思，这都叫作“慢”。这里都包含与别人比高低的动机。相比也造成苦，比就有竞争。（2）过慢：自己本来和别人一样，却觉得比别人强；比自己强的人，自己觉得和他一样，抬高自己，这叫“过慢”。（3）慢过慢：强过自己的，认为自己胜于他，骄傲又加了一等。（4）我慢：自以为了不起。（5）增上慢：“增上”是增加，没有达到那种品德，认为已达到了。（6）卑慢：别人胜我很多，自认为比别人只差一点。（7）

---

① 佛教语录记载，唐肃宗时大宦官鱼朝恩问朝阳慧忠禅师：“‘无明’从何起？”禅师回答：“真活见鬼，奴才也懂得问佛法！”鱼大怒。禅师说：“别发怒，这就是‘无明’，‘无明’就是从这儿起的。”

邪慢：自己没有的品德，自认为有。这几种骄傲情绪，都会使人陷入苦。

5. 疑：怀疑“四谛”。怀疑佛教不是真理，也是造成苦难的原因。

6. 恶见：邪恶、颠倒的见解。“恶见”又分五种：（1）萨迦耶见：以自身为“实有”，把自己看成实际存在，认为自己所有的东西都是“实有”的。如财产、名利、势力，都看成实际存在的事物。佛教认为这都是不确的见解。（2）边执见：“边”是在一边，即偏的、片面的意思，把不正当的、错的当作对的，这是片面性。例如，事物是有变化的，认为不变，这就是偏见。“执常”，执着于永远不变的偏见，把不具有永恒性的东西认为是永恒（“常”）。“执断”，“断”是断灭，相信人死后一切都归于断灭，这也不对。这都是“边执见”。佛教讲的“执着”是贬义[1]，是指的把不好的东西抓着不放，有背包袱的意思，包括“边执见”。佛教反对“执着”。（3）邪见：指诽谤性的，诽谤因、诽谤果、诽谤事实。（4）见取：把不正确的当作正确的来坚持。（5）戒禁取：以不正确的规范而产生的行为，自己认为是好的、正确的。佛教认为应该是被禁止的却拿来执着、坚持。“戒”应避免的，“禁”应禁止的，都“执着”，也是造成苦的原因。

“恶见”的这五种也是“本惑”，加起来共十种，都是“本惑”。佛教认为这十种“本惑”又可分为“俱生惑”与“分别惑”两类。“俱生惑”包括“贪”“嗔”“痴”“慢”“萨迦耶

① “执着”来源于佛教，但现在的意思相反，如“执着追求真理”是褒义。

见”“边执见”。这些烦恼是与生俱有的，不用思考，当时即起。不借外界条件，自己就可以冒出来，这是“俱生惑”。“分别惑”包括“疑”“邪见”“见取”“戒禁取”。“俱生惑”中“贪”“嗔”“痴”不是单独活动，是在众多情况下，会合在一起同时活动。如“贪”可引起战争，这就是“嗔”。仇根引起想不到的后果，甚至不顾一切蛮干，这就引起“痴”“无明”。比如，为了一点小事打人、犯法，佛教认为是“痴”。这几种惑（“俱生惑”“分别惑”）经常同时起作用。佛书中讲，禽兽只有“俱生惑”，没有“分别惑”，动物会发怒，体现了动物的“无明”“嗔”，这种看法是古代科学不发达造成的。[①]“俱生惑”与生俱来，这种烦恼，佛教认为它的势力很大，有时也顽固，明知故犯，不允许干的事，“贪”“嗔”“痴”冲动起来还要犯，让人不由自主地受“贪”“嗔”“痴”所左右。

“随惑”（随烦恼）也可说是从“本惑”派生出的，可分二十种。

1. 忿：对于眼前对自己不利的事物、遭遇，产生愤怒，由影响身、口的活动，或引起斗争。

2. 恨：由“忿”发展为“恨”，结怨而起。

3. 覆：掩饰、文过饰非，做了错事，唯恐丢了面子，藏起来不让人知道。引起“覆”的活动，往往是由“贪”“痴”引起的。其结果常会引起后悔的感情。

4. 恼：恼怒，是从“忿”发展到“恨”，再发展到“恼”，逐步转深的心理过程。“恼”的发生往往由于“追”引起“触”。

① 今天的动物心理学研究认为，黑猩猩、大猩猩也有经过考虑，引起“贪”“嗔”“痴”而发怒。

“追”，追溯过去的宿怨；“触”，即当前的刺激，当前的导火线，一触即发。由“追”到“触”引起暴热、躁动、不冷静。“恼”这种情绪是“嗔”派生的，由“恼”可能引起对别人的伤害。

5. 嫉：为了个人的名、利，不愿看到别人也有名、利，别人的荣誉，自己看了不舒服，这常引起自己忧愁不快。

6. 悭：过于舍不得自己的财产、地位、名誉。舍不得将自己的知识、学问传授于人，特点是秘、吝，不让人知道，生怕别人学了去。自己用不着的也不肯拿出来，是属于“贪”派生的情绪。

7. 诳：为了自己得到好处，不说真话，虚言矫饰，伪装品德高尚。也是“贪”“痴”派生的。

8. 谄：投合别人的意思，随风转舵。社会流行什么，马上就跟着转。“谄”就是不直，不说真话，不正直，追随当时的风气。也是“贪”的派生物。

9. 害：残害别人，属于“嗔”派生出来的。

10. 㤭：对自己所拥有的条件，如聪明过人、财富过人、相貌好、出身好、身体好等，自我欣赏、陶醉。属于“贪”“嗔”派生出来的。

11. 无惭：自己很自负，拒绝善的、好的品德，对于比自己强的人、有德的人不尊重。

12. 无愧：与“无惭”的区别是不但对好人不尊重，采取粗暴的态度，而且还尊重坏人。不只是轻视贤人，甚至尊重坏人，这比“惭”又深一层。[①]

① “无愧”这个用法与现在的用法相反，比如我们说“问心无愧”。佛教的“无愧”是说不知道有羞愧之心。

13. 掉举：这种心理状态是常常想念过去的那些贪欲、玩乐、享受的事情，让精神状态常处于动荡之中。常怀念过去的浮华生活，让心不得安宁。佛教讲禁欲主义，不要追求物质享受，如果老怀念过去的繁华，就会影响自己沉思，心沉静不下来，常常“掉举”。

14. 昏沉：是“掉举”的反面。“掉举”的思想活动使人心情沉静不下来。“昏沉”是让人不能深入观察世界，即“障观”。“观”是深刻地理解事物。佛教的理解与一般正常的理解不一样。“障观”就是影响、妨碍进行深入理解。

15. 不信：不相信善，不相信佛教道理，不相信人的心理能清净。对佛教“四谛”说法采取怀疑态度。

16. 懈怠：有两个方面，应该做的不去做，应该去修的也不去修，“应修不修”，这是“懈怠”；另一方面，对坏事“应断不断”，对不应做的不去禁止。这样的懒惰的精神状态都是“懈怠”。

17. 放逸：与“懈怠”的心理状态恰巧相反。“懈怠”是消极的不做，放逸是不应该做的倒去做了。这是放纵方面的心理表现，对“染”（坏）不防（克制），对“净”（善）不修（发展、增进）。

18. 失念：对正当的事物记不住。这不是指记性不好，而是指对好的事情不放在心上，记不住。

19. 散乱：常处于流荡的一种心理状态。比“放逸”的思想状态有所加深，这也是“贪”“嗔”“痴”三种惑的派生物。“散乱”与“掉举”还不一样，“掉举”是主意不定，面对一种情况，拿不定主意。“散乱”则是一个念头翻来覆去地折腾，一念伏，一念起。“散乱”的特点是流动、飘荡。

20. 不正知：不是对外界一无所知，而是对外界所知都是错误的认识，身、口、意“三业”都是违反佛教戒律的行为。

从这些分析来看，佛教告诉人们要“知苦”，对苦要有深刻认识。对造成这种惑的因素，不让它活动，要一刀两断，这就是“断集”。

“集谛”的意思还说明，佛教把人、人类看成好多心理因素构成的复合体。不是整个的一个人，种种思想、活动因素，构成人的行为，这么来看一个人。

（三）灭谛

佛教教导信徒加强宗教信仰，要树立以佛教教义为宗旨的世界观，把引起苦的、引起烦恼的种种因素、思想活动消灭干净。对影响建立宗教世界观的思想、意识、行为，要完全抛弃干净，“无余断弃”，把脏的东西吐尽。离欲，彻底把一切欲望消灭干净，这样才能回到佛教所谓“寂静”的精神状态。“灭谛”不是灭掉一切，而是灭掉影响人们接受佛教世界观的许多思想、观念。

（四）道谛

前三谛是从反面讲，道谛是从正面讲。要认识佛教的真理，要佛教徒深入认识苦、集、灭的道理，就能接受佛教永断“一切集”（众多烦恼），而取得“真知”，来“证知圣道”。“证知”不是一般的认识，而是身体力行。通过宗教实践真正体验到“圣道”。这既有认识的意义，也包括宗教实践的意义。

释迦牟尼讲授“四谛”“十二缘生”的道理，通过例子让我们看到佛教这种宗教，讲“无我”（无实体，“我”指实体）。实体指：第一，主宰者（“上帝”）；第二，现象界（客观存在、独立于意识之外的）。佛教认为这两方面都不存在，既没有主宰者（造物主），也没有独立于意识之外的世界。世界本身是一个大的苦海，要脱离苦海，就要“出世”，接受佛教宗教世界观。佛教强调两个对立的世界：“此岸世界”和“彼岸世界”。佛教没有把解脱的希望、道路放于“上帝”那里，而是放在建立佛教宗教世界观上。一方面包括宗教认识论，一方面包括宗教实践。佛教最高精神境界不是“天”。在佛教看来，“天”不过是生物中的一种，在“六道”中也不免遭受轮回、受业报之苦。佛教的最高境界是“觉”“觉悟”，“正等觉”“正觉”“大觉”都是一个意思。“觉”的境界，随着宗教哲学的发展，说成是“净土”，后来形容是“西方极乐世界”，这不像基督的“天国”“伊甸乐园”。实际上精神的“极乐世界”，也等于一个“天国”，这个“天国”是通过宗教修养达到的结果，他们追求的不是升天，而是得到“正觉”，中国早期佛教译为“道”“无为”，后又译为“真如”，指的就是这种最高的精神境界。佛教不拜天神，也不承认“上帝”做主宰。相信“上帝”的宗教，承认“上帝”主持赏罚，人听从“上帝”的最后裁判。佛教的因果业报说也有赏罚，任何业都有报，但这赏罚原则不来自“上帝”，而来自每个作者自己造成的后果，后果自负，即自作自受。由身、口、意三业造成的果由作者自己承担，没有一个冥冥中主管赏罚善恶的“上帝”“天神”。这是佛教的特点，但它的客观效果与有“上帝”的宗教一样。因为业与报的关系，身、口、意三业引起的后果，都是由善业引起的善果，恶业引起的恶果。善恶的标准是与当时社会的道德标准、统治阶级的道德标准一致，对社会的作用是一样的，都是为当时统治阶级服务的。有没有“上帝”，承不承认有最高的“上帝”，不是区别宗教的标志。像佛教这样的宗教不信“上帝”，谁能说佛教不是宗教？一切宗教都必须承认有两个世界，“此岸世界”与“彼岸世界”。人生活其中的是现实世界、“此岸世界”，在这个世界之外，还有一个精神世界。那个精神世界，在有神论的宗教，即承认有“上帝”的宗教称之为“天国”“天堂”；不承认有上帝的宗教，称之为“真如世界”“大觉世界”或“圆觉世界”。有没有“上帝”不是区分宗教的唯一的标志，要看它的本质。

十七、没有“上帝”的宗教（二）

泛神论在宗教内部的破坏作用，有两方面：一是泛神论在宇宙观方面起的破坏作用；二是泛神论在认识论方面起的破坏作用。

（一）泛神论在宇宙观方面对宗教起的破坏作用

中国佛教天台宗著名代表人物湛然，在他的著作《金刚錍》中，集中讲佛性问题，他说：“一尘一心即一切生佛之心性。”“尘”是指外界、现实世界。“心”指人的主观意识。所有客观世界以及主观世界都是“佛之心”“佛之性”。“佛”代表最高的真理、最高精神实体，这个精神实体又叫“真如”。因此提出“无情有性”说。从小乘佛教看，草木、石头不具备佛的心性；大乘佛教认为一切东西，不管是有生命的、无生命的，生物界或非生物界，都有“心性”。“无情”指无生命的石头、瓦砾等。“万法即真如，由不变故。真如是万法，由随缘故。”“真如”与千变万化的东西不可分，“真如”表现在各个具体事物中间（“随缘”），变化之中体现“真如”。这是说，一切事物必须体现最高的真理（“真如”），真理（“真如”）表现在各个方面，所以“无情”也有佛性，即是说非生物的东西也是“真如”“佛性”的显现。“法”“佛”“真如”是指一个东西。“真如”是“佛性”的另一略称，是最高的精神实体。他引佛经为例：《华严经》讲“众生”与“非众生”都是不真实的，同时又是真实的，这等于说“无情有性”。《金刚錍》中说，“佛性”“真性”“实性”，这些都是从本体说的，简称为“性”。但佛性既包括崇高的精神境界，也包括卑下的、一般人认为没有价值的存在，一切存在都有佛性，一草一木、砖头瓦块，都具有佛性。这种说法，从原则上讲，必然得出“无情有性”的结论。理想的最高的境界必须说成普遍性、真理万能，如果有东西独立存在于真理之外，佛教的最高精神原则（实体）不能包容，那等于说真理有局限性、片面性，最高真理就不算作真理。因此，大乘佛教从逻辑上推出“无情有性”这个结论。

《庄子·知北游》中说：

> 东廓子问于庄子曰：“所谓道，恶乎在？”庄子曰：“无所不在。”东廓子曰：“期而后可。”庄子曰：“在蝼蚁。”曰：“何其下耶？”曰：“在稊稗。”曰：“何其愈下耶？”曰：“在瓦甓。”曰：“何其愈甚耶？”曰“在屎溺。”东廓子不应。庄子曰：“夫子之问也，固不及质。正获之问于监市履豨也，每下愈况。”

买猪时，要检查猪的肥瘦，只要看猪的腿，没有肉的足部也有了肉，其他部分可想而知，整个猪是肥的。“道”如在蝼蚁，在瓦甓，在屎溺，其他地方可想而知，无所不在。《庄子》的例子帮助我们来理解天台宗的“无情有性”之说，表明佛性无所不在、无所不包，到处都存在。

这里提出一个问题：佛性，佛教最高的精神实体是无所不包，佛法威力最高大、最宽广，所以他们自称“佛法无边”。从这儿便将佛教带入新的困境。按照宗教世界观来看，至高无上的精神实体充满一切，佛性无所不在，也要在蝼蚁、瓦甓、屎溺之中。一切丑陋、罪恶的东西也是佛性的体现，这势必破坏佛性的庄严性、神圣性，佛性的光辉就受到损害。佛教的宗教世界观把神性（佛性）无限扩张，表面上扩大了、抬高了，实质上它又降低了神的神圣性、纯洁性。神学本来应加强美善的东西，力图抬高神的地位，理论上却把神的地位贬低了。宗教世界观目的在于引导人摆脱现实世界的束缚，引导人们向另外的世界寻找精神安慰。但这条道路，在一定意义上引出相反的结果。这是宗教神学本身带来的矛盾。如果说佛性有些范围管不到，它就不具备普遍性，有的领域不在它管辖的范围之内，又带来自身的矛盾。湛然的“无情有性”理论上给自己带来困难，使它在宗教内部起着破坏作用。

（二）泛神论在方法论方面对宗教的破坏作用

从方法论来看，宗教哲学、泛神论也会从内部对宗教起破坏作用。以佛教为例。佛教教人从精神上得到解脱，小乘佛教取得精神解脱的方法是坐禅，不断修行。小乘修行的最高等级是“阿罗汉”。大乘佛教修行的方法比小乘佛教有所发展，有“六度”之说，也叫作“六波罗蜜多”，有六种引导解脱，到彼岸世界的方法：

1. 布施：向寺院及僧众捐助财物，也可捐助劳动。南朝梁武帝曾三次舍身于同泰寺，将自己奉献给寺庙服劳役。

2. 持戒：遵守佛教戒律生活的规定。

3. 忍辱：受到外来的污辱、暴力，要忍耐。

4. 精进：加强宗教训练，以求得不断进步。

5. 禅定。

6. 般若（旧译作“智慧”）：通过智慧达到彼岸。禅宗进一步把人类一切日常活动都说成是寻求精神解脱的方法，解脱的路子更宽了。印度小乘佛教坐禅比较简单。要静坐、调整呼吸，“舌住上颚，心住一境”。禅定中间，精力集中在想象事物上，有的实行“庄严观”，让人们幻想出一个庄严美妙的世界或对象。“观”是想，念念不忘地想。为向往另外一种精神世界，心理学上也有，心理上出现一种变态的境界，经过特殊的训练，培养坐禅者出现幻视、幻听的变态心理。另一种坐禅观想的方法，佛教称为“不净观”，专想污秽不净的一些事物，引导人厌离现实世界，佛教认为用这种思想训练的方法，也能使人走向解脱。这都是印度佛教传统方法。

中国禅宗又有大的改变。菩提达摩有“入道四行”，入道有四种心理活动。第一，“报怨行”，他们认为今生今世的苦难都是过去罪过的结果，教人对苦难看得开。第二，“随缘行”，得失随缘，他们教人一切看得开，人不要为得失所左右。第三，“无所求行”，教人要有一无所求的心理修养。第四，“称法（道）行”，按佛教教导去办。菩提达摩的禅法特点，都是心理认识方面的训练。再发展下去，禅宗主张不要坐禅，认为坐禅入定时虽然可以达到一种精神境界，但当离开坐禅时，这种精神境界又消失了，因而他们提出行住坐卧都要保持禅定的这种心理训练状态。

禅宗的一位名僧惠能说："东方人造罪，念佛求生西方；西方人造罪，念佛求生何国？"他教人相信自己本心就是"净土"，就是"西方极乐世界"，"净土"不在西方，就在每个人心中。信仰佛教，接受佛教的宗教世界观，不论在何时何地都能得到解脱，随处得到安乐。

禅宗弟子道一和尚在南越随师怀让学佛法。怀让认为，道一是一个可以培养的传法人，就启发他，让他专心致志静坐思维，一心坐禅。怀让在道一面前磨砖，几天之后引起道一的注意，道一问师:"磨砖作甚？"师曰："作镜。"道一问："磨砖岂能作镜？"师曰："磨砖不能作镜，坐禅岂能成佛？"

禅宗再发展下去，认为坐禅就不仅无益，甚至有害。从理论上阐明佛教的原理、原则的做法也被废弃。佛书记载，临济宗的创始人义玄，出家三年时问师父黄檗希运，佛法大义是什么。他问了三次，三次被打。后来，老师将他介绍到大愚和尚处。经大愚启发，他悟到："原来黄檗佛法无多子。"这是禅宗宣传佛教用的一种直观的教学方法。因为"真如"本体无所不包，人的语言有局限性。"真如"是全体，没有东西在它之外，语言则有主词、宾词，它只能表达有限的意思。"无限"即无法表达。"真如"不能被当作具体的东西，"真如"不具有任何质的规定性。因此，禅宗认为要理解"真如"，语言没有用处，只能用直观的方法、顿悟式的启发，有时用拳打脚踢，引起问学人的理解、领悟。禅宗反对用逻辑推理的办法去认识"真如"，因为"真如"不能作为认识的对象。禅宗否认概念推理，否认思维的逻辑性。禅宗主张以不说代替说、不做代替做，反对认识而提倡领悟。它取消主客观关系，它用思维去吞没存在。有一个禅师，坐禅时，在他房间里的门上、窗上都写上“心”字，目的在于将心收拢。另一禅师指出他的方法不对，应在门上写“门”字、窗上写“窗”字，不要另外提出一个“心”作为观想的对象。也就是反对用语言文字去表达最高的精神实体，而主张用直接去体认的方法。

直观主义、神秘的直观方法是禅宗的方法，它反对推理，反对科学的主客观关系，反对读书。有一个禅师见到蜜蜂碰窗户纸想出去，一次一次未成，就说：“钻故纸堆，驴年也不得出。”

禅宗告诉人，日常生活中到处都体现真理，但不一定讲得出来。“运水搬柴，无非妙道”，“青青翠竹，尽是法身；郁郁黄花，无非般若”。“运水搬柴”也可达到精神解脱的境界。禅宗看到人类认识能力的局限性，但它夸大了这点，把局限性绝对化了，主张认识不可能，主张顿悟。禅宗最后讲“佛无一法与人”，从释迦牟尼开始，没有“一法”（“道”）可以给人，“佛不过是吃饭、着衣、屙屎、送尿”。照这个说法，佛教把“真如”最崇高、最圣洁的品格从天上拉到人间。佛教认为生活在人世间要得到解脱，只要换换观点就行了，“运水搬柴”体现了“妙道”。禅宗把“彼岸世界”与“此岸世界”的界线拆除了，这个佛教理论带来精神危机。“佛无一法与人”，人就要问：“既然佛无一法与人，还宣传佛法干啥，岂不把自己也给否定了？”所以，后来宋儒批评佛教，就提出质问：“运水搬柴都是妙道，怎么事父事君就不是妙道呢？”“佛法无边”，无法表达，最好不表达，这个道理必然引它走到自己的反面：有佛教与无佛教一样，相信与不相信佛教一样。

既然说不清，佛教就可以取消了。

佛教把自己的理论沿着它的方向走到极端，必然就会逻辑地走到反面。强调无所不包，结果把庸俗、卑下、丑恶的东西都包含在佛性之内，就损害了它的庄严、崇高。一般的语言、逻辑思维不能表达“真如”，“真如”与世俗事物没有区别，因此就不必去追求。“无情有性”从世界观上给佛教前途带来危机，“真如”不可思议、不可言说也给宗教造成困难，它在理论上，从内部产生了破坏作用。

十八、基督教关于“上帝”存在的证明的理论

安瑟伦（Anselmns，约1033—1109年，相当于中国北宋二程时期）是中世纪经院神学家。他的一个很有名的论证是关于“上帝”存在本体论的证明。他说：“我们确实相信‘你’（‘上帝’）是一个这样的‘有’（存在），比你更伟大的一个存在是不可想象的。”安瑟伦说到“上帝”时用第二人称，“上帝”就好像站在他对面。他心目中“上帝”不是一个没有内容的名词，是一个活生生的崇拜对象。从他提出问题的方式，就表明他确信“上帝”是存在的。安瑟伦认为，“上帝”的存在，不同于实际具体的东西的那种存在。“上帝”的观念不同于一般的观念。一般的观念是来自经验，来自感官，唯有“上帝”的这个观念，不是来自感官，感官经验不能说明他是有还是没有，“上帝”的观念本身就包含着“上帝”的永恒性、不变性、创造性、无所不在的属性。关于“上帝”

的概念，包含着一切超越的完美的属性，不是由众多的属性凑合出来的观念。安瑟伦还说：“我并不是为了去理解而相信，而是我相信，这样我才能去理解。”他是先从信仰出发，然后才企图去了解我们所信仰的东西；不是通过了解对象，然后才产生信仰。在基督信仰主义者看来，理性是处于辅助的地位，理性不能使人信仰什么。从安瑟伦这些人的立场看来，理性的作用就是为了使信仰更完善。信仰与理性相比较，信仰是第一位，是更根本的。如果信仰与理性之间发生了矛盾，那就要服从信仰，因为信仰是优越的、最基本的。信仰的神秘性，它的最深奥的地方，人们无法理解。他们的论证中不仅是这样，如果仅仅是信仰，“上帝是存在的”这句话就够了，他们还要论证“上帝”在人们心里的存在也是实际的、客观的存在。他们的本体论的证明的目的是“上帝”是人心里的存在，并从“上帝”的观念引申出地上的存在、客观的存在。这也可以看出，“上帝”的观念与其他的观念有相同的地方，很多的观念都是心里存在的东西。“上帝”的观念是纯信仰，它不是能感觉到的，不是能直接认识的。从西方哲学史上看，凡是讲到一种存在，是指的一种实体，这种实体不依赖人们的认识才存在。既然是实体，就是客观的。可是，“上帝”存在的本体论的证明，希望“上帝”既存在于人心中，又是客观的实体，“上帝”除了心里的存在，还有实际的存在。信仰的优越性在于不需要其他的原因、因素来帮助它证明是不是存在。信仰本身就能够决定它是个客观实体的存在。对于信仰者来说，“上帝”存在没有问题，因为他相信它。他这种本体论的证明，目的还在于俘虏那些没有信仰的人。因为已经信仰的人，就用不着再宣传“上帝”是不是存在。对于没有信仰“上帝”的人，要借助理性来传播信仰，论证“上帝”是客观存在的、真正有的。他论证的方法，就是从内心的存在，扩充到实体的存在。采取思维的道路推出：“上帝是最伟大的、无可超越的‘有’既然是最伟大的、无可超越的‘有’，怎么能不存在呢？”照它的逻辑推下去，任何很高的、很伟大的理想也赶不上这个理想所表达的那种现实。如果它不是现实，就不可能说它是无可超越的，也不能说它是最伟大的，所以“上帝”是必然存在的。对于这种论证的方法，仅仅从逻辑上、表面上看似乎说得过去，但也给人一种印象，就好像是玩弄概念，像“上帝”存在这么严肃的问题，他轻而易举地就证明了。这种论证，在当时也遭到反驳。

与安瑟伦同时的高尼罗（Gaunilon，？—1083年，法国人），写了一篇文章《为愚妄人辩护》，反驳安瑟伦提出的论证。文章中说：“有人说大海某处有个岛，因为不容易或者简直不能够发现它，不能断定它不存在，其名字叫‘丢失岛’或‘遗失岛’。传说这个岛比幸运岛有更多的财富，有更大量的幸福、喜悦。虽然这个岛没有领主、没有居民，可是它的财物众多，很丰富，远远胜过有居民的国土。无论谁告诉我有这个岛，我就很容易明白他要说的内容。”下面，他有一个实质性的反驳：“但是有人进而推论说，你不能怀疑这个最完美的岛，你不怀疑它在你心里，不能怀疑它真正在某地存在着。因为在实在里边，不仅在心里，它是很完美的。”以此又推论：“如果说它不存在，那就任何别的真正存在着的岛都会比它更完美，因而你所想象的‘丢失岛’这个最好的岛就不是最好的岛。那就完全是空中楼阁式的一种推论，假想中间再加上假想。”高尼罗说：“我说如果他要以这种方式让我承认这个岛的存在，并且让我认为这种存在是毫无疑问的，那我就认为他是在开玩笑，或者我就不知道说这个话的人是更愚蠢呢，还是我自己听信了他的话更愚蠢？”高尼罗讥笑安瑟伦：“如果以为他已经确实地证明了那个岛的存在，那就一定要先表示这个岛它是实在的，它是无可怀疑地存在着的东西。那么，这就等于没有做出任何的保证、任何的证明，只是以一连串的虚幻的假设来证明这个岛的存在。”

高尼罗这个人并不是无神论者，他是假托怀疑“上帝”存在的人提出疑问来反驳。安瑟伦并没有对此进行反驳。这两人争论的焦点在于《为愚妄人辩护》中说的“一个完满的东西，一个完满的实在，不应该仅仅是观念上，而且应该是实际上存在，因为只有实际上完美的东西，才是实在，对于还没有确实存在的东西，还没有的确知道它存在的东西，就不能从观念上来推论出它的存在”。这是怀疑“上帝”存在的理论，是从不信教方面来看的。从信教的安瑟伦来看，它的要害并不是后面那几种假设性的推论，而在第一句：“我确实相信‘你’是这样的‘有’，也就是比‘你’更伟大的一个，是不能想象的。”这里，已经建立了一个对“上帝”的观念，他确实相信“上帝”已经存在，这个存在不是一个普通观念的存在，而是信念。信仰不能仅仅看作是观念。信仰什么？就是信仰“上帝”的存在，不是信仰“上帝”的一个观念。对一个信仰者来说，我们不可能设想他相信这个观念，而这个观念不是实在的。既然信仰已经包括了它是真的、是有的、是存在的，不言而喻，是自明真理。

高尼罗关于海岛的驳斥，不能从道理上来说服安瑟伦这种坚持

“上帝存在”的命题。安瑟伦关于“上帝”本体论的证明，不是一般人所认为的由思想来证明存在，他是从思想、从观念推论出“上帝”存在，而从实质上说，他是从信仰来证明存在。思想证明存在、信仰证明存在都是从思想方面出发的，但还是有区别。因为从信仰者来看，可以接受安瑟伦这样的证明，不信仰者就不能接受。如果一种逻辑的推理不能让所有的人都能接受，它的有效性就受到限制。上帝存在本体论的证明，是以论证作为外衣来证明信仰的真实性，“上帝存在”这个命题，结论已经包含在前提中，前提已经包含着结论。这种证明遇到了困难，只能说服已经信仰的人，而不能说服未曾信仰的人。

后来，中世纪的哲学进一步有所发展。

托马斯·阿奎那（Thomas Aquinas，1225—1274年，稍晚于南宋的朱熹）企图纠正安瑟伦的困难，他在表面上把哲学与神学加以区别，“神学走启示的道路，而哲学走理性的道路”。他不以本体论来证明“上帝”的存在，他说：“上帝的存在与上帝的本质是一回事，不可分割，人类无法认识上帝，人的理智也不能够认识上帝的本质，人类对上帝也没有一种适当的观念来表达。人们虽然可以知道上帝的存在，也可以证明上帝的存在，但是人们只能从结果推出它的原因来，而不能直接去认识它。”他根据亚里士多德哲学思维的纲，一层层往上推：要构成一个事物，有它的质料、有它的形式，万物有高低上下的层次，下一级的形式是高一级的质料，再一次一次地推，推到最高的形式，没有一种质料与它相当。推到最后，就推知“上帝”的存在。从结果来推到最后的原因。从“上帝”的创造物来推知“上帝”的存在，它就避免从观念来推论

“上帝”，而从社会、万物、人类、自然界的各种现象，最后来推出“上帝”的存在。这种证明的方式，比第一个时期安瑟伦的论证在技巧上有所前进。这种“上帝存在”的证明，一直到现在还有影响，不过变了个方式。哲学上前些年流行的新托马斯主义也是讲存在问题，不过方式更巧妙了，更细致了，这个不在这里谈它。

在这个问题上，我们可以看到中世纪，不管在中国或在欧洲，它所关心的问题都是神的问题，都是在不同社会历史条件下来论证“上帝”的存在、“神”的存在是唯一的、最高的、最可信的、最真实的，而且都企图证明，“上帝”的存在不是靠理性思维所能解决的，而是靠信仰、信念。这种信仰主义的后果，引起了蒙昧主义。它不要求分析什么，问个为什么；不是要人们懂，而是要人们信；不要求问一个是非，不要求人们向这个方向进行思维活动，而要求人们信仰是否坚定，对“上帝”是否虔诚。这种危害很大。在中世纪的异教裁判所，对那种怀疑宗教教条的人给以很严厉的惩罚，有的用火烧死。火烧有两种，一种是架上柴火烧死，一种是用火烤死。现在还留存的一些中世纪绘画，画面上可看到裁判所房梁上倒吊着好多人，对异教徒进行残酷的折磨。天文学家创“地动说”被烧死，这是不稀罕的。

在中国有无类似的情况？同样有。中国的自然科学本来很发达，就是有了儒教以后限制了科学的发展。到明朝后，开始落后于世界，这与中世纪提倡信仰主义有关。信仰主义必然导致蒙昧主义。蒙昧主义对科学、哲学、唯物论、无神论都有限制。对于这种影响决不能低估。回顾一下，我们亲身经历的“十年动乱”时期，报刊上常常可以看到“理解的要执行，不理解的也要执行”，要人们“三忠于”、跳“忠字舞”、“四无限”那一套都是信仰主义。可见，中世纪信仰主义的流毒，在社会主义时期还起作用。我们对中世纪的信仰主义所散布的蒙昧主义不能低估。我们今天要反对资本主义的腐朽思想，同时对封建主义的残余势力更不可低估，像信仰主义就是封建主义残余在思想中的表现。

西方近代进入资本主义社会后，封建主义思想有了改变。这里可以看到哲学从神学中逐步摆脱出来的过程。“上帝存在”这个命题是神学的命题，哲学本不应解答这个问题。哲学所要解决的是思维与存在的关系问题。对思维与存在的关系，认识的深度是逐步发展的。“上帝”存在不存在、天人关系是宗教学的问题。学习欧洲哲学史，可以发现每个哲学家的哲学内容都讲到“上帝”这个问题，都提出“上帝”的管辖范围，提到“上帝”存在与否。这就说明哲学要从宗教神学中摆脱出来很不容易，不但资产阶级哲学家不能很好地摆脱神学的影响，就连无产阶级革命家、哲学家马克思和恩格斯的著作也一再提醒人们，革命也要革神学的命，对宗教神学的批判是一切批判的前提，对中世纪神学思想的影响，摆脱得越彻底，无产阶级革命的前途越广。反过来，对中世纪神学的批判不够，无产阶级革命也不能顺顺当当地开展。无产阶级革命家尚且是这样看，那么阶级局限性很多的资产阶级，我们更不能要求他能够彻底地摆脱神学的影响。有些进步的唯物主义倾向的或唯物主义思想很多的哲学家们也不能彻底地与神学划清界限。如法国理性主义代表人物笛卡尔，他是哲学家，但他的哲学也未能摆脱宗教的束缚。他提出知识大体可分作三类：第一类，像基督降世为人、“上帝”（圣灵、圣父、圣子）“三位一体”这类问题，只能相信它，不能用别的办法来论证、说明它。笛卡尔说过，哲学家要遵守国家的法律，也要遵守从青少年时期所受过的那些宗教训练、宗教影响、宗教观念。对社会上已经承认的、形成习惯的势力要服从，要随顺它。第二类，关于“上帝”的存在，以及心物的关系。第三类，不属于信仰，仅仅属于理性，这就是哲学的范围。第三类问题不能从第一类的那个问题、从《圣经》中找答案，不能从传统的知识中去找答案，如果那样做，就是滥用《圣经》。第三类问题只能用哲学的方法，思辨的、逻辑的、推理的、理性的方法来解决。这些划分的办法，可以看出一个哲学家怎样力图从神学的束缚中解脱出来，走向哲学。他承认有一部分知识、有一些问题是神学问题，只能信仰，不能推论，不能用逻辑论证。那么第二类问题，在笛卡尔看来，心物问题、“上帝”的问题是介乎两者之间，哲学与神学二者交界的地方，好像是哲学与宗教两大领域的游击区。如果哲学能讲得好、讲得彻底、做得充分，说明的问题就多一些；反过来，如果是没有做得充分，神学的力量就大一些。

笛卡尔还对宗教做了让步。他说，第一类问题只能用信仰解决问题，也不能把它看成与理性相对立。关于信仰问题，笛卡尔也不主张与理性相冲突、相对立。就是“上帝”的问题、宗教的问题，笛卡尔不认为是反理性的。他认为理性优越于信仰，这点与安瑟伦不一样。安瑟伦认为信仰优越于理性。笛卡尔说：“人之所以为人，就在于他有理性。”他说：“只要是个人，他就有理性，但不能说只要是个人，就一定信仰宗教。理性对人来说，更有普遍性，人是理性的动物，但不能说人是宗教的动物。支配理性的不是信仰，相反，理性可以支配信仰。”他还认为：“自然律根本不允许任何的事情违反《圣经》上的教训。”有的哲学史家对他这个话做了解释，说笛卡尔那个时期，他不敢公开反对《圣经》上的教训，他主观上的意思，还是在于论证《圣经》的权威性也要符合自然律，《圣经》的权威性要建立在自然律的基础上。这两个不违反，不是自然律不违反《圣经》，而是《圣经》不违反自然律。这都说明资产阶级早期要从中世纪神学中摆脱出来，有它的软弱性，在理论上必须做些让步。他也不敢不给“上帝”保留一定位置。他认为，“上帝”这个观念不是来自感官，感官不能感知“上帝”，包括眼睛不能代替听觉、耳朵不能代替嗅觉，人的感官也不能感知“上帝”。“上帝”应该作为理性的对象来看待，纯粹的理智不一定能够感到，但它的存在，也用不着靠形象来帮助。但是“上帝”的观念也是有的，也不是完全强加的。这都说明哲学对宗教做出了让步。

欧洲哲学史更进一步地发展到康德时期。康德从根本上判定了一个势力范围，他说人类对现实社会客观世界的认识，要靠理性，人通过科学分析方法，通过对自然规律的探讨，可以认识世界。比笛卡尔时期哲学上认识的深度有所前进。但是，康德又指出，人类的理性有它的极限，限度以内的事情，理性完全能解决；限度以外的部分，理性无能为力。极限外的存在，康德称之为“物自身”“物自体”。这种存在，在理论上说，不能说它“有”，也不能说它“无”。这两个比较起来，宁可说它“有”，不能说它“无”。这个管辖的范围就是宗教。这个管辖的范围比笛卡尔时期有所缩小。他还提到，“上帝”的存在，唯一可以让人感觉它的确存在，在于给人以感情上的满足，使人的精神有所寄托。只有宗教、神学、“上帝”能给人这种满足。在这种意义上看，康德哲学扩大了哲学管辖的范围，扩大了理性活动的范围，但也给宗教保留了地盘。人类感情的寄托、精神上的安慰，哲学无能为力，只有靠神学、靠“上帝”。从哲学上的变化也可看出宗教管辖范围的变化，它反映资产阶级的力量逐渐壮大，代表中世纪封建思想的影响逐渐缩小这是从康德这边来看。德国资产阶级受中世纪旧的封建势力影响较大，德国资产阶级化比较晚，在英、法、德三国来看，工业化的道路，产业革命以后的影响，德国起步较迟，所以对宗教的让步，看得出很明显。18世纪，法国资产阶级力量比较大，法国唯物论不再像德国那样、康德那样保留地盘。他们根本不承认“上帝”的存在，而且认为“上帝”的存在是虚幻的，是创造出来的，是骗人的。

宗教观念的变化、发展，受民族特点的制约、受地区文化特点的制约。宗教思想反映了不同民族、不同地区、不同文化的传统。宗教神学讲的是“上帝”的事情，实际上还是讲的社会，讲的当前。同时也要看到宗教之所以为宗教，它的共同的地方，是宗教与科学、哲学有斗争、有矛盾、有冲突。从意识形态上、哲学史上、宗教史上看，这种矛盾、冲突也反映了人类认识深化、进步的过程。不管是哪种形式的宗教，总的来说，与哲学、科学的斗争、相互影响中促进了认识的深化，促进了社会的前进。社会的进步，科学的进步，逼迫宗教改变它的方式，改变它的形态。但是，它不肯轻易退出历史舞台，变着方法、变换形态来适应新情况，来保存自己。因此，我们不能说宗教很容易从人的思想中退出或消失。因为人类认识的局限性很多。一般讲到宗教的发生发展的根源，习惯的说法有两种根源：一种是认识论的根源，一种是社会的根源。认识论根源是对自然规律不了解。再进一步看，不能简单地说，认识论的根源就限于对自然的认识，还应该包括对人生活的现实社会的认识。对现实社会认识的不理解也是宗教存在的认识论根源。认识论根源看来是长期的。

有人对自然科学家也信神、也信仰宗教不理解，好像自然科学家信宗教就没有认识论根源，好像自然科学家是先天的唯物论者、无神论者。因为世界上的事物太复杂，社会现象更难认识清楚，不能仅仅看作是人类对自然界的规律不理解才产生宗教。事实上，对社会、对人、对人类自己不理解，也会产生宗教，提供宗教滋生的土壤。对宗教学的研究，不应仅仅看作是研究的一种社会现象，也要看到我们研究宗教，也是研究人类认识世界的过程。人类信宗教，体现了人类认识社会的深度、广度包括的范围。宗教本身是以信仰为基础，必然导致蒙昧主义。宗教产生的动力促进它继续活动，有它愚昧、反科学的一面，同时也有它在认识过程中走弯路的一面。许多研究宗教的著作或者许多研究宗教的人在这一点上认识不足、重视不够。我们一方面要看到宗教是社会现象，同时也要看到它本身反映了人类认识社会或者认识自己命运的过程，他要掌握自己的命运又掌握不了，就在这个矛盾中间曲折地前进。我们不能够把宗教仅仅等同于迷信，它有迷信成分，因为信仰本身包括迷信在内。所以，产生这种信仰，不完全是迷信，还有认识论的根源。人们要认识世界，要了解世界，但是走到岔路上去了，这要加以区别。

十九、本体论的证明（续）

最早由安瑟伦提出的关于“上帝存在”的本体论的问题，笛卡尔有所发展。笛卡尔是大陆理性主义代表之一。他标榜理性是第一位，一切服从理性，人生的要义在于培养理性、发展理性。理性在他的哲学体系里占有极重要的地位。

笛卡尔把世界上的问题分为三大类：第一，信仰。基督降生于世间，西方传为“三位一体”。第二，与信仰有关，但可用理性来进行考察。如“上帝存在”的问题、心物的区别问题。第三，不属于信仰，完全属于理性。如属于化学、物理学家范围的问题。第一类问题，笛卡尔认为，如用《圣经》来处理，就会降低《圣经》的权威性。关于第二类问题，哲学可以帮助解决。第三类也应用理性来解决。在笛卡尔看来，理性可以解决一切问题，不论是信仰的或科学的问题。人之所以为人，在于有理性。他认为，人一生下来就是有理性的动物，但人生下来并不一定是基督教徒。教徒的资格是后来才取得的。理性和信仰相比较，支配理性的不是信仰，相反，支配信仰的是理性。信仰的基础是理性。理性是以自己为基础。当时教会还有一定的势力，教会神学有一定的影响。笛卡尔机智地来阐明自己的哲学观点，他没有触动《圣经》的权威性，同时又维护了理性主义的哲学观点。

笛卡尔说，对于“上帝”的观念不来自感官，不是想象来的。

如果来自感官，就等于用眼、耳去视、听。“上帝”是纯粹的理智的对象，不是具体的对象。理解作用于感官上，就得到感觉、认识；理解作用于想象上，得到的是想象。不用感官、想象，而用纯粹的理解，就能得到“上帝”的观念，是用纯粹思想获得的。“上帝”不用具体形象帮忙，就可得到“上帝”的观念。

可见笛卡尔把理性提到如此的高度。笛卡尔不是给“上帝”的存在以地位，他的论证比安瑟伦的论证更细致、更富哲理性。上帝的观念不是外在的，而来自内在，也不是任意虚构的。“上帝”不是高尼罗驳斥安瑟伦所举的完美无缺的仙岛，人对“上帝”不能增加些什么，如能增加就是说“上帝”还有所不足；人对“上帝”也不能减少些什么，如要减少，“上帝”就有赘疣。“上帝”是完满的，不须增减。人对“上帝”的观念，都有潜在的能力，就像人有数学的观念一样，只要经过启发就能恍然大悟，就好像引起回忆一样，契合无间。第二性的知识、颜色、声音也是先天的，许多先天的观念（潜伏人心中）之中，以“上帝”的观念为最根本。它不来自图像，自身就清楚明白。笛卡尔的名言就是说，清楚明白，向内反省就能认识它自己，具体的感官印象有时会得到不明白的结果。“上帝”的观念是内在的，似曾相识，可以回忆起来。人的生活中第一个观念就是“上帝”。对“上帝”的观念是无限的、永恒的、独立的、全知全能的，能创造它之外的一切实体。“上帝”这个无限，是不能包举的无限，无法完全把握它。理由：一是人的理智是有限的，有限的理智不能把握无限的“上帝”。二是无限本身就是不能完全包举的，能包举的就不是无限。人类对无限的观念只能用无限来表示，数学中的无限大，无论增加多少都不能使无限增值，人类对无限只能推论。静止是从动中推断出的，黑暗是从光明推断出来的。现实生活中可以从看得见的部分推论看不见的部分，唯独无限有其特点，不是很多有限加起来的总和，多少有限加起来也不等于无限。“上帝”是最高的“有”（存在），没有这个最高的“有”，就无法知道我有希望。必须先有“有”的观念，才能知道缺少、欠缺什么。笛卡尔对无限的了解是消极的，“上帝”本身的无限是积极的，永远了解不完。如遥望大海，水天无际，看不清楚，认识不完，但可以通过近海的认识，逐渐扩大到对遥远海域的认识。对“上帝”的认识也是如此。笛卡尔有个三段论的公式证明“上帝存在”：

大前提：凡是我们清楚了解的属于任何一个东西的本性，就可以真正肯定那个东西的样子。

小前提：“存在”确实属于“上帝”的本性。

结论：所以真正肯定“上帝”是存在的。

“上帝”的本性是永恒的、客观的、不变的，不是“我”发明的，而是本来就如此。正如三角形三内角之和等于两个直角，大的角对着长的边。三角形内角之和等于两直角就是它的本性，是客观的、不变的。人是一种有理性的动物，理性就是人的本性。可分性是任何物体的本性，不可分就不是物体的本性。“存在”属于“上帝”的本性，反过来，“不存在”就不是“上帝”。笛卡尔论证的着眼点在于，凡是“我”意识到的，包含在本性之中的，都可成为事物的宾词。

小前提是本体论的核心，“存在”确乎是“上帝”的本性。某个具体的三角形不一定存在，但这个关于三角形的定义还是存在的、正确的。人是理性的动物，理性是人的本性，理性和人能不能分开？“上帝”的存在和“上帝”的本性能不能分开？事实上，三角形、人与上帝的本性与它们的存在都是同时的，不能分开。“存在”是“上帝”本质的一部分，照笛卡尔的逻辑，“上帝”与“存在”是等同的。而“某个”三角形并不等于它的存在，因为某个具体的三角形是有限的，而“上帝”是无限的，“上帝”就是“存在”。他证明说，“上帝”是无限的，是由它自己的力量而存在，“上帝”自己的存在就是它存在的原因。笛卡尔把它称为“有效因”。日常生活中，因果关系，在前者引起后者，则前者是因，后者是果，这就是“有效因”。在时间上，一般说来，原因在结果之前，实际上时间上也有颠倒的，如鸡叫与天明，但不能说鸡叫是天明的因，是天将明才促使鸡叫。这都是“有效因”。“上帝”存在不能以日常生活的经验来说明，“上帝”自己的存在就是它的原因。还可以发挥一下，不能像“有效因”那样有一个因引起果，有前面的因引起后面的果，不能说有一个前面的“上帝”引起后面的“上帝”。对“上帝”来说，不能说它曾经不存在过，如果如此看，等于说“上帝”曾有过不存在的阶段。但从时间上看，“上帝”是永恒的存在。

笛卡尔关于“上帝”的存在的论证，发展了安瑟伦的论证。安瑟伦认为“上帝”是最圆满的、完美无缺的，所以它存在。安瑟伦没有从逻辑上来考察“上帝”，只是从信仰出发，安瑟伦说反对“上帝”存在就是知道“上帝”存在，反对这个行动的本身就证明“上帝”存在，因为不会反对不存在的东西，既不存在反对它干什么？这受到高尼罗的反驳，安瑟伦的证明没有逻辑力量。

笛卡尔从必然性上做文章，从宗教信仰方面的证明，走向了逻辑推理的证明。笛卡尔还有不同于安瑟伦的一方面，这是更重要的一方面。在安瑟伦的证明中，从信仰推论出“上帝”的存在尽管在中世纪教会神学中占主导地位，宗教需要哲学为它服务，但是安瑟伦所处的中世纪时期不需要很多哲学，他的论证虽然经不起推敲，但也用不着逻辑推敲来帮助。笛卡尔用的方法与中世纪不一样，由推理证明“上帝”的存在，让理性起作用。安瑟伦处在充满神学的时代，没有感到证明上帝有多少困难。笛卡尔所处的时代，不同于神学笼罩一切的中世纪，科学有了发展，他要避免安瑟伦所受到的批评。笛卡尔的证明是这样的：凡是清楚的，凡是属于它本性的，就存在。这过渡到“上帝”的存在。笛卡尔的证明的大前提，例如三角形三内角之和等于两个直角，这必须有这样的三角形存在才有意义。在笛卡尔的哲学中，“有”（存在）有两重意义：一是思想上、观念上的“有”；二是真正的、客观的“有”。好比真正存在的三角形与观念上的三角形。只有三角形的观念，前面的命题也是正确的。要害在于“上帝”存在的问题，“存在”是“上帝”的本性，所以“上帝”存在，这个“上帝”一定是个“有”。如何有呢？因为“上帝”不同于某一个三角形，某个三角形是个具体事物，不是无限，而“上帝”是无限，具有普遍性。笛卡尔证明“上帝”的存在，说它是个“有”，不能是观念上的、思想上的“有”。笛卡尔的目的不是证明人们有一个“上帝”的观念，证明这个观念存在，他的意图是要通过逻辑论证，证明有一个客观的、独立于思想之外的“上帝”，这个“上帝”恰恰是需要证明的那个东西。可是照笛卡尔以上的讲法，只能得出有“上帝”的观念的存在，不能证明“上帝”本身是一个客观的存在的实体。我们也清楚看到笛卡尔不在于肯定“上帝”的观念的存在，观念并不是独立于我们思想之外的客观实体，笛卡尔的目的在于论证和肯定“上帝”实体的存在。笛卡尔的小前提说的属于“上帝”的本性，这个“上帝”实际上是指的“上帝”的观念，是最圆满的“有”的观念。而他的结论是“上帝”作为实体的存在，实体的“有”。笛卡尔是有名的哲学家、数学家，在这里，他犯了逻辑上的错误。这个“有”有两个意义：观念的“有”，实体的“有”。讲到“有”，大前提的“有”与小前提的“有”弄混乱了，两者不是讲的一个东西。他先假定了他所要证明的东西，他的大前提不一定错，但结论却背离了他的大前提。笛卡尔的“上帝”存在的必然性就决定了他的结论。笛卡尔的失误与其说是逻辑的，毋宁说是他的宗教信仰干扰了他的逻辑推理，不知不觉地以结论作为前提，再来证明企图得到的结论。

本体论证明本身说明一个哲学家要从中世纪神学的束缚中摆脱出来很不容易，要费很大的力气。这三段论的本身表明他没有从神学影响下摆脱出来，理性主义从信仰主义中取得自由还需要一步一步的努力。笛卡尔毕竟不同于安瑟伦，他要通过哲学、思辨、逻辑推论方式来证明“上帝”存在，企图以理性说明“上帝”存在，以理性来考察宇宙，但因为历史的局限性，他比安瑟伦有前进；对后来的哲学家来说，他是中间的一个环节。从这里可以看出，宗教问题也反映了人类认识世界的过程。

在这个问题的基础上，再向前看，可以看到天人关系自始至终贯彻了宗教问题。直到今天，除马克思主义哲学，一切哲学流派都未能正确对待天人关系。宗教与哲学在天人关系上都交叉影响。唯心主义哲学家在天人关系上给宗教留下地盘，宗教力求扩大它的地盘，唯物主义哲学和无神论思想则从神学方面争取地盘。

二十、关于证明“上帝”存在在理论上的终结

关于“上帝”存在的本体论的证明，经过安瑟伦、笛卡尔有了发展，但还未能解决这个问题。德国哲学家康德在《纯粹理性批判》中提到，过去欧洲流行的几种证明“上帝”存在的论证，并一一加以反驳，证明其不能成立。康德的这个反驳，在哲学史上，有人说是摧毁性的反驳，从此以后再无人企图以论证的方式来证明“上帝”的存在。

本体论证明“上帝”存在，特点是在分析思想中“上帝”的观念，证明有一种与观念内容完全符合的现象，从而证明“上帝”实际是存在。本来“符合说”是哲学史上讲真理论的一派的主张，它要证明与结论是否相符合，认识的真理是否与实际相符合，符合的就是真理。

从哲学史中可以看出全部哲学就是讲思维与存在的关系，从思维过渡到存在的过程。不同学派、不同学说对此都有所论证。以前讲过，高尼罗说过“完美的岛”与“完美岛”的观念不是一回事，怎么从“完美岛”的观念过渡到“完美的岛”是两回事。洛克、休谟的认识论偏重于思维的经验方面，不涉及对象、存在的问题，不存在客观有个东西被你认识。从思维去证明存在，首先的原则，必须承认思维不等于存在，如果相等，就不须证明。从康德开始，十

分注意思维与存在的关系，他是讲得最清楚、最认真、最周到的一个古典哲学家。他把思维对知识的构成的重要性提到极端重要的地位。他比任何一个哲学家都更坚决地肯定有一个独立于思维之外的存在，即“物自身”“物自体”，他在思维与存在两个方面都给以充分的认识，给以足够的地位。他坚决地肯定有独立于意识之外的“物自体”，并相信知识的内容、材料必须来自感觉，“物自身”永远不能被感知。他又提出，人的知性是间接的，人没有直观的知性。知性的对象不是知性者所创造的，而是从外面来的。直观是直接的，是被动的，是感性所接受的。他以极大的努力把思维与存在尖锐对立起来。现象是可感知的对象，“物自身”是不可感知的对象，对思维与存在的关系达到这样的认识，在哲学史上是空前的。17世纪的笛卡尔，不区别“现象”与“物自身”。经验主义者承认“现象”，不承认有“物自身”。那些哲学家的认识论是一层的，不是两层的。康德说人有关于“上帝”的想法，这种想法是来自理性的理念，不是真正感觉到的。关于“上帝”的观念，他认为感性和知性都对它无能为力，那不是生活经验中所能得到的一个对象。这个观念怎么出现的，只能归到理性的范围内，这种归类的方法是不得已的方法。康德说“上帝”是理念，并不在于说明它的先天性，而在于说明它是超经验性，是感官经验不能给“上帝”以相应的对象。人类的认识必须借助于认识的工具，即范畴（因果、质量等）形式，可是“上帝”这个观念不受范畴的管辖，不能说明“上帝”，认识的工具对“上帝”的存在无效。“上帝”只是理性的形式，它是离开个体实在很遥远的、出于理性的理念。比如说“上帝”是无限的、全知全能的、完美无缺的等等，这些，人类认识无法达到，也永远达不到。所以，在康德的理性的管辖范围内，“上帝”无立足之地。“上帝”只是想象中的“理型”，是最高的标准，不是一个个体的实在。所以，康德对本体论证明提出了反驳。

康德说，假定有了对“上帝”的想法或观念，又假定这个想法里包括存在，那么就只能说“上帝”是存在，而不能说“上帝”是不存在，否则就自相矛盾。在逻辑上说，肯定了主词，无法否定这个主词所包含的宾词，那么“上帝”存在的判断是必然的。这里有个问题：如果主词本身不被承认，那么主词中所包含的宾词也就连带的被否认掉。比如，肯定有“上帝”，“上帝”是存在的；如果没有“上帝”，那么“上帝”的概念中包含的全知全能、永恒的特点、属性也就连带地被否定。为了保证主词不被否定，主张本体论证明的人唯一的办法，就只能说有些主词不能被否定，这种办法不是理性主义所允许的，它是带有独断性的。这里有个逻辑困难：如果说有的主词不能被取消，或者说有一些没有被取消的主词，那就是有一种绝对的、必然的主词，而这恰恰又是主张“上帝”本体论的人所要努力证明的结论。主张“上帝”存在的人提出，最实在的“有”的概念——“上帝”，这之中包含了最实在的内容，从命题本身来说不矛盾。因为不矛盾，所以说“上帝”存在。他们所谓“一切实在”就包含存在，因此，存在就包含在“上帝”的概念中。反过来说，这个东西不存在，就取消了其中包含实在的可能性，它的内容、属性就没有了，这就遇到逻辑的困难。先确定存在的可能性，结果又取消存在的可能性，陷入自相矛盾。所以不能说“上帝”不存在。那些主张“上帝”存在的人，为了不自相矛盾，就只能说“上帝”存在。康德指出，以上主张“上帝”存在的论据，有两个困难无法解决：第一，一个概念没有矛盾，并不能保证它必然存在。“有”这个概念相当的对象——存在，是可能的。对象存在不存在要看它符合不符合经验的原则，而不是看它本身是不是矛盾。不能从概念的逻辑上的可能性来推论出这个东西的实在性。逻辑上不矛盾，还不能证明它实际存在。第二，一个东西，主观上想它是可能的，又把存在概念加到这个概念中去，本身已经是个矛盾。“上帝”是个可能的东西，它存在。这个判断是分析判断，宾词的概念已包含在主词之中，没有提供新的内容。肯定存在并不能给这个东西增加新内容。有了这个东西的思想，不等于就有了这个东西。本体论证明的错误的根源在于把“存在”当作“实在”的宾词，实际上“存在”不是“实在”的宾词，“存在”与“实在”要加以区别，不能等同。康德说“实在”这个宾词可以加到主词的概念上去，是把主词的概念扩大的一种宾词，而“存在”不是“实在”的宾词，不可能加到一个东西的概念上去。如果说“上帝”存在，我们没有给“上帝”这个概念加上新的内容，只是肯定主词，而实在的“上帝”则不一样，它有全知全能、永恒等内容，与概念中的存在不能画等号。按道理说，实在的“上帝”与概念中的“上帝”，实质和内容应是一样的，如果实在的东西多于想象的东西，那就不是我们所想象的东西，那就不是“上帝”的存在，而是另外的东西的存在。例如，一朵花是红色；另一命题，一朵花是存在的。前一命题的主词不包括宾词，一朵花不包括红色，它分析不出红来。判定一朵花是红的，其中有了新的内容，“红”（宾词）不包含在“一朵花”（主词）中。说一朵花是存在的，宾词已包含在主词之中，宾词没有给主词增加新的东西。

既然“存在”不是“实在”的宾词，我们说一个东西存在，就不能使主词（存在）这个概念增加新的东西。存在不能用来表示一种性质，存在与性质是两回事。说桌子存在，这个命题中不提供它的长短、大小、轻重，分析不出颜色、重量、形状等，不能给人一种新的知识，仅仅证明它存在。如果证明上帝存在，仅仅是命题上的存在，上帝有何属性，无法从这个命题上得到，后来的人给上帝加的全知全能、永恒等种种美德，这么丰富的结论，在上帝存在的命题中得不出来。本体论证明的错误在于：把存在包含在上帝的概念内，想象成很完美、最高尚、最优越的存在。这种存在，仍然是一个需要证明的命题，它的性质是否有，正是需要得到证明的结论，而不是现成拿来的结论。仅空洞地说上帝存在，对上帝的性质、作用以及人对上帝的理解毫无价值。这些主张“上帝”存在的人，把上帝应该存在当作“上帝”实际存在。从概念上看“上帝”存在毫无问题。康德指出，仅仅从概念证明“上帝”存在，恰恰是困难所在。不是没有问题，而是大有问题。康德的哲学体系认为，一个东西的存在，只有离开它的概念仍然存在，这种存在才是真实的、可靠的。如果仅仅是概念上的存在，这种存在就无意义。康德把思维与存在划分得很清楚，正因为划得清楚，这才给“上帝”本体论以致命的批判。康德举例说，一个盒子中装几个苹果，证明其有无，是用逻辑论证，还是打开盒子看一看？打开一看就不需要用逻辑来论证。他又说，打开看的办法，在生活经验中是有用的，可是这个办法不能应用于“上帝”，用实践不能检验“上帝”的存在。如果“上帝”是存在的话，那是经验范围以外的事，是超越经验的可能性、经验的限度的。人的认识有限度、人的经验有限度，凡是证明

“上帝”存在的说法，都没有事实做根据。所以不能说“上帝”存在是可能的，但反过来，也不能说“上帝”存在是不可能的，这也要通过认识过程来证明。而“上帝”的存在又不像检查盒子里有几个苹果那样，可以通过经验认识、科学实践来证明它绝对不可能。康德的体系中，“上帝”存在这个命题是永远不能证明、无法证实的假设。最后表明本体论证明“上帝”存在，只能在概念上证明“上帝”存在，而这个概念是人给加上的种种属性、内容（美德），实际上不可能证明“上帝”具有这些属性（美德）。从此以后，对“上帝”的证明就再也引不起学者的兴趣了。中世纪以来，宗教学者用种种办法，企图从逻辑上证明“上帝”存在，他们的努力被宣告无效，可是并不能使信仰“上帝”的人死了这条心，这些人的行动背后有一种推动的力量，因为他们需要“上帝”存在。

从以上讲的几个学派中可以看到，最早安瑟伦以信仰为基础，随着资产阶级的壮大，对中世纪的教条有所突破，以理性来证明“上帝”的存在，如笛卡尔，这种努力也不成功。人类认识不断深入，哲学向前发展，康德又进了一步，用理性方法、逻辑论证，证明“上帝”存在是不可能的，宣判了证明“上帝”存在是徒劳无用的。最后，由于需要“上帝”存在，又回到信仰上去。所以康德提出，只有信仰才是最有力的“上帝”存在的说明。只有信仰，它才不需要证明。如果说信仰一个东西又不承认它的存在，这是不可想象的，所以说“上帝”的存在是信仰中的存在，不能说是真实的、实际的存在。“上帝”不是认识的对象，知识、知性、理性，对“上帝”用不上，这些都是经验世界中的、超经验的部分，理性、知性管辖不到。只有信仰才能在超经验领域中通行无阻。它不需要证明，因为它是自明；它不需要推理，因为它本身就是最后的真理。

康德把“自由”“不朽”“上帝”这三个东西看作三个公设（最带普遍性的公设），这三个中，后两个与前一个自由有区别。“自由”属道德范畴，有社会意义。后两个有神学的意义，不是一类。这三大公设中，把“上帝”从人类的感性、知性、理性中排除出去。但把它排除出去，不等于“上帝”不存在，而是把“上帝”的存在放于信仰中，指出“上帝”的作用是存在的。

“上帝”存在的问题，实际上反映了欧洲资产阶级反对封建主义的过程。因为欧洲中世纪有时政教合一的宗教与政治结合得比较紧，一些启蒙思想家为了反封建主义，推动资本主义思想发展，所以对“上帝”提出了怀疑。对“上帝”的怀疑就是对封建主义的冲击。在封建主义下面，个人没有地位。中国与欧洲一样。为什么提出自由平等？是争个人的解放。在神学问题的争辩中，实质上体现了个人解放的要求。康德提出应该有“道德的神学”，而不赞成有“神学的道德”，这里重点不一样。有“道德的神学”，是一个人要服从道德的律令，道德律令是自觉的，应该这么做。怕“上帝”的赏罚而去做是屈从于教条，而不是服从道德的律令。如果说“上帝”的存在只能通过人的行为、道德的律令来加以证明，人做好事就好像在“上帝”监督下让他去做。道德是自我律令，一事当前，该做不该做不是法律的规定，是自己管自己，自觉地去做。“上帝”也应该是自我立法的存在，所以从康德开始把“上帝”加上道德的属性。康德在《实践理性批判》中说：“在我头上是灿烂的星空，道德律令在我心中。”这句话刻在康德的墓碑上。康德坚定地维护宗教，他一方面教人放弃证明“上帝”存在；同时，又提出“上帝”也不可能被人证明不存在。他还说基督教与最纯粹的实践理性相结合完全是可能的。《圣经》上有些神话不可信也不必信，对《圣经》要从道德观点上来解释，要发掘《圣经》中普遍的有效性的、理性主义的部分。如果把信仰放在道德之上，用信仰指导道德，他认为不算作迷信。如果把道德充实到信仰中去，道德的律令指导宗教行为，这种宗教还是需要的。康德自己不上教堂，也反对有人格的神，反对神人同形，也反对“上帝”作为实体，反对宗教教导人绝对服从，反对宗教提倡权威。在这个意义下，说明德国资产阶级有企图从中世纪教会神学束缚中解放出来的倾向。哲学希望从宗教中争得更多的自由。康德从另一方面又反对无神论和泛神论，他提出如不承认理性的信仰，给信仰以新的解释，就会让一些人走向无神论或一些人走到迷信中去。

我们从西方哲学史上看宗教与哲学的关系，可以发现哲学力图摆脱宗教的束缚，这一点东方与西方有共同性。作为一个规律来看，人类认识史上，必须经过这个过程，要求从宗教神权的束缚中解脱出来。通过三大实践，人逐渐发现认识自己的地位。这又回到宗教学中的天人关系问题上来，人的地位逐渐被认识，人逐渐从“天”（神）的管辖下争取自由、解放自己。人的地位从神的附属品中摆脱出来，变为自觉的人、自由的人。人发现了人的自由，这是个漫长的过程。最早的时候，人离不开宗教，后来逐渐从宗教中摆脱出来，人对世界认识更清醒了，也认识了人自己的地位。这里只勾画出一个大致的发展趋势。直到现在，人类还没有真正摆脱宗教，认识自己。我们说人类对自然界（对物质世界）的了解较多，对人与人的关系的了解很少，人对自身认识也很不够，有好多东西对人还是个未知数。这种情况就为宗教提供活动的地盘。有人提出科学这么发达，为什么宗教不但未减少，有些地方还滋长。这种疑问不难解释。因为世界的复杂性远远未被人充分认识，了解得很少，神学就乘虚而入。在人类认识史上，和哲学争地盘的最大对手就是宗教神学，它可以变换口号、改变形式，但它总的目的，不是引导人实事求是地认识世界和改变世界，而是反对正确认识世界，不赞成改变世界；主张维持现状，反对变革。这种精神是一切宗教历来共同遵奉的传统。宗教与唯心主义配合起来对抗实事求是认识论的道路。因此，我们必须清醒地从世界观上认识宗教的本质。我们绝不是说要消灭或打倒或代替宗教，这种口号是主观的空想。为了把人类引向文明，反对愚昧，取消蒙昧，必须要实事求是地对待世界、对待社会，这种态度就是历史唯物主义。我们宪法制定的宗教信仰自由政策，是以历史唯物主义为根据制定的。在我们的国家里，从来不强迫人去信仰什么或不信仰什么，宗教信仰是个人的私事。

从当前宗教发展趋势来看，宗教与宗教间趋向融合，吸收其他宗教对自己有用的东西来充实自己、发展自己。宗教与宗教间不是你死我活的斗争，它们联合起来对付科学，反对无神论，对抗唯物史观。宗教自己的教义讲的一套东西都是表面的，不能根据其教义、口号来相信其主张。两次世界大战期间，交战双方的基督徒都祈求“上帝”的保佑，使他们得胜。我们不相信同一的宗教必有同一的思想，真正的一致性还在于它们之间共同的政治、经济利益。今天，我们国家的宗教政策对宗教徒的要求，第一条是爱国，在此前提下才是爱教。使国家富强起来，改善物质生活，这是全国宗教信仰者与非宗教信仰者的共同利益、共同基础。如果忘了这一点，就会陷入各自的教义中或宗教生活习惯中不能自拔，迷失方向。

二十一、道教的宗教世界观和修炼方法

宗教是各式各样的。有些宗教就是不主张“上帝”创造世界。中国道教就是这样的主张。

道教形成于东汉末年三国时期，张陵、张鲁创立，还有于吉。西晋时有王浮、葛玄、陈端。东晋有葛洪。南北朝时北朝有寇谦之，南朝刘宋时有陆修静，梁武帝时有陶弘景。隋唐时期，佛教、道教都很兴盛，道教著名的人物有蔡晃、李荣，这两人与玄奘同时。唐太宗要玄奘译《老子》为梵文送给印度，翻译时玄奘曾与蔡晃有过辩论。唐玄宗时有司马承祯，是陶弘景的三传弟子。从南北朝到唐朝，这时的道教有些发展、变化。南北朝时，道教宣传求仙，认为成仙、长生不死是可能的，配合修炼、服药。从葛洪到陶弘景都积极主张炼丹服药可以成仙。道教利用各种药物，有矿物类的，有植物类的，用药物加以焙制，在身体以外找些辅助性的东西来补充身体的不足。道教称之为“外丹”。刚开始时，道教注重医学，道教著作中有气功、医学、针灸、体育锻炼方面的书。道教相信，既然服药、锻炼可以健身、延年，沿着这一条通路推演开去，把生命无限延长，即长生不死。这种设想是可以理解的。

道教与佛教同时存在，但这两教有很大的不一样。佛教认为人生是苦的，是虚幻不真的，宣传“空”“无”，主张“无生”“涅

槃”。佛教认为身体结构是好多“因缘”凑合的，凑合的“因缘”不存在了，所谓“我”也就不存在了，因而认为“我”和世界都是虚幻的。佛教认为人生是苦，不主张延年长生，向往涅槃，避免轮回。道教以身体是真实的，主张养身，最后以至不死。佛教要求人信教后得到精神解脱；道教主张经过锻炼，服药后长生不死。

南北朝时基本这样，但到了后期，到了隋唐时，道教发现服丹药死得更快，主张外丹要慎重，转向内丹。内丹是精神的修炼、宗教世界观的培养。越到后期，越是转向内心修养。这样就不可避免地与儒教、佛教接近。道教讲究“存思”，或叫作“守意”①，建立心理的训练，教人静坐。司马承祯的《坐忘论》讲，修炼在于修心，修心在于主静，“心者，一身之主，有神之帅。静则生慧，动则成昏”。又说：“学道之初，要须安坐，收心离境，住无所有，不着一物，自入虚无，心乃合道。”“住无所有”，“不着一物”，静坐不要一心想着一个具体的对象。如果一定要把心固定在一个对象上，反被对象束缚住，引起心的精神状态的不安定。要求“心不着物，又得不动”，这样才是真正做到静，真正得到安定。这样训练久了，可以做到心气调和、神清气爽。静坐要防止三种偏向：一是防止盲定，永远切断思维活动，强制想什么、不想什么。二是防止心无所归，浮游状态。三是防止是非，又要区别是非，又不要陷入是非之中，心无判断。头两个是控制感觉活动，第三个是控制思维活动。司马承祯讲，安静存想（想自己的身）或存神（存自己的神），不要跟着外物跑，又不要看不见外物②。从这里

① 此概念来自佛教。

② 见司马承祯：《天隐子》。

可以发现一个值得注意的问题，道教与佛教开始时有区别，后来都是逐渐注重内心修炼的方法，道教称为“炼内心”。这里没有讲到神，存神的“神”不是“上帝”“神仙”的“神”，是指精神状态。道教还相信一种神，这是鬼神的“神”，身体的每个器官都有主管者——“神”。《黄庭经》中提到“神”，“神”不是在身体外，在每个人身体内部都有“神”，六脏都有“神”。“心神”名丹元，字守灵；“肺神”名皓华，字虚成；“肝神”名龙烟，字含明；“肾神”名玄冥，字育婴；“脾神”名常在，字魂亭；“胆神”名龙曜，字威明。“神”在人身体内，人的头部也有“神”，脑、眼、鼻、耳、舌、牙、发都有“神”，把人的身体看作一个小天地。天地的“神”都存在人身体之中。丹田也有“神”，中医认为丹田是肾的根，在人的脐下三寸，这是要害部门，这一观点与道教有关。道教把丹田的“神”看得特别重要，丹田“神”姓孔名丘，字仲尼。道教还有“三尸神”（演义小说中有“三尸神暴跳”的说法，此种观念来源于道教），人身体分为三个大的部分，“上尸”在人的头部，包括眼、耳、鼻、口、牙、眉等。“上尸神”是破坏人头部器官的神，使眼昏花，牙脱落，耳聋，头发脱落。“中尸神”破坏人的脏腑。肺胀、胃弱等是“中尸神”起的危害作用。“下尸神”危害人的肾、腰、脊髓、腿，使人行动不便，腰酸腿疼等。宋真宗时张君房所编《云笈七签》中就谈到破“三尸神”，使它不起作用的办法是“守庚申”。选庚申日彻夕不眠，通过仪式，可以斩掉“下尸神”。再选一庚申日，可破“中尸神”。又选一庚申日，可斩掉“上尸神”。连着三个庚申日，“三尸神”都被斩掉后，可以削去死籍。《西游记》书中讲的是西天取经，是佛教的事，但内容多是道教内容。孙悟空在阎王处削去死籍、修炼、炼丹等都是道教内容。道教对待“神”与其他宗教不一样，承认“神”在身体中，它对付这些“神”的办法，一个是祈祷，一个是斩除。这是中国宗教中有民族特色的。在少数民族地区，在原始宗教中也有类似的地方，它认为有什么神在与人捣乱，一方面要祈祷，求它发慈悲；另一方面还采取积极的斗争办法，去驱逐消灭它。这与养生、锻炼有关系，采取积极的措施。道教的“神”在宇宙中的地位，不是创造万物，与基督教不一样。基督教创世纪中，“上帝”六天创造世界。道教主张天地自造，本来就存在。宇宙万物最基本的概念是“混元”“元气”。葛洪《抱朴子·畅玄篇》说“玄”（“玄”即“元”）是天地自然的始祖，万物的根本，人虽看不见，但人归它管制。天因“玄”才高，地因“玄”才低，天上的云、雨都是“玄”的作用。最早的世界是“二仪（按：指天地）未分，溟滓鸿蒙，未有成形”。世界一开始时，只是一团混沌，说不上形状大小。天地未分，没有日月星辰，这时有盘古真人“得天地之精，自号‘元始天王’”——道教最初的神名。元始天王不是创造宇宙，是在宇宙混沌未分时在里面活动，又经历四劫。“劫”本来是佛教名词，世界从形成到毁灭、再形成，一个周期名“劫”[①]。经历了四次成毁的周期，天地开始分开，天向上，地向下。虽然没有像后来那样清清楚楚有天地，但已开始分化，那时“玄玄太空，无响无声”，下无山河，上无星辰，浑然一体，逐渐分化。又经四劫，天地开始分化了，天地相去有三万六千里，元始天王在天地中心，住

① 道教受佛教影响，接受了佛教“劫”的说法。

在玉京山。中国旧诗词中讲到道教上天朝玉京，就是元始天尊住的地方。这时有了宫殿，以金玉装饰，又经历两劫，生了太元玉女神，生下来就能说话，称为“太元圣母”。太元圣母与元始天王结合，生出“三皇五帝”，这就是道教的创世纪。以后就有人类。这时天是清明的，地是安定的，人类是幸福的。“三皇”指的是天皇、人皇、地皇。天皇有十三个头，统治了三万六千多岁，生地皇。地皇有十一个头，又统治了三万六千多岁，生人皇。人皇有九个头，也统治三万六千多岁。

《隋书·经籍志》载，道经最早记载，元始天尊秉自然之气而生，在元始天尊之前，世界已存在。《经籍志》指出道教讲的“劫”，经过几个劫，然后有什么变化，“劫数”这个说法与佛经略同。又讲“天尊之体长存不灭”，统治时代很长。元始天尊也有年号，有的叫作“延康”“赤明”“龙汉”“开皇”。这些年号间相去四十亿万年。天上的天仙有品级，如太上老君、五方天地等等。《经籍志》道经上讲一切都是“元气”所生，自然而有，未所造作，一切为“元气”所化，“元气”与天尊长存不灭。天地坏一次（劫），道经上讲的道理就不能传了。劫运过去后，就出现了八个字，这八字是自然出现的，讲到“道”体深奥的道理，叫作“天书”，字充满光辉，照人眼目，一般人没法看，也看不懂，只有天尊才能辨析、宣讲，经过天尊才能传授给世人。

《洞玄本行经》中提到《太上道君纪》，这是另一个神。还有很多神，有的住在太清、上清、玉清。太上道君住上清宫。道教宫观中的上清宫、太清宫、玉清宫，这都是道教传说中天神住的地方。

这里讲到道教的神是自然“元气”所生，不是创造世界的。从这里看，道教这种宗教有它不同于佛教、儒教以及其他宗教之处。

儒、释、道三教共同的地方，从唐宋以后表现较明显。这可结合禅宗、天台宗以及儒教来看。经过唐宋，这三教都讲修身养性。道教最初重炼丹，讲外丹，到后来发展到修身养性。这说明宗教发展到一定的历史阶段，把人引向内心修养，宗教精神训练或叫“宗教实践”。当然宗教也有它的外壳——表现形式。穿的衣服、念的经、祭神仪式等各有不同，但宗教是内在的，引导人追求精神上的解脱。道教讲“内丹”，禅宗讲“明心见性”，天台宗讲“无情有性”，这都说明力图通过它的宗教实践，证明心性的修养、心性的训练在宗教中占头等地位。这是第一点。第二点，几种宗教都教人为善去恶。封建社会的善恶标准有阶级性，在中国特定的历史条件下，它的“善”是维护封建宗法制，破坏宗法制就是“恶”。具体说做到忠君孝父就是“善”。佛教要求出家，但也教育人尽忠尽孝。道教有两派，一派是出家不结婚，男的称“道士”，女的称“道姑”。道教还有一派叫正一派，以龙虎山张天师为代表，带家属。张天师是父死子继，世代相传。中国古代各种宗教都是劝善，维护封建宗法制。因为它服务的对象是一个。这三教的关系，在唐朝时还有些小的矛盾，蔡晃、李荣都是有学问的道士。遇到国家庆典时，朝廷命儒、释、道派代表在宫廷大殿上展开辩论。儒、释、道三教各自订立题目，宣讲自己认为正确的道理、教义，现在还留有很多辩论题目。《资治通鉴》中的唐朝部分提到好几次辩论。唐人文集中也记载辩论的内容。白居易《长庆集》中有两处记载，他代表儒家在三教辩论中的辩论提纲，道教中也有记载。三教在隋唐时期处于鼎立状态，后来三教逐渐汇合、融合，从互相辩论自己正确来反论其他教不正确，发展到后来，辩论调子有了变化，三教都承认对方也有合理性，可以互相补充。三教认为三家都有长处，有的治心，管思想；有的治身，管行为。儒教正式形成，它不再提儒教与释、道两教的分工，而是主张儒教既能治心又能治身，即“内圣外王”。“内圣”就是治心，“外王”是把治心的成果扩充，让它起社会政治作用，治国平天下。“内圣”与“外王”联系起来，从内心世界一直到个人修养、家庭生活、社会生活，形成完整的体系。思想训练、行为准则、社会活动纳入一个系统，都是为封建宗法制度效力。从外部修炼到内心修养，再扩充到社会活动，这个过程在三教中以儒教做得最成功。道教、佛教有出家的形式管着，尽管“内圣”讲得比较好，内心修养讲得很细致、很精密，但“外王”“治国平天下”这点，不如儒家直接起作用。佛教、道教不管怎么说是出家的，总是隔着一层，可以为政治活动服务，提供思想基础，但不能直接参加政治活动。经过三教间长期的互相斗争、争辩，又从争辩中互相吸收、融合，最后到儒教吸收了、消化了，完成了它的体系，佛、道两教起了配合作用。在理论上，从根本来说，三教没有区别，三教都被封建统治者所重视、利用，历代帝王不管信不信佛教和道教，他们都捐款修庙，支持宗教的存在和发展。

宋朝开始，儒教正式形成。但是佛教的经典，第一部《大藏经》就是宋朝开始雕刻的，有五千多卷。道教的经典《道藏》也是宋朝开始编目整理的。从宋真宗开始到徽宗，一直整理《道藏》，达到七千多卷。这都说明封建社会对宗教非常重视，也说明宗教对封建社会起了积极的维护作用，起了很好的上层建筑的作用。

欧洲中世纪宗教发展到了极盛时期，享有最高的社会地位、政治地位。基督教起源于奴隶制社会，它发展为世界性的宗教是在封建社会。所以说宗教的鼎盛时期在封建社会。封建社会特别需要宗教笼络人心、麻痹人民、巩固统治。宗教开始时以天堂、地狱、惩罚来起宣传作用。发展到后来，越来越细致，越与哲学密切结合。宗教不光有仪式，烧香礼拜，还有宗教教义，这也是中世纪特殊的社会条件造成的。在中国有宋明理学、儒教。在中国的佛教、道教也有好多系统的理论。司马承祯的《坐忘论》《天隐子》都是宗教哲学，都是让人接受宗教训练、宗教世界观。欧洲的经院哲学集中宣扬宗教世界观。社会主义时期也有宗教。社会主义时期的宗教是不是社会主义时期的上层建筑（后缺若干字。——编者注），又有人认为社会主义时期的宗教是中世纪遗留下来的旧的意识形态。新社会总是在旧社会的废墟上建立的，正好像小孩生下来身上带着胎迹，不是小孩本来就有的，小孩长大了胎迹慢慢就消退了。社会主义时期的宗教，不能说是社会主义的上层建筑，因为社会主义的上层建筑应该是社会主义社会的道德、文学、艺术、马列主义哲学，这才是社会主义的上层建筑。宗教的唯心主义世界观不能是社会主义的上层建筑，因为宗教的要害是相信有两个世界："彼岸世界"与"此岸世界"。宗教引导人们追求的境界不是现实社会能达到和能给予的，要到另外世界去找，这一点，恰恰与社会主义时期的哲学、道德、艺术不能协调。社会主义社会的上层建筑是要改造现实世界，不是到另一个精神世界去寻找安慰，宗教没有给人这样的力量。因而，宗教不是社会主义社会的上层建筑。宗教总是认为个人力量很渺小，人对自己的命运、对世界的改造无能为力，只能靠自身以外的精神力量来解决。道教宣称消灭"三尸神"，要战胜它，但这是虚幻的一种对象，即使战胜了这种虚构的对象，战斗的锋芒并没有指到真正的敌人。佛经中也讲过一个投崖饲虎的例子：老虎快饿死了，几头幼虎缺乳，也快饿死了，佛就从崖上跳下来，以身饲虎。垂死的母虎得救了，缺奶的一窝幼虎也得救了。佛教称赞这种献身精神，认为这是无私的、勇敢的，但真正的无私和勇敢是这样的吗？

评马学良等《彝文〈劝善经〉译注》*

彝族是我国古老的民族之一。有传统的文字和丰富的彝文古籍，记载历史、历法、谱牒、哲学思想、诗歌文学，以及原始宗教等经典，是研究彝族历史文化的重要文献资料。

这些经典主要是手抄本，刻本很少，这本彝文《劝善经》算是仅存的最早彝文刻本。书中以道家《太上感应篇》的章句为母题，于每章之后用彝文加释义与解说，全文约二万二千九百字，为今存彝文古籍中内容丰富、字数最多的一部著作。

现存的手抄本彝文古籍多为记述原始宗教的祭经，而这部《劝善经》的内容多为宣教说理、传授知识，通篇以《太上感应篇》为题，结合彝族哲学思想、风俗习惯作释，可谓借题以发挥。名为劝善，实际是按奴隶社会和封建社会所谓“善”的标准说教，即宣扬忠君（奴隶主）思想、因果报应等宗教观念。该书作者尽管有他的阶级烙印，但其中也有不少破除迷信、发展生产、改革陋习、移风易俗的篇章。如旧时代彝族有病就延巫祭神、禳除。该书则劝人不

* 据《竹影集》。曾载《世界宗教研究》1986年第3期。曾收入《任继愈学术论著自选集》《念旧企新——任继愈自述》《皓首学术随笔》等。张学良、张兴、唐承宗、范慧娟：《彝文〈劝善经〉译注》，中央民族学院出版社，1986年1月版。

要信巫师的话，有病要吃药，传染病要隔离，并且指责巫师以鬼神欺骗病人。提倡保护牲畜，向汉民学习先进思想和技术，发展生产等等，这在当时条件下是十分可贵的进步思想。

彝文《劝善经》真实地记录了彝、汉兄弟民族思想文化的交流源远流长，它从另一个侧面说明中华民族的文化是各兄弟民族共同创造的，汉族离不开少数兄弟民族，少数兄弟民族离不开汉族。

彝文古经书多为五言诗歌体，该书打破五言体，而以浅近流畅的文笔宣教说理，遣词造句井然有序，因此该书也是研究彝族语言文字的重要资料。

40年代初，马学良教授在云南省彝区调查研究彝族语言文字时请彝族经师讲解，随文加以译注，但译稿迄未付印，“十年动乱”中译稿荡然无存。1981年，马学良教授和他的助手范慧娟又与云南禄劝县彝族经师张兴、唐承宗重译此书，历时年余，全书完成。

回顾40年代时，我曾应马君之邀，去云南寻甸、禄劝彝区小住，考察云南少数民族民俗。当时马君深入彝区，与彝族同胞结下深厚友谊。寒夜荒村，一灯如豆，他与几位彝文经师逐字逐句翻译此书。此情此景历历在目，回首往事，已过了四十余年。全国解放后，党的民族政策得到贯彻，对兄弟民族文化、民族文献的整理工作也与国运更始。彝族文化的发展已成为中华民族文化发展的组成部分。喜见此书的问世，因记其始末，以志老一辈学者开创研究彝族文献的艰苦，又为今后青年学者研究彝族文献得一指导性的著作而庆幸。

《彝文〈劝善经〉译注》由中央民族学院于1986年1月出版。

彝族文化研究的重要资料——《增订爨文丛刻》*

《爨文丛刻》由丁文江编辑，于1936年出版，约十余万字，是我国刊行的最丰富的彝文资料汇编。这部书出版后，引起国外学者广泛注意。解放后，民族研究、民族调查普遍开展，国家培养了一批少数民族语文专家，不断发现新的资料，原先出版的《爨文丛刻》已不能适应新中国彝文研究新形势的需要。1982年，由中央民族学院约请云南、贵州、四川彝文专家，发挥集体力量，在专家马学良先生主持下，编辑《爨文丛刻》增订版，资料由十万字增加到三十万字，还对初版误译处有所纠正，新发现资料有所增补，就原编辑中收集不当、不全的资料予以调换。为了标音准确，不用注音字母，而采用国际音标。1986年，由四川民族出版社陆续出版上、中、下卷。《增订爨文丛刻》比旧版更完善，为今后开展彝族文化研究提供可以信赖的资料，值得向读者介绍。

* 据《文献》1990年第2期。《增订爨文丛刻》，四川民族出版社，1986年3月出版上卷，1988年1月出版中卷，1988年2月出版下卷。

一

当人们初步把自己从自然界分离出来时，便开始文化创造。文化是人类自身创造的成果，这种创造不仅停留在制造工具，满足生活需要，因为鸟兽也会构筑巢穴。人的创造在简单生活需求之外，还要比鸟兽的制造更多一些文饰。制作衣服，除了在于遮体、御寒，还要增加一些华丽的装饰附加物，这种附加物所费的工作量和所用的心思甚至比原衣饰本身还要多。鸟类筑巢，兽类掘洞，从远古到现在没有多少发展。本能生活与文化生活的差别就在此。有衣穿，进一步要求华美；有饭吃，进一步要求滋味；有房子住，进一步要求壮丽。文化生活所以能够被提到日程上来，只能在生活资料比较充足以后。这个极简单的道理就是历史唯物主义的依据。

人类本来没有宗教，社会发展到一定的阶段才有了宗教，动物就没有宗教。根据中国考古材料，人类的历史约有二百万年，产生宗教意识（不是系统的、成型的）不过两万年。

宗教要解决的不是直接生产活动，它企图解决社会生活中发生的疑难问题。天灾人祸给人们带来苦难，苦难的原因来自外部，还是产生于自己？如果来自外部，应当如何消解？如果来自内部，如何求得解脱？一般说来，“苦难来自外部”的观点是宗教意识的低级阶段，或称为“原始宗教阶段”；“苦难来自内部”的观点是宗教发展的高级阶段，或称为“系统宗教阶段”。

我国西南民族地区流行的许多宗教，基本属于原始宗教。彝族的《爨文丛刻》中所反映的宗教信仰，也应归属原始宗教范畴。

原始宗教的特点是宗教活动与生产活动、文化娱乐活动混合不分。宗教活动中有集体娱乐，有欢庆丰收。殡葬死者，不单纯表示哀恸，也为后人祈福。

原始宗教既包含着迷信、崇拜，也反映着人类的追求和向往。对待有害于人类的神鬼，不光是希求它的恩赐，也有用强力使之不能为害的一些措施。

原始宗教包罗万象，涵盖人们社会生活的全部，所以这一部《爨文丛刻》的内容值得深入剖析、系统研究。透过宗教的外衣，探求其中的十分丰富的社会、历史、文化、信仰的内容。原始宗教包罗万象，不光彝族是这样，征诸世界各国无不如此。中国的古代文化形诸简牍的如《尚书》，保存在器物上的如甲骨卜辞，都带有宗教色彩。看待历史，说明施政方针，以至建立城市、迁都、新政权代替旧政权，都离不开求神问卜。这种处处占卜，后来人看来，也许认为未免多此一举。这种行为，在当时人看来，是十分严肃的大事。因为从人类认识史的角度回顾前人走过来的道路，可以发现，这些方面正说明人类认识世界的必由之路。人们要求认识世界，改善生活环境，求得某些符合自身利益的结局，但外界事物在变化着，有些变化的结果可以预知，有的不能预知。在可知、不可知之间，存在着某些偶然因素，这类偶然因素，重大的古人叫作“命运”，一般性的古人叫作“机遇”。命运和机遇都是一个未知数，但是人们又不甘心受未知数的摆布，要问一个究竟，这是人类不断深化认识，推动文化科学发展的内在动力。因此，神的问题也就是人的问题。求神问卜与科学追求，就其性质说，是两种对立不相容的体系。这两种体系，都共存于同一个认识主体（即人类）中。《易经》本来是占卜之书，但占卜之书包含着探求世界之谜，掌握未来命运的合理企求。

《爨文丛刻》分为许多章节，各有侧重，但是总倾向及其思维方式则未逸出“人神之际”这个大的范围。其中有袚除不祥的祈求，有追索世界起源的传闻，有指导生活的一些民族古训，有温习本族历史的回溯。它是彝族的“百科全书”，这部百科全书被宗教外衣笼罩着。只要透过笼罩着的宗教外衣做进一步探索，就会是有所收获。掘进得越深，收获也会越多。

二

中国人从事翻译已有近两千年的历史。大量翻译是在东晋南北朝时期。翻译的主要著作是把佛经由外文翻为汉文，由汉文翻为外文的较少。唐宋以后，有由汉文译为藏文的。唐朝也有把汉文译为梵文的，翻为契丹、西夏文字的。明清以后，有从汉文佛经翻为蒙、满、回等文字的。由于西欧与东方接触较多，也有传教士把西方著作从欧洲文字（如拉丁文、希腊文）译成汉文的。

曾有千余年的翻译经验，究竟以什么方法最好，现在还没有定论。总之，不外两派意见：一派主张意译，翻大意，不必与原文的字句完全一一相当；一派主张直译，主张译文与原文的一字一句都要相当。这两派都有成功的经验，也都拥有一些追随者。直到今天，这两派都有自己的市场。翻译家严复的“信”“达”“雅”原则，似乎已被广大群众所接受。三者之中，“信”与“达”尤为重要。“雅”属于修辞方面的问题，三者之中不得已去其一，只能保留“信”与“达”。这两条不能再减少了，因为信而不达，等于未翻；达而不信，等于新作。直译意译也不具有绝对的界限，有过翻译经验的人，都有这样的体会。

翻译少数民族文字的著作，为了保持“信”“达”“雅”，还有另一层困难，有似当初魏晋南北朝时的译经情况。熟习原著文字的，不熟悉汉语；通晓汉语的，又不熟习原著文字。必须双方合作，互相补充，才能完成任务。而且语法习惯各异，一句话的叙述次序，汉语与西域方言及梵语也有所不同。古人翻译佛经，往往要有“缀文”这一道工序，先把梵文的句子中的词句照原文记下来，然后再按汉文的语法结构把它颠倒过来，服从汉文的表达方式。彝文翻译也遇到了类似的困难。《爨文丛刻》的初刊，采用丁文江先生的办法——“四行译法”。先把彝文的读音用音标注出，再把与原文相当的汉字与彝文一一相当地摆出来，最后把每句的意思照汉语习惯标出来，这种办法称为“四行译法”（第一行是原文）。这种翻译的好处是科学性强，便于从中发现问题。问题发现后，也便于及时纠正。还有一种好处，是给后来翻译者以充分发展的余地。发现字形、字音如有不妥或错误，也便于查找。这种“四行译法”已得到我国民族语言翻译者的认可并用以翻译其他民族典籍。云南丽江东巴文研究所翻译东巴经也采用这个方法。即使目前译文质量没有达到要求，但这个成果可以给后来人提供可信的依据，后人在这个基础上便于继续前进。

三

我国为多民族的国家，几千年来，民族之间不断融合，不断取长补短，才取得今天各民族共同前进、繁荣发展的局面。

汉民族在我国人数最多，是构成中华民族的主要组成部分。汉族并不是一开始就是今天这个样子，它也是居住在中原地区的诸多民族长期融合的结果。秦汉以后，中国内地各民族不断融合，以华夏民族为主体，把众多民族结合起来，形成了汉族。晋、南北朝时期，北方有“五胡十六国”，南方也有许多山地边远地区的民族。经过三四百年的融合，北方各民族逐渐形成北方文化的共同体，南方形成南方文化的共同体。南北朝后期，双方对峙的局面已不再是民族矛盾，而是南北双方两个封建政权的竞争。由于北方政权注重生产，政治管理胜过南方，最后由北方统一了南方。隋、唐两朝开国皇帝都不是纯汉族，都杂一半的北方少数民族血统。

从汉到唐，是中国文化、政治、经济十分发达的时代，达到了当时全世界高度发达的水平。这个现象反映了文化传播的规律。文化要发展、要传播是文化的本性，但传播发展是沿着既定的方向前进的。文化是社会生活的反映。社会发展有快有迟，总的趋势是从低级向高级。按照历史唯物主义的原理，人类社会是由原始公社、奴隶制、封建制、资本主义制，最后到社会主义、共产主义制。西方资产阶级学者有的不肯承认社会发展有规律可循，但他们也不能不承认社会在进步，人类是由穴居野处、茹毛饮血的社会进入文明社会的，经历了由低级向高级过渡的历程。

如果两种社会文化相接触，首先是引起冲突，接着是产生影响。一般情况下，总是先进的文化影响后进的文化，后进的文化接受先进文化的影响。先进文化起主导作用，后进文化容易接受先进文化中的某些因素。文化因素，既包括生活中的饮食习惯，也包括意识形态和科技知识。如果接触的双方文化水平相差很大，高层次的文化必将对低层次的文化大量灌输。如接触双方文化层次水平相当，不相上下，它们之间则是相互吸收的关系。中国历史及世界历史都表明这个文化传播现象是普遍存在的。

贵州、云南地区与内地交往极多，汉唐文化影响到该地少数民族文化。显而易见的，如以五行学说为宇宙框架结构，以“五行”配“五脏”“五色”：

> 造人从肾造，人肾水属黑，壬与癸相依。水来将木润，人肝属木青，甲与乙相依。木上能生火，人心属史红，丙与丁相依。火未就生土，人脾属土黄，戊与己相依。金木水火土，人依世世重，五行顺乃福。

《爨文丛刻》的《治国论》讲述了汉光武时代君臣论治国之道，“君乃民主首，民乃君百体”，这很像汉代的“天人感应”的思想方法。《爨文丛刻》还讲到“媒妁不作证，男女不成双”的婚嫁方式，可能只是社会上层贵族的婚嫁方式，显然受了汉族的影响。

《爨文丛刻》中保存的《宇宙生化总图》与道教流传的《太极图》很相似。《爨文丛刻》保存了天干地支，“河图”的“五生十成”、“洛书”的“十生五成”。神的名称也与汉地流传相近，

《离骚》有“吾令丰隆乘云”的说法。《淮南子·天文训》记载道：“季春三月，丰隆乃出。”彝族管云的神也称为“丰隆”，只是给加了姓，叫“张宏陇”。最明显受汉族封建文化影响的是彝文的《劝善经》，它译自汉文《太上感应篇》，全文约二万二千九百字，是彝文中最系统、最完整的指导生活的准则。

宗教思想中，还有受佛教因果报应思想的影响。命相合婚，婚礼歌中以鸿雁喻男女忠贞，与汉族婚礼奠雁有相通处。据十二生肖的生克，推论婚姻、命运等等，显然受汉文化的影响。《爨文丛刻》中关于彝族来源传说及世家的记载，《指路经》祝送亡灵沿着迁来时的道路，一站一站返回故乡，可以帮助了解彝族古代迁移的历史资料。

据1982年全国人口普查时统计，彝族人口为五百四十余万，现在估计应在六百万以上，这样广大人口分布在西南数省，又有自己文字的兄弟民族，对他们文化遗产的整理、研究，不但对彝族文化是必要的，对中华民族的文化史，也有重要意义。

中华民族的历史是由众多兄弟民族之间互相促进、互相借鉴的长期过程的纪录。现状是汉族占多数，其他兄弟民族是少数。不论多数还是少数，它们都从自己的角度对中华民族做出贡献。就其贡献的意义和作用而论都是平等的。今后还要在共同建设社会主义祖国的大目标下共同前进。研究彝族文化也是祖国文化建设的一个组成部分，希望在现有的条件已打下的基础上继续提高。

关于宗教与无神论问题*

迄今为止，还没有发现世界上哪个地区、哪个民族没有宗教。宗教是一个极为普遍的社会历史现象。各个地区、各个国家、各个民族都有宗教，只是他们信奉的宗教的种类不同。由于宗教普遍存在，有的西方资产阶级学者说，信仰宗教出自人类的天性，和人的本能一样，只要有人类，就有宗教。这种看法没有事实根据，考古学及人类学表明，宗教不是与人类同时出现的，它是人类社会发展到一定阶段才有的。人类诞生以来，已有数百万年的历史，迄今发现的最早的宗教遗迹距今只有十万年左右。在中国，五十万年前的北京猿人没有宗教，近五万年前的山顶洞人才开始有灵魂观念。儿童也没有宗教信仰。儿童怕鬼、敬神是受到家庭、社会影响的结果。自然界对人类的考验是残酷的，天灾、水害、猛兽袭击、部落掠夺（部落掠夺，古人也认为是自然灾害）。只有当人的思维能力能够把自己同自然界明确区别开来，把盲目的自然力想象为神，才产生了原始宗教。原始宗教是原始社会生产力极为低下的产物。但从认识发展史的角度看，原始人从没有宗教到有宗教，应当看作是

---

* 原载《宗教·道德·文化》，宁夏人民出版社，1988年4月版。曾收入《任继愈宗教论集》。

一种进步的表现，因为它表明人的概括力和想象力提高了。人类创造了神，创造出来的这种神又反转来对人进行统治。将来的共产主义社会也没有宗教，宗教只是人类社会发展过程中一个有限阶段的历史现象。

从世界范围说，宗教在历史上和在现实生活中都有广泛的影响。从国内说，教徒在总人口中是少数，但是教徒绝对人数不少，而且遍及全国各省区。宗教在有些地区，尤其在边疆和少数民族地区的社会生活中，所占地位尤其重要。宗教问题涉及民族、边防、外交等方面的工作。从事历史文化遗产的整理研究，宗教更是一个重要的领域。

三十多年来，党十分重视宗教工作，制定了一系列的方针政策，取得不少宝贵经验。关于执行宗教政策方面的经验，党内外也有过不少的文章。1982年，我党颁发的中央十九号文件，系统地、全面地阐述了关于宗教的理论、方针和政策，我们有了指导宗教工作的历史性的文件。它把马克思主义的普遍原理与中国宗教问题的实际相结合，从理论上进行总结。1963年，毛泽东同志提出要加强宗教研究工作。1964年，周恩来同志对宗教研究也有过指示。从此，我国有了用马克思主义为指导的国家科研机构——世界宗教研究所，我国的宗教研究工作才有领导、有组织地开展起来。“十年动乱”中，正常的宗教活动、宗教管理工作和学术研究均遭破坏。直到粉碎林彪、江青反革命集团后，这方面的工作才又提上议事日程。现在，落实宗教政策还在进行，学术研究工作起步不久。科学研究工作本来就带有探索性，面对新的研究领域，难免会发生差错。

关于宗教问题的探讨，涉及方面较多。我这里只着重从三个带有实质性的理论问题上谈谈个人看法。一是关于宗教的本质及其历史作用问题；二是关于社会主义时期宗教的社会作用问题；三是宣传无神论的必要性。这三个问题，对于认识宗教的本质以及全面理解党的宗教政策的问题，有着密切的联系。

一、关于宗教的本质及其历史作用的问题

关于宗教的本质，马克思主义有两个最著名的论断。一个是恩格斯提出来的："一切宗教都不过是支配着人们日常生活的外部力量在人们头脑中的幻想的反映，在这种反映中，人间的力量采取了超人间的力量的形式。"[①]这是从认识论的角度，揭示了宗教不同于哲学、艺术、法律等其他意识形态的地方，指明了宗教是一种颠倒的世界观。另一个是马克思提出的："宗教是人民的鸦片。"[②]列宁对马克思的名言又做了进一步的阐明，他指出："宗教是麻醉人民的鸦片，——马克思的这一句名言是马克思主义在宗教问题上的全部世界观的基石。"[③]这是从社会作用的角度揭示了宗教在人类社会生活中的消极性质。以上两个论断互相联系着，不可分割：宗教是

① 《反杜林论》,《马克思恩格斯选集》第三卷，人民出版社，1972年5月版，第354页。

② 《〈黑格尔法哲学批判〉导言》,《马克思恩格斯选集》第一卷，人民出版社，1972年5月版，第2页。

③ 《论工人政党对宗教的态度》,《列宁选集》第二卷，人民出版社，1972年10月第2版，第375页。

颠倒的世界观，所以具有荒谬性、消极性；基石就是基础、核心。正如“物质”的概念是唯物主义的基石，“矛盾”的概念是辩证法的核心一样。马克思的这句名言对于建立科学的宗教观至关重要，是不容动摇的。

马克思和列宁的这些名言，这些年来在我国曾遭到一些误解以至曲解。看来，正确理解它，至少有三个要点要明确。

第一，宗教是一种精神麻醉剂。历史事实多次证明，它对于人民来说归根到底是有害的东西。世界上本来没有鬼神和“天国”，宗教却认定有，并引导人们把消除苦难、向往幸福的希望寄托于“神”的恩赐和虚幻的“天国”。宗教不能使人民减轻现实痛苦，反而会削弱人民争取现实幸福的斗争意志。人民所得到的只是一种虚假的精神安慰。这正像一个人借酒浇愁一样，它无助于实际愁苦的解决，反而使他消沉了。这就是马克思所说的，宗教是对人间谬误的“天国”申辩，是颠倒的世界借以安慰和辩护的普遍根据。宗教给人民以幻想的幸福，为人民身上的锁链装饰上虚幻的花朵。这正是马克思主义宗教观与其他一切宗教观根本不同的地方。在实行解放全人类的共产主义战略目标中，共产党人应当团结一切爱国人士，结成政治上的统一战线，携手并肩前进，但马克思主义者决不能同意宗教的世界观。

第二，马克思总结历史上的宗教活动，指出宗教里的苦难既是现实苦难的表现，又是对现实苦难的抗议。宗教是被压迫生灵的叹息。人民寻找精神上的安慰，正说明他们在现实生活里找不到安慰。马克思在讲到宗教对人民的麻醉作用时，丝毫没有责怪信教群众的意思，他对人民满怀着深切的同情，而把批判的矛头指向制造人间苦难的剥削制度，要求为铲除宗教存在的根源而斗争。

第三，这句名言用比喻的方式，说明了宗教影响群众时它的作用的特点。苦难中的人民对于宗教，并不像对待砒霜那样避之犹恐不及，而是津津有味地接受它，借它来兴奋神经，使自己陶醉，使人慢性中毒。列宁又称之为“精神上的劣质酒”，也是这个意思。宗教靠了这种诱惑力，得以在群众中广泛传播。无产阶级在制定宗教政策时，已充分注意到这种情况，所以反对简单从事。由此可见，马克思的上述名言是一个科学的论断。它的内容很丰富。但有一个时期，它的含义被简单化了。“文化大革命”中，林彪、江青反革命集团又把这一名言歪曲为“宗教即反动”“信教即反动”的公式，作为他们禁止宗教活动、打击宗教信徒的借口。实际上这是对马克思主义的背叛。所以我们要准确地、完整地理解马克思主义的宗教理论，善于理解它本来的意思。

宗教的本质同它的社会历史作用是一致的，两者不能割裂。有一种看法认为，宗教本身是好的，至少是中性的、无辜的，只是被反动阶级利用了，才起坏作用。这种看法是不对的。我们认为宗教是人们在自然力量和社会力量压迫下，深感痛苦又不能理解、无能为力的产物。在阶级社会，阶级压迫和剥削是造成社会苦难的根本原因，也是宗教存在的基本条件。宗教本身就是颠倒的社会生出的颠倒的世界观，本来就具有消极性，所以它很自然地成为历代剥削阶级得心应手的思想工具，用以麻醉人民的斗志，巩固自身的统治。被压迫人民在斗争失败之后，在绝望之余，才到宗教里寻找慰藉。剥削阶级对人民进行宗教欺骗能够得逞，原因就在这里。宗教正是从人民的苦难当中产生出来的，它是人民受压迫、自己不能掌握自己命运的产物。马克思主义认为，宗教是人制造出来的，却不是人民自己的东西，而是压迫人民的异己力量。宗教本质上与剥削阶级利益相一致。剥削阶级利用宗教，宗教为剥削阶级服务，是宗教的历史作用的基本方面。

这并不是说宗教在历史上全起反动作用。在古代，广大人民群众还不可能自觉摆脱宗教偏见的影响，又找不到先进的思想武器，反抗运动常常披上宗教的外衣。但必须指出，任何打着宗教旗帜的农民运动，说是为了“上帝”“神”，实际上都提出了与农民切身利益相关联的政治要求和经济利益。政治的和经济的实际利益，才是推动农民革命真正的动力。德国农民战争，中国的太平天国运动、义和团运动都是如此。古代农民是分散的，一家一户为生产单位和生活单位。如果要采取集体行动，没有一个组织是不行的。群众利用集体的宗教仪式活动，把大家组织起来，是很方便的形式。而且在起义之前，还可以用宗教做掩护，像汉代的黄巾起义、宋代的方腊起义都是这样做的。德国的宗教改革，被恩格斯称作欧洲资产阶级反对封建制度的第一次大决战。[①]资产阶级利用宗教，说明当时的资产阶级还不成熟，还只能在宗教范围内活动。而它的结果是在德国建立了适合君主专制的路德新教。信路德教的农民由自由人沦为农奴，最后失败了。到了法国革命，资产阶级就完全丢开宗教外衣了。中国历史上的农民战争，只是利用宗教作为组织手段。如果这种组织形式不发展为革命战争，它们就只作为教派存在。一旦起义填充了政治和经济的内容，他们的目标就明确了，宗教的

---

① 参见《社会主义从空想到科学的发展》，《马克思恩格斯选集》第三卷，人民出版社，1972年5月版，第391页。

面目就退居第二位了，因为农民并不是为教义而战。张角起义后，并不领导农民去炼丹、修仙。《宋史》记载方腊起义的目的也是为了反抗过度压迫。义和团的口号是“扶清灭洋”。洪秀全并不让人们把希望寄托在来世，而是要在地上建立“天国”。农民可以利用宗教，也可以不利用。朱元璋、张献忠、李自成起义就没有利用宗教为号召。宗教对于人民起义并不是必要条件，而利用宗教的农民运动，没有一次是成功的，总是给农民带来新的灾难。统治阶级利用宗教，却有效地巩固了统治。他们利用宗教，是利用教义。例如佛教讲忍辱、戒杀生，反对“贪”“嗔”“痴”。就是说，不要反抗，不要追求，甚至对阶级压迫连意见也不准有。基督教讲“原罪”“赎罪”，一生行善，死后升天。这种教义才是封建统治者所喜欢的。这种思想对统治者是有利的，如果宗教势力发展得过于强大，封建国家的统治者认为导致减少他的兵源和财政收入时，或者认为危及他的统治时，也会给以限制、打击。中国历史上的几次“灭佛”，欧洲历史上世俗政权和教会的多次冲突，就是统治阶级内部的权力斗争。可见，统治阶级和被压迫人民对宗教利用是不同的。农民不能利用教义来实现自己的政治经济利益，而统治者却能利用宗教的教义为其剥削制度辩护。事实证明，任何宗教世界观都不能真正反映劳动人民的根本利益，不能指导劳动人民获得真正的解放，它往往成为运动变质和导致失败的重要原因。说宗教没有阶级性，它可以为一切阶级服务，这违背历史唯物主义的根本原理。哲学、宗教在阶级社会是上层建筑，它代表统治阶级的利益。把剥削阶级利用宗教统治和被剥削阶级利用宗教反抗等量齐观，这种看法违背了历史真实，是错误的。

二、关于我国社会主义时期宗教的社会作用问题

这是一个新鲜的，比较复杂的问题。正确认识它，具有重大的理论意义和实践意义。宗教不仅仅是一种意识形态，除了教义和理论，它还有相应的物质外壳：教会组织、教职人员、宗教活动。由于宗教的长期宣传和灌输，在信教群众中逐渐形成了一种共同的心理状态。因此，它既是一种意识形态，又是一种社会力量。社会主义时期的宗教，一方面保留了历史上延续下来的若干属性，另一方面也在许多方面起了较大的变化。社会主义革命打碎了剥削制度，也割断了教会同国内外反动势力的联系，取消了某些地区教堂、寺庙、土地私有和各种封建特权，实行政教分离。在国际上，教会组织摆脱了帝国主义的控制，宗教组织再不受国内外反动阶级的控制和利用，成为爱国教徒自己的团体。各宗教团体的爱国人士愿意爱国守法，拥护社会主义道路和党的领导，在建设社会主义祖国的事业中做出了自己的贡献。与此相适应，宗教领域出现的矛盾，不再像过去那样直接表现为敌对阶级的冲突，而主要反映人民内部思想信仰上的差异。信教者与不信教者之间有了团结一致的政治基础。双方求同存异，求爱国主义之“同”，存世界观之“异”，携手并肩，为社会主义事业奋斗。事实证明，爱国主义的宗教团体和教会组织，在党的领导下，可以而且已经成为党联系各民族广大信教群众的纽带。在贯彻党的宗教政策中，在国内外统一战线工作中，都能起到良好的政治作用。当然有两个前提：党的正确宗教政策得到

贯彻，宗教团体和教会组织接受党的领导和国家的管理。以上变化主要是政治上的，表现在宗教组织、宗教信徒的社会作用方面。

宗教作为一种意识形态，作为一种世界观，到了社会主义时期并没有改变它本来具有的谬误性和消极性。社会主义制度能够利用现代化的科学技术改天换地，却不能使宗教变为科学。宗教神学的基本特征是相信另一个精神世界（“天国”）比现实世界更真实，更值得向往，那个世界比现实世界更能满足人类的一切要求。宗教的思想基础是盲目信仰，而不是理性、思辨。社会主义社会里的宗教，只能是旧社会遗留下来的意识形态。社会主义、共产主义事业是为了消除社会苦难，为人民造福，它使几千年来宗教赖以存在和发展的根源开始受到削弱。建国初期到1958年以前，宗教的影响是逐渐减弱的。年纪在四五十岁以上的人对此记忆犹新。但是，社会主义时期，宗教赖以存在的社会根源并没有一下子全部消失。宗教本身作为一种巨大的习惯力量有着它的保守性。具体地说有四个方面：第一，生产与科学的高度发达和人们生活水平的极大提高，需要长期奋斗才能达到；第二，在社会生活和人与人之间的关系中彻底消除旧社会的影响，使之完全合理化，也需要长期努力；第三，国内存在着一定范围的阶级斗争，国际存在着宗教影响，在长时期内，天灾人祸还会给人们带来种种困苦；第四，几个大的宗教历史悠久，有较完善的制度和独特的活动方式，形成固定的宗教感情、宗教心理。我们对它存在的长期性，要有足够的认识。我们是社会主义国家，以马克思主义作为指导思想，不允许用强制的手段去干预人们的信仰问题。宪法禁止利用宗教搞非法活动，而保护宗教信仰自由。极而言之，即使我国只有一个教徒，我们的国家也要尊重他的信仰自由，不得强迫他改变信仰。马克思主义者反对人为地使宗教提前消失。马克思主义发现了宗教发展的客观规律，我们党的宗教信仰自由政策，就是根据这种客观规律来制定的。因此，我们的宗教政策是唯一正确的政策。宗教继续存在这个事实，可以找到科学的说明，但绝不能由此证明它有科学性；承认宗教存在的长期性，不等于承认它有永恒性。社会主义的农业收成，不靠祈年、祷告、做弥撒；社会主义国家的昌盛富强不靠神父、牧师的祈祷；社会主义的道德教育靠建设社会主义的精神文明，发扬共产主义的道德品质，而不靠“上帝”来拯救人类的灵魂。我们在政治上尊重教徒的宗教信仰，但在思想上，我们也要看到，宗教的信仰主义对于人们改造自然和社会的斗争是不利的，对于科学的发展是有妨碍的，对于青少年接受唯物主义世界观和健康成长具有消极作用。

听到有人说，宗教在社会主义时期总是劝人做好事，教人守法；信教的青年中流氓偷盗的比较少，打爹骂娘的也少；在农村，听话的多，调皮捣蛋的少，宗教起了好作用。也有人认为宗教可以作为共产主义道德的补充，正如同个体经营可以作为国营商业的补充一样。由此进一步，也有人主张为了多方面教育广大群众和青少年，宗教团体也可以作为党组织的助手，起辅助作用。就是说，宗教在社会主义时期，它可以发挥道德教育的职能。这种看法也是错误的。

宗教道德的形成，从它的时代和内容来看，基本上属于封建道德范畴。到了资本主义社会，也吸收了一些资产阶级道德的东西，但是它不具有无产阶级道德的内容。道理很明显，世界三大宗教发生在先（有的在两千多年前，有的在一千多年前），无产阶级出现在后。道德规范不能先验地存在，不能预约。道德规范是社会实践的产物。没有自觉的工人运动和社会革命实践，就不可能产生反映无产阶级革命要求的道德规范。因为共产主义出现在后，其他阶级的社会形态在前。共产主义有可能吸收人类一切有价值的文化遗产，使它为共产主义事业服务。共产主义道德是人类历史上一切优秀道德的继承和发展，正如马克思主义是人类一切优秀文化的继承和发展一样。它不需要封建的忠孝节义，也不需要资产阶级的自由、平等、博爱来补充其不足。

“十年动乱”，社会风气破坏得十分严重，败坏了共产主义道德。在我们失误的时候，才出现了其他的道德口号。今天的当务之急，不是到社会外寻找治病的良方，而是切切实实地克服不正之风，发扬我们的革命传统，特别是党员、领导干部要以身作则。道德，不在于能说，而在于实践。“毫不利己，专门利人”，这是共产主义道德。教徒群众受了党的爱国守法的教育和模范先进人物的影响，许多人在“四化”建设中有较好的表现，这正是党所鼓励的。有些教徒根据宗教道德的信条，也做了好事，但是宗教道德与共产主义道德有着本质上的不同。共产主义道德教人自觉为实现共产主义理想而奋斗，不存在个人的打算，不要求将来得到报酬才去做。共产主义道德出于自觉自愿，是建立在解放全人类责任的高度自觉和深刻理解的基础之上的，不是怕为惩罚而干。宗教为善，是因为有“上帝”的监督，表面主动，实际上是被动。行为似乎相近，而两者的思想境界有高和下、公和私差异。宗教徒在宪法规定的范围内，奉公守法，积极做好事，应受到尊重、鼓励。社会风气的根本好转，要群策群力，做好事的人越多越好。宗教勉励教徒做好事，也是为

“四化”出力，是高尚的行为。我们用不着也不应该推测人家做好事出于什么动机。我们没有必要把信教群众和不信教群众截然划分开，夸大两者的差异。要顾全大局，团结一致搞“四化”。

我们现在不是研究评论宗教信徒的道德标准。问题在于作为一个共产党员、国家干部，要用什么道德教育那些没有信教的广大青少年及广大群众。四项基本原则的贯彻、共产主义世界观的树立要靠什么？对广大青少年，厂矿、学校、政府、机关及农村进行共产主义教育，建设精神文明，离开马列主义、毛泽东思想必然会迷失方向。宗教徒信奉宗教道德，完全可以按宗教的教规教义行事。而要求广大干部、青少年学生、亿万群众，就不能和对宗教信徒的要求一样，而是要他们树立共产主义的人生观，要培养出千万个雷锋、栾弗、张华、朱伯儒那样的英雄人物。我们不能把群众中思想信仰上的差异提到首要的地位，而把他们在政治上、经济上的根本一致放在次要地位，这样就会忘掉党的基本任务是团结全体人民（包括广大信教和不信教的群众），为建设现代化的社会主义强国而共同奋斗。当然，我们毕竟要承认宗教不是社会主义的上层建筑。在社会主义制度下，宗教不再为剥削阶级所利用，因为已消灭了这个阶级。但宗教的“天国”“地狱”“鬼神”“祸福”之说，仍然是一种陈旧的偏见，是愚昧落后的表现。从社会主义发展的长远目标看，它不是具有强大的生命力的新事物，而是随着社会的前进而逐渐衰减的旧意识，既要积极支持鼓励宗教组织和活动，使它充分发挥爱国主义的好作用，也要看到宗教世界观反科学、反对唯物主义的根本倾向。在党的正确政策指导下，我们应当尽量发挥宗教组织在政治上的积极作用，减少和抵制宗教思想在广大人民群众中散布的唯心主义的消极影响。

社会主义的宗教问题是新情况，给研究者提出了新课题。有些情况是马克思、列宁所见到的，也有些情况是马列在世时未出现的，何况还有东方中国与西方欧洲的社会历史条件的差异。把马列主义的普遍原理与中国宗教问题的实际相结合，要做更深入的研究。社会主义时期的宗教及其与其他领域的关系，还有许多问题需要认真探讨。各宗教之间又有诸多差异，深入认识这些宗教的特点、演变规律及其在社会生活中的影响，具有巨大的理论意义和实践价值。为此，除了认真学习马克思主义宗教理论和党的宗教政策，还要进行系统的社会调查，使两者结合起来。

三、宣传无神论的必要性

无产阶级同神学做斗争，能够采取的唯一手段只能是思想手段，即进行无神论宣传教育。正是在这个意义上，列宁指出要“用纯粹的思想武器，而且仅仅是思想武器，用我们的书刊，我们的言论来跟宗教迷雾进行斗争”①。列宁把批判神学看作思想领域的斗争，强调用“纯粹的思想武器”，反对在宗教问题上使用强制性的手段。

在无神论宣传问题上要防止两种偏向：一是夸大它的作用，把它放在不适当的突出位置上；二是否定它的作用，主张让宗教思

① 《社会主义与宗教》,《列宁全集》第十卷，人民出版社，1958年12月版，第64页。

想自生自灭。这两种观点都不是科学的态度。在人民已经取得政权的今天，在宗教问题并不十分突出的中国，要以批判甚至“扫除”宗教，作为实现“四化”的前提，这种提法的荒唐性是显而易见的，也是我们应当反对的。我党贯彻宗教政策，已经取得明显的成效。宗教不仅有自己的团体和组织，能够进行正常的宗教活动，教徒的宗教信仰受到法律保护，而且有影响的几个宗教有了各自的杂志。这些刊物有的内部发行，有的公开发行。这就用事实回答了共产党要消灭宗教的谰言。必须指出，为了教育广大青少年和广大干部、农村社员，我们的无神论宣传工作却做得很少，不能令人满意。欧美各国以及我国台湾省都有无神论书刊。苏联多年来出版的无神论书刊也很多。我国现在还没有一种专门宣传无神论的杂志。我们党员干部、理论工作者有责任关心广大青少年，使他们树立无产阶级世界观，与传统迷信划清界限。根据最近农村的调查材料，封建迷信在蔓延。《中国青年报》1983年12月4日第1版头条刊登了一位大学教师的信，建议在中小学进行无神论教育。这是一个很好的建议，应当引起我们的重视。我们不与“上帝”争选民，绝不到宗教场所宣传无神论，也反对在信教群众中发动有神还是无神的辩论。但是我们对广大青少年，对尚未信教的群众进行无神论教育，在社会主义社会是十分必要的。青少年正在成长发育中，易于接受外界的影响，可塑性很大。科学固然会引起他们的兴趣，宗教也会使他们感到新鲜好奇。当他们在生活苦闷时，头脑里多一点无神论思想，将会增强他们对有神论的免疫力，有利于他们的健康成长。为了巩固马列主义的思想阵地，无神论宣传不能放松。落实宗教信仰自由政策，它同时也包括了保护不信仰宗教自由的政策。宪法有明文规定。如果把落实宗教政策仅仅理解为保护有神论，只有造神殿、塑佛像才算落实宗教政策，这是片面的。它本来也包括宣传无神论的自由在内。

现实生活也告诉我们，宣传无神论很有必要。由于“十年动乱”，有神论的影响比50年代和60年代初是增长了。我们对此不能熟视无睹。加强无神论宣传是抑制有神论影响的重要一环。

有的同志说，宗教存在有必然性。无神论宣传不起作用，要人们不信宗教，那是唯心主义的幻想。这种说法在理论上是错误的，在实践上是有害的。宗教对于整个人类社会来说，要它很快消亡，是幻想，但对于一部分人来说，信仰是可以改变的。假如，现在有人说要在世界上消灭疾病，这当然是唯心主义的幻想。但是，我们发挥医学的作用，把现有的医院办好，提高医护质量，是可以使许多患者消除疾病、恢复健康的。如果有人妄图消灭唯心主义，当然是幻想。但是，通过教育、实践，使若干人放弃唯心主义，接受唯物主义，不但不是幻想，而且是事实。部分与总体既相联系又有区别的辩证法不能不讲。主张宣传无神论无用的人，恰恰忘记了个别与一般的辩证关系。毛泽东同志说过，他少年时代就拜过菩萨。世界上没有自发的马克思主义者。许多马克思主义者都是从唯心主义转变过来的。高度精神文明不是自发形成的。思想教育工作做与不做，大不一样。无神论宣传教育工作做得好，可以使赞成无神论的人增多，信神的人减少。退一步说，即使在有神论的外围有一个免疫地带也好。无神论是辩证唯物主义世界观的重要组成部分。我们要持四项基本原则，必须学习和宣传无神论，这是一个坚持科学世界观的原则问题，不能有半点含糊。在政治上与有神论宗教信徒结成最广泛的统一战线，长期共存，荣辱与共，丝毫不容动摇。统战政策要坚决贯彻执行，但在理论原则上，辩证唯物主义与宗教世界观必须划清界限，不能退让半步。

党的十一届三中全会以来，在党中央正确路线的指引下，党的宗教政策得到进一步落实，平反冤假错案，保护宗教信仰自由，使宗教生活重新恢复正常。这样做，增强了信教群众对党和党的政策的信任，巩固了安定团结的局面，调动了广大教徒的积极性，成绩显著。我们在宗教学研究和无神论宣传方面也恢复了正常的情况。

宪法第三十六条规定，公民有宗教信仰的自由。任何国家机关、社会团体和个人不得强制公民信仰宗教或者不信仰宗教，不得歧视信仰宗教的公民和不信仰宗教的公民，国家保护正常的宗教活动，任何人不得利用宗教进行破坏社会秩序、损害公民身体健康、妨害国家教育制度的活动。

按照宪法规定，并不要求宗教信徒放弃他们的宗教信仰，只是要求他们不得进行反对马列主义、毛泽东思想的宣传，要求宗教不得干预政治和教育。用马克思主义立场、观点和方法对宗教问题进行科学研究是党的理论工作的一个重要组成部分。用马克思主义哲学批判唯心论（包括有神论），向人民群众，特别是广大青少年进行辩证唯物论和历史唯物论的科学世界观（包括无神论）的教育，加强有关自然现象、社会进化和人的生老病死、吉凶祸福的科学文化知识的宣传，是党在宣传战线上的重要任务之一。建设一支用马克思主义武装起来的宗教理论研究工作队伍，努力办好用马克思主义研究宗教问题的研究机构和大学有关专业，是党的理论队伍建设的一个不可缺少的重要方面。学术界要尊重宗教界的思想信仰，宗教界也要尊重学术界对于马克思主义的宗教理论的研究和宣传活动。

宗教团体和科学研究机构要做到互相尊重，各自在自己的领域内开展工作。50年代初期，有破除迷信的电影《一贯害人道》给群众以生动形象的无神论教育。曲艺节目有“考神”，文艺作品有《小二黑结婚》，虽不是专门宣传无神论，也收到揭露有神论的效果。浙江省举办过科学常识巡回展览，有图片，有实物，有受害者和迷信职业者的现身说法，收到很好的效果。要做好无神论宣传工作，除了解决思想认识问题，还需要理论宣传部门、宗教管理部门同教育、出版、文艺、科普等部门，以及共青团、少先队等组织积极配合，在党的统一领导下，制订规划，采取措施，加强无神论研究工作，组织各种有益的活动，编写、翻译和出版各种宣传教育书刊，演出破除迷信的健康文艺节目。中小学教材中增加科学和无神论的内容，使无神论的宣传工作得到普及，这是建设社会主义精神文明的一项重要工作。在社会主义条件下，解决宗教问题的唯一正确的途径，只能是在保障宗教信仰自由的前提下，通过社会主义的经济、文化和科学技术事业逐步发展，通过社会主义物质文明和精神文明的逐步发展，逐步地消除宗教得以存在的社会根源和认识论根源。这是一个长期的任务，但必须在目前就要抓紧进行。

《世界宗教丛书》总序*

社会发展的历史表明，宗教是人类社会发展到一定阶段才会发生的一种社会现象。人类社会的初期，还不可能产生宗教①。从没有宗教到产生宗教标志着人类社会的进步。宗教是历史的产物，它历史地产生，也将历史地消亡，它也受历史发展规律的支配。

宗教是社会的产物，它不能悬空地存在着，它有具体的表现形式。宗教也必须生存（传播）在一定的民族和地区。宗教的发展变迁与社会历史的发展变迁息息相关。社会历史变化了，宗教也发生变化。宗教生活要受社会生活的制约，尤其是政治生活的制约。历史上有些民族原先共同信仰某一种宗教，由于政治的原因，有的

* 作者担任《世界宗教丛书》的总主编。本文系作者为该丛书撰写的总序言。该丛书系世界宗教研究所为国家高等院校编写的文科选修教材，其中包括杜继文主编的《佛教史》（中国社会科学出版社，1991年12月版）、金宜久主编的《伊斯兰教史》（中国社会科学出版社，1990年8月版）、唐逸主编的《基督教史》（中国社会科学出版社，1993年5月版）、吕大吉主编的《宗教学通论》（中国社会科学出版社，1989年7月版）。该总序曾收入《任继愈学术文化随笔》。其中，吕大吉主编的《宗教学通论》出版时未用此序言。

① 动物没有宗教。儿童，如果不是由家庭、社会影响，也不会自己产生宗教意识。

被迫、有的自动改信了另一种宗教，这类实例很多。中国有过，外国也有过。那种认为宗教永恒不变的说法是没有根据的。认为宗教信仰与民族风俗习惯牢固结合，永远不可改变的观点也是没有根据的，宗教信仰与民族风俗习惯有关，但不能等同。

宗教存在于民族中间，有全民族信奉同一种宗教的，也有一个民族有多种宗教信仰的。有一个国家只信仰一种宗教的，也有一个国家有多种宗教信仰的。有同一个民族，早先信奉一种宗教，后来又改信了另一种宗教的。在阶级对抗的社会里，有的信仰流行于社会上层，有的信仰流行于社会下层。这种种差异，都不是宗教本身造成的。因此，科学地认识宗教、研究宗教，唯一正确的方法是用历史说明宗教，而不是用宗教说明历史。

迄今为止，我们还没有发现有哪一个国家或民族没有宗教。为了全面了解一个国家、一个民族的文化结构，如果不了解它的宗教，那是不可能的。世界上的宗教类型繁多，没有一一介绍的必要。佛教、基督教、伊斯兰教已成为世界性的宗教，它们的影响已远远超出了原先起源地区的范围，对全世界广大地区的群众起着影响。这三大宗教在世界各地的传播又各具特点。同学们学习了某一两种具体的宗教活动的历史，不仅可以学得某些知识，如果能举一反三，从中学习到历史唯物主义的思想方法，对我们编写者将是最大的鼓励。

现代高等教育为国家培养的人才，如果他们对祖国传统文化及世界传统文化了解得不多、不够，就无法满足当前面向世界、面向未来的新局面的需要。过去，我们对宗教学科注意不够，现在补上这一空白，很及时，很必要。国家组织人力，为高等院校文科选修课编写一系列宗教学教材，是一项重大改革，这一创举令人鼓舞。

世界宗教研究所接受国家教委的委托，承担了《佛教史》《基督教史》《伊斯兰教史》《宗教学通论》的编写任务。这几部书的主编都具有高等院校教学经验，内容力求简明，立论力求妥稳，以期适合我国大学生水平。希望各校使用过程中，发挥教师课堂讲授的主动性，积累经验，发现问题，以便进一步修改，使它进一步得到完善。

1988年10月

读徐怀启遗著《古代基督教史》*

徐怀启先生是我国基督教研究的专家，这部《古代基督教史》是他晚年基督教史著作的一部分，全书未竟，只有这一部分留下来。现公开出版，无疑是为我国文化界增加了一份财富。

该书掌握资料运用资料方面，经过消化、提炼，并不是轻易地下笔。它慎重、客观，没有什么多余的评论，留给读者自己去判断，这种态度是可贵的。因为徐先生晚年所处的环境多受极“左”思潮的影响。1979年，全国宗教学会议上制订宗教学研究规划，学术界开始有了起色。从此，宗教学作为一门学科，可以讨论、分析、研究了。在长期禁锢状态下一旦获得解放，有些人还不大习惯，仍有忽“左”忽右的现象，难以避免，应当看作是正常的。不幸的是，徐怀启先生从1979年以后，身体一直不大好，未能充分利用这一有利的大气候，把平生丰厚的积累，及时整理出来留给世人，这固然是徐先生的遗憾，更是学术界的损失。

古代基督教史和其他宗教的古代史一样，都夹杂着大量神话

* 据徐怀启：《古代基督教史》，华东师范大学出版社，1988年7月版。该序曾载《时代与思潮（1）——五四反思》，华东师范大学出版社，1989年4月版。曾收入《任继愈学术文化随笔》。

传说成分。如何处理这些真真假假的资料，可有种种方式：有沿袭着旧日传说跑的，甚至利用现代科技手段、传播媒介（如广播电视），向群众展示耶稣当年受难后的裹尸布；也有采取粗暴的态度，对流传资料不予理睬的。徐著不轻率地肯定或否定有关神话传统，而是把有关的重要资料介绍出来，留给读者去判断。

他叙述的方法也比较现代化，没有烦琐的引证，而是简练地把结论交给读者。每一个论断都有坚实的、大量的材料作为基础，好比舞台演剧，分出前台、后台，前台与观众见面的人物和道具都是在戏剧中不可缺少的，而更多的道具、材料、设备都在后台，未与观众直接见面。写书也一样，有些作者不善于驾驭材料，把材料一股脑儿搬出来展示，使舞台非常拥挤，冲淡了主题，浪费了空间。徐著取材极为广泛（下过功夫的人，更能体会到这一特点），不把可有可无的资料都展示给读者。当前史学著作中，有两种偏向，一种是不接触原始资料，辗转引用，出处无据；一种是大量摘引，流于烦琐。徐著《古代基督教史》则避免了这两种偏向。

研究基督教，不可避免会遇到神学理论问题，如“意志自由”，就是千年聚讼的老问题。现以徐著《古代基督教史》第208-211页（华东师范大学出版社，1988年版）讲“意志自由”的一段为例，可以看出作者对基督教神学的造诣：

> 什么叫意志自由？无拘无束地愿望做什么，就可以立定志愿去做。什么叫作选择自由？摆在面前有二个以上的可能，自己可以按照自己的愿望和考虑选其中的任何一个可能。如果一个人的某个行动，是经过他自己的理智，依照客观世界道德秩序所做的考虑而选择的，并且通过意志的决定，这个行动才具

有道德的意义，否则就不可能具有任何道德的意义。

就是说，由于有“意志自由”，行为者在行动之前有完全的选择自由，如果谁做了错误的选择，犯了罪，那是咎由自取，不是神所预定的。由此可以得出结论，人对自己的犯罪是应该而且必须负责的。既然自己负责，犯罪是自由的，犯了罪就不可能自由得不受惩罚。

> 就亚当的犯罪来说，在没犯罪之先，他有绝对的自由。他可以犯，也可以不犯。一旦犯了罪，他就没有自由来处理这已经犯了的罪。在没有破坏他与神之间的应有的关系之前，他是绝对自由的。他可以破坏，也可以不破坏。如果他一旦破坏了，他就没有丝毫的自由，……于是人类开始了漫长的堕落时期。

在基督教史的研究著作中，我国国内的一些出版物关于中世纪以来的理论叙述，很少达到这样深度、这样明晰的。徐著为基督教史研究打下了一个良好基础。当然在宗教史领域里，还有更多的工作要做。

《圣经》上说的犯罪，是触犯了道德规范，而道德规范本身又是谁来规定的？行为不遵守“上帝”的禁令就是犯罪，“上帝的禁令”如果规定得不合理，又该不该冲破它？道德规范，事实上是客观存在的。人们对本民族的道德规范在一定时期内，没有任意选择的自由。时移世变，又有新的道德规范出现，由新的代替了旧的。新出现的道德规范也还不是由人自由选择的。总之，越深究问题越多。高明的“上帝”也答复不了人间的难题。

社会发展的历史表明，宗教是人类社会发展到一定阶段才会发生的一种社会现象。人类社会的初期还不能产生宗教。从没有宗教到产生宗教，标志着人类社会的进步。宗教是历史的产物，也受历史发展规律的支配，自有其兴废过程。

宗教的发展变迁与社会历史的发展变迁息息相关，社会历史变化了，宗教也发生变化。宗教生活受社会生活的制约，尤其是政治生活的制约。历史上有些民族，原先共同信仰某一种宗教，由于政治的原因（有的被迫，有的自动）改信了另一种宗教。这类例子很多，中国有过，外国也有过。宗教存在于民族中间，有全民族共同信奉同一种宗教的，有一个民族有多种宗教的，也有同一个民族，早先信奉一种宗教，后来又改信另一种宗教的。至于个人信仰的改变那就更不稀奇，有阶级存在的社会里，有的宗教信仰流行于社会上层，有的信仰流行于社会下层。这种差异都不是宗教本身造成的。因此，科学地认识宗教、研究宗教，唯一正确的方法是用历史说明宗教，而不是用宗教说明历史。

学术发展前进的内在条件是百家争鸣，学术要发展就要避免外来干预。回顾几十年的经历，我们的学术界恰恰在这两个方面发生过不少过失。今天幸运地有了百家争鸣气氛，可惜有时还不习惯运用它，有时巴不得对所有问题都马上得出一致的结论。有的学术问题难于仓促下结论，要长期研究；也有的学术问题可以诸说并存，不需定于一尊。比如，关于宗教起源的问题，可以从人类学、社会学、考古学、语言学等许多方面进行探索，目前虽有许多说法，似乎还没有一家的说法可以使人满意。只有让大家去分头研究，不能求速效。

徐怀启先生的《古代基督教史》是一部有分量的学术著作。有了开端，还要有人继续开拓才行。有待开拓的领域还很多，如通史以外的断代史、专人、专著的研究，有的还没有起步。研究人员的工具也不完善（理论工具、语言工具、社会实践知识等），要大家共同关心、努力。宗教研究不同于宗教信仰，不能看成仅仅是宗教界的事，它是文化建设的一部分，应当全民族共同关心它的发展。

《林兆恩与三一教》序*

林国平同志从事三一教的研究多年，他的硕士毕业论文是三一教研究。此后，在原来的基础上进一步钻研原始资料，深入社会调查，他的研究水平有了很大提高。现在他的新著《林兆恩与三一教》即将问世，国平同志的导师刘蕙孙教授与国平同志嘱我为此书写几句话。我初步看过原稿，这是一部材料充实的学术著作，值得向读者推荐。

三教合一是唐宋以后中国社会思潮的主旋律。唐代三教鼎立，三教都为大一统的政权服务。尽管总的方向是一致的，但三教又各有自己的立教宗旨，宗派利益有时互相矛盾，甚至发生冲突。唐朝中叶，这已开始引起有识之士的注意。为了维持大一统的封建社会的长治久安，三教关系必须协调一致，发挥其上层建筑应有的作用，而融合三教的共同点，则会使它更有效地为中国大一统的封建王朝服务。为了完成三教合一的要求，必须满足三个条件：

第一，有利于大一统集中统一的政治局面。

第二，有利于全国广大的小农经济的发展。

---

* 据林国平：《林兆恩与三一教》，福建人民出版社，1992年2月版。

第三，顺应社会思潮发展的总趋势。

秦汉以后，大一统的封建王朝已经成为中国政权的基本模式，直到1840年鸦片战争，这一集中统一的模式没有改变。中国地域辽阔，中央政府如果不能高度集中，必致四分五裂，陷入混乱。只有不断加强中央政府的集中管理能力，才可能更有效地发挥统一政权的职能。

中国封建社会是小农经济为主体的社会。政府权力集中过了头，个体分散的小农经济不易得到正常发展。两者的关系如何协调就成为秦汉以后历代王朝的中心课题。宋以后才基本上解决了这一对矛盾，主要是三教融合取得成功，形成了以儒教为中心，佛、道为辅翼的三教合一体制。

再从哲学思想发展的趋势来看，宋代理学成功地吸收了佛教、道教的心性之学，建立了儒教的新体系，即所谓“宋明理学”，“内圣外王”之道，从修身到治国平天下，融为完整体系。

宋明理学向下延伸到清朝，前后近一千年之久，理学的主流学派是朱熹的理学。由于朱熹一派发生偏向，诱发了王守仁学派。王守仁学派仍是理学中的一支，是朱子学派的反响，没有朱学就没有王学。王学成为明中叶以后的显学，学派又分为若干支派。林兆恩的三一教是王学同时稍后的一个地方性的新学派。这一点，林国平同志的著作中有适当的说明。

过去研究哲学史多着眼于与官方联系较多的学派，流行于民间的学派常被忽视，林兆恩的三一教就是一例。既然是历史上曾经出现的社会思潮，发生过广泛的影响，我们治哲学史、学术史的就应该给以关注。三一教影响深远的现象，反过来可以帮助认识在朝的正统学派的思想实质。

本书对明代思想的演变和发展也有详细的介绍，这是过去三一教研究者不够注意的。这部书补足了这一薄弱环节。关于三一教的“九序心法”，作者有相当明晰的论述，也是本书的一个特色。

林国平同志花了大量精力，进行了广泛的第一手实地调查。这种重事实、不尚空谈的学风值得提倡。

1991年8月12日

值得纪念的三十年*

世界宗教研究所创建于1964年，从无到有，白手起家，这三十年为国家培育了人才，也积累了后人进一步研究可供参考的资料。成绩得失，留待别人评说。作为这个研究所的筹建者之一，又亲身经历了多次大大小小的变革，还是有些话应当说一说。

世界宗教研究所是我国第一个宗教方面的研究所，没有样板可供模仿，完全是我们自己走过来的。它的建立满足了国家的需要。在这以前，我们对世界宗教所知甚少，不用说国外，连国内的宗教情况也不甚了了。我们规定，研究任何宗教，要深入了解该宗教的理论、现状和历史。我们一开始就注意普查世界宗教的分布、信仰者的人数、教派组织现状，同时也注意宗教的理论和宗教的历史。三方面并重，增加了研究的深度，从而避免片面性。

我们的研究方法，明确提出以马克思主义哲学、历史唯物主义为指导思想。我们国家不少宗教团体及附设的研究机构，他们在教言教，和我们有不同的世界观和不同的研究道路。把宗教作为一种社会现象来考察，不带任何主观成见，实事求是地研究宗教的科研机构，我们是首创者。我们的研究成果不但在国内引起重视，在国

* 原载《世界宗教研究》1994年第4期。

外的学术界也产生了影响。

我们建立这个研究所时，把长期的工作重点放在“积累资料、培养人才”这两方面。安排选题、制定规划，处处想到“积累资料、培养人才”这个长期任务。三十年来，这个愿望已收到预期的效果，当然这还是初步的成效。我们的图书资料工作，在北京、在国内的专业图书资料工作中，算是比较充实的。图书资料方面的整理也取得海内外学术界的承认，专家学者的书架上不难发现我们的出版物。

培养人才方面，三十年来也看到成效。国内有的大学和研究机构普遍存在着人才后继乏人的现象，我们研究所各个大的宗教研究的人才没有发生这样的危机。这也说明三十年培育人才的工作见到效果。

再有，更重要的一点是我们研究所从建所开始，树立了实事求是的学风，提倡独立钻研，从第一手材料入手。社会调查要亲身到第一线，取得第一手材料；文献研究也要找到第一手材料，辗转抄袭、盲从、随风倒的学风没有市场。靠了这点正确的学风，在学术界、在出版界赢得声誉和信任。近几年，商品经济的风在社会上到处吹，学术界也出现了急功近利、迎合低级趣味、抄袭成书的邪风。但这在我们宗教研究所未能得势。这也是我们宗教研究的好传统，值得保持和发扬。

建设有中国特色的社会主义是中华民族的共同任务。这个总任务分担到我们宗教研究所，分担到我们宗教研究所的每一个人的肩上，就要求我们的宗教研究中也要体现出结合中国实际，做出有利于精神文明建设的成绩。愿我们大家共同努力，承担起社会主义精神文明建设的宏伟事业的重任。

用历史说明宗教*

一年前，美国总统克林顿访华，中华人民共和国江泽民主席与克林顿总统在北京举行记者招待会。江主席的发言曾引起全世界的关注。其中有一段话，他说，我们社会主义国家是无神论者，不相信宗教，但是我们尊重一切宗教信仰的自由。他代表中国，以政府领导人的身份讲这番话。这是我们中国人研究宗教的共同立足点，宗教信仰得到尊重，宗教研究享有自由。

南京大学成立宗教学系，这是学术界的一件盛事。记得二十年前，在北京大学成立了我国第一个宗教学系，以后有四川大学。这次南京大学宗教学系的成立，说明我们国家的文化建设有了发展，国家有此需要，也说明南大的宗教研究有相当基础，具备了成立宗教学系的条件，特别是在佛教研究方面，成绩比较突出。南大宗教学系应继续发扬自己的优势，由此扩充开去，必将取得更大的成绩。我在这里向南京大学领导及全系师生表示衷心的祝贺！

我们国家经济建设已取得很大的进步，在物质文明、科学技术方面，近三十年来，我们的成就已为举世公认。但也走过一些弯

* 本文原名《宗教与宗教研究——在南京大学宗教学系成立大会上的发言》（2000年），收入《竹影集》时改今名。曾收入《任继愈宗教论集》。

路，工业建设有一部分投入的人力物力不小，但收效不显著，原因在于低水平的重复建设过多。我们的学科建设属于文化建设，与物质建设比翼齐飞，必将促进国家综合国力的健康发展，也要避免低水平的重复建设，办出自己的特长，以特长带动全面发展，开始时不一定求全、求完备，打好基础，稳步前进。

宗教学科是人文科学的重要组成部分，它与哲学一样，带有民族的、历史的、社会的、文化传统的以及地域的特色。如果忽略这些特色，人云亦云，没有接触到问题的实质，研究成果的价值就不大，甚至没有价值，如果没有尽到为新文化添砖加瓦的责任，与社会对我们的要求不相适应，将事与愿违。我相信这种情况不会发生，但应力求避免。

在现有哲学系人力物力的基础上建立宗教学系，这是一个很好的条件，甚至可以说是个必备的条件。因为哲学系向研究者提供了一个思想方法培训的基础，这就是历史唯物主义。这个方法为观察社会、研究历史、解剖思想体系提供了一个新的工具。只有把社会现象放在一定的社会历史条件之下来分析、观察，才可以透过种种迷雾看到它的本质。我们不是用宗教说明历史，而是用历史说明宗教。

中国历史上的黄巾起义打着宗教的旗帜，以宗教相号召，“苍天已死，黄天当立”，实质上是饥民寻食的战争。近五十年间，人们亲眼所见、亲身所经历的种种社会动荡，往往在宗教口号下发动局部战争。但实质不在口号，而是由于各种政治的、经济的利益的驱动。中东地区的宗教纠纷，原因不在教义的分歧解释，而在于石油的开采利益。孟加拉国与巴基斯坦都奉真纳为国父，本来是一个国家，都称巴基斯坦（称“东巴”和“西巴”）。后来由于东巴富足、西巴穷困，东巴独立了，建成了孟加拉国。非洲的阿尔及利亚为摆脱法国殖民统治，提出“为安拉而战”。欧洲史上出现过七次十字军东征，如果不是政治的、经济的原因，一次东征也不会发生。

近代中国太平天国与清政府开展十几年的血战，太平军一方提出的口号是“代表上帝消灭妖魔”，曾国藩一方提出“保卫孔孟之教”，实际上是农民政权与清政府的争夺战。中外古今的宗教战争，没有一次是单纯为争教义的是非而大动干戈的。

我们宗教学系是研究、认识宗教现象的学术机构。我们要吸收一切现代科学方法、科学手段来研究宗教。这里不是不食人间烟火的世外仙境，而是密切关怀国家命运、广大人民生活的学术研究机构。宗教学研究与哲学研究都要深入生活，干预生活，接近社会，深入社会，关心人民的疾苦，关心人民的生活。这门学科不是不动感情，坐而论道，空谈修养，而是要走进社会，深入民间，多做社会调查（历史文献史料是前人的社会调查）。

宗教研究的前途是光明无限的，宗教研究也为创建人类精神文明尽了自己的力量。

宗教学理论研究不能脱离实际和现状*

宗教学理论研究不能脱离实际和现状。宗教学在全世界被当作一门学科来研究已有一百多年的历史。今天，对于我们研究宗教的人来说，应引起注意的是，我们是在什么地方，以什么身份来研究宗教的？

宗教学研究与物理、化学研究不一样，物理化学没有地区性，没有民族性。可是宗教不同，它带有地区性、民族性。所以，只有结合历史的条件来研究，才不至于落空，不至于走岔路。我们国家是一个多民族的、统一的社会主义国家，以这一资格，我们在国际上才有发言权；失去这一身份，我们在国际上也就没有了地位，更谈不上在学术方面的地位。所以，我们研究问题要立足于这一立场，对有利于多民族统一的社会主义国家的现象和行为，我们就积极地支持；对破坏多民族统一的社会主义国家的现象和行为，我们就要抵制。敌对势力也恰恰是针对这方面对我们下手的，破坏民族团结，他们很积极；破坏国家统一，他们也很积极，就是因为他们看到我们的优势在这里，我们的综合国力在这里。

---

* 原载《中国宗教》2001年第2期。

大家积极勤奋地学习，这是好习惯，应予鼓励。但我们越是研究高高在上的抽象问题，就越不要忘了当前现实生活中的具体问题，把这两者密切结合起来才行。我们研究历史、宗教史的都知道宗教战争，分析一下，有哪一次战争是单纯地为了宗教而战的呢？没有，没有一次是纯粹宗教目的的战争，都是经济、政治、社会利益各方面矛盾爆发的产物。所以，我们越是研究抽象问题就越不要脱离实际、脱离现状。

（再论）用历史说明宗教*
——《宗教学小辞典·绪论》

宗教是人类社会发展到一定水平必然出现的一种社会现象。它是历史的产物。二百万年以前已经出现人类，从考古发现的实物，还未发现存在宗教信奉的痕迹。宗教萌芽的重要标志是“灵魂不死”观念的出现。

中国是保存古人类化石和旧石器文化十分丰富的国家。旧石器时代的元谋人、蓝田人、北京人等都未发现原始人墓葬中有宗教信仰的遗迹。距今一万八千年前的山顶洞人处在旧石器时代的晚期，那时正当原始人群进入母系社会。山顶洞人生活的地区也就是北京猿人活动的地区。从墓葬遗迹中发现埋葬死者有了一定规矩。随葬物品中有死者生前的日用生活工具和生产工具，有精密钻孔的石珠、兽牙、鱼骨等装饰品。在当时的生产条件下，制造这些物品要花去大量人力，算得上是高档的、奢侈的装饰品。山顶洞人的脑髓比北京人发达得多，已在现代人脑量变异范围之内。更值得注意

* 本文原系作者为《宗教学小辞典》（上海辞书出版社，2001年12月版）所撰写的绪论，收入《竹影集》时定名为《用历史说明宗教》，收入《任继愈宗教论集》时特加“再论”两字。

的是在死者身旁撒有红色铁矿粉粒，说明山顶洞人已有了“灵魂不死”的观念。这种情况也发生在世界其他地方。他们的“灵魂不死”观念不及后来人那样清晰、系统，但可以断定他们认为人死后将以另一种形式延续下去，否则那些规矩和随葬品便毫无意义。

根据古人类学家的分析，红色代表血和生命，是火与温暖的象征，撒红色铁矿粉可能表示给死者以温暖，希望死者过着生前一样的生活。北京周口店地质为石灰岩，不含铁矿，最近的铁矿在河北宣化，距周口店二百公里，可见当时人是有意识运来陪葬的。远古时期，人们用火在夜间驱兽自卫，由此可以推想，红色粉粒也可以保护死者，使其免受侵害。后来，红色成了被尊崇的颜色。河南王湾先夏文化墓葬遗骸，其头骨上多涂以朱色。我国古代将牲血涂在器物上，叫作“衅”，也当与远古关于红血的神秘崇拜有关。新制的钟、鼓、盾、旗帜与祭神、战争重大活动有关的器物，在启用时必先杀牲畜，用血抹其缝隙。我国西南少数民族中，还有用牲畜血涂身以防鬼。中国古代宫殿、寺院围墙涂以丹朱，也是从这个意义上演变而来的。

“灵魂不死”的观念是宗教的重要标志，表明原始人开始思考人的生死问题，从现实生活推想死后生活，它是由人们对睡眠、做梦、死亡、生病等生理现象的不理解和对死去亲人的怀念之情而引起的。因为古人还不知道人的身体构造以及思维活动的来历，认为人体中有一种独特的东西，可以在死后离开身体，单独存在，即所谓“灵魂”。这里也接触到身体与灵魂的关系问题。后来系统的宗教神学就是沿着这一思路发展而形成的。中世纪时，“灵魂不死”与“上帝存在”“意志自由”，遂成为三大神学热门话题。

随着人类社会生产的发展、智力的提高、科学的进步，母系氏族社会有了原始农业；发明弓箭，表明人类已懂得拉力、弹力。发明制陶技术，表明人们已懂得运用火来改变泥制器物的化学性质，造出与原材料性质不同的新产品。人一方面在改造自然上取得成功，同时又对洪水、天灾无能为力。人对自然有依赖、有改造，又对它有时表现为畏惧、崇拜。对自然既不理解，又想驾驭，于是产生了幻想中征服自然的神话。最早的自然观，即包括在原始宗教之中。

在原始人心目中，日、月、风雨、雷电都是神灵，山河大地也有神灵主宰。人有灵魂，山川、树木也有灵魂，万物有灵论是原始人认识自然的共同的思维方式。既然万物有灵，人与万物有共同相通之处，便产生祭祀活动，求得神的欢心。古代各地原始部落都把祭祀看作头等大事来看待。我国古代农业为主要衣食之源，对于土地和谷物之神更加崇拜。“社”是土地之神，“稷”是五谷之神。

由氏族社会到建立国家机构，地上王国的权力和管辖的地域扩大了，地上有统一的国君，天上也随着有了统治一切的“帝”或“天帝”。地上国君有极大的刑赏权力，天神王国也有奖善罚恶的权力。古代中国一开始就有了政教合一的统治形式。

人类对自然界的了解，随着生产进步、科学发达，有了明显的提高，但人们对社会、对人类、自然的了解相对滞后，对身边天天遇到的现象反倒不好理解。比如，理论上，上天奖善罚恶，现实生活中，善人受罪、恶人享福的现象随处可见。宗教必然要回答这类人人关心的切身问题。在人文宗教中，各地区、各民族的每种宗教都提出了自己的解释——宗教理论。各自从自己的体系中构建出两个世界的理论：一个是现实世界，一个是超现实的彼岸世界。现实世界中遭受的不幸和苦难，能在宗教指引下，从彼岸世界的“天堂”中得到补偿。为恶者，虽然今世没有受到惩罚，在死后要受到更重的处罚。一切宗教都有各自的来世说。有的宗教主张死后得到解脱，也有的宗教主张只要精神上得到解脱，现实世界中自有“彼岸”，即是“乐土”，不一定等到死后。关于“来世”“彼岸”的不同说法，形成宗教教义中众多的学说及流派。有时出于地区和集团的经济利益、族群利益、政治利益，同一宗教的信徒也会引起流血战争，号称保卫宗教的战争。可见，宗教并非孤立于社会之外，它是现实社会政治、经济现状的一面镜子，宗教并非只讲“天国”，不涉及现实生活。它是现实生活曲折的反映。我们不是用宗教说明历史，而是用历史说明宗教。

原始社会的宗教还不具备后来完备的宗教形式和内容，只是有一些朦胧的鬼神观念，认为人死后，他的躯体停止活动，而他的身体的另一部分灵魂还照常活动。考古发现的大批殉葬物品可以说明，当时人们相信死后还会过着生前一样的生活，所以把死者生前用过的生活用具和生产用具随同放在死者的身旁。

宗教这种社会现象也经历了从发生到成熟的发展过程。既然历史地出现，也应当历史地消亡，这本来是世界上一切事物的规律。我们已经看到了宗教的产生和发展；至于消亡，那是遥远的将来的事，甚至是国家组织消亡以后的事。现在，我们关心的是对宗教现象当前的活动规律及社会作用的认识。

全世界六十亿人口中，没有宗教信仰的人占少数，有信仰的人占多数。在信仰宗教的人群中，有一部分只有原始宗教信仰，另一部分信仰人文宗教。原始宗教流行在文化科学不发达的地区，他们大多数生产落后、交通闭塞，有的只有语言没有文字，更谈不上科学、哲学。原始宗教信仰同他们的风俗习惯完全一致。它的活动是全民性的。他们的宗教活动又是民族节日活动，是生产活动（狩猎、种植），也是庆丰收、全民族参加的文娱活动，也是祭祀活动。祭祀的领导人同时也是宗教仪式的主持人。随着全球经济生活交流日益频繁，原始社会逐渐解体，原始宗教成为古代社会的活化石，日渐消亡。原始宗教品类复杂，多种多样，活动范围只限于它的本民族，不能传播到远处。原始宗教以自然自发形态存在，又称自然宗教。

随着社会的发展、科学文明的进步，宗教的形态也由自然宗教发展为人文宗教。它摆脱了低级、自然的状态，增加了文化内容，于是出现了人文宗教，这是宗教发展的高级形态。

人文宗教不同于原始宗教，有以下三点：第一，有系统的宗教教义，提出该宗教的基本主张，有自己的经典著作，为本派教徒共同诵读，有理论；第二，有固定的、成系统的宗教活动规范仪式，从仪式上可以判定这种宗教与其他宗教的明显区别；第三，有固定的宗教组织，上层有领导核心，下边有分层分级的团体，上下统属机构有一定规章，是为教团。人文宗教必须有教义、教仪和教团。迄今影响着世界广大人口的几大宗教都属于人文宗教，它们是基督教、伊斯兰教、佛教。这三大宗教的影响已超出它们原来创始的发源地，穿越国界，成为世界性的宗教。三大宗教各教内部又有许多流派，基督教系统内又有罗马天主教，与罗马天主教对立的有东正教。在天主教内部又有宗教革命的新教，新教中又分化为不同教派。还有只流行于本族、本地区的一些宗教，如中国的道教、印度的印度教、日本的神道教、只流行于犹太民族的犹太教等等。

佛教、基督教和伊斯兰教，这世界三大宗教迄今影响着世界广大人口。

佛教创立于公元前6世纪至前5世纪，发源于古印度地区，创立者为释迦牟尼。佛教是在反对婆罗门教的运动中产生的新的宗教，曾在公元前3世纪被阿育王定为国教。但在古代印度，邦国林立，不相统属，号称统一时期，其统一并不十分巩固。此后佛教传入印度邻国，超出了国界，逐渐形成世界性的宗教。公元6、7世纪逐渐向东北方向传播，影响到中亚、中国西藏地区及其他地区。佛教起初信奉者不多，后来势力扩大，分成若干部派，后期佛教自称为“大乘”，早期佛教被称为“小乘”。13世纪时，因印度教兴盛、伊斯兰教传入，佛教在印度本土一蹶不振，以至消失，到19世纪末又在印度重建，但远非当年面貌。佛教离开本土，一些支派反而兴盛起来。在东南亚得到传播的主要是小乘佛教，在中国形成汉传佛教、藏传佛教两大支派。汉传佛教首先在中国得到很大发展，又由中国传到日本、朝鲜、越南，藏传佛教传播于中国西南、西北及蒙古，以及俄罗斯远东，19世纪传入欧美。

基督教产生于公元1世纪，开始传播于巴勒斯坦及小亚细亚地区，随之发展到古罗马帝国全境，于4世纪末成为罗马帝国的国教，基督教影响到整个欧洲。近代以来，随着欧洲殖民主义的扩张，基督教传入非洲、美洲、亚洲、澳大利亚等地，成为世界上人数最多、影响最大的宗教。

伊斯兰教创立于公元7世纪，创教人为阿拉伯半岛的穆罕默德。8世纪时已发展为跨欧、亚、非三洲的世界性宗教。伊斯兰教以阿拉伯世界为中心，扩展到波斯（伊朗）、巴基斯坦、印度次大陆、中国西部和内地。近代以来，由于石油资源的掠夺日趋激烈，欧美、日本等也出现了伊斯兰教信徒。

第一次世界大战后，旧秩序遭到破坏，战争给人们带来生命财产的极大损失，经济凋敝，生活困难，人们对传统宗教的教理、教义发生怀疑，在西欧和东方产生了大批新兴宗教，在不同地区表现为不同特色，总的趋向是对旧有的宗教给予新的诠释。第二次世界大战后，世界动荡加剧，社会秩序及人们对传统的人生观、价值观、宗教观又有所不满，又有新的要求，新兴宗教又有大的发展。20世纪60—70年代，非洲、拉丁美洲也有了新兴宗教流派。新兴宗教多未被正统的教会、教派所接受。这些教派团体在非洲有八千个以上，拉美有三千个以上，北美欧洲各有两千个以上。南亚、东亚、澳洲及苏联地区也有千数以上。东北亚以日本为最多。新兴宗教的教主对青年信众有一定号召力，一般为现在活着的有政治野心或个人私利或集团利益的组织者或领袖人物。也有别有用心的教主，在宗教的外衣下，干着危害社会的罪恶行为，这些不是宗教，而是危害人类的邪教，如日本的奥姆真理教，制造毒气，造成许多平民中毒丧生；北美的人民圣殿教，为贩卖军火的工具，制造教徒集体自杀。中国近年来有邪教“法轮功”，宣传“世界末日”，对教徒实行强化训练，鼓励信众自焚，教徒有病不医治而死亡者达千人以上。

新兴宗教流派复杂，品类不齐，不下数千种，时生时灭，其中大多数具有宗教性质。有少数邪教以宗教为外衣，实质具有黑社会性质。教主对教徒除了敛财，还有教徒入教后没有人身自由，没有退出该教的自由。邪教人数不多，但危害甚大，这是半个世纪以来出现的新情况，应当引起高度重视。

中国是一个多民族、多宗教的国家。由于地域广大，经济文化发展不平衡，原始宗教（自然宗教）与人文宗教（人为宗教）同时存在。还有外来宗教，如佛教、基督教、伊斯兰教，产生于本土的有道教和儒教。

儒教是中国本土的宗教，源自远古“敬天法祖”的宗教信仰，它是中国大一统的农业社会的产物，对中国思想文化有着深远的影响，它代表着古代华夏文明的传统精神。佛教由印度传入中国后，通过与儒教、道教思想的融合，得以中国化，形成具有中国特色的中国佛教流派。日本、朝鲜诸国都曾受过中国佛教的直接影响。道教也是中国本土历史悠久、信徒众多的宗教，2世纪时逐渐形成宗教社会组织，5至10世纪期间曾与儒教、佛教并立，号称“三教”。

从公元5至10世纪，中国三大宗教中，佛教势力最大，道教第二，儒教居末。从10世纪到20世纪初的辛亥革命，儒教充分利用其政教合一的特权，占绝对优势，佛、道二教处于从属的地位。佛、儒、道三教势力随着社会政治形势的变化而互有消长，但三教对中国传统文化都有深远的影响，它们是中国传统文化的三大支柱。

儒教在中国古代创造了十分紧密的政教合一形式。政权即教权，皇帝发布政令开头是“奉天承运皇帝，诏曰……”，皇帝的身份是“天”之子。中国秦汉以后政教合一、政教不分的形式为地域辽阔、多民族的国家实行有效统治找到一种最佳政治结构。中国高度统一能够长期维持，儒教的政教合一体制起了重要作用。由于政权、教权长期融为一体，辛亥革命（1911年）使皇帝的政权被推翻，随着皇权的垮台，儒教的教团组织也被取缔。儒教凭借与政权关系紧密而得势，也因与政权密不可分而消亡。佛教、道教与政权没有融为一体，皇权推翻后，佛教、道教依然存在，因为宗教不同于政权，不是行政力量可以消灭的。

7世纪，景教传入中国，这是基督教传入中国的开始，以后元、明、清历代多次来华传教，都未能立足，直到1840年鸦片战争后，在外国武力干涉下，才得以扎下根来。伊斯兰教在唐宋之际，由海、陆两路传入中国，后由西部向东部扩展，排除了在新疆及我国西部其他地区原有的佛教势力，在回鹘、维吾尔等十多个少数民族中逐渐扎根，形成我国西部地区特色的伊斯兰教，体现了中国伊斯兰教文化。摩尼教于隋唐时期传入中国，流行于新疆一带，后来也逐渐被伊斯兰教排斥，今已不复存在，只有部分石窟壁画还保存着当年的遗迹。入华犹太人在宋代曾在河南开封等地组建过犹太教社区，后来犹太人学习中国儒教文化，与中国传统文化融合，参加中国士人科举考试，遂融入儒教，放弃原来的信仰，犹太教在中国已荡然无存。历史事实表明，不论是个人还是民族，其宗教信仰不是不可改变的。

据1996年不完全统计，我国信教群众约上亿人。其中，信仰藏传佛教的约八百万人，信仰云南上座部佛教的约一百五十万人，信仰伊斯兰教的约一千七百万人，信仰天主教的约四百万人，信仰基督教（新教）的约一千万人；汉传佛教及道教主要流行于汉族聚居地区，有广泛影响，但无确切统计。周恩来曾说过，中国各种教徒有几千万人，加上在家信教不去寺观教堂的，约上亿人口。此外，还有一些民间信仰，因不具备宗教的完整形态，未被认可，信仰人数无从统计。

《中华人民共和国宪法》规定，公民有信仰宗教的自由，任何国家机关、社会团体和个人不得强制公民信仰宗教或不信仰宗教，不得歧视信仰宗教的公民和不信仰宗教的公民。国家保护正常的宗教活动。任何人不得利用宗教进行破坏社会秩序、损害公民身体健康、妨碍国家教育制度的活动。宗教团体和宗教事务不受外国势力的支配。

社会主义制度下的宗教政策，保护宗教信仰自由，充分体现了宪法尊重公民的民主权利。从历史唯物主义的立场看宗教，必须承认社会主义制度下还有宗教存在的社会基础。宗教信仰自由是每一个公民的权利，爱国主义是每一个公民的义务。中华人民共和国的公民，不论其宗教信仰，都必须爱国，爱国主义是每一个公民必须遵守的总原则。正是在爱国主义这一总原则下，宗教徒和马克思主义无神论者才有可能团结起来，共同建设社会主义。爱国主义和宗教信仰自由是互不可少的两大原则。

《宗教大辞典》出版以来，受到社会广泛关注。作为编者，我们为能为关心宗教文化及研究宗教的读者提供一部可用的大型工具书深感欣慰。读者的要求是多方面的，也有一部分专门从事某一种宗教工作或信仰的读者只要求手头有一部可检索自己研究的专门的工具书，使用起来更方便。为了适应不同读者的需要，编委会受上海辞书出版社的委托，按宗教类别分门别类出版专业宗教小辞典。

为了迎接文化高潮的到来，宗教知识从来没有像今天这样被重视。作为编者，能为今天的文化建设，为增进国际文化交流，为提高人民的宗教文化知识水平而尽力，我们无比高兴。

2001年8月于北京

从兄弟民族宗教看古代中国文化*

中国是个统一的多民族大国，分布在长城内外，大江南北，南到海南岛，北到黑龙江，西到新疆，东极东海。五十六个民族都对中华民族做出过贡献。众多民族之间经历了几千年的交流、融合，互存共进，今天已形成谁也离不开谁的中华民族整体。《萨满教论文集》从不同角度、层面反映了新中国萨满文化研究的新成果。作为新旧中国两种社会的经历者、见证人，我从心底感到高兴。

考古资料证明，宗教产生于新石器时代后期。社会生活实践不断丰富，人群与自然在严酷斗争中，对周围环境的认识逐渐深化，对自己族群的生存产生一定的凝聚意识，对环境改造取得一定成绩，对生死问题有朦胧的意识，有改善命运的愿望，又不能真正掌握它，需要借助外力时，宗教意识应运而生。

考古发现的殉葬物品中，摆放死者的生活用品及生产工具，足以说明古代人们相信死者的灵魂还会过着生前一样的生活。原始人群靠群体战胜严酷的自然环境和抵抗外来群体的掠夺，产生了族群的领袖，他们对族群有过贡献、立过大功，生前拥戴他，死后怀念

* 本文原系作者为《失落的辉煌——中国萨满论文集》所撰写的序言，收入《竹影集》时改今名。曾收入《皓首学术随笔·任继愈卷》。

他，这是祖先崇拜的起源。中国各族人民的口头文字流传着人类起源、战胜自然灾害、保卫族群的战斗英雄的历史。敬畏“天命”，向“天命”祈福，不论有文字记载的历史和口头传说的历史，各兄弟民族大同小异，基本相近。可见，中华民族的凝聚力源远流长，古老的宗教传说就是明证。

随着文明的进步，社会生活、政治生活不断丰富，与政治相适应的宗教活动也有所发展。比如，战胜自然灾害祈雨、预卜年景丰歉，占卜战争胜败的占星术，既有宗教信仰，又与古代萌芽状态的科学相纠结，迷信中包含着科学。本来对立的两种意识形态——科学与迷信，同时并存在人们的头脑里。原始社会如此，进入高度文明的社会，有了文字以后，这两者并没有彻底划分清楚。比如，墨子提倡科学实践，号称古代科学圣人，他同时信天信鬼。古代天文家与占星术混在一起。史书的天文志、天官书、五行志，既有科学，也有迷信。古代史官身兼巫师、占卜。《易经》尊为“六经”之首，是中国最早的经典文献，它的本来身份是占卜之书。

原始宗教记载着文化发展走过的道路。萨满教保存着北方地区众多民族史前史的轨迹。萨满教影响我国东北广大地区及俄国的远东地区，萨满文化中保存着最宝贵的原始资料。原始宗教的领袖管理生产、指挥战斗，有经验，有威信。最初的宗教领袖也是政治领袖。“萨满”代表“知识”，与其他原始宗教和汉文古籍相印证，这个诠释是合理的，如果说远古东北文化起源于萨满教，大致不差。随着考古实物的充实、科学研究的深入、与相关学科的相互印证，这种推论将会进一步得到证实。

关于萨满教的研究，我国虽起步较晚，却成绩斐然。因为我们新中国自己培养了一支能战斗的科研队伍，又掌握了大量原始资料，这一方面我们有优势，所以有较多的发言权。更主要的一条是我们能运用历史唯物主义的方法，遵循社会发展规律，比起西方就事论事，习惯于孤立地看问题的方法更为先进。我们不受“西方中心论”的干扰，根据中国国情，言之有据，有说服力，因而科研成果经得起历史考验。

还应当指出的是，我们新中国的历届政府制定了符合国情的宗教、民族政策。建国以后，政治改革，百废待兴，为了调查各少数民族的社会结构、生活习惯、经济结构，中央有计划地组织社会调查组分赴全国各地，南到云南、四川、贵州、海南岛，北到东北三省、内蒙古，从事社会调查，取得了第一手资料。通过调查，掌握了不少有历史价值的社会实况，当然也包括原始宗教在内。随后进一步深入调查，从中央到地方成立专门的宗教研究机构，开始培养新的宗教研究人员，当年的青年研究者已成为今天的专家、科研骨干。正是靠了他们辛勤的劳动，冲寒暑，历艰险，在十分简陋的条件下，取得了丰硕成果，为祖国文化建设积累了丰硕资料，为祖国文化建设尽了力，功不可没。

大量田野调查，及时抢救资料，学到萨满巫师专家的特长，取得了可喜的成绩。北方的萨满教、南方的彝文经典和纳西族的东巴文化翻译出版，这些成绩都说明，在各民族平等共处、相互尊重、相互学习的大环境下，才有可能把我们的宗教文化研究工作沿着健康的方向发展下去。

已有成绩是巨大的，给继续前进打下基础。按照科学研究的通则，应当说过去的研究工作主要属于描述性的，这是科学研究掌握材料的必由之路，也是不可缺少的一步。过去二十年来，我们的精力主要用在这方面。描述性的研究以后，紧接着是分析性的研究，进一步探索何以有那些现象。宗教仪轨的起源，社会因素、历史因素，以及原始宗教学、民族学、民俗学、神话学、社会学，等等。还有巫师请神的心理学、符咒者的精神状态等等，中间既有做法者的主观行为因素，也有职业训练的心理活动。

原始宗教不同于系统的人文宗教，它的发展阶段相当于宗教发生的自然阶段，相当于人类的童年时期。人类已进入21世纪，中国人民正为实现祖国的现代化而努力奋斗。深入研究原始宗教文化，并不是发思古之幽情，更不是把萨满教的宗教信仰普及推广，而是深入剖析萨满教，由表及里，从简单到复杂，从中发现人类认识世界的规律。既然发现人类文明起源于宗教，原始宗教又是宗教的源头。源头找准了、摸清了，对于文化未来的流向的认识也将会更有预见性。我们用自己的科研成果为未来新文化添砖加瓦，义不容辞，愿与大家共勉。

现代文明与宗教对话*

一

20世纪的后期，世界已进入经济一体化阶段。经济生活几乎不受国界、地区的限制。世界上一个局部发生了经济危机，很快波及全世界。这种情况，在一两百年以前是不存在的。现在，在全球各地旅行的人都会发现，每一个大的城市百货商店里陈列的日用商品，都由世界许多国家的工厂制造。结构复杂些的工业产品，如飞机、汽车、船只，它的零部件都不是出自一个国家和地区的，只是最后由一个工厂总成。这种现象说明生活细节中反映经济的一体化。

现代人正生活在一个充满了矛盾、困惑的世界。表现在诸多方面，仅列举几种现象来加以剖析。

“巧于制作（包括创造），拙于使用。”20世纪的后半期，工业技术有了空前的发展，人类以现有的手段，自称没有制造不出来的东西。中国古人称赞手艺高明的技术为“巧夺天工”，今天已不

* 原载《中国宗教》2004年第12期。

成问题。地球由星云演化，要有若干亿年才形成今天的面貌。有人宣称，用原子能弹头，可以在几分钟内毁灭地球好几次。难道一次还不够吗？

人能通过转基因制造新物种，连“上帝”也造不出的疯牛病、艾滋病、工业酸雨等，这些人造新产品漫不经心地出自今天的人类之手。

人亲手造出的产品有时使人类对它无法处理，像某些大国，拥有大量的原子武器，存在武器库，却不知如何使用，不能确定向什么地方投掷。虽然拥有它，但难以驾驭它，还唯恐别国仿制，科技先进的结果反倒成为负担。

“巧于生产，拙于分配”也是现代人遇到的新的矛盾。以粮食为例。一方面，粮食积压在仓库，陈旧变质，同时又有大批饥民，每年因营养不良死亡的儿童几十万上百万；另一方面，有能力制造出大量的纺织品，与此同时出现成千上万没有衣服穿的贫困人口，有的整个部族还过着赤身裸体的原始生活。

“物质产品极端丰富，精神生活相对贫乏”，这又是一对矛盾。信息交流空前发达，而心灵隔阂不断加深。由于隔阂，引起误解、敌对、仇恨，甚至导致流血战争，导致死亡的人数不断增加。自然死亡是生物规律，应无遗憾；非正常死亡却大大高于正常死亡。这一反常现象，见得多了，习以为常，反倒让人见怪不怪了。医学发达，从肢体移植到内脏移植，存活率逐年提高，几十个专家费去若干日日夜夜挽救一个生命，手术高明令人叹为奇迹；另一方面，一颗仇恨的炸弹一分钟内毁灭了成百上千个无辜生命。人类是聪明的，号称“万物之灵”，但人类做出的蠢事也居万物之首。

二

回溯人类从动物演变成人，首先的标志是从自然人、生物人进步为社会人。这是一个质的飞跃。昆虫（如蜜蜂、蚂蚁等）也有社会性，但它们的社会性是不自觉的、是本能的，所以只是重复地延续，而没有发展。千万年前的蜜蜂、蚂蚁与今天的蜜蜂、蚂蚁几乎没有什么两样。而人类自从社会化以后，却在不断改变着整个地球，也改变着人类自身。人类的势力不断扩张，挤占了其他物种的生存空间，物种逐渐减少、灭绝。自然界被掠夺，生存环境被人类挤占，应该是重要原因。

人类有高度文化的时期，根据从欧洲到亚洲的文献考古资料，大致都不超过五六千年。文化高度发达的时间还要短些，据历史记载欧亚都不超过三千年。西方从古希腊算起，中国从春秋战国算起。美洲的玛雅文明、非洲的古代文明因为材料不足，我们不便多做评论。

亚洲和欧洲人类这三千年来发展的重要标志是他们的宗教和哲学。人类文明起源于宗教，宗教为知识之母，是事实。人类有了宗教，是人类发现自我的第一步。宗教开始接触到人与自然、人与人、现实已知世界与未知世界是什么关系，古今宗教学者都有过认真的探索与解答。

由于社会结构、地理环境、生活条件的不同，欧洲的宗教和亚洲的宗教各自走着自己的路，长期独立发展，逐渐形成独特的文化传统。

欧洲率先发生了工业革命，这一变革促进了生产的飞跃发展。工业的革命改变了人类的社会关系，由一家一户的小生产转变为社会化大生产，改变了生活方式，改变了社会结构，改变了古代社会政治与宗教的关系，政教开始分离，产生了现代的国家组织形式。工业的大生产推动了科学技术，自然科学从16世纪以后有了飞速发展。

亚洲的中国走着与西方不同的另一条道路。华夏各族生活栖息于长江、黄河两大流域的广大地区，活动地域大小几乎相当于欧洲。春秋战国时期，人们开始酝酿建立多民族大一统的国家。秦汉时期，这样的构想成为现实（西欧自从罗马帝国解体后，再也没有建立起统一的大帝国）。中国建成多民族统一的大国，人民从中得到一些实际的利益。比如，统一大国利用国家权力消灭了内战；利用统一大国的综合国力，集中全国的财力、人力从事一些巨大的工程建设，如修长城用来防止侵略，建运河沟通南北经济交流；从事全国性的文化建设，编制大型图书，制定全国通行的官方文字，克服了中国地域辽阔、方言阻隔的障碍，有利于全国政令统一。在全国统一调配下，运用政令调剂全国的物资，荒年调拨粮食，转移灾民到丰收地区就食。多民族长期共处，政权领袖可以是汉族，也可由少数民族当皇帝，但统一的政权格局未变，奉行儒教的宗教信仰未变。从秦汉到1911年辛亥革命，中国信奉统一的宗教——儒教成为国教。还值得提出的是儒教绝对的政教合一，皇帝与教主合为一人，皇帝是教主，教主也是皇帝。欧洲的国王加冕由教皇主持，才算合法。中国的皇帝自称“天子”（“上帝”的儿子），皇帝生来就是教主。几千年来，中国没有教皇与王权之争。[①]

使儒教构成完整体系的经典是儒家的“四书五经”，这种儒家经典，两千年来，政府规定为全国通用的教材。用这种教材教育全国各族青年，使他们定期参加国家考试，政府从中选拔各级官吏。各级官吏除了管理民政、司法，同时兼任神职人员的职能，祭祀地方山川诸神祇，祈雨、禳灾。

大一统的中国与西方欧洲走着两条不同的道路。欧洲经过工业革命较早地进入近代社会，政教分离。近代科学分工较细。原来包括一切学术的宗教，逐渐从中分出哲学、文学、自然科学，以适应当时社会生产发展的需要。有古老历史的大学如牛津、剑桥，从教会分离出来。中国古代社会没有经历欧洲那样的工业革命。中国的学校，两千多年来，始终保持儒教经院学风。因此中国的哲学与经学长期混而不分。

三

对待生活，认识社会，比认识自然困难得多。因为作为认识者，都是在各民族传统的民俗、语言、道德规范的熏陶中形成的。对待同一件事，不同地区、不同国家、不同民族有不同的评价标准。比如，夫妇关系、父子关系、信仰自主选择权、政治选举权、

① 辛亥革命推翻了帝制，皇帝不存在了，儒教同时也就不存在了。

生存权等等，不同的人群可以有不同的理解。计划生育，有的国家定为国策；有的国家认为违反人道，是违反道德的罪行。同性恋，有的国家认为是个人的权利，有的国家认为非法。对民主、平等等现代政治生活的基本概念分歧更大。有的国家解决了生活基本温饱需要后，选举权成为民主的首要标志；在饥饿线上的国家，则把求生存看得比选举权更重要。评论分歧双方谁是谁非不是当前的主要任务，关键在于先了解持有异议的对方的实际状况。世界上绝大多数人群都有不同的信仰。众多宗教中又有原始宗教、人文宗教。原始宗教流行于经济、文化不发达地区，品类繁富。人文宗教流行于经济、文化发达地区。这些地区，又由于种族、民俗、历史传统的不同，产生不同的教别。同一教内又有不同教派。宗教讲的是关于“天国”的问题，但与现实的生活（政治的、经济的、文化的、民族的）息息相关。不但相关，而且有不可分割的内在联系。在宗教形式下遮蔽着更复杂的非宗教的因素。中东地区，如果不是地下埋藏着丰富的石油，而拥有者又是一些弱国，今天的中东地区就不会连年不断地发生冲突。有的学者认为是信仰的冲突，也有的学者认为是石油利益的冲突。问题是复杂的，我们要充分估计到在宗教名义下包含的事实的复杂性。如果我们忽略了这一现实，那等于在已有的纷乱上再增加新的纷乱。不同的意见，可以求同存异，不必也不能在一次学术会议上取得一致的结论。求同存异是学术会议的最好的选择，“求同”是我们宗教学者共同探讨关于宗教对社会可以做出什么贡献，缩短人群之间的距离，造福社会，维护和平，消除造成敌视隔阂的因素。至于各种教派的差异、信仰道路的选择，可以存异，容忍倾听不同的声音，同情地理解不同的意见，以广阔的胸怀展示宽容的雅量。

四

面对21世纪全人类共同感受的困惑，东方、西方有识之士提出了种种构想，试图走出困境。最终发现困境是人类自己制造的，是人类前进中不幸的遭遇。

人类生存在地球上，必须正确看待自己赖以生活的环境，既要改变利用它，又要适应它。遗憾的是，迄今为止，人类的智力主要用于开发自然，为改变世界投入全部精力。近现代一些科技新成就都属于改变自然的一些成果。至于如何认识人类自己、如何适应自然则注意不够，甚至完全被忽视。我们人类自以为无所不能，没有估量一下自己的智慧和能力究竟有多大。

人们所遇到的困惑是未能正确认识自己，没有认真反思，一味向外追求的后果。难题是自己出的，只能由自己解答。中国大史学家司马迁说过，他撰写《史记》的目的是“究天人之际，通古今之变”。这里提出的“天”包括自然界，也包括自己以外的一切存在，如关于神的信仰等。如何正确处理人与天的关系（“之际”）是司马迁两千多年前提出的一项课题，今天还是一个有待进一步探究的古老课题。宗教就是探究“天人之际”这个广阔领域的学问。

由于西方较早地走进近代化，社会科学分工过细，有一部分内容划归哲学和科学，宗教神学的管辖领域被缩小了。实际上“天人之际”的“天”范围大得很，它是“至大无外”，除了认识的主体自己，都属于“天”的范围。“天”是复杂多变的存在。对于“天”要承认它，要尊重它。“天”不是任人摆布的材料；“天”有变化、有发展；“天”与万物有内在的关系，是有机的整体，不能裁割下来，放在固定的环境中供人们观察、试验。“知天”要“统观全局”。“全局”也包括别的“人”在内，只想到自己的需要，全不顾别人的需要；只考虑到自己的愿望，全不顾别人的愿望，就不足以“知天”。

两千多年前的庄子早已指出，观察客观的“天”要有全局观点，要清醒地防止人类认识的局限性、片面性。他提醒人们，观察任何事物，不能光从一个角度着眼，从而减少失误。如果只看到向自然索取之利，不见索取之害；只看到战争之利，而忘了战争之害，是极大的错误。他列举了多角度观察方法，提出“以道观之”“以物观之”“以俗观之”“以差观之”“以功观之”“以趣观之”等易位观察法。这种多角度的易位观察法提出了两千多年了，今天看来，并没有失去它的新鲜感。我们今天有些人还远远没有达到庄子的思维深度，这不能不使人认真反思。困惑的病根在哪里？就在于对外界注意多，对人类自己的能力认识得少。人类患了知识结构跛足病，科技这一条腿太长，而人文科学这一条腿太短。

当务之急不是把科学这条腿截短，既然已长起来，不可能截短，而是尽快地对那一条短腿增加锻炼，使它加快增长，改善几百年长期跛行的困境。这种知识结构偏瘫症不是一国一个地区的偶发现象，而是弥漫世界的常见病、多发病。只有充分发挥人类的积极性，群策群力，持之以恒，才可以有所改善。几百年积累下来的宿疾并非一朝一夕可以治愈的。一旦奏效，这将是可以影响千百年、造福亿万人的事业。

据中国的国情、中国的出路，要深入认识分析儒教在中国的影响，摸透它的利弊，取其可取，弃其可弃，已引起多数有识之士的关注。让绝大多数人取得共识尚需时日，但解决的途径只有“百家争鸣”，加强交流。道理越辩越明，在争辩中可以破除迷暗，接近真理。我们满怀信心期待光明的未来。

今天的中国已不是孤立于世界文化之外的旧中国。我们要善于汲取世界一切先进文化之长，用以弥补自己的不足，通过文化交流增加相互了解，寻求共识，携起手来造福人类社会，走向光明。

《新版宗教史丛书》总序*

距离组织编写这套宗教史书至少有十五个年头了。十五年来，我们国家发生了值得骄傲的变化，世界格局也发生了巨大的变化。在这样的形势下，出版社还要求再出新版，说明这套读物还有读者群，还有社会需要。

最初编写的目的比较简单：我们对于宗教缺乏知识，尤其是对于世界性宗教缺乏系统的、客观的知识，而通过对宗教史的基础研究，可以是补上这一课的一个好方法。因此，在研究和写作过程中，参加编写的同志普遍注意到社会史与宗教史的关系、宗教信仰与宗教神学的关系，同时也探讨了诸多宗教派别的各自特色，以及它们得以形成的原因，在语言上尽可能简练明晰，争取蕴含的内容充实一些，可读性强一些。虽然在方向上是这样定的，但具体做起来，各本书的风格还是有差异的。

研究世界宗教、学习宗教知识是当年毛泽东同志的提议。而今国内外宗教形势的演变，证明这一提议是多么富有远见。我们当年

---

* 据《新版宗教史丛书》，江苏人民出版社，2006年9月版。该丛书包括杜继文主编的《佛教史》，金宜久主编的《伊斯兰教史》，王美秀等著的《基督教史》，卿希泰、唐大潮著的《道教史》。作者为《新版宗教史丛书》的总主编。

编写这套宗教史书主要是给大学文科学生做选修课教材用的。到了现在，我感到一些有关的领导也不妨翻翻，或许有助于更全面地了解当前世界奇诡多变的局势，认识宗教在社会历史和文化发展中的实际作用。

据我所知，这几本宗教史著作总体反应是好的。出版了十多年，经历了考验。这期间，本书的作者和有些读者指出了书中的某些错误、欠妥或不足之处，这次新版大都做了改正，借此机会，我代表编者、作者一并致谢，希望继续得到读者指正。另外，经出版社提议，将原本不属于这个系列的《道教史》（卿希泰、唐大潮著），这次也一并纳入进来，希望给读者提供更全面的关于我国的宗教知识。

2005年3月

《东方基督教探索》序*

乐峰同志和我在北大哲学系同事多年，中国科学院于1964 年成立世界宗教研究所，乐峰同志分配到世界宗教研究所基督教研究室。在这个领域里，他钻研了几十年，投入了一生精力，发挥通晓俄文的专长，特别深入东正教研究。最近出版的两卷《俄国宗教史》是他和几位同志共同努力的成果。

世界宗教研究所最先在1978年招收宗教学硕士研究生，系统培养新生力量，于1981年经教育部批准与北京大学共同筹建宗教学专业，为我国培养了第一批宗教学研究的大学本科生。乐峰同志受世界宗教研究所委托，兼任北大哲学系宗教学教研室主任。除了自己担任教学任务，还培养北大的青年教师，安排宗教学专业课程，付出了辛勤劳动。

宗教研究看起来是出离人世，实际上它涉及千家万户，是社会生活及政治的一部分。

迄今为止，还未发现世界上有没有宗教的民族。实践证明，研究宗教必须了解社会。根据教学计划，宗教学专业的师生每年至

* 据乐峰：《东方基督教探索》，宗教文化出版社，2008年7月版。

少走出课堂进行一次社会调查。乐峰同志在北大担任教研室主任期间，每年都带领青年教师和同学参加社会调查，并要求写出调查报告，为宗教研究打下坚实基础。

文集收集了乐峰同志多年来研究调查的成果。对文章的内容可以赞成，也可能不赞成，仁者见仁，智者见智。值得向读者推荐的是作者的治学途径和方法。文集主要以原始资料为依据，有几分材料说几分话，没有人云亦云的套话、空话。这种科学精神是值得鼓励和称赞的。

在文集出版之际，写出我的一些感想。是为序。

科学无神论研究

不仅要脱贫，而且要脱愚*
——谈科学无神论宣传的必要性和意义

新的鬼神信仰的主要表现

改革开放二十年来，我们在进行社会主义物质文明建设的同时，也进行着社会主义精神文明的建设。我国的经济实力正在一步步地壮大，科学文化水平正在一步步地提高。但是，在社会主义事业胜利前进的脚步声中也出现了一些不和谐的音符，鬼神迷信的沉渣正在假借科学和民族文化的旗帜重新泛起，损害着中华民族实事求是的科学精神。当前，新的鬼神信仰主要有以下几个方面的表现：

违背科学常识，公开宣扬新的有神论。近几年来，有人公开宣扬在人类居住的这个正宇宙之外，存在着一个由我们的亡灵组成的负宇宙，如此等等。

众所周知，近代自然科学和唯物主义一个最基本的成就，就是

---

① 原载《人民日报》1999年6月24日第9版。曾被《光明日报》《解放军报》等报刊全文或部分转载。其第三部分曾作为《蒙古族无神论史》（乌兰察夫主编，远方出版社，2000年12月版）代序。

证明了世界是运动着的物质，神灵是不存在的。这样的思想成果使人类从有神论的长期统治之下解放出来，开动自己的脑筋，发挥自己的创造力，创造了超过以往多少代人所创造的物质文明和精神文明。没有近代唯物主义和无神论世界观的武装，就不会有近现代一系列的文明成果。因此，无神论思想不仅是马克思主义世界观的基础，也是近现代科学思想的理论基石。假如我们仍然相信鬼神存在和灵魂不死，不知道求助自己的力量和智能，而向神仙、皇帝祈求解救，只能永远当奴隶，就不会有现代社会。

近年来所出现的新的有神论的重要特点，是假借科学的旗号，歪曲科学的成果，或者利用科学手段为其张目。新有神论者说的“正负宇宙”，不过是借用了正负物质说。然而，负物质也是物质，而所谓“由亡灵组成的负宇宙”却是个纯粹的臆造。他们说的可以用某种仪器把人们以前活动的信息重新显现出来，不过是借用现代科学术语的招魂术。他们宣称，可以用现代的照相技术拍出神灵的照片，或者拍出从人体释放的所谓“光明体”或某种意识体的存在，宣称可以用电脑来预测人的前途和命运，那都是利用现代科学手段为历史沉渣张目的典型事例。

宣传超物质、超自然的意念能力。如果说宣扬鬼神存在是说在人体之外、在宇宙中存在着一种神秘的、超自然、超物质的力量，那么宣扬超自然、超物质的意念能力，就是认定在人体之内存在着一种神秘而巨大的力量。这种说法宣称，人与人的心灵可以跨越遥远的距离发生感应，凭意念可以移走或搬动物体，凭意念可以超越物质的障碍和时空的局限，从密封的容器内取出物体，或者产生只有物质才具有、才能产生的甚至非常强大的作用力。宣扬者称，只要按他们的办法去做，就能获得这种超自然的能力。

在人类社会发展的早期，人们曾经认为，君主或者巫师具有超自然的能力，所以不仅奉他们为领袖或人与神的中介，甚至把他们直接尊奉为神。随着人类社会的发展，人类的认识能力也在提高，人们逐渐认识到，人不具备超自然的能力，于是这类神祇也被整个社会抛弃。然而，这类神祇从未断绝，正如人类之中会出现返祖现象一样，当代那些自称或被称为具有超自然能力的人物，也就是新的神祇。而有些所谓的“大师”，也确实自称为“神”，甚至扬言，要把整个人类都渡到某个光明的世界中去。

贩卖伪科学，宣扬真巫术。伪科学或真巫术最典型的事例，是骇人听闻的“外气效应”。有人宣称能在远距离发功，实现只有在高温、高压条件下才能实现的化学反应；他们发出的“外气”可以改变导弹的航向，破坏正常的通信系统；经由他们的“外气”处理过的食品、饮料或生活用具，都具有医疗、保健等等特异的功效；他们凭借“外气”可以治疗疑难杂症，可以透视物体，可以探矿、找矿，甚至可以呼风唤雨。

“气”是中国古代文化中使用极其广泛，同时又包容庞杂、含义模糊的概念。大到云雾中的水珠、风沙中的尘埃、致病的细菌，小到微观世界中的量子，都被人们归在“气”这个范畴之内。“气”这个概念反映了古人对世界比较粗浅的认识水平。“气”也是表示物与物相互作用的中介的概念，神学思想家把它推广到天人之间，认为人的行为善恶都能够凭借“气”使“天”发生感应，而且这种感应不论距离远近。宋代，以宋徽宗的国师林灵素为代表所自称的“呼风唤雨术”，就是这种感应论的诈骗实例之一。他们宣称凭借自身发出的“阴气”或“燥气”，就可以感应天气下雨或是放晴。当前所说的“外气”现象，在古代被称为“禁咒术”，是一种地地道道的巫术。施术者宣称，若善于“行气”，可以在一定距离之外使火不燃烧，使河水倒流，使蛇虎潜踪，使疾病不起，甚至可使敌军的刀剑难拔，射出的箭再倒射回去。当前，关于“外气”现象的说法，除了一些现代科学词语的包装，没有增加任何实质性的内容。

以弘扬民族文化为幌子，大搞封建迷信活动。中华民族有数千年未曾中断的文化传统，创造了灿烂的古代文化。这是我们宝贵的精神财富。同时，必须清醒地看到，传统文化中有精华，也有糟粕。我们只能弘扬精华，不能弘扬糟粕。但是这些年来，一些人在弘扬传统文化的幌子下，塑神像、看风水、招亡魂、滥修小庙，向神灵求雨、求药，种种消沉多年的封建迷信活动又猖獗起来。在这些封建迷信活动中，最引人注意的现象是在研究《周易》的名义下，进行占卜、算命，并且把这种腐朽的算命术叫作“预测科学”。《周易》原本是一部占卜书，经过古代易学家们的不断阐释，它成为一部文字简明、内容繁复的文化典籍。它的生命力在于不断淡化书中以占卜为目的的神学迷信，强化对世界和人生哲理的探讨。但是，现在却有人把其中的糟粕说成精华，把迷信叫作科学。

新的鬼神信仰活动种类繁多，不必一一列举。事实上，这些封建迷信活动往往是彼此交叉、相互渗透的。而其中最重要的特征，就是伪科学和新鬼神说的结合。一些所谓“大师”，不仅相信鬼神，而且也自称为“神”；那些宣扬鬼神存在、自称或被称为

“神”的人物，同时也从事伪科学活动，贩卖伪科学学说。

新有神论的理论伪装

历史经验表明，巫术活动总是随着社会和文化的进步，不断改换着自己的装束，惯于利用当时科学的理论成果并加以歪曲。当前，新的有神论的各种虚妄论调之所以能够招摇过市的一个重要原因，是其宣扬者采用了一系列理论伪装。他们的理论伪装主要有以下几个方面：

盗用实践标准这一科学命题，把“实践”错误地理解为“眼见为实”，对眼前的错觉、幻觉以及魔术师的表演都信以为真，便当作客观事实。实践是人类认识世界、改造世界的出发点和落脚点。社会实践是检验真理的客观标准。科学的权威性在于经得起检验，在同样条件下，用同样方法能得到相同的结果。而科学骗子往往用非科学的手法，利用现场观察者对科学的无知，运用魔术加骗术，以达到其不可告人的目的。某些“大师”及其鼓吹者打着科学实验的旗号，却拒绝严格的科学实验。他们玩弄的障眼法的表演，根本不是科学实验，与实践毫不相干。

一些自称“预测大师”的算命先生，常常利用许多所谓占算准确的“事实”来证明算卦的灵验和有效。事实上，在对吉凶、成败这两种对立因素或此或彼的选择中，根据数学概率原则，总会有一半是猜中的。心理学的研究证明，求卦者总是希望得到自己所企盼的结果，也总是倾向于记住与自己的希望相符合的结论，而在面对面接触的情况下，人的表情、动作都能够传递信息，经验丰富的江湖术士巧于从求卦者那里获得他所需要的信息，于是占算的准确率又会提高许多，然而这并不是各种占算术本身的准确。算卦实践的某种准确度，决然证明不了算卦术的真理性。

算卦术是巫术的一种，它的前提是承认神灵的存在。算卦所借助的那些道具和五行、干支等符号系统，和占算的内容没有必然的联系，人们认为它们可以占算吉凶是由于首先认为其中渗透着神灵的意志。古代的人们用这样的方式去预测前途是可以理解的。但是，长期的、反复的实践使古人一步步地认识到算卦术是不可靠的，古代医学家早已指出，信巫不信医，病治不好；古代伟大的军事家也警告，靠占卜打仗将导致亡国。时至今日，人类已经普遍地认识到，只有依靠科学的理论，依靠获得尽可能多的情报和信息，才能获得正确的认识。

人类千百年来的实践不仅获得了足够丰富的认识成果，而且也批判地认识了自身的认识能力和认识工具。其最重要的成果之一，就是认识到人自身的感官往往容易被假象所迷惑，因而不能仅仅依靠它们来认识真理，于是发明了种种科学仪器，来补充和延伸感官的功能。借助这些科学仪器进行科学实验，所得出的结果往往和感官所得出的是不同的。如在视觉中，太阳是东升西落，绕着地球转；实际上，是地球绕着太阳转。类似的例子，每个受过现代中等教育的人都可以举出许多。但是，一些人却硬要人们仅凭肉体感官承认他们魔术表演的事实和对这种事实做出的解释。当有人揭露他们的骗局，指出眼见未必为实时，他们反而指责揭露者不尊重事实，不尊重实践。实际上，他们所谓的“事实”和“实践”，在严肃的科学面前，可以说一文不值。

宣称发现了当代科学所不能解释的“事实”，而他们对这些“事实”的说明是最新的、更高的科学。科学需要发展，发展是科学的生命。无论是自然科学还是社会科学，都不能停留在一个水平上。科学的历史表明，发展往往是由于人类扩大了自己的实践范围，发现了新的经验事实。然而，迄今为止，那些宣称自己“发现了新的事实，而这些事实是当代科学所解释不了”的人，他们所说的事实不是魔术就是骗局，没有一件经得起现代科学的严格检验。

撇开他们的虚妄事实，仅就他们所提出的问题而言，也没有一件是当代科学所解释不了的。所谓的“外气”问题，当代科学之所以不用这样的概念，是由于这个概念已经过时。今天的科学已能准确地判明哪些是电磁现象，哪些是声音的共振等等。至于人，他是一个热物体，能够放出红外线；他能发声，可以产生声波；他是一个生物，可以产生生物电；他的呼吸在吸进新鲜空气的同时，也要排出废气等等。这些就是人能够放出的“外气”。我们并不是不能解释人的所谓“外气”，而是可以更加准确地指出，这些所谓的“外气”是什么内容，并且指出这些“外气”的能量都极其有限，绝没有某些人所说的那种巨大的能量效应。

在这里必须指出，所谓“意念场”之类的概念完全是臆造的、反科学的概念。世界上绝没有这类场的存在。汉代思想家王充说，“气”是“力”。而“力”，在现代科学中更准确的表达就是“能量”。“场”是能量的连续分布区。人在思维的时候要消耗能量，因而会伴随着能量的释放。但是思维所产生的意念本身不是能量，也不会释放能量，因而没有什么“意念场”等等。这就好比工厂里生产产品要消耗能量，因而会伴随声光电磁等能量场的产生，但是产品本身没有“场”，比如没有“桌子场”“玩具场”“电冰箱场”等等。不同的是，工厂的产品是物质产品，这些产品在一定条件下也会产生各种“场”。但是，意念等等不是物质产品，它们在任何条件下也不会释放能量，不会有什么“意念场”之类的东西产生。

任何经由长期实践和严格科学实验所产生的科学定律，都是客观的真理。任何客观的真理不仅是相对的，而且是绝对的。绝对真理并不是存在于相对真理之外某个遥远的地方，而是存在于相对真理之中。相对真理在自己适用的范围之内是绝对的、不可违背的；违背了，就要犯错误、碰钉子。

坚持不懈地进行科学无神论世界观的宣传和教育

当前，国际上重大的事变提醒我们，不仅落后要挨灯，愚昧也要挨打；在愚昧的基础上，也无法摆脱贫困和落后。因此，我们在努力脱贫的同时，必须进行一项长期而艰苦的工作，那就是努力脱愚。只有整个民族摆脱愚昧，才能真正地脱贫。摆脱愚昧的重要举措之一，就是进行科学无神论世界观的宣传和教育。

进行科学无神论的宣传教育，在过去的战争年代是必要的，在当前的建设年代同样是必要的。上世纪初，马克思主义传到中国，并在伟大的五四运动中得到了空前广泛的传播。五四运动提倡科学精神，主张用科学的世界观代替落后和愚昧。当时，科学口号的直接对象之一是所谓“新灵学运动”，这是中国传统迷信和国外洋迷信的杂烩。他们用现代的技术去“证明”鬼神的存在，宣称只有发扬鬼神之说，才能挽救中国的危亡。五四运动的先进分子坚决反对旧的和新的迷信，从而极大地振奋了中国人民的精神，对于此后中国人民团结奋斗、向着新的社会制度前进起到了振聋发聩的启蒙作用。

中国共产党人最忠实、最彻底地继承和发扬了五四运动的科学精神，无论在战争年代还是建设年代，都十分注意在领导群众参加革命工作的同时，坚持不懈地、方式多样地用科学无神论的世界观教育广大人民群众。新中国建立后，由于科学无神论的教育和宣传工作的深入开展，曾一度几乎使巫婆绝迹、迷信潜踪。这对于激发广大群众建设新社会的热情，调动群众的积极性和创造性，起到了极其重要的作用。

进行科学无神论的宣传教育，必须重视马克思主义基础理论的建设，重视马克思主义基础知识的宣传和教育。这些年来，新的鬼神迷信之所以能够抬头，除了社会的、历史的原因，与一段时间以来忽视对广大人民群众进行马克思主义基础知识的教育有关。而马克思主义的基础知识之一就是科学无神论的世界观。19世纪末，鉴于当时思想战线上的斗争形势，恩格斯曾经建议当时德国的社会主义者翻译和大量传播18世纪法国的启蒙著作和无神论著作。列宁继承恩格斯的思想，更加明确地指出，要使广大人民群众摆脱落后和愚昧，单是进行“纯粹马克思主义的教育”是不够的，还应该把各种无神论的宣传材料提供给群众，把实际生活各个方面的事实告诉群众，用各种办法来影响群众，帮助群众从愚昧迷信中解脱出来，建设自己的新生活。

一般地说，马克思主义和科学无神论的关系类似高等数学和初等数学的关系。只有具备初等数学的扎实功底，才能学好高等数学；只有具备坚定的科学无神论的世界观，才能做一个真正的马克思主义者。但是，马克思主义和科学无神论的关系又不完全等同于高等数学和初等数学的关系。不懂初等数学或者初等数学的基础不好，就不可能谈论高等数学。但是，有些不具备科学无神论世界观的人却自认为是马克思主义者。从这种自认出发，他们往往做出一些害人害己甚至危害社会的蠢事，还自以为是。马克思主义是科学，要掌握一门科学，必须有坚实的基础知识。

进行科学无神论的宣传教育，应注意处理好科学无神论宣传教育与维持正常的宗教活动的关系。我们长期进行的科学无神论世界观的宣传和教育，是宣传教育工作的重要组成部分。但是，以前进行科学无神论宣传和教育的时候，确实有过这样那样的偏差，其中最主要的就是在“文化大革命”中，一度盛行用“左”的一套对待群众的思想问题和对待宗教。有些人片面理解马克思主义的宗教消亡学说，以为讲宗教消亡，就是现在去消灭宗教。他们组织群众和宗教信仰者进行有神无神的大辩论，甚至强迫宗教信仰者放弃信仰。这些做法不仅伤害了宗教信仰者的感情，而且违背了党的宗教信仰自由的政策，歪曲了马克思主义的宗教学说。正本清源，我们一方面要大力宣传科学无神论的世界观，一方面要依法切实维护人民群众宗教信仰自由的权利。两个方面，忽略任何一个方面都是错误的。在当前，首要的任务是破除新的有神论，破除这些年来滋生的各种迷信，反对打着宗教旗号进行的各种非法、违法活动。因为这种新的有神论和种种貌似宗教、实为迷信的活动，不仅侵蚀着马克思主义的科学世界观，影响了科教兴国战略的实施，而且也损害了正常的宗教信仰。从这个意义上说，宣传科学无神论也是为了维护公民宗教信仰自由的权利。

科学无神论的宣传和教育是一项需要长期坚持的工作，是科教兴国战略的重要组成部分，也是马克思主义宣传教育的重要组成部分。只要我们坚持正面宣传，把道理向群众讲清楚，一点一滴地帮助群众建立起正确的世界观和人生观，关心下一代青少年身心的健康成长，一步一步地提高我国人民的思想素质和科学文化素质，就一定能促进我们的民族精神健康发展，促进社会主义物质文明和精神文明建设。

是神造人，还是人造神？*

原始社会的宗教迷信

世界上是没有神、没有鬼的。可是从遥远的古代起，人们就相信有神有鬼了。这是什么原因呢？

这主要是由于远古时代的人类还没有力量征服自然界，因此不能理解自然界的规律。那时的人类，生产工具十分简陋，没有铜，没有铁，只有粗糙的石器。毒蛇猛兽横行，洪水、风暴、寒流侵袭等等自然灾害既无法预见，也不知怎样克服。在不可抗拒的自然界巨大威力面前，他们认为雷、电、风、云、山、河，甚至怪石、巨树都有灵。自然物之外，那些曾经领导人们克服自然灾害、创造财富、战胜外来部落的英雄人物，像传说中的战胜了蚩尤的黄帝、尝百草而发明医学的神农，也往往被后代尊奉为神。他们是神，也是人，神和人的差别不大。这时的原始宗教迷信的特点是相信人或物有离开身体单独存在的灵魂，但是还没有宗教的教义和组织形式，

* 原载《中国青年报》1963年7月25日，据中央人民广播电台稿删节整理。

还不能算作真正的宗教。

阶级社会形成了神权系统

原始社会的神是不压迫人的。进入阶级社会以后，情况就大变了。在人间出现了阶级对立和阶级压迫的工具——国家政权，出现了国王，在宗教的领域里也随着出现了天上的国王，叫“上帝”。“上帝”住在天上，有一批专门和神打交道的巫、祝、卜、史，他们是奴隶主宫廷中专用的专业宗教家，他们假借天上“上帝”的名义来宣布各种有利于地上国王的命令。因此，天上的“上帝”就成了地上国王的统治权的化身和代言人。从封建社会的秦汉以后，中国已经有了以皇帝为首的、分层统治的完整的政权机构，于是宗教也形成了和封建统治系统相适应的相当完整的宗教神权统治体系。地上有皇帝，天上就有了“玉皇大帝”。皇帝有皇后，“王母娘娘”也成了玉皇大帝的配偶。地上王权有府、县各级的地方官知府知县等等，在神权体系里就出现了分级统治各个府县的各级“城隍”。地上有乡村政权，在神权体系就有各乡村的“土地”“山神”。地上有专门为封建统治阶级打听消息的特务组织，神权体系就给家家分配一个“灶王”，每年腊月二十三灶王就回天府去告密。甚至还有流动的特务“夜游神”之类。地上有司法、监牢等一套国家暴力机构，神权系统就有专门恐吓和惩罚人民的“阴曹地府”和“阎王”“鬼卒”。总之，神权统治体系几乎就是人间王权的复制翻版。不是什么“上帝”创造了人，而是人以自己的形象创造了“上帝”和各种鬼神。

显然，在阶级社会中，宗教迷信是为统治阶级服务的。宗教宣传有两个世界，完全是为了麻痹人民对现实世界的反抗思想。宗教宣传说，人在生前做了好事，死后灵魂可以升天，成神、成佛，或者转世生在封建地主官僚家里去享受荣华富贵；生前做了坏事，灵魂会下地狱，来生转入贫苦农民家里，甚至变牛变马，连人也做不成。因此，受压迫、受剥削的人应该不计较眼前现实的痛苦，而把全部信心寄托在另一个世界和来生的幸福希望上，不要怨望，不要反抗。至于什么是“好事”，什么是“坏事”，在阶级社会里是有阶级的标准的。在阶级社会里，对统治阶级俯首顺从就是好，叫作“忠”；反抗就是坏，叫作“大逆不道”。

在历史上，也有革命群众利用宗教口号来号召大家反抗反动统治阶级的情况。例如，太平天国也讲“上帝”，但这个“上帝”却主张“天下有钱同使，有田同耕”，并且反对帝国主义的侵略，它和反动统治阶级的“上帝”是两回事。尽管如此，宗教迷信思想毕竟是反科学的，宗教宣传的“上帝”“天国”等等既是根本不存在的，当然也是无法证实的。因此，宗教把它所谓的“真理”建筑在信仰主义的基础上，也就是说只准相信，不许怀疑。凭借宗教不能使人们正确地认识社会发展规律，也不能把革命群众引向胜利。

革命者应怎样对待宗教

进入资本主义社会以后，有了现代科学和强大的工业和技术力量，人们对于自然界的许多过去不能解释的现象可以解释了，似乎宗教迷信可以削弱了，但实际上宗教迷信照旧流行。因为资本主义制度还是剥削制度，社会上的不平等现象仍然严重存在。在没有觉悟的群众中间，还没有理解社会经济危机带来的失业、贫困、破产以及种种不幸的根本原因是资本主义制度。这就给宗教迷信带来了活动的孔隙。反动统治阶级同样利用宗教迷信作为麻痹人民的工具。到了社会主义社会就不同了，宗教赖以存在的阶级基础不存在了，宗教迷信失去了它的靠山。但是，从旧社会长期遗留下来的深入人心的习惯势力仍然存在，今天社会上还存在着一些传播宗教的人，这种现象不是一下子能完全改变得了的。宣传无神论，建立科学的唯物主义世界观需要一个长期过程。我们今天的宪法还是承认人民有信仰宗教的自由的。（当然，对有一些别有居心的人利用宗教和迷信进行反革命活动，自当别论。）但是，对每一个马克思主义者和每一个有觉悟的人民群众来说，我们应当要求自己建立唯物主义的世界观，抛弃唯心主义宗教迷信的世界观，积极地宣传唯物主义，宣传科学思想，破除各种迷信思想。我们很难设想一个坚信宗教迷信的人会相信“人定胜天”、向天要粮、抗旱斗争等等的做法是可靠的。当然，我们决不容许用强迫的办法去改变人们的宗教信仰，但是我们也决不能坐着等待旧社会残留下来的宗教迷信思想自动消逝。因为旧思想和旧习惯势力不经新思想的冲击，是不会自动从人们的头脑里退出的。我们有义务把唯物主义、无神论的真理向别人讲清楚，使更多的人尽快地从旧思想残余的影响下解放出来。我们相信，接受新的科学思想的人越多，社会主义建设的速度就会越快。

从王充到熊伯龙[*]

王充与熊伯龙都是中国重要的无神论者，熊伯龙的无神论思想直接继承了王充的。我们将王充和熊伯龙的无神论思想进行比较，对中国无神论的研究无疑是有益的。

一、无神论思想与唯物主义世界观的关系

无神论同唯物论是一致的，无神论经常与唯物论并肩前进，成熟的无神论总是以唯物主义世界观为基础，唯物主义世界观在鬼神观念方面必然表现为无神论。如先秦的荀子、韩非等都是唯物主义者，又是无神论者，这种无神论，既反对鬼神给人以祸福，也反对天命决定论。汉代的王充反对董仲舒的神学目的论，主张元气自然论。王充自称反对儒家，赞成道家[①]。在唯物主义思想指导下的无神论，其战斗性强，体系也严谨。也有另一类半截子无神论者，

* 原载《中国无神论文集》，湖北人民出版社，1982年6月版。

① 《论衡·自然篇》："虽违儒家之说，合黄老之义也。"

不具有唯物主义世界观，只是对鬼神或天命持有存疑态度。如尊天信鬼的墨子，反对天命论，有人认为这也属于无神论。还有所谓宗教徒的“无神论”，如佛教徒为了抬高自己的地位，也自称为“无神论”；又如儒教信徒，也有不少反对民间迷信、巫术，利用政治权力，拆毁、禁止一些不见经传的祠祀的，像朱熹、陆九渊、王守仁等都属于这一种“无神论”。这一种“无神论”，虽自称不信鬼神，实际上他们是站在一种有神论立场去排斥异端信仰。因此，他们根本不是无神论者，而是有神论者。儒教的“假无神，真有神”的面目，比之佛教更不易为人们所识破。

二、王充的时代与熊伯龙时代对比

王充（27—约97年）活动的时代是中国封建社会上升时期，处在汉代两次动乱之间最安定的时期。王充自己常说他写《论衡》的目的是“疾虚妄”。王充痛斥当时社会上流行的迷信，像风水、相面、占卜等。对自然灾害、风雨雷电、日蚀月蚀等现象，他都有科学的解释，对锢蔽人们思想的“天人感应”神学目的论，提出了尖锐的批评。王充在战斗中发展了中国古代的唯物论和无神论，创立了元气自然论。王充在理论上取得了胜利。这里要提出的是“在理论上”，而不是事实上，王充不能凭借政府力量推广其无神论学说。王充的著作当时没有得到公开流传的机会，直到汉末天下大乱，汉王朝的思想控制减弱，《论衡》才得以流传并引起重视。王充的清新的思想方法，使人们从长期定于一尊的儒家经学中解放出来。王充的无神论对两汉官方神学的扫荡，实为魏晋时期的玄学唯心主义本体论的出现提供了必要的前提。

自从有了阶级，宗教也打上阶级的烙印。在远古时期，人们也有宗教迷信，但那时的神和人和睦共处。传说的开天辟地的盘古、炼石补天的女娲，还有有巢氏，燧人氏，伏羲氏，神农氏，以及保卫了华夏民族的部落领袖黄帝，都是造福人群的英雄，他们还没有对人间赏善罚恶的特权。这是自发宗教和神话的特点。到阶级出现，宗教也发生了相应的变化，天上的神被赋予人间帝王的特权，神对人间善恶有赏功罚罪的特权。人间善恶标准完全是按照统治者的利益来划分的，对统治者有利的行为是善，受到鼓励；对统治者不利的行为是恶，受到制裁。人世间王权对人民的统治，赏罚、刑德并用，天神对人间也用赏、罚两种工具。王权神授，王就是天子。

熊伯龙（1617—1669年）的活动时期正当封建社会的衰落时期，上距王充已一千余年。这千余年间中国封建社会内部发生了许多变化，出现了新的情况、新的问题，而这些新情况和新问题 是王充没有遇到的。清初，社会上流行的封建迷信，如风水、相面、占卜，对自然灾害、风雨雷电等怪异现象不理解而产生的宗教迷信依然存在，阴阳灾异、“天人感应”之说虽不似汉代盛行，但仍然在流传。王充所没有见过的佛教[①]、道教从三国以后广泛流行，隋唐以后，释、道居然与儒并称、并行，成了封建社会的官方认可的合法宗教。宗教思想也比王充遇到的社会上流行的迷信提高了一个等级，有了比较系统的人为的宗教，它有教义、教规、教主、经典、

① 佛教传入虽在王充以前，但当时没有在社会上广泛流传，没有发生广泛的社会影响。

教派等等。它比两汉神学精致得多，这就给无神论者带来了更为艰巨的战斗任务。

还值得提出的是儒、释、道三教经历了长期的互相斗争、渗透、融合，宋以后经过儒家大思想家的改造，形成了儒教。儒家把佛、道两家的宗教修养方法、屈从现实的奴化思想与儒家封建伦理、纲常名教相糅合，形成儒教[①]。儒教不像其他宗教提倡出世、出家，把宗教生活与世俗生活对立起来，儒教教人在现实世界之内去完成精神解脱。它不是叫人成佛、成仙，而是叫人成“圣人”。儒教认为圣人与凡人不同之处在于它有与凡人不同的精神修养境界。许多宗教都宣传灵魂的堕落，人陷于罪恶不必出于行为的过失，人类罪恶更深刻的根源是与生俱来的“原罪”。宋儒也说，人的“恶”是来源于“气质”（人的生理结构），这就是中国式的“原罪”说。

熊伯龙所面临的封建社会已进入封建社会衰落阶段，社会上增加了成体系的更有迷惑力的宗教。王充没有看到过佛教和道教，“疾虚妄”的内容不包括佛教、道教。董仲舒对儒家已进行了第一次改造，把孔子装扮成神，他已经把儒家向儒教的方向推进，但还没有把儒家完全变成宗教。王充全力以赴的是社会上流行的一般粗浅的宗教迷信。“天人感应”的“神学目的论”还没有提出“两个世间”的神学学说。那时的神学比较粗糙。

经过王充的批驳，神学目的论已站不住脚。汉末三国时期，战

---

① 儒教，在国内外早已有人认为它是存在的，但也有人认为它不是宗教，只是一种学说。本人认为儒教是中国封建社会中特有的一种宗教，见《论儒教的形成》，《中国社会科学》1980年第1期。

争的变乱造成广泛的社会动荡，人民生活极端困苦，这给佛教、道教的滋生提供了土壤和气候。经历了隋唐两代，佛教、道教有了更大的发展，形成具有独立寺院经济的许多宗教派别，出现了僧侣地主阶级。僧侣地主阶级本来是世俗地主阶级扶持起来的，但僧侣地主阶级过分壮大将影响世俗地主阶级的土地收入和劳役剥削，引起利益上的矛盾。这时统治者经常利用儒家学说与佛、道两教对抗，以取得平衡，当时称为“三教”（儒、释、道），后来三教的理论都趋于调和，互相承认对方的存在，而以自己为主体。儒家变成儒教是经过朱熹对儒家第二次改造的结果。熊伯龙对佛教和道教的认识是清醒的，斗争也很坚决。因为佛教、道教以及西方传来的天主教都具有明显的一般宗教特征，而儒教是一种具有中国特点的宗教，与中国传统文化、民族习惯有很深的联系，它不带有明显的出世的特征，反而以“无神论”反宗教的姿态出现，大力攻击那些异端邪说。熊伯龙对佛教、道教做了大量驳斥，比王充有所前进。熊伯龙却没有能够认识儒教也是宗教迷信，他受儒教的影响，常常站在儒教的立场上反对儒教以外的宗教迷信，因此他的无神论的地位就不及王充重要，他的战斗业绩也不及王充辉煌。

作为封建正统神学思想的儒教，是以巩固封建伦理“三纲五常”为内容的一种新宗教。这种宗教统治着几乎全部的知识分子，是中国封建社会后期赖以维持残局的精神支柱，也是为了防止人民造反而制造的精神武器。儒教信仰“天地君亲师”，它广泛流行于上层社会，对于下层群众也有较深的影响。主要流行于下层社会的是风水、相面、八字、推背图、成仙成佛，偏重讲个人解脱。还有一些民间秘密宗教，有的与封建“三纲五常”的说教对立。统治者生怕他们越出正常的轨道，明令禁止传播。

熊伯龙的时代，孔子已被奉为教主，儒教已经形成了几百年并已取得巩固地位，具有支配人们思想行动的绝对权威。它提倡的纲常名教严密地束缚着广大群众的思想和行动。中国封建社会各地区发展很不平衡，从明中期以后，有的地区如长江下游、太湖流域，已出现了资本主义萌芽，涌现了大量雇佣劳动者、手工工场的工人，因而产生了像黄宗羲那样的民主思想家。他批判的锋芒指向封建的君主制度，并提出了以知识分子为核心的民主制。如果沿着这一条思想道路发展下去，将会出现背叛儒教更激进的民主思想。清王朝统治了全国以后，在意识形态方面继承了宋明以来儒教全部遗产并进一步强化它。在经济方面，重本抑末（重农抑商），禁绝了海外贸易，闭关自守，强化了自给自足的自然经济，使得明中期已出现的资本主义萌芽遭到摧折。统治者在哲学宗教领域则加强了思想统治。熊伯龙所走的道路与王充所走的道路及其客观作用表现出了差异。他们两人的历史功绩也有大小高下的不同。王充反对的是当时锢蔽思想最大的障碍，即“天人感应”论。王充建立了元气自然论以驳斥神学目的论，王充成为主要思想战场上的主将，打击的是当时最主要的唯心论和有神论，争论的问题也是当时头等重要的大问题，他立下了开创性的功劳。

熊伯龙的自然观完全继承了王充的元气自然论，熊伯龙的无神论学说是王充无神论学说的直接继承和发展。凡是王充所涉及的无神论各个方面，熊伯龙都继承了，并用更丰富的事实来充实王充已提出的论点。王充当时所未曾批判过的佛教和道教，熊伯龙也进行了严肃的批判，这都是熊伯龙的功劳。他是王充千年后的第一功臣。同时也应看到，他们两人所处的时代不同了，即使说同样的话、做同样的事，如果时间、地点、条件发生了变化，它的客观效果也会不一样。因而，他们两人在历史上的地位也就有了差别。王充是开创者，他开辟了中国唯物主义的新阶段，即元气自然论的唯物主义，从而在理论上打垮了唯心主义神学目的论，所以王充是伟大的唯物主义者，又是伟大的无神论者。熊伯龙也提出了有价值的命题，也在与宗教迷信做斗争，但他不是开创者，而是追随者。马克思发现历史唯物主义，在人类认识社会历史的道路上是一个飞跃，后来的马克思主义者继承并接受了马克思的这一原理来说明社会历史现象，也取得了可观的成绩，但后来的历史唯物主义者与马克思的地位毕竟不能相提并论。中国哲学史上，创立程朱学派的二程，对隋唐的佛教、道教有所吸收改造并开始形成体系，所以在哲学上有很重要的地位。二程的弟子们，如游酢、杨时、尹焞、谢良佐，直接继承二程的学说，说的完全是二程的道理，他们对二程学说的推广有功，但不及二程重要。朱熹继承了二程，完成了儒教的体系，所以朱熹在中国哲学史上地位很重要。朱熹的嫡传弟子，如黄榦、蔡沈等人的地位远不能与朱熹相比。王守仁发展了陆九渊的学说，形成了与程朱对峙的学派——陆王学派，哲学史上也占有重要地位。王守仁的弟子们，如王畿、钱德洪、聂豹等也讲王守仁的良知说，但他们的地位也不能与王守仁相比。

历史发展表明，维持中国封建社会的残局，使它不致迅速垮台；压制新生资本主义，使它不得发展的思想力量，拖住中国封建社会不让它前进的惰性力正是儒教。在这一点，熊伯龙就更不能与王充相比。王充批判的是当时头号统治思想，是弥漫朝野的董仲舒的神学目的论，王充的哲学世界观元气自然论和董仲舒的神学目的论在体系上有着强烈的针对性。无神论与唯物主义是天然盟友。而熊伯龙的无神论在自然观方面也与王充一致，但熊伯龙针对当时流行于社会下层的一般迷信进行了批判，没有对当时占绝对统治地位的儒教开展批判，因而他的无神论的战斗性不免稍差。由于他推崇孔孟之道，所以对王充已经达到的思想高度（如对孔孟的怀疑）还不敢公开接受，说王充是“醇儒”，《问孔》《刺孟》不应该出于王充之手。他主观上虽出于对王充的爱护，实际上却反映了他比王充后退了。熊伯龙用意在于抬高王充，实际贬低了王充，因为王充从来没有承认自己是孔子的继承人。

三、从王充与熊伯龙的无神论看中国封建社会

熊伯龙的历史地位虽不及王充，毕竟不失为一位重要的无神论者，他的贡献在于有的放矢，针对社会上流行的各种宗教迷信思想开展批判。从《论衡》和《无何集》中反映的问题可以看出从汉朝到熊伯龙近两千年，社会上流行的宗教迷信还是那些老问题，无神论阐述的还是那些老答案。在漫长的一两千年间，无神论一直反对有神论，一直反对不掉，好像割韭菜，割了一茬，第二茬又滋生出来。这是什么原因？应当说从王充到熊伯龙，两千年来中国封建社会的性质未变。封建社会总有它共同的特点。封建社会的小生产，生产落后，靠天吃饭，人对自然无能为力。生产靠天，思想上不靠天是不可能的。

封建主义越是到了后期，为封建主义服务的宗教神学越要加倍努力去阻止新的生产关系的变革，才能延缓社会发展的步伐。它必然提倡蒙昧主义、信仰主义、禁欲主义，敌视科学，反对理性。有神论经过了封建统治者的塑造、加工，不断完善，终于构成了包罗万象的宗教神学体系。封建神学体系反过来对封建主义的基础起着保护作用。中国儒教未形成并占据着绝对统治地位以前，中国科学在不断发展，虽然发展有时快、有时慢。汉唐时期，中国的文化、经济曾经一度走在当时世界的前列。如隋唐时代的科学，造船、天文、历法等都很先进。但到明中叶以后，儒教在中国占了绝对统治地位，中国文化、科学开始停滞，落后于当时世界上一些先进国家。中国最早发明了火药，明代军队中使用的最先进的大炮却要从欧洲进口。中国唐代已有了最先进的远洋航海技术，明清以后对世界形势却不甚了了。中国曾经一度领先的天文、历法，明以后推算的准确度已落后于西方，以致明末清初的钦天监不得不用西方人士担任。

这些现象不是偶然的，而是儒教锢蔽思想、敌视科学，只讲“正心诚意”“存天理，去人欲”的宗教修养，只注意于改造人的灵魂，而不关心物质生产、不注意科学技术的结果。宗教与科学是根本对立的两种思想体系，科学发展了，必挤占宗教的地盘；宗教得势了，必妨碍科学的发展。中国儒教是以反宗教的面貌出现的，它反对佛教、道教，也反对社会上流行的一般迷信，如风水、相面、卜卦等等，而无形中把宗教神学的世界观灌输到人民群众的日常生活中去，它把俗人变成了僧侣。

从王充到熊伯龙千余年重复批判的迷信现象的存在，说明中国封建社会具有顽固性。熊伯龙到现在又有三百多年，三百多年来封建主义的影响依然十分严重。封建社会不可能彻底反对有神论，因为封建社会本身需要一种神学来维系它的存在。封建统治者为了论证王权神授，需要神学。封建社会的“四大绳索”把人民群众捆得死死的，从生活到思想都统治起来。

今天，我国已进入社会主义社会，儒教的影响并未销声匿迹，而是借机会披上马列主义的外衣重新出现。“十年动乱”时期，新宗教曾一度笼罩着社会，中世纪的宗法、迷信、皇权、神权的枷锁又化装出现。马克思主义被歪曲为新神学、新迷信。这种迷信一旦附在身上，使人如痴如狂，陷于一种理直气壮的蒙昧主义。为了建设社会主义的文化，必须批判封建主义的宗教神学。

令人感到沉重的是，王充所抨击的宗教迷信，熊伯龙时代依然存在；熊伯龙所抨击的宗教迷信，到今天仍未绝迹。我们对此深感不安，必须给予高度重视。人民民主革命后，情况虽不同于旧社会，有了马列主义的指导，但是人民群众在思想上还没有从长期的封建思想影响下彻底解放出来，在革命队伍里也带进了封建主义的影响，比如家长制、信仰主义、蒙昧主义、宗教禁欲主义等。文化科学水平低，也有利于宗教迷信的滋生。

无神论史和哲学史还表明，无神论在理论上战胜了有神论并不意味着宗教迷信思想就从此消灭。因为，宗教的存在并不只是由于人们的无知和受骗，宗教存在有它的社会根源。只要社会上有阶级存在，剥削制度尚未消灭，宗教就有它的社会基础，不可能消灭。这就是历史上反复出现的不断批判宗教迷信，而宗教迷信总是消灭不了的原因。甚至在没有剥削阶级的社会里，旧社会的痕迹也不会很快消失，旧思想的残余影响也不能在短期内从人们的头脑里完全消除。不过，这时宗教迷信不是作为具有维系社会经济基础的上层建筑而存在，只是作为一种旧思想的延续而存在，并对新的社会主义的生产关系发生消极性的作用罢了。只有完全实现共产主义，社会力量和自然力量对于人们不再成为一种异己力量时，宗教才会消亡。不经过思想斗争，宗教是不会自动退出历史舞台的。当前的有神论者说，到了共产主义社会，宗教迷信自然会消亡，现在讲无神论没有用处。无神论者认为共产主义不会自发实现，它要靠人们自觉地努力，物质文明与精神文明是同时并进、相互影响的，只要社会上存在着宗教迷信，人们不知道自己解放自己而求助于外在的异己力量，共产主义就不会到来。看起来两种意见差不多，但基本立场是对立的。放弃了无神论，等于放弃了社会主义思想原则，更谈不上实现共产主义，这就是我们的原则。

破除封建迷信，建设社会主义精神文明*

一、我们中国的国情

我们中国是一个历史悠久的文明古国，和其他的文明古国相比，有许多自己的特点。如希腊文化，曾经对欧洲的文化起了奠基的作用；埃及文化，对后代也发生过很深刻的影响。其他如巴比伦文化、印度文化等等，在古代都是光辉灿烂的，但后来就沦落了，没能继续发展。这一点，他们比不上我们。埃及是不久以前才独立的。希腊早就衰败了。印度长期分裂，后来成了英国的殖民地，独立的时间才几十年。我们中华民族的文化，有文字记载的历史已有四千多年了。在这四千多年中，我们的文化是不断前进发展的。它不像希腊、巴比伦等有头无尾，也不像英国、美国、俄国等国家的文化发展得那么晚。这是我们的特点，是值得我们引以自豪的地方。每一个中国人都应该珍惜自己的文化，爱护自己的文化。

历史悠久的中华民族文化主要是在封建社会中发展起来的。中

* 原载《求索》1983年第2期。

国奴隶制不太发达，资本主义还未发展起来就被帝国主义打断了，但我国的封建社会却发展得比较完备、比较典型，持续的时间也最长。在这个时期，文化有了高度的发展。我国的封建文化在世界各国中处于领先的地位。

封建社会是自然经济，小农经济占绝对优势，这种占统治地位的经济结构决定了上层建筑中的许多现象，决定了当时人们的精神面貌，也决定了哲学和其他意识形态的面貌。哲学和宗教就是在这样的历史条件下大规模发展起来的。

宗教的历史很长，自从进入氏族社会以后就有了宗教。它的发生比其他意识形态都早。但几个大的宗教成为世界宗教却是在封建社会完成的。在奴隶社会，奴隶主督促奴隶生产靠的是鞭子监督，实行的是直接管理。封建社会的农民有一小块土地，分散经营，不可能再靠鞭子实行直接监督，这就需要有一种思想上的监督，要他们忠君，服从统治，安于现状。比如人生为什么苦，宗教回答说，那是因为“命苦”，只要这辈子好好干，下辈子就可幸福。因此，宗教在封建社会中大规模发展并非偶然，因为这是社会需要。

我国封建社会还有一个特点，就是和宗法制度相结合。宗法制度在中国封建社会中有着特殊的地位。毛泽东主席也讲过，束缚中国农民的有“四大绳索”，其中就有宗法制度。宗法制度必然要求实行家长统治。现在的“家长作风”就是宗法制度的残余。家长制在封建社会中是合法的，也是合理的。因为男劳力在家庭中地位重要，他有劳动经验，有经济支配权，又是主要劳动力。一家人都要听他的，这是很自然的。一家人如果没有一个主事的，事情就不好办。小农经济需要这样一种制度，它是小农经济的必然产物。如果把这种制度带进社会主义，那就会危害社会主义民主，搞“一言堂”等等坏作风。由于长期受家长制的影响，现在有了民主权利有些人也不善于使用。比如，各级人民代表大会本来是国家的最高权力机构，政府机关办的事对不对，人民代表大会有权批评；要兴办什么事情，也需要人民代表大会批准。但由于我们长期不习惯于民主生活，有的代表在会上听了政府的工作报告，往往不会行使当家做主的权力，不会代表人民对各级政府的行政措施、对报告提出批评。这说明在长期封建制度的影响下，许多人对于民主生活还不习惯。

封建经济是一种自给自足的自然经济，他们生产的产品不是为了卖，而是自己用。粮食自己种，棉布自己织，草鞋也要自己编，这就必然形成大而全、小而全的经济体系。现在，我们一个工厂、一个学校，像一个小社会，什么都有，这也是长期封建社会遗留下来的影响。由于封建经济不是商品经济，所以它的产品也不计成本，不需要成本核算。如秦始皇修墓用了几十万人；北京十三陵有个定陵，就修了几十年。如果我们的工农业生产也这样不计成本，就会造成浪费，我们的“四化”就搞不成。

这些就是封建社会留给我们的思想包袱，它影响着我们看待问题的方式。

小农经济的现实使我们的民主革命用自己独特的方式取得了胜利，建立了中华人民共和国。但在中华人民共和国建立后，旧的影响也给我们社会主义建设带来了困难。我们搞革命，沾了小农经济的光，但搞建设就必须和小农经济所带来的思想影响做斗争。土地改革，后来的合作化，我们从根本上打掉了封建主义存在的经济基础。但长期以来，我们对封建思想带来的消极作用的危害性估计不足。几十年来，我们经历了许多曲折，使我们逐步认识到了这一点，就是说我们搞社会主义建设，要补上反对封建主义这一课。

二、关于宗教和封建迷信问题

封建迷信和宗教要加以区别。宗教是国家承认的，如佛教、伊斯兰教、基督教（包括天主教），还有道教，这些都是合法的。宗教界的代表人物被吸收到我们的政权中来，参加国家管理。

封建迷信不同于政府认可的宗教，如跳神的、端公、巫婆、神汉、测字的、算命的、风水先生等等，他们的活动是不合法的。这就是说，从政治地位上看，封建迷信和宗教是不同的。我们的政策保护宗教信仰的自由，不保护封建迷信。

但是，从世界观上看，宗教和封建迷信没有什么差别，它们都是唯心主义的，是一种颠倒了的、歪曲了的世界观，是与马克思列宁主义根本对立的。

马克思、列宁讲得很清楚，毛主席也讲过，在政治上，我们要和宗教界的爱国人士团结起来，结成统一战线。在今天，就是要和他们团结起来，共同建设“四化”。但是，我们是马克思主义者， 在世界观上，马克思主义不能和宗教和平共处，不能在世界观上和宗教搞统一战线。在唯物主义和唯心主义之间，在马克思主义无神论和有神论之间，没有中间地带，不能和平共处，它们的斗争是不可调和的。我们必须长期地和宗教界人士合作共事，这是一个方面；同时还应指出，我们的共产党员、共青团员、国家干部必须坚信马克思列宁主义，坚持四项基本原则，不能和唯心主义和平共处，在这个问题上，不能有任何的迁就和动摇。

从世界观上看，宗教和封建迷信都是于社会主义不利的，它们都妨碍马列主义的传播。比如，我们依靠什么建设社会主义？马克思主义告诉我们，要依靠劳动人民，即工人、农民和知识分子。但宗教和封建迷信都宣扬说，办事情，不应该靠人，而应该靠神；不是依靠群众的力量，而是依靠人为地制造出来的“上帝”的拯救。就是说，宗教、迷信和马克思主义不一样，用的是两股劲。一个是向神，向“上帝”求保佑；一个是自己动手，改造世界。这是宗教、迷信和马克思主义的一个根本区别。

宗教是封建社会的上层建筑，是维护奴隶制、封建主义、资本主义所有制的。在社会主义制度下，它只是作为一种旧时代的残余存在着，它不是我们社会主义的上层建筑。这一点必须认识清楚。

当然，即使从世界观方面说，宗教和封建迷信也有些区别，迷信比较低级，世界上有名气的三大宗教高级一些。破除一般迷信，用科学知识可以解决一部分问题。但对待宗教，就不仅是科学知识的问题。我们的社会主义制度是比资本主义先进的社会制度，但我们的社会主义制度刚建立不久，还很不完善，一些社会问题，诸如青年就业问题、恋爱问题、求学问题等等，一时还得不到很好的解决，我们的工作中也会发生某些失误。有些人在还没有树立起正确的世界观的情况下，遇到上述问题就往往会到宗教中寻找安慰，这样就会给宗教泛滥造成机会。看来，解决迷信问题比较好办，解决宗教问题就不只是宗教部门的责任，要实行综合治理，比如加强马克思主义的世界观的教育、进行理想教育、开辟就业门路等等。

有人提出，外国一些大科学家也信宗教，他们并不是缺乏知识，这是怎么一回事呢?

我们是这么看的，科学家也是人，是社会的一个成员。他在工作的时候，在他的实验室里，他是科学家。但当他离开工作，走出他的实验室，他就是社会的一个成员，不总是一个科学家。比如，一个医生，如果他处处看到的都是细菌，那就无法生活。作为一个普通的社会成员，他就要碰到其他社会成员共同碰到的那些社会问题，而资本主义社会中的那些社会问题是资本主义制度本身所根本无法解决的，当然也是科学家本人的那点科学知识所无法解答的。因而，科学家也就有可能像其他社会成员一样，到别的地方寻找安慰，投向宗教。

总起来说，封建迷信是不合法的，迷信活动应该制止。对待封建迷信，依靠科学知识的宣传可以解决一部分问题。对待宗教，要按照党的政策，保证信仰自由。但共产党员、国家干部应该清楚地认识到，我们建设社会主义、搞“四化”，必须联合一切宗教界爱国人士，我们应该团结他们，和他们结成统一战线，但在世界观上，我们和他们是对立的，没有共同语言。这两方面，我们都要有清醒的认识。

三、靠什么力量破除宗教和封建迷信

我们认为，解决这个问题要对症下药。宗教和封建迷信都是因为对命运无能为力才向外面求救，所以总要有一种积极的、正面的东西，才能抵制那反面的、消极的东西。从马克思主义的立场来看，虽然宗教有它存在的理由，但它不是鼓励人们向上，不是鼓励人们自己动手改造世界，而是一种消极的东西。必须有正面的东西、建设性的东西，才能破除那消极的、非建设性的东西。就是说，必须有立有破。光是不要这个不要那个，没有正面的、积极的东西，就无法代替那反面的、消极的东西。比如“十年动乱”中，没有戏看，没有电影看，只有八个样板戏，文化生活不能满足社会需要，所以一旦接触资产阶级的东西，有人就可能全盘接受，抵制不了，引起混乱。

正面的东西是什么？我们要建设社会主义精神文明，应该树立共产主义的标准，使人们具有共产主义的理想，具有共产主义道德，有文化，守纪律。这几年，有一种现象引起了我们的注意，就是欧美一些发达国家的人士对我们说：“还是你们中国好，你们中国的文化、道德比我们好，我们要学你们。”今年夏天，在夏威夷开了一个朱熹讨论会，这是外国人发起的，有十几个国家的学者参加，有加拿大的、美国的、日本的，也有香港地区的，还有我们台湾省的。会上，有些人把朱熹抬得很高，外国人提出向我们学习。他们之所以这样提出问题，是因为在外国的社会上存在好多问题，像青年犯罪问题、失业问题、离婚问题、家庭问题、老年人问题等等。这些问题他们一个也解决不了，于是回过头来向东方寻找偏方，就像病急乱求医一样。这说明西方资本主义社会遇到了危机，但又不敢接受马克思主义的解决办法，为了避免工人革命，他们才回头向东方找出路。这已经不是第一次了。第一次世界大战以后，梁启超到欧洲旅行，写过一本《欧游心影录》，讲到欧洲人羡慕中国的文化和礼教，认为欧洲没有中国这套东西，所以才发生了世界大战。这是20年代的事了。从那时到现在，半个多世纪过去了，西方又提出要向中国学习。

国内学术界注意到了这个问题，有人也认为应该发挥我们好的、优秀的东西，这个意见很正确。但同时，我们的头脑也应当清醒。外国人赞扬我们的一些东西，我们要认真衡量一下，这些东西对于我们是否都是好的。有些思想，移植以后起的作用和它在发源地所起的作用是不一样的。如“五四”以前，《天演论》很流行。但在欧洲，这却是个十足反动的小册子。书中讲“适者生存”，就是说，优等种族应该发展，劣等的要被淘汰，这是自然规律。这就是说，帝国主义侵略你，你竞争不过，亡国灭种，是活该，因为生物界就是如此。这是帝国主义侵略弱小民族的逻辑，是为帝国主义侵略殖民地服务的，这本书在国外学术影响并不很大。但翻译到中国以后，却起了促使中国觉醒的作用。中国人想，如果不觉醒、不奋发图强，就要被消灭，所以非变革不可。在这本书的影响下，许多人觉醒了，他们起来迎接新思潮，所以这本书起了革命动力的作用。毛主席、周总理，还有许多革命家都受过它的好的影响。

一种文化，它传播出去以后和它在发源地所起的作用往往不一样，这种例子，不光一个《天演论》，佛教也是这样，我们的程、朱、陆、王也是如此，它们在日本所起的作用和我们国家就不一样。这就是说，一种上层建筑和它的基础有着有机的联系。由于社会情况不同，同样一种思想所起的作用并不一样。中国是封建制度长期统治的国家，有很多封建的思想、旧的习惯遗留到今天。我们没有经历过近四百年的资本主义社会，我们是从半封建半殖民地社会一步跨入社会主义的。从时间上说，我们占了便宜。但从另一方面说，我们虽然进入了社会主义，却还不得不承受着封建主义这个沉重的包袱。比如封建宗法制就是我们的一个很沉重的包袱，外国没有这个包袱。由于宗法制的影响，就限制了民主的充分发挥。由于封建宗法制的长期存在，就出现了“血统论”“出身论”这种东西，这些东西带给我们很大的局限性。由于封建宗法制的长期存在，在家庭问题上，就很容易把封建的关系原封不动地搬到社会主义中来。由于我们没有经过资本主义，就很容易把封建主义当成社会主义。如上下级关系，在现在是同志关系，在封建社会就完全是服从关系。封建社会里，领导和被领导、老师和学生是一种从属关系。你提拔了我，我就报你的恩。《今古奇观》上有一个“老门生三世报恩”，宣扬的就是这个东西。如果我们把这些传统的观念搬到现在国家机关中来，就不利于社会主义建设。从这些地方可以看出，我们建设精神文明必须是建设社会主义的精神文明，“社会主义”这个限制词非常重要。它规定着我们的精神文明建设必须以共产主义思想教育为核心，从而与资本主义、封建主义的精神文明相区别，具有社会主义的特点。有了共产主义思想，办什么事才有个主心骨，不然就会迷失方向。有些青年人，有些意志不坚定的人，经不起资产阶级生活方式的引诱，根本问题就是缺乏共产主义的理想，缺乏共产主义的思想教育。有些同志想用恢复旧传统的办法来抵制外来引诱，这是不行的。对旧的传统，我们应该加以分析。这当然不是说旧的传统都一无是处，如果一无是处，我们这个民族如何能发展壮大？我们的长处应该发扬，使之光大。但要警惕，不要不加分别，认为凡传统都是好东西。传统有两种，一种是优良的；

一种是坏的、不好的，如家长制、小农意识、保守思想、经验主义等等，这都是小农经济留给我们的包袱。从社会发展的趋势看，后一阶段总是要代替前一阶段的，而不是后一阶段要倒退到前一阶段。如果封建主义可以抵挡住资本主义，那资本主义就不可能产生，产生了也站不住。正因为封建主义抵挡不住资本主义，所以封建主义才打了败仗，被资本主义所代替。如果看到我们有些人抵挡不了资产阶级生活方式的引诱，就认为是因为丢了旧传统，那就错了。社会主义优越于资本主义，所以才有可能建设共产主义。这是科学道理，是社会发展史告诉我们的。我们不能用封建主义去反对资本主义，这条路是走不通的。这种努力不是没有先例。像“五四”时期新旧交替，封建主义与资本主义打了几个回合，封建主义就败下阵来。现在，如果我们的头脑不清醒，没有共产主义的理想做基础，就不能有效地抵制资本主义文化的侵蚀。或者说，用封闭的办法，像老子说的“不见可欲，使民心不乱”，这不是办法。对外开放是我们长期坚持的政策。如果我们自己身体不健康，缺乏抵抗力，那么任何细菌都可能感染。只有树立共产主义的世界观，才能抵制花花世界的侵蚀。

共产主义思想与文化、科学知识是分不开的。我们要建设社会主义精神文明，就要使我们这个民族成为有理想、有文化的民族。说起来是共产主义的道德、文化科学知识等等，实际上，它们互相关联着。同一件事，如果是有文化、有道德的人自觉地去做，与不自觉地去做，它的价值就不一样。例如，加班加点，多做贡献，这是好事。但这里也有区别，如一个放射科的大夫，他明知放射线对身体有伤害，但为了别人的健康，他还是要加班加点，这与那不知道这种东西有害也这样做的道德价值就不一样，前者的道德水平更高，因为它的共产主义觉悟更高。我们建设社会主义精神文明，讲共产主义理想，就要培养那种明知有害但为了别人还要去做的那样一种高尚的人。这才是真正高尚的人。如救人的那个大学生张华，他明知沼气有害，但还是要抢先下去救人。这种精神就闪烁着共产主义的光辉。我们要提倡那种为了人民的利益，明知对自己无利还要去做的高尚行为。还有，按劳分配，这是社会主义的分配原则；多劳多得，这是对一般人的要求。对于共产党员、马克思主义者，就不能停留在这个水平上。我们应该有更高的要求，多做贡献，不计报酬，这样我们的“四化”才能早日实现。

建设社会主义精神文明要随时与封建迷信做斗争。我们开始就说过，宗教和封建迷信都是旧社会的残余，是旧意识。在封建社会中，它们是合理的、合法的。在社会主义社会，宗教是宪法所保护的，群众信仰它虽然是合法的，但不一定符合科学的道理。这是思想问题，只能等待、说理，即使将来只有一个人信教，我们的宗教信仰自由的政策也不会改变。但应该看到，我们要真正建设社会主义精神文明，就必须随时警惕着，毫不含糊地和这些旧思想、旧意识划清界限。只要我们有正确的、共产主义的人生观做指导，就可以抵制资产阶级思想的侵蚀。尽管外国人称赞我们，说我们的旧文化传统很好，不要再改革了，我们却不可轻信。我们要分析，好的我们保存，坏的我们批判。不能因为人家称赞，我们就糊里糊涂地跟着跑。过去我们吃过这样的亏，今日再不能这样干了。

无神论发展的新的历史阶段*

宗教起源很早。宗教这一社会现象的出现，标志着人类认识史上的一大进步。从某种意义说，从没有宗教到出现宗教是人类与动物之间相区别的另一个标志，它标志着人类抽象思维能力的提高。据目前的了解，动物有不少心理活动与人类有相似的地方，但动物毕竟没有宗教。

随着社会的发展、科学的进步，作为对世界做出虚幻反映的宗教日益为进步的人们所不满，进步的思想家们对宗教的虚妄世界提出了批评，这就产生了无神论。王充撰写《论衡》的目的是“疾虚妄”。

但是，在阶级存在的社会里，宗教的产生和发展不只有认识论的根源，还有更深刻的阶级根源。主要是人们对社会、对人与人的关系还不能完全认识，对自己的命运还不能由自己掌握。阶级社会中的富贵贫贱的差别是如何产生的，当时人们无法理解，于是便归结为“天命”的安排，“前世”的“因”造成“今世的“业报”。

进入社会主义社会，人类历史进入了一个新阶段，剥削制度消

* 原载《厦门日报》，1983年3月19日。

灭了，剥削阶级也消灭了，宗教存在的阶级根源也基本消失。社会发展进入了新阶段，社会主义时期的无神论也进入了新阶段。阶级社会的无神论利用的武器只限于朴素唯物主义与机械唯物主义，那时人们还没有科学的唯物主义——辩证唯物主义与历史唯物主义。在阶级社会里，进步的思想家既没有能力改变宗教存在的社会基础、经济基础，也没有能力从历史唯物主义的角度来对待宗教这一社会现象。尽管过去的中外无神论者做出了出色的贡献，但他们都不能认识宗教的本质及其发生、发展和消亡的规律。科学的无神论的奠基人是马克思、恩格斯。只有马克思主义的无神论才把无神论的理论水平提高到一个新阶段。当我们纪念马克思逝世一百周年的时候，举行中国无神论学会的学术讨论会，我们感到特别激动、兴奋，也感到为把马克思主义关于宗教的若干基本原则与中国的宗教情况相结合责任重大，有很多艰巨的任务还有待完成。

作为一个群众性的学术团体，我们这个学会的成员都满怀信心地愿在这一学术领域内把研究工作做好。用马克思主义的立场、观点、方法对宗教问题进行科学研究是党的理论工作的一个重要组成部分。用马克思主义哲学批判有神论，向人民群众，特别是广大青少年宣传无神论，这是我们无神论学会的职责。当然，为了使我们的无神论教育进行得更有效、生动活泼、科学性强，我们要在广大群众中更多地进行辩证唯物主义和历史唯物主义世界观的教育，要在农村进行科学普及工作。还要充分利用人民手中的各种文化工具，如电视、电影、广播等，也要发动各种社会团体，组织青年工人、农民参加一些普及无神论的活动。方式要多样化，避免枯燥的说教，我们的出版社也要有计划地组织稿件，出版科学无神论的书籍及宣传品，下乡下厂，充实青少年的文化生活。

加强科学无神论宣传是党在宣传战线上的重要任务之一，对广大青少年进行无神论教育是我们无神论学会会员义不容辞的职责。

宣传无神论，当然要按照党的宗教政策办事，学术界要尊重宗教界的思想信仰，宗教界也要尊重学术界对于马克思主义宗教理论的研究和宣传活动。人民群众信仰宗教是个人的私事，别人不许干涉，但对于世界观正在形成阶段的广大青少年，他们本来就没有任何宗教信仰，我们从事文教科学事业的国家干部有责任向他们进行科学无神论的教育，使他们建立科学唯物主义的世界观，用科学的态度对待世界、对待人生，积极热情地投入祖国“四化”的建设。

关于破除封建迷信的几个问题*

封建主义在中国统治了几千年，它必然利用迷信为其统治特权服务。封建迷信是中国封建社会上层建筑的一部分。破除封建迷信，一方面要靠科学，一方面要靠消灭迷信产生的社会因素。这两方面都是我们建设社会主义应当包括的内容。发展科学，人们有了科学的头脑，那些迷信荒诞的思想自然就失去了市场。社会生产发达，生活得到改善，人与人的关系建立在新的互相关心、互相爱护的基础上，社会上不再有人压迫人、人剥削人的现象，这就有利于消灭迷信。

迷信和宗教之间并没有一道截然隔绝的界限。有的宗教徒假借治病、“驱鬼”来拉拢群众，俘虏信徒；也有的不法宗教徒利用合法的地位，干了许多危害国家、民族的罪恶活动，有的已经受到人民的惩罚。宗教信仰在政治上受到法律的保护，但在世界观方面与迷信同属于唯心主义。

根据宪法和有关政策的规定，信仰宗教有自由，同时不信仰

* 原载《光明日报》，1983年5月2日。本文是作者为牛欣芳编著的《鬼神与封建迷信》（河北人民出版社，1983年9月第2版）一书再版时写的序言，《光明日报》发表时有删节。

宗教也有自由。党章规定，共产党员必须以马列主义、毛泽东思想作为行动的指南。坚持四项基本原则是对每一个公民的普遍要求。封建迷信是每一个中国人都要反对的。违法分子利用迷信骗财、害人，受到法律的制裁，是理所当然的。对共产党员、国家干部来说，既然以马列主义、毛泽东思想作为指导思想，那就不能同时带领群众到“天国”去找“救世主”；既然当了人民的公仆（各级干部都是人民的公仆），那就要全心全意依靠群众、相信群众，而不应该在遇到急难的时刻，如抗旱救灾、防洪抢险的关头，祈求神佛保佑。这也是理所当然的。我们的党章已经通过并已生效，马列主义、毛泽东思想本身就包含着无神论、反对有神论这样的内容。在某些地区封建迷信猖獗，广大青少年及劳动人民受神鬼观念愚弄，这往往是我们党员干部领导不力造成的。凡是宗教活动不正常的地区，也往往同我们某些党员干部没有坚持马列主义、毛泽东思想，在世界观上和宗教唯心主义划不清界限，对那些利用宗教进行非法活动的现象退让、容忍而不进行斗争有关。

我们马克思主义者要时时记住两点：第一，马克思主义者是无神论者，他不但反对封建迷信，而且不能赞成宗教唯心主义的世界观。这是来不得半点含糊的。第二，马克思主义者要尊重宗教信仰自由，同情信教群众，在爱国、建设社会主义的工作中，和宗教界爱国人士结成统一战线，长期合作下去。这一点也是来不得半点含糊的。在这两点中，如果只看到一点，那是不对的，因为这样就在理论上违反了历史唯物主义的原理，在现实生活中对社会主义现代化建设不利。

用历史说明迷信*

解放后，学术界曾对中国社会性质，中国封建社会的上限、下限问题开展过广泛的讨论。谈到中国封建社会下限，不能不涉及资本主义萌芽问题。谈到资本主义萌芽问题，不能不涉及手工业行业的兴起、分工、发展的问题。要开展这方面的研究，要求搜集文献资料，也要有社会调查。既要深入考察某一行业的情况，也要兼顾共存的其他行业情况。局部与全体联系起来考察，才可以进行定量定性剖析。开展这一工作，第一步须从汇集原始资料开始。

李乔同志把他的《中国行业神崇拜》初稿送来给我看，觉得是一部有史料价值的著作，值得向社会推荐出版。

这部书的突出优点是资料搜罗宏富，它的史料价值不在于关于行业神“崇拜”的论述，而在于“行业”罗列的齐全。关于中国行业的兴起、发展和分工，过去有过一些著作，但研究得还不够。研究它，既离不开文献依据，还得结合社会调查。李乔同志善于利用工作的条件，不辞辛苦，深入社会各行业，结合文献进行社会调查，汇集的记录是可信的。今后随着调查研究的深入，还会有新的资料被发

---

* 据《竹影集》。本文原为李乔《中国行业神崇拜》（中国华侨出版公司，1990年6月版）的序言，曾收入《任继愈学术文化随笔》。

现，将有所补充，但我相信不会有重大的突破，因为它搜集的材料相当齐全，是作者长期积累的成果，短期突击是搞不出来的。

它是一部记录中国各行业从业者信仰的资料性的专著，给社会史、经济史，特别是中国近代经济史、社会史提供了可贵的原始资料。它客观地描述了各行业的发展活动状况，给专业研究者留出了阐发的余地，用实践纠正了学术界多年来轻视史料、喜欢发空论的流弊。

它反映了近代中国手工业分工的实际状况，反映了中国手工业行会的封建性，行业分工纷杂而缺乏严密统属。这种现象表明近代中国手工业、工商业没从中世纪的躯壳中蜕化出来，带有更多的封建性的特点。

它反映了近代中国科学不发达、文化落后的社会现象，广大从业人员处于半愚昧、不觉醒的状态，不能掌握自己命运，不得不靠神灵保佑。

它反映了近代中国的行业独占性和下层社会原始互助的遗风。行会成员可以得到同行的保护和困难救济。行会之中的掌权者有的是上层绅士，广大成员则是劳动者，中间有剥削者和受剥削者。处在社会最下层的乞丐业，当然说不上富有，但丐头也能在众多的乞丐中敲骨吸髓，进行剥削。这些现象都是近代工人阶级尚未出现，劳动人民尚在朦胧阶段的情况。有了行会，同业中毕竟还可以凭借集体力量保护本团体成员的一些权利。“行业神”是用来团结同行的一面旗帜。在中国封建社会后期，政权集中，人民没有集会结社的自由，用迎神赛会的形式，既可团结同行业群众，又可以举行一些群众性的娱乐活动，使同业人员有一个定期协商公务的机会。行业神的崇拜不过是个外壳，社会活动、经济活动才是它的实质。至于那众多行业的“祖师爷” 的来历有无历史根据，是捏造还是附会，尽可姑妄言之、姑妄听之，无足轻重。千百年来，人们总是用迷信说明历史，我们则用历史说明迷信，这是我们的原则，也是我们的方法。

破除迷信*

——中国现代化的必由之路

中华民族有五千年以上的光辉历史。这五千年的历程，以鸦片战争为分界线。鸦片战争以前，属于自给自足的古代社会；鸦片战争以后，进入近代、现代社会。这后一个时期，中国这个文明古国面临着严峻的考验：要生存，就要走现代化的道路，没有选择的余地。一部中国近代史，就是中国人民要求走现代化的道路，取得成功，遭到挫折，反复斗争，曲折前进的历史。领导中国人民走现代化的道路的政治群体、政治党派换了一茬又一茬，直到中华人民共和国建立，还在走着中国现代化的道路。

不同于古代社会，现代社会有许多标志。标志之一是科学世界观的建立，使人们从神权下解放出来。也就是说，人民要求自己的问题自己解决，不靠神仙，不靠外来的什么异己力量。《国际歌》的歌词中有一句话，“从来就没有什么救世主，也不靠神仙皇帝”，充分表明了摆脱古代束缚的现代意识。

现代化的主要内容表现为人民群众当家做主的“自主”。自

* 原载《长江日报》，1995年4月22日。《自然辩证法研究》1995年第8期转载。

主，大体可分为政治生活、经济生活和精神生活几个方面。中华人民共和国已经实现了广大人民政治生活的自主；社会主义使十二亿人有饭吃，创造了亘古未有的奇迹，经济生活的自主在逐步完善；困难较多的是众多人民的精神生活的自主。这三者又密切关联，不可分割。有了政治生活自主、经济生活自主，而精神生活做不到自主，前两者也不能做到彻底，甚至拖了政治、经济前进的后腿。

人类今天的科学技术超过了以前任何时代，上可以漫游太空，下可以潜入海洋探宝，工艺巧夺天工，能合成人间从未有过的新材料，探究生命的基本结构，几乎没有制造不了的东西，这是人类的成就方面。同时，也应看到人们还有一大片领域，存在着暂时没有能力解决的许多难题。科学还无力改变自然的大环境，还不能不靠天吃饭。遇到大旱、大水、大寒、大暑，还不能抗拒，不得不蒙受巨大损失。至于正常生活中经常遇到的疾病侵袭、寿命的长短、事业的成败，小到家庭的纠纷，大到国家争夺，很难说出完全令人满意的道理。也就是说，人们对自然现象的理解比对社会现象的理解多些，在社会现象中，人们对自己的理解更差一些。今天，号称“科学发达”，主要是指自然科学。迄今为止，人们对社会现象的了解还很差。马克思创建了历史唯物主义理论，第一次为人类提供了观察社会、研究社会的工具，但还有许多人没能接受，甚至有人不承认社会科学是科学。

社会要前进，要避免盲目性，不犯前人已经多次犯过的过失，就要研究社会，分析它，剖析它，提出可信的理论，不但能解释过去，还要希望预测未来。

社会科学尚处在发展中，现实生活又不得回避将来要发生的问题，人们自然地走向求神问卜、向现实世间以外去寻求答案，求助于超现实的力量。这种“神”不得不被创造出来，人们又反过来对自己亲手创造出来的偶像崇拜供奉。

中国最早见于文献的占卜行为是甲骨卜辞及稍后的《易经》，在民间流行没有见于文献的测卜命运的方式多到难以数计。一切占卜，不论它属于什么体系，都要把判断行为的“终审权”归结为超世间的外在力量。只要有了“神”（或者称作其他主宰者）的启示，等于有了最后答案，不必再问个“为什么”，把神的启示当作出路。武汉“算命企业”的所作所为，归根结底就是这种事。

人类到了科学昌明的20世纪的末叶，而对人类本身所知甚少，甚至无知，这种极不正常的反差并未引起应有的注意。主要原因在于人们还没有真正把社会科学看作科学，还没有把历史唯物主义当作观察社会的主要工具。观察社会，当然也包括观察人类自己。

实现中国的现代化，首先要把社会的力量调动起来。社会的主力是人。要中国现代化，不能靠社会以外的力量（神或其他超人间的力量），只能靠自己。因此，预测、占卜、看相、看八字、看风水，都是不相信人的主体力量、去寻求外来力量的表现。理论上是错误的，对社会主义建设也是有害的。

现实生活中可以举出占卜命运使人陷于困境的无数事例，说明迷信的危害。

建设物质文明要靠自己，不能求外来的恩赐；建设精神文明也不能靠外来的恩赐，同样要靠自己。解决困惑，只能依据全面的论证，选择应采取的途径，衡量主观力量与客观条件，然后再决定行止。古代清醒的思想家们早已提出过，靠占卜决定战争的要亡国，靠占卜决定个人行为取舍的要亡身。比如治病，古代名医扁鹊曾说过，信巫不信医的人，病不能得治。这些事实都说明，解决现实世间遇到的困难，只有在现实世界中寻求解决的方法，在现实以外求援助是自取灭亡。

当前，社会迷信之风弥漫至各种社会层面和角落，还出现“算命企业”一类的怪事，根本原因是人的文化素质不高，离现代化的要求还有很大的差距，看不见自己的力量，自己的智慧不能得到发挥，社会传统势力还在起作用。一些经济上先富裕起来的农村，花费大量财力修祖坟、建祠堂，修造一些毫无意义的庙宇，像这类迷信落后的举动都要有适当的引导。农民没有钱，政府引导农民致富；富了，还要引导农民会用钱，把钱用在正当的地方——修坟茔不如建学校。

当前，对于那些用骗术诈财，打着科学和学术研究招牌算命、看相的闲杂人等，要由政府严加取缔，使这些靠诈术取不义之财的不能得逞。靠花言巧语谋财等于诈骗，取不义之财为生等于掠夺。政府为了保护劳动人民的正当利益，该取缔、限制的就要取缔、限制。

同时，要大力、有效地宣传科学和无神论，揭穿占卜、看相、算命的欺世盗名的伎俩，使他们无容身之地。我们的报刊、电台等新闻媒介要负起阐教化、正风俗的责任来。“开民智”的口号是近百年来先进的中国人早已提出过的，“开民智”就是消除文盲，向愚昧落后宣战。我们不能设想有几亿文盲的国家能建成社会主义现代化的强国，更难以设想以迷信、占卜、算命、测八字为行动指南的人群对社会主义现代化进程不起障碍作用。

治本的办法是普及教育，提高人民的文化素质。治标的办法是取缔靠迷信活动为职业者的经营；不能改业的，收容起来，使他们学会正常谋生的本领。三国时，曹操曾收容了一批占卜、算命的游民，养在一个固定的地方，不使他们在社会上游荡、骗人。曹操的办法不失为明智之举。

我国中小学的课程中可以增加一些宣传科学、无神论的故事和文章，如古代不怕鬼、不信神的故事；高年级的语文课，像范缜的《神灭论》一类的说理文章，也可以适当选一些。前若干年，旧教材中选过（附上今译），近年来又不见了，很可惜。

百年大计，教育为本。抓住这个“本”，百病自消，有了病，也容易医治。无知、愚昧、缺文化是全国人民奔向现代化的大敌，绝不能等闲视之。对泛滥成灾的迷信活动，不能听之任之。消灭愚昧，人人有责。

科学家自身的要求和责任*

沉寂多年的封建迷信活动又在城乡蔓延，形成思想瘟疫。传播封建迷信的团伙头子中，有的打着“研究《周易》”的旗号，散播封建迷信；有的打着“开发人体科学”的旗号，欺世盗名，诈骗利禄。这股伪科学的势力败坏科学、危害社会，若不及时破除，势必酿成更大的灾难，贻害无穷。

当前的封建迷信活动尽力打出“科学”的旗号，这是不同于古代、具有现代性的特点之一。此类活动之所以得逞，凭借的外力主要有三种：

第一，我国群众文化素质整体偏低，诈骗之徒狡计易售；第二，各级行政干部，尤以中下级为甚，科学水平不高，缺少鉴别伪科学的能力，有时反而起保护作用，为他们开绿灯；第三，有些科学家专心本职业务，不关心社会封建迷信现象，也有的科学家对自己要求不高，为封建迷信分子所利用。

破除迷信，捍卫科学的严肃性，涉及方面很多，要综合治理才能奏效，现在只就科学家自身的一些问题提出一些看法。

---

* 本文系作者在“捍卫科学尊严，破除愚昧迷信”研讨会上的发言。原载《知识就是力量》1995年第12期。

多年来，人们对科学的习惯误区，认为科学即自然科学，人文科学、社会科学的身份并不明确。这种认识由来已久，它既不利于自然科学的发展，也不利于我国科学事业的整体进步。

任何科学都有它的固定的对象和范围。各种学科涵盖范围有大有小。比如史学、考古学、文献学、古器物学、档案学、图书馆学都有“学”的头衔，但它们不属于同一个层次。社会越发展，学科分类越细密。18世纪从事物理学研究的学者称为“物理学家”。现在研究物理的学者人数比18世纪多得多，研究的深度广度也大大超过18世纪，但今天研究物理现象的学者们，谁也不敢自称为“物理学家”，他们精通的只限于物理学的某一专门领域中某一分支的某一方面。其他学科，如生物学、化学也有类似情况。

作为现代科学家，应当明白自己在本学科领域中的位置。所谓“专家”，只有在他专业内才是专家，跨出本专业，就是一个普通人，不属于他的领域的学问，他并不比别人高明。古代社会，科学不像后来发达，但也有分工和研究范围。孔子是古代最博学的“圣人”，他所熟悉的也只限于文化教育领域，用兵打仗，孔子不及孙武。科学专家只表明他对于很小范围内的知识比别人多而系统。有成就的科学家得到大家的尊重，靠的是他把他熟悉的科研成果奉献给社会，比前人有所创造、有所前进，从而丰富了人类的精神财富。

科学家越有名气，越要有自知之明，名气大了，不等于他专业以外的本领也随着增大。有贡献、有成就的军事家、革命家、政治家也不例外。问题恰恰出在这里。

国学大师章炳麟是我国近代第一流的文字学家，弟子遍天下，受到人们的尊重。他晚年在人们的簇拥下，喜欢对他不熟悉的问题发表一些很不在行的议论。有人利用他的名声干另外的事。鲁迅作为章炳麟的学生，深为章先生惋惜。现在社会上有一些江湖骗子，打着向专家请教的幌子，向科学家们请教什么“周易预测学”、什么“人体特异功能”，只要能从专家口中套到一言半句，便可借以招摇撞骗，诈财盗名。我们的科学家无形中给欺骗者开了通行证。

战斗在第一线的广大科学家，用科学实践对祖国做出了巨大贡献，他们对维护科学尊严和声誉负有直接责任。同时，我们也还看到，市场上充斥的伪劣产品，学术界里流行的虚假成果，往往也自称经过某某学术机构鉴定，得到某某奖励而得以招摇过市。有少数科学家曾参与不负责任的“鉴定”“评奖”活动，给伪劣成果发放通行证。

社会上的不正之风，从古到今一直存在。只是由于多数人主持正义、相信真理，社会才能维持下去，而真正的科学家从中起着支撑作用。如果科学家也变成一般庸俗的市侩，社会就要停滞，以致倒退。作为科学家，如果做不到像布鲁诺、伽利略为科学真理而献身，如能保持沉默，也还不失为对社会、对科学负责。“滔滔者天下皆是也。”我们不能挽狂澜于既倒，如能有所不为，浊流中少加入一滴浊水，总胜于随波逐流。

市场经济逐利者的手伸向社会各个角落。科技、文教一向比较干净，但也要谨防破坏科学的邪恶势力的侵袭。国外体育界、科技界这块净土已受到金钱的污染，近来西方媒体传出一向享有公正信誉的诺贝尔自然科学奖也受到玷污，如果传闻属实，我们科学家肩上的责任更重了。维持捍卫科学的严肃性已成为国际科学家共同关心的大事。当然，首先要把自家的事办好，先把到处泛滥的封建迷信的思想瘟疫消除干净。

《气功与特异功能解析》序言*

原先题为《有神论的新载体和新时代、新宗教运动》的调研报告，我是看过的。这次公开出版，作者希望我写篇序言，我感到义不容辞。捍卫科学精神，破除愚昧迷信，应是学人的当然义务。

地球上人类存在已有几百万年，人类自觉地生存、自觉地奋斗，进入高度文明阶段才几千年。人类从事生产，与自然界斗争，不断总结经验，才产生了科学。人类运用了科学，科学充实了人类。

社会尚未发生阶级分化以前，人类全力对付自然，心无旁骛；有阶级分化以后，社会内部产生了动荡，一部分精力对付自然，一部分精力对付内部的纷争。这两方面关系协调得好，社会相对安定，即历史上所谓“太平盛世”。太平盛世，生产发达，生活富足，人心稳定，科学昌明，得以集中人力物力用于物质文明和精神文明建设。现在世界的几大伟绩都是前人在社会安定、科学昌明时期留下的文明遗产。科学发展与社会进步总是相伴而生、相互促进的。只有科学发展不受阻碍，社会才会前进；反之，社会就停滞或暂时地倒退。科学最大的敌人是愚昧迷信。科学与愚昧迷信，在理

* 据钟科文：《气功与特异功能解析》，当代中国出版社，1996年5月版。

论上不能共存，由于历史的局限，在人们的头脑里难免不和平共处。古代天文学与占星术混为一科，巫术与医术并用，唐代医学界分科，妇科、儿科、内科、疡科与“祝由科”并列。古代大哲学家墨子，提倡科学，兼信鬼神。这是人类认识过程中难以避免的。后之视今，犹今之视昔，看来历史的局限性总会有的。此种局限性将随着人类认识的深化，随着科学的进展，得到自然消解，以迷信退位、科学进展而解决。总体来看，科学与迷信无法共存，此进则彼退，此消则彼长。总的趋势是科学的阵地逐渐扩大，愚昧迷信的阵地在缩小。值得注意的是蓄意反对科学的活动。

科学的阵地之所以不断地扩大，是因为有与科学相伴而生的社会生产力。生产力是人类社会最活跃的力量，它不会停止不前，生产力停止了，社会也难以存在。社会上总有一些消极势力或集团，为了小团体的利益，千方百计限制科学、破坏科学。欧洲中世纪后期，资本主义兴起的前夕，大批科学家受迫害，失去发表科学言论的自由，甚至失去生命。科学家给人类社会送来光明，他们自己却犯了“科学罪”。

科学与生产力同步发展，任何力量也阻挡不住。科学终于冲出了黑暗，迎来了光明。近代一百年的科学成就超过了人类过去几千年成就的总和，这个结论不是夸张，是事实。科学进入近现代，得到最高的称赞，受到普遍尊重，科学成为人们向往的精神殿堂。今天，违反科学的人也不得不打着“科学”的旗帜，在“科学”招牌下，贴上“科学”标志，私售其伪劣产品。

市场经济下，一切伪劣产品都要假借名牌商标以售其私货。越是名牌，被假冒的次数越多。假冒科学进行诈骗的伎俩层出不穷、花样翻新，正足以说明科学在人们心目中的地位已十分崇高，受到广大群众的尊重。

为了捍卫科学，必须打假。在当前，破除迷信，扫荡愚昧，必须揭露伪科学的遮羞布。“庆父不死，鲁难未已”，昔年扰乱鲁政的庆父已死去，今天扰乱科学、危害社会的“庆父”却接二连三地冒出来，他们出于私利的驱使，绝不会从此罢手。科学越发达，科学成果越丰硕，假冒科学的伪劣产品也越会变换包装，用以欺世盗名，牟取暴利。

一切正直的学者、科学家，每一个热爱社会主义祖国的公民，要团结一致，像“扫黄”一样、像禁毒一样来对待伪科学的传播， 务必禁绝其蔓延滋长，不使其伎俩得逞。

东汉时期王充著《论衡》，他的主要目的是“疾虚妄”，反对愚昧迷信，为科学发展排除障碍。王充的事业至今为人称道。本书的出版是在今天做着当年王充“疾虚妄”一样的事业，必将在捍卫科学、宣传科学、推动科教兴国方面发挥作用。

宣传无神论，发扬科学精神，建设社会主义新文化*

中国无神论学会1997年度工作会议，今天在这里召开。会议的目的是讨论我国近几年来科学精神和无神论思想面临的形势，决定我们今后工作的重点和工作原则。

近几年来，我们党以邓小平建设有中国特色的社会主义理论为指导，在领导全国人民进行伟大的经济建设的同时，也指引着我们进行社会主义精神文明的建设，在各个方面都取得了举世瞩目的成就。我们的经济实力正在一步步地壮大，科学文化水平正在一步步地提高。我们相信，在不很遥远的将来，我们不仅有先进的马克思主义思想指导和先进的社会主义制度，而且将会成为世界上的一流强国，科学和文化也将跻身于世界上的先进行列。我们对此充满了信心。

但是也必须看到，近几年来，一些历史的沉渣正在假借科学和民族文化的旗帜重新泛起。我们中华民族严肃认真的科学精神正在受到严重的污染，广大的人民群众，特别是广大青少年的思想正在

---

* 本文系作者于1997年5月26日在北京举行的中国无神论学会年会上的报告。原载《世界宗教研究》1997年第4期。

受到严重的侵蚀和毒害。其具体表现主要有以下几个方面：

第一，违背科学常识，公开宣扬有神论。

众所周知，人类数千年的文化成果，特别是近代自然科学的成就和唯物主义学说，是马克思主义得以产生的重要思想基础和理论前提。而近代自然科学和唯物主义一个最基本的成就，就是证明了世界是运动着的物质，神灵是不存在的。假如我们仍然相信鬼神的存在和灵魂不死，那就根本谈不上马克思主义。但是近几年来，有人却在公开宣扬人死可以转生、灵魂可以不死；说什么“神”是存在的，是可以请来的；或者说在人类和物质世界之外，存在着和神灵同义的“意识体”或“光明体”，而人的存在不过是这种本体的一个分身；还说什么在我们人类居住的这个“正宇宙”之外，存在着一个由死者的亡灵组成的“负宇宙”；有的刊物甚至说恩格斯也主张“灵魂不死”。

第二，宣传超物质、超自然的意念能力。

如果说宣扬鬼神存在是说在人体之外、在宇宙中存在着一种神秘的、超自然、超物质的力量，那么宣扬超自然、超物质的意念能力就是认定在人体之内存在着一种神秘而巨大的力量。这种说法宣称，人与人的心灵可以通过遥远的距离发生感应，凭意念可以移走或搬动物体，凭意念可以超越物质的障碍和时空的局限，从密封的容器内取出物体，或者产生只有物质才具有、才能产生的甚至非常强大的作用力。

第三，贩卖伪科学、宣扬真巫术。

与宣扬超自然的意念能力相伴随，是宣扬骇人听闻的“外气”效应。一些所谓的“气功大师”实际上不过是真正的巫师，宣称他们能在远距离上发功，实现只有在高温、高压条件下才能实现的化学反应；他们发出的“外气”可以改变导弹的航向，破坏整个国家的通信系统；经由他们的“外气”处理过的食品、饮料或生活用具，都具有医疗、保健等等特异的功效；他们凭借“外气”可以治疗疑难杂症，可以透视物体，可以探矿、找矿。他们甚至宣称可以呼风唤雨。

“气”是中国古代文化中使用极其广泛，同时又包容庞杂、含义模糊的概念。大到云雾中的水珠、风沙中的尘埃、致病的细菌，小到电磁现象中的量子，这相差多少个数量级的粒子，都被古人归在“气”这个范畴之下；甚至人的精神存在，也被古人说成是“气”。和今天人们对世界的认识相比，“气”这个范畴反映了古人对于世界极其粗浅的认识水平。但是今天那些宣扬“外气”有超常能量的所谓“气功大师”们，对“气”的性质和中国文化的历史极其无知，却把他们的谎言和骗术说成是超越近现代科学的新科学。

“气”也是表示电磁感应、声音共振等自然现象中物与物相互作用的中介的概念，神学思想家把它推广到天人之间，认为人的行为善恶都能够凭借“气”使“天”也就是“上帝”发生感应，而且这种感应是不论距离远近的。宋代，以宋徽宗的国师林灵素为代表的“呼风唤雨术”，就是这种理论的应用实例之一。他们宣称凭借自身发出的“阴气”或“燥气”，就可以感应天气下雨或是放晴。但是汉代思想家王充早就指出，“气”就是“力”，它的作用是随着距离增大而衰减的。当代气功师们一面把“气”和“场”这个概念相比类，一面又宣称“气”不遵守能量的传递法则，胡说“气”可以远渡重洋，冲破千山万水的障碍，仍以巨大的能量发生作用。

所以说他们是贩卖伪科学。

当代气功师们所说的“外气”现象，在古代被称为“禁咒术”，是一种地地道道的巫术。施术者宣称，若善于“行气”，可以禁火不燃烧，禁水倒流，使蛇虎潜踪，使鬼神绝迹，甚至可使敌军的刀剑难拔，射出的箭再倒射回去。当代所谓的“外气”现象，除了一些现代词语的文饰，没有增加任何实质性的变化。所以说，它是宣扬真巫术。

第四，以弘扬民族文化为幌子，大搞封建迷信活动。

我们中华民族有数千年未曾中断的文化传统，创造了灿烂的古代文化。这是我们宝贵的精神财富。继承这份遗产，为建设我们社会主义的精神文明服务，是我们文化工作者的一项重要任务。但是必须清醒地看到，传统文化中有精华，也有糟粕。我们只能弘扬精华，不能弘扬糟粕。但是这些年来，一些人在弘扬传统文化的幌子下，修庙宇、塑神像、看风水、招魂魄，向神灵求雨、求药，种种消沉多年的封建迷信活动又猖獗起来。

在这猖獗的封建迷信活动中，最引人注意的现象是在“研究《周易》”的名义下，进行占卜、算命，并且把这种腐朽的算命术叫作“预测科学”。这又是一个宣扬真巫术、贩卖伪科学的典型事例。

《周易》原本是一部占卜书，经过古代易学家们的不断阐释，它成为一部文字简明、内容繁复的优秀文化典籍。它的生命力就在于不断淡化书中以占卜为目的的神学迷信，强化对世界和人生哲理的探讨。但是现在，却有人把其中的糟粕说成精华，把迷信叫作科学。他们办报刊、出书籍、开学术会、办培训班，甚至开办所谓“预测公司”。在这些所谓易学家们的带动下，遁甲、六壬、占星、推背等神学预言、算命巫术的出版物充斥我们的文化市场，成群成帮的算命先生在我们社会主义的大地上自由游荡。

伪科学、真巫术的活动种类繁多，无须列举。上面的分类也仅是为了我们叙述方便，事实上，这些封建迷信活动往往是彼此交叉、相互渗透的。一些伪气功大师往往又相信神鬼，宣称自己是预测专家；一些宣扬神鬼存在、灵魂不死的人物，也往往宣称自己有特异的功能；而所谓“特异功能”又往往被说成是气功现象，等等。

伪科学、真巫术现象可说是向来就有，从未断线。但是近几年来，这样的活动具有特别严重的性质。他们的活动不仅在农村和偏远地区，而且已经渗入大中城市这些政治和文化中心；他们的活动不再限于城乡居民等社会基层群众，而且受到一部分高、中级干部和高、中级知识分子的欢迎和支持，一些大学的教授、具有科学家头衔的人物甚至成了这些活动的带头人；他们的活动不再被全社会认为是不登大雅之堂的愚昧行为，而是挤进了学术会议甚至国际学术会议，被一些人在大众传播媒体，甚至党的报刊上、学术报刊上公开宣扬；他们的活动不再是游兵散勇的方式，而是结成团体，俨然一个独立王国。他们依靠骗取的钱财建立了雄厚的物质基础，他们借助一些名人、要人的支持建立了广泛的国际联系。一切爱国的有识之士，一切关心中华民族前途命运的人们，对此无不感到忧心忡忡、焦虑万分。我们再也不能对这些现象视而不见、听而不闻、见怪不怪、精神麻木、混度日月，我们再也不能对这些现象听之任之、缩手缩脚、得过且过，只图一日之苟安。作为一个科学和文化工作者，有义务保护我们民族精神的健康和纯洁。我们必须行动起来，为净化我们的民族精神、建设社会主义的新文化而尽我们的一点努力，尽我们的一份责任和义务。

中国无神论学会在宣传科学和无神论思想方面负有特殊重要的责任。但是由于种种原因，学会这几年来未能开展活动。所幸的是，这些年来，有许许多多的同志，在各自的岗位上，自觉地、自愿地，不为名利、不畏艰难，为反对各种巫术迷信尽了自己的努力和责任。我们向这些同志表示崇高的敬意，并且愿意与这些同志一道，把反对伪科学、真巫术的斗争继续进行下去。

中国无神论学会是个群众性的学术团体，它的宗旨是研究马克思主义宗教学。宗教学是一个综合性的学科，它不仅涉及哲学、历史、文学、社会学等人文和社会科学学科，还特别涉及自然科学的各个领域。当前，一些宣扬“鬼神存在”“灵魂不死”，大搞封建迷信的人物，往往就宣称自己的胡说是最新的科学成果。因此，我们必须联合自然科学家一道工作，必须得到自然科学家的指导和帮助。我们高兴地看到，有相当一批学力深厚、德高望重的自然科学家加入了我们的学会，和我们一道工作。我们知道，还有更大一批自然科学家愿意加入我们的行列。我们向这些自然科学家们表示崇高的敬意！我们愿意和自然科学家们携起手来，共同前进！中国无神论学会作为一个学术团体，首要的任务是从理论上说明和揭穿伪科学、真巫术的荒谬性，并把我们的成果向广大人民群众宣传，特别是向广大青少年进行宣传。历史经验表明，巫术活动总是随着社会和文化的进步，不断改换着自己的装束，惯于接过当时科学的理论成果加以歪曲。因此，反对伪科学、真巫术的工作就不可能一劳永逸。在当前，他们的理论伪装主要有以下几个方面：

第一，歪曲“实践是检验真理唯一标准”的科学命题，为我所用地解释所谓的“客观事实”。

“实践是检验真理的唯一标准”是马克思主义哲学的基本观点，也是我们党建设有中国特色的社会主义理论的哲学基础，也是我们无神论者从事科学活动的理论原则和思想基础。但是，如同对待马克思主义的所有基本原理一样，如果做片面的理解，就会把一个本来正确的命题变为荒谬的。

任何实践活动都是由许多因素共同参与的复杂过程，因此任何实践的结果都是众多因素共同作用的结果。为了检验某种因素的效应，必须尽可能地排除其他因素的干扰，这是科学实验要求严格“提纯”的基本原因。但是，伪气功大师以及那些为他们鼓吹的理论家们，一面打着实践是检验真理唯一标准的旗帜；一面却拒绝严格的科学实验，而把他们在其他因素参与下的行为结果，说成是气功的成就。比如，“外气”对某些病症的所谓治疗作用，严肃的科学工作者在长期的医疗实践和严格科学实验的基础上指出，这实际上是心理暗示所产生的效应；阻断暗示，“外气”就没有任何效应。但是，伪气功师们却把这种心理效应说成是什么“外气”的作用。

还有一些自称“预测大师”的算命先生，常常用了许多所谓占算准确的“事实”来证明算卦的灵验和有效。事实上，在对吉凶成败这些两种对立因素或此或彼的选择中，任意做出的决定也会有一半是正确的。心理学的研究证明，求卦者总是希望得到自己所企盼的结果，也总是倾向记住与自己的希望相符合的结论，而在面对面接触的情况下，人的表情、动作都是信息交流的工具，经验丰富的江湖术士巧于从求卦者那里获得他所需要的信息，于是占算的准确率又会提高许多。然而，这并不是各种占算术本身的准确。因此，算卦实践的某种准确度，决然证明不了算卦术的真理性。

算卦术是巫术的一种，它的前提是承认神灵的存在。算卦所借助的那些道具和五行、干支等符号系统，和占算的内容没有必然的联系，认为它们可以占算吉凶是由于首先认为其中渗透着神灵的意志。古代的人们用这样的方式去预测前途是可以理解的。但是，长期的、反复的实践使古人一步步地认识到，算卦术是不可靠的，不可用它来决定大事，所以一步步地抛弃了它。时至今日，人类已经普遍认识到，只有依靠科学的理论，依靠获得尽可能多的情报和信息，来预测自己的前途。这是人类数千年的实践所证明了的真理，今天人类的实践也在继续证明这个真理。面对这数千年的实践过程和难以数计的实践结果所证明了的真理，我们就不应再给名为预测学、实为算卦术的巫术以任何理论上的支持。

在理论与实践这个问题上，最不可原谅的是弄虚作假，用魔术的成就冒充科学的实践。

人类千百万年的实践，不仅获得了足够丰富的认识成果，而且也批判地认识了自身的认识能力和认识工具。其最重要的成果之一就是认识到人自身的感官往往被假象所迷惑，因而不能仅仅依靠它来认识真理。于是，发明了种种科学仪器，来补充和延伸感官的功能。借助这些科学仪器所进行的科学实践，得出的结果往往和感官的所得是不同的：在视觉中，太阳东升西落，绕着地球转；实际上，是地球绕着太阳转。类似的例子，每个受过现代中等教育的人都可以举出许多。但是，当代伪气功师们却硬要人们仅凭肉体感官承认他们魔术表演的事实和对这种事实做出的解释。当有人揭露他们的骗局，指出眼见未必为实时，他们反而指责揭露者不尊重事实、不尊重实践，只是从现成的理论出发。实际上，正是他们用魔术替代科学实验，弄虚作假在先，又公然否认人类千百年来的实践成果。

历史告诉我们，鬼神说的宣扬者用以证明鬼神存在的基本手段，就是靠列举一件又一件所谓的“事实”。又是人类千百年来的实践证明，这样的“事实”没有一件是靠得住的。于是人们得出结论，鬼神是不存在的。依据这个真理，当有人要捡起历史沉渣向我们述说什么鬼神存在的“事实”的时候，我们就可以依据这条真理，不假思索地认为他讲的全是谎言。如果说我们这是仅仅从理论出发，那么，我们这是从千百年来经由实践证明了的理论出发。而当代伪气功师们用以证明“外气”巨大效应的手段，当代那些宣扬新的鬼神说所用的手段，仍然是过去证明鬼神存在的手段，靠列举一件件的“事实”，甚至靠制造一个个的骗局。因此，他们所谓的“事实”和“实践”，在严肃的科学面前，可说是一文不值。

第二，宣称他们发现了当代科学所不能解释的事实，而他们对这些“事实”的说明是最新的、更高的科学。

科学需要发展，发展是科学的生命。无论是自然科学还是社会科学都不能停留在一个水平上。科学的历史表明，发展往往是由于人类扩大了自己的实践范围，发现了新的经验事实。然而，迄今为止，那些宣称自己发现了新的“事实”，而这些“事实”是当代科学所解释不了的人们，他们所说的“事实”没有一件在科学的严格检验面前是切实可靠的。到今天为止，全部所谓的“特异功能”现象，没有一件不是谎言和骗局，其中就包括所谓的“外气功”的超常能量问题。

撇开他们的虚妄事实，仅就他们所提出的问题而言，也没有一件是当代科学所解释不了的。所谓的“外气”问题，当代科学之所以不用这样的概念，是由于这个概念是已经过时了的，是古人对物与物中介作用的粗浅认识和推测。而我们今天的科学已能准确地判明哪些是电磁现象，哪些是声音的共振，等等。至于人，他是一个热物体，能够放出红外线；他能发声，可以产生声波；他是一个生物，可以产生生物电；他的呼吸在吸进新鲜空气的同时，也要排出废气，等等。这些，也就是人能够放出“外气”。我们并不是不能解释人的所谓“外气”，而是可以更加准确地指出，这些所谓的“外气”都是些什么内容，并且指出这些“外气”的能量都极其有限，绝没有伪气功师所说的那种巨大的能量效应。

在这里必须指出，所谓“信息场”“意念场”之类的概念完全是臆造的、反科学的概念。世界上绝没有这类“场”的存在。

汉代思想家王充已经指出，“气”乃是“力”。而“力”，在现代科学中更准确的表达就是“能量”。“场”是能量的连续分布区。人在思维的时候要消耗能量，因而会伴随着能量的释放。但是，思维所产生的意念本身不是能量，也不会释放能量，因而没有什么“意念场”“信息场”等等。这就好比工厂里生产产品要消耗能量，因而会伴随声光电磁等能量场的产生，但是产品本身没有“场”，比如没有“桌子场”“玩具场”“电冰箱场”等等。不同的是，工厂的产品是物质产品这些产品在一定条件下也会产生各种“场”。但是意念、信息等等不是物质产品，它们在任何条件下也不会释放能量，不会有什么“意念场”之类的东西产生。

任何经由长期实践和严格科学实验所产生的科学定律都是客观的真理。任何客观的真理不仅是相对的，而且是绝对的。绝对真理并不是存在于相对真理之外某个遥远的地方，而是就存在于相对真理之中。相对真理在自己适用的范围之内就是绝对的、不可违背的；违背了，就要犯错误、碰钉子。那些贩卖伪科学、宣扬真巫术的人们，早晚要在科学的真理面前碰得头破血流。

但是，在当前一个时期，宣扬真巫术的人们却走红一时。他们不仅以自己荒谬的、浮夸的言辞哗众取宠、惑人视听，而且由于这种行为得不到抵制，反而受到支持和称赞，而破坏着我们党、我们这个民族长期形成的实事求是的工作作风、严肃认真的科学精神。自从“特异功能”现象得不到有效抵制，反而受到支持以来，水变油之类的伪科学现象就空前泛滥。影响所致，一些卓有才能的科学工作者也心气浮躁，甚至不惜弄虚作假。如果严肃认真的科学精神得不到发扬，弄虚作假的作风却到处泛滥，我们这个民族的前途和未来就真是一件值得忧虑的事情。

鉴于上述情况，我们中国无神论学会当前和今后一个时期的工作重点是研究新的有神论思想和假科学、真巫术以及封建迷信在当前流行的特征，研究与此有关的哲学、科学理论问题， 面向广大群众，特别是广大青少年，宣传马克思主义的科学的宗教观和无神论思想，宣传科学精神和科学知识，为建设社会主义的精神文明服务，为建设有中国特色的社会主义做出我们的贡献。

为了完成我们的任务，我们应该坚持以下几条工作原则，处理好以下几个方面的关系：

第一，坚持四项基本原则，坚持马克思列宁主义、毛泽东思想和邓小平建设有中国特色的社会主义理论的指导。

我们坚持马克思主义，主要是坚持马克思主义观察和分析问题的立场、观点和方法，来分析和解决我们面临的实际理论问题，坚持科学的、实事求是的态度，坚持以理服人。我们坚信，真理终究是会被群众接受的。

第二，坚持党的领导，积极争取两个科学院的指导。

中国无神论学会是挂靠在中国社会科学院的学术团体，我们要认真服从中国社会科学院各级党委的领导。中国无神论学会又是社会科学家和自然科学家联合的群众组织，所以我们在业务上要接受中国科学院和中国社会科学院的双重指导和帮助。

第三，搞好和兄弟学会的协作，争取舆论和出版界的支持。

中国无神论学会将积极参与其他学会或群众团体反对封建迷信、反对伪科学新巫术的活动，或者和他们共同举办这样的活动。我们还要积极争取舆论界和出版界的支持。我们相信，我们的大众传播媒体和出版界，一定会支持我们的工作。

第四，坚持正面宣传为主，有破有立。

要宣传真理，就必须批评谬误。我们批评的目的，是为了让群众分清是非，知道该怎么做、不该怎么做。所以，我们必须坚持正面宣传，把道理向群众讲清楚，一点一滴地帮助群众建立起正确的世界观和人生观，一步一步地提高我国人民的思想素质。

在批判假科学真巫术的封建迷信和有神论思想的时候，特别需要处理好和宗教界的关系。

不必讳言，无神论和宗教信仰在世界观上是根本对立的，是相互批评的。宗教要宣传形式不同的有神论，无神论要宣传马克思主义的宗教观，这本身就是一种相互批评。但是，中国无神论学会成立的目的是研究具有普通意义的无神论学说。在研究中，我们将严格执行党的宗教政策，尊重宗教信仰，也尊重信仰者所具有的宗教情感。当前的封建迷信活动以及伪科学、真巫术现象，不仅和科学无神论是对立的，和合法的宗教信仰也是对立的。巫术、迷信活动不仅危害着人民群众的身心健康，也危害着正常的宗教信仰，他们假借宗教的名义，败坏着宗教的声誉。因此，我们不仅有可能，而且有必要和宗教界一道，把反对巫术和封建迷信的活动持续进行下去。

同志们，我们坚信，在马克思主义科学无神论思想的指导下，只要我们积极努力，贯彻实事求是的唯物主义精神，我们就一定能够很好地完成历史赋予我们的使命！

学习科学，破除迷信，造就一代新人*

一

科学是关于自然、社会和思维的知识体系。科学是人们适应生产实践和社会实践的需要而产生的经验总结。经验总结具有规律性。

理解科学要全面。我国关于科学的分类：自然科学，社会科学。与此相适应的国家科研机构分为两个科学院——中国科学院和中国社会科学院。哲学是自然科学和社会科学的总结。哲学研究属于社会科学，但它的地位与其他学科并不是并列的。西方学术界把科学分为三大类：自然科学（数、理、化、天、地、生）社会科学（政、经、法）和人文科学（文、史、哲）。应用科学属于技术性、综合性的，如电脑、宇航、核利用等，是多学科的。

由于长期形成一种误解，学习科学\普及科学偏重在自然科学方面。我国"五四"以来就有这种偏向。

---

* 据《竹影集》。原载《北京日报》，1999年8月11日。《科学文萃》1999年第10期以《谈科学》为题转载。

二

对迷信不可小看，掉以轻心。这是人类进化到一定的时期才会产生的一种认识误区。动物灵长类也还不够迷信的资格。迷信是一种现实生活中经常出现的现象。生产实践有成功的，有失败的，要看条件。现在，对暴风雨、洪水、旱灾、疾病，人类还有克服不了的困难。克服了的总结经验，上升为科学。迷信是对困难无力克服，放弃斗争的表现。鬼神由此产生。鬼神是人制造的，有人的形状、人的性格。牛如果有“上帝”，它的“上帝”应当有两只犄角，会吃草。人们将克服不了的困难看作是神鬼的力量，人们用对付人类的经验来对付鬼神有两种方式：一是讨好它，如祈祷、奉祀、祭祀；二是抵制它，构建某种设施镇服它，如镇海神针，孙悟空的金箍棒。

历史表明，科学越发达，经验总结得越多，迷信的领地就越被迫缩小。打雷、下雨、日食、月食、龙王等等，慢慢退出被崇拜的地位。科学与迷信，此进则彼退，此长则彼消。

社会现象与自然现象相比，它的规律更难掌握。自然科学规律处在人的对面，可反复观察、试验。对社会不可能站在社会以外观察，更不易放在特殊环境中去试验。历史又不能重演，一去不复返。观察者又受个人和所属集体的利益影响，可能影响观察者的客观性。社会现象中克服不了的困难更大、更多，产生迷信的环境也更大。

今天自然科学可以使人上天入地，下至海洋深处，上至月球，但对人类社会遇到的困难往往无能为力、束手无策。比如战争，人们不喜欢，几千年来想避免，甚至主张消灭，但办不到。迷信的人们中，除了家庭妇女，还有在职干部、老干部、老革命、博士生，科学家、教授也迷信，问题主要不是在自然科学，而是社会科学方面。

有了历史唯物主义这个工具，还只有少数人接受，运用得还不够熟练，多数人并未接受，道路还长。

三

学习科学，破除迷信，造就一代新人，一要全面理解科学（包括自然科学、社会科学、人文科学），学科学不能仅限于重视科学成果，更要学会科学方法、科学思维，建立科学的态度。认识世界，不能停留在感官的水平。二要建立科学的世界观、人生观、价值观。人活着图个啥？这个问题不解决，人只能算高级动物，不能算全面发展的“人”。正确的人生观就是要有远大的理想；正确对待个人与全局的关系，即公私关系；正确对待健康和生命，健康包括身体和精神人格的健康，生命分为有效的生命和无效的生命。

科学的品格是朴素老实、平常而不华丽的，虽平淡而值得信赖。科学就是用同样的方法，在同样条件下，会得出同样的结果。奇怪的学说固然新奇可喜，比如辟谷、长生不老、返老还童、永动机、水变汽油、耳朵识字、隔墙见物、发“外气”治病、远距离“发功”使导弹航向改变、发气功扑灭森林大火等等，这些都是反科学的。

科学（全面理解意义下的科学，包括自然科学、社会科学、人文科学）必会造福人类，使人类免于愚昧无知的困境。

尚未得到证实的少数人的意见，可以允许研究、试验，用成果来作为证明，用成果来推广。自己还不懂就盲目推广，只能贻害社会。真正的科学家不是强迫人接受其结论，更不能用势力强迫人不提意见。真理愈辩愈明，是真理就不怕辩论，更欢迎批评。科学不是靠霸道征服人心的。马克思主义当初只有少数几个人提倡。马克思本人连吃饭、交房租都困难，小儿子病死，无力埋葬，但他的学说在生前就风靡全世界，靠的是真理。马克思主义不是靠势力强迫人去信的。

先有人，后有神*

自人类发明用火之日起，人类有能力对自然界有目的地改造。改造大自然，有时成功，达到预期目的；有时不成功，没有达到期望目的。成功和失败有主观原因，也有客观原因。人们从成功中认识了自己的力量，总结经验，继续前进。这是科学认识的开始，科学规律也通过不断总结、提高，逐渐完善。如因势利导的治水规律，摩擦生热的取火规律，按季节播种、收获的农业生产规律等等。同时，也有一些古人无法克服的困难，如天灾、旱灾、疾疫传染、森林火灾，特别是关于人的生死寿夭，几乎无能为力，因而产生了恐惧，乞求有一种更高的权威，来为人类纾难解困，就产生了神。神具有人的形象，人的感情，只是能力超乎寻常。古希腊一位哲学家说过，如果牛也有“上帝”，它的“上帝”应当是长着两只角，会吃草的。神是人按照自己的模式塑造的。中国的玉皇大帝是黄种人的形状。这个统管“天下”的玉皇大帝冕旒、衮服，完全一派中国古代帝王形象。中国的神鬼是按照中国人的形象塑造的，造出来，然后向它膜拜。

* 据《竹影集》。本文系作者为《100个不信神的故事》（李申主编，解放军出版社，1999年8月版）所撰写的序言。

有神论是人类对外力屈服又不甘心屈服的一种表现。祭祀、祈祷是向神鬼讨好，求得神的欢心、帮助。禁咒、镇魇是对神鬼的限制、防范。科学势力与神鬼影响，此长则彼消，此进则彼退。由于科学知识的普及，人类文明的逐渐进步，人们对自然、社会的知识逐渐增长，神鬼的影响在缩小。但世界上的事物复杂多变，新事物、新问题，随时出现。人类认识世界、支配世界的能力总有达不到的地带。神鬼迷信就盘踞在这些地区，不肯退出。

有神论是人类认识的歪曲的反映。反映对象来自现实社会，但反映的形象是被歪曲了的。就像人们做梦，有时出现离奇古怪的人和事，如梦见头上生角、腋下生翼，梦见与死者对话，都是生活中存在的事，只是把不会同时出现的现象集中到一起，显得荒诞不经。荒诞不经的梦境，却从未听说有人梦见乘车入鼠穴、啖食铁杵的事。可见，即使在不受约束的梦境中，人类并不能完全脱离现实社会生活的经验。

我们面临21世纪的新世界。21世纪应当是科学比过去更普及、更深入、更发达的时代。在古代，科学受神学的压抑，长期不能发展。近现代，科学成绩赢得人们的信赖，使得科学的敌人不得不披上科学的外衣混日子。

一切有神论都是科学的大敌，都是阻碍中国现代化的绊脚石。中国现代化是中华民族近代百多年来的历史任务。提倡科学、宣传无神论是每一个现代国民，特别是广大青少年的责任。提倡科学必须要打假，反对伪科学，反对装扮成科学的神鬼迷信思想来毒害人民。去伪存真是科学的任务。这是出版这本书的目的。

科学与神不并立*

先秦时期《韩非子》首先提出，为了适应社会发展的需要，政治、文化、观念要随着社会发展形势来改变。韩非把历史发展分为三个阶段："上古竞于道德，中世逐于智谋，当今争于气力。"这种三分法，今天看来未必符合历史实际。但是，韩非提出的发展观是可取的，小到一个人的生存，大到国家的生存，必须与他所处的时代相适应。

我们今天的中国是从过去的中国走过来的。中国的历史充分表明，近代、现代的中国吃尽了贫穷落后的苦头，受尽了强国的欺凌。前辈先进思想家做了多方面探索，鸦片战争后，经历了一百多年，寻求自强的途径。

到了20世纪后半期，人们发现，贫穷的根源是愚昧无知，愚昧无知是现代化的大敌。中国的出路在于现代化，现代化的道路在于科教兴国。

封建迷信是现代化的绊脚石，不破除封建迷信，中国的富强就无从说起。因此，科学无神论是扫清道路的先锋。

---

* 据《竹影集》。本人系作者为《当代无神论教程》（中国无神论学会编，中国青年出版社，2000年6月版）所撰写的序。曾发表于《科学与无神论》2000年第4期。

知识是力量，知识是资源，知识是财富，知识是人类生存的第一要素，知识的重要性已逐渐被更多的人所认识，一个国家尽管自然资源极端匮乏，只要充分发挥人才、知识资源，不但不会匮乏，还能变得富强。20世纪的后半期，知识的巨大作用已经显示出来；进入21世纪，人才、知识的地位和作用更显得重要。

中国要在国际社会中立足，继续前进，求得发展，首先要发展科学、发展教育。迷信当权，科学就不能发展。

无神论的宣传、教育不仅是一种思想主张，而且是关系国家兴废存亡的大问题。只有破除愚昧、迷信，建立唯物主义无神论的世界观，才能掌握生存发展的主动权。如果听从命运的摆布，看不到自己的力量，不相信自己的力量，祈求某种外在的力量来解救自己，永远得不到解救。

无神论与迷信不能并立，此长则彼消，此进则彼退。在激烈斗争中，一些迷信活动、迷信思想也随时改变自己的形象以求自存。当前社会上流行有各种迷信，有的迷信传播者借用现代科学的概念来包装自己，冒充科学。因此，无神论的宣传教育也要随时修正、补充自己的战略战术来揭露迷信，使它无藏身之处。

为了国家早日建成现代化，为了早日消灭贫穷落后，我们必须坚持无神论，我们必须反对迷信。这是个长期的任务。借用鲁迅的一句话做结束语——“战斗正未有穷期”。

弘扬科学精神，提高民族素质*

——中国无神论学会会员代表大会暨2000年学术年会工作报告

各位代表、各位同志：

中国无神论学会会员代表大会暨2000年学术年会现在开始。

这次会议的任务是回顾自1996年学会恢复活动以来的工作，研究目前无神论宣传的形势，讨论今后的工作方针，通过新的学会章程，选举学会新一届理事会和领导成员。

我受理事会委托，向会议做工作报告，请大家审议。

一、四年来工作的回顾和目前科学无神论宣传的形势

从1996年底酝酿重新恢复中国无神论学会的活动开始，到现在已经有四个年头。四年来，中国无神论学会主要做了以下几项工作：

第一，重建了组织，实现了社会科学界和自然科学界的联合。

* 原载《科学与无神论》2000年第6期。

第二，确定了工作方针。这个方针就是在当前和今后一个时期里，我们的工作重点是研究新的有神论思想和伪科学、封建迷信在当前流行的特征，研究与此有关的哲学、科学理论问题，面向广大群众，特别是广大青少年，宣传马克思主义的科学的宗教观和无神论思想，宣传科学精神和科学知识，为建设社会主义的精神文明服务。

第三，根据这个方针，学会认真研究了伪科学、新有神论的各种表现，特别讨论了以“法轮功”为代表的歪理邪说和所作所为，向党和国家及时反映了李洪志及其“法轮功”组织祸国惑人的情况，尽到了我们应尽的责任。

第四，创办了《科学与无神论》杂志。

第五，编写了《当代无神论教程》。

第六，会员以各种形式，积极参加了反对伪科学、新有神论的斗争，为弘扬科学精神、提高民族素质做出了卓有成效的贡献。

通过参加反对伪科学、新有神论的实践，我们深刻体会到，必须大力弘扬科学精神，破除新旧迷信，才能提高整个民族的思想文化素质；而只有提高全民族的素质，我们这个民族才有光明的前途和希望。

中国无神论学会能够顺利开展工作，和党中央的正确领导是分不开的，和全体会员的积极努力是分不开的。1999年7月，党和国家决定取缔“法轮功”，是近二十年来科学和伪科学、无神论和新有神论斗争形势的重大转折。此后，新闻媒体强化了弘扬科学精神、破除鬼神迷信的宣传，不少传播鬼神迷信、伪科学的场所被取缔，许多宣扬伪科学、新有神论的出版物被查禁和销毁。有关部门打击了一些邪教和准邪教组织的嚣张气焰，并且使它们失去了往日的一些支持和依靠；一批坚持和伪科学、新有神论做斗争的先进人物和著作得到了各方面的表彰。在这里，我代表学会，向多年来坚持不懈地和伪科学、新有神论做斗争的同志们致敬！

最近，江泽民同志在两院院士大会上又严肃指出，领导干部、共产党员不能搞封建迷信，不能相信伪科学。江泽民同志的讲话给我们以极大的支持和鼓舞。

多年来“无神论无人讲”，现在“无神论有人讲”了，而且理直气壮地讲、大张旗鼓地讲了，这是一个转机。而从当前无神论的研究和宣传的总的形势来看，讲无神论还是有一些困难和障碍的，有待继续扫除，所以我们要稳步前进，慎重行事。

不论无神论宣传中有多少困难，只要有党的积极领导，有国家和社会各方面的支持，眼前这点困难是能够克服的。我们对科学无神论宣传的前途充满了信心。

当前，群众对科学无神论宣传的疑虑和疏远，往往与两个问题有关：第一，“特异功能”到底存在不存在？第二，是不是科学的发展造成了人类生存环境的破坏和道德的滑坡？下面，我们想就这两个问题谈一点看法。

二、“特异功能”是不存在的

近二十年来，伪科学、新有神论的兴起，集中表现在“特异功能”问题上。先是耳朵认字，后来就千奇百怪、无奇不有。有人宣称他可以凭意念使物体运动；有人宣称他的肉眼有高度的透视和遥视能力；有的宣称他的肉体有巨大的能量，可以在千万里外发功产生巨大的效应；有的宣称能使水变成汽油，骗钱自肥；有的甚至宣称能够让太阳听他指挥，使地球免于毁灭。这一浪高过一浪的说大话竞赛，加上他们魔术的甚至是骗局性质的表演，确实迷惑了不少思想单纯的人们。有些人亲眼看过“特异功能”的表演后，被骗得入了迷，直到今天还在为伪科学做“见证”。这些问题集中到一点，就是“特异功能”到底存在不存在?

在这里，我们尝试从实践、理论和历史三个方面，来回答这个问题。我们的回答如果概括为一句话，那就是“特异功能”是不存在的。

从实践上说，迄今为止，所有的“特异功能”现象，没有一例能够经得起严格科学的检验。一些所谓的“实验报告”，不是弄虚作假，就是漏洞百出。所有那些自称或被称为“大师”的人们的表演，只要碰到严格科学的检验，就要原形毕露，宣告失败。

“特异功能”不是中国的发明，这些年来我们国内“特异功能”现象的泛滥，一般说来还是追随国外潮流的结果。然而，迄今为止，国外的“特异功能”现象也没有一例得到证实。两个超级大国曾经为“特异功能”问题投入了大量的人力和物力，持续多年，行之无效，于是先后放弃了这项研究。

至今为止，国内外的实践都已表明，“特异功能”是不存在的。

然而，鼓吹“特异功能”的理论家们又以攻为守说：“即使不能证明‘特异功能’的存在，你们也不能证明‘特异功能’的不存在。因此，‘特异功能’并没有被证伪，不能加以否定。”

这种貌似有理的说法其实是一种最没有道理的诡辩。因为“特异功能”问题是自称有“特异功能”的人提出来的，他们应该为自己的说法提供证据。假如没有证据（假证据也等于没有证据），就只能被认为是不存在的。比如一个人说，人死可以复活。他就应该为自己的说法提供证据。假如他不能为自己的话提供证据，反而说“你不能证明死人不会复活”，或者说“虽然到今天为止，没有一个死而复活的人，但你不能否认今后的某一天，可能就有一个死人复活的事例”，所以你不能否定“死人复活”这个命题。那么，我们应该如何对待他的话呢？只有一种可能，认为他的话是狡辩，是谎言，是伪科学，并且设法不使伪科学毒化社会、危害人类。

伪科学、新有神论的宣传手法和历史上有神论者所使用的手法一样，就是向不明真相者提供伪证。比如说，他们的“功能”曾经使哑人说话，使盲人复明，把多年的驼背矫直，如此等等。临时凑在一起的听众难以检验他们所说的话的真实性，就很容易当场受骗。伪科学的骗子正是利用了这些伪证来设置他们的骗局。

历史上，政治英明、科学糊涂的秦始皇、汉武帝迷信巫术，企求长生不死，多次上当受骗。今天，所谓“特异功能”，不过是历史上巫术的改头换面，或者适应新的时代条件多少有些发展。所谓意念致动，肉眼遥视、透视，起死回生，呼风唤雨，移山填海，回天转日，等等，都是历史上时起时落的巫术事件的沉渣泛起。而巫术所宣传的完全是幻想的、超自然的力量。

“特异功能”的鼓吹者给“特异功能”的定义是“超出我们日常认可的人体功能”。所谓“日常认可的人体功能”，就是自然功能。一个自然形成的人体具有了超出其自然功能的“功能”，那么，也就是具有了超自然力。而超自然力，乃是人自己没有才幻想出来的神的能力。孙悟空一个筋斗十万八千里，如来佛把手掌化为五指山，千里眼、顺风耳、呼风唤雨、全知全能……都是神才具有的能力。相信“特异功能”，就是相信“神”，包括相信现实世界的人也能成为“神”。“特异功能”的宣扬者大都自称为神或希望别人以之为“神”，宣扬“特异功能”必然导致以活人崇拜为特点的新有神论出现，而崇拜“活神论”，正是为“法轮功”一类邪教的衍生提供了可乘之机。

二十年前，当有人从理论上不认同耳朵认字等所谓“特异功能”现象时，曾经被认为是仅仅从原则出发、从理论出发，是不相信事实，是否定实践。这二十年来的事实恰恰证明，伪科学、新有神论制造的表演并非事实，他们所谓的“实践”不过是骗人的魔术。许多善良忠厚的同志，由于平时轻视理论知识，以致盲从轻信、不辨真伪，陷入了最浅薄的经验主义。

反对伪科学的斗争，最有效的批判就是通过重复“特异功能”者所谓的那些典型的“实验”，揭露这些“实验”的虚假性，并且运用理论分析，证明“特异功能”和鬼神的不存在。在这个问题上，我们应该保持清醒的头脑，不能被伪科学和新有神论者牵着鼻子走，一刻也不能放弃理论的武器。

有人宣称有“特异功能”，有人愿意研究，这是他们个人的自由。但应该指出，“特异功能”在未经证实甚至根本无从证实的情况下，却被直接地、大规模地乃至通过各种新闻媒体推向了社会，到处招摇撞骗，浪费公家和他人的金钱，甚至成为少数政治上居心叵测者的利用工具，其恶劣后果有目共睹。在这个时候，我们就特别需要表明态度，指出“特异功能”的虚假性和宣扬它的危害性。

三、如何看待科学

这些年来，由于种种复杂的原因，对科学的一系列似是而非的偏见产生了。某些人认为，科学的发展固然给人类带来了物质利益，但是造成了环境污染、生态破坏；他们还认为，科学只追逐物质利益，造成了道德滑坡。这些偏见，从负面影响着“科教兴国”战略的实施，而科学又是无神论的坚实基础，所以我们有必要对这个问题表明态度。

科学研究是不断发展着的人类追求与客观实际相符合的确切知识的认识活动。获得与客观实际相符合的确切知识是科学的唯一使命，也是科学的唯一功能。技术则把科学所获得的知识变成一种可操作的程序。人类获得了知识，是否把这些知识变成操作程序，变成了操作程序后是否就付诸实行，在什么时间、什么地点付诸实行，是在工程或者说是在工业的层面上发生的。迄今为止，有许许多多未曾变成技术的知识，也有许许多多被搁置起来的技术。也就是说，如何运用科学技术，决定的因素是人。

被指责造成环境污染、生态破坏，还有核军备竞赛的事件，是在工程或工业的层面上发生的，是在人们运用科学技术的过程中发生的。在这里，应受指责的不是科学技术，而是工业或者工程，更确切地说，是从事工业或工程的人。我们不能把核军备竞赛的责任归于发现镭的居里夫妇和发现了相对论的爱因斯坦；同样，也不能把环境污染、生态破坏的责任归于科学或者技术。这就是通常所说的科学技术的中性立场。

后现代主义科学观因科学技术的发展受人的影响而否认其中性立场，是错误的。这种情况恰恰说明了应对人类生存环境负责任的是人自己，而不是科学。

人类社会是由形形色色利益不同的个人和集团构成的。环境污染、生态破坏，特别是核军备竞赛，是由于某些人或某些社会集团追求他们的特殊利益而造成的，他们明知故犯。例如，某个国家为了追求世界霸权而大力发展自己的核武库；某些大国的企业为了追逐利润，把污染环境的工厂开设在贫穷落后的国家；保护本国的森林，掠夺性地砍伐别国的森林，等等。要改善人类的生存环境，一面必须有效地纠正某些利益集团的自私行为，一面必须依靠科学技术的指导。因为只有科学技术才能给人类指出消除环境污染的方法，使人类把自己放出来的魔鬼重新装回瓶子里去。

人类从诞生那一天开始就改变着原始的自然生态。像发明用火，就开始破坏原有的自然生态了。只要按科学所揭示的自然规律办事，取之有度，用之有节，人与自然是可以并存互利，与万物并育而不相害。科学不会危及生态，而是一些人不懂科学或违犯科学规律，或者是只知其一、不知其二，只见局部、不见全体，只顾眼前、不顾长远，甚至仅仅为了自己或者某些小集团的私利，导致了生态环境的破坏。而要保持应有的生态平衡，就必须按科学规律行事。因此，科学不仅能使人类改善生活条件，也能改善人类的生存环境。科学永远是人类最可信赖的朋友。

生态问题是人类生存的自然环境问题，道德问题则是人类生存的社会环境问题。在这个问题上，科学也同样是人类最忠实的朋友。

自然科学以研究自然为对象，揭示了自然界的规律；社会科学以人类社会为对象，揭示社会存在和发展的规律。人类生活的环境离不开自然环境，也离不开社会环境。因此，科学既包括自然科学，也包括社会科学。

社会科学以社会为对象，人是社会的人。社会科学的各个门类，比如政治学、经济学、法学、社会学、历史学、文学、哲学、伦理学等等的研究，给人类提供了解决社会问题的道路，其中包括提高人类精神境界、道德水平的道路。人类在这里要做的是真正承认社会科学也是科学家族的一员，并且服从社会科学的规律，而不是贬抑社会科学，排斥社会科学，拜倒在有神论那里寻求解决社会问题的秘方。

自然科学不能干涉自然界的运动，而只是认识这种运动；社会科学也只是认识各种社会现象，并不可能制造社会存在和发展的规律。但是，科学的认识可以使人们明白各种言行的前因后果，从而引导人们正确地选择自己的言行。在道德问题上，科学的指导作用与迷信神灵相比，科学的指导才是可靠的指导。科学的特性就是讲实话、揭示真相，而只有在讲实话、揭示真相的基础上，人类才能获得真正的自由。人类获得自由绝不是建立在对鬼神的畏惧、谄媚、贿买和奉献财物的基础上的。因此，在道德问题上，科学也是人类最可靠的朋友。

千百年来，善良的迷信者向鬼神祈求保佑，从未中断过，但人们并没有真正获得保佑。人类历史表明，人与自然、人与人之间的矛盾（包括利益集团的冲突），旧的矛盾解决了，又产生了新的。凡是科学尚未达到的地方，必然是鬼神迷信滋生的土壤。这是照人类认识世界的一般情况来说的。社会上只要有为了私利而存在的某些集团，就总会有些为私利所驱使的人，利用诈骗手段，害群众、肥自己。当前，屡禁不止的伪科学便是明证。

彻底破除迷信，必须清除迷信赖以滋生的土壤，这不是不可能，但不是短期可以达到的。因为社会充满了矛盾，人们生活在社会矛盾之中，面对多变而复杂的情况。社会科学发展到今天，有了马克思主义，这是解决社会矛盾，使人类进入自由王国的必由之路。历史唯物主义已找出了社会问题的病因，治疗方案还在不断探索、前进之中。其中有些是成功的，有些方案还有待改进。人类社会实践还有待充实。即使有了正确方案，还要取得广大群众的共识，使它化为群众自己的智慧才能付诸实践，使理想变为现实。这是一个相当长期的过程。未来社会将是一个生产发展、分配合理、人们相互理解和尊重的社会。

无神论者眼前当务之急是要坚定地对伪科学、新有神论持续地批判揭露，提高人们的科学水平、道德境界，建立科学的世界观、人生观和价值观。

旧的迷信骗术破除了，新的骗术又会出现，他们又会翻出新的花样，给鬼神迷信做出新的解释。近代的新偶像、新神灵、伪科学、毒害社会、愚弄人民，而敌视科学则是一切鬼神迷信的共同倾向。

四、今后的任务和工作方针

曾经一度陷于停滞的无神论研究和宣传，由于得到以江泽民同志为核心的党中央正确路线方针的指引，终于获得了良好的发展环境。我们应该珍惜这来之不易的局面，踏踏实实、认认真真地把工作做好。我们认为，要搞好无神论的研究和宣传，应在以下几个方面继续努力：

第一，继续加强社会科学与自然科学的联合，加强与科普工作者的联系，把弘扬科学精神作为无神论研究和宣传的中心目标。因为科学精神是帮助人们辨别是非、弄清真假的精神。有了这样的精神，真正认识到自己解救自己的力量，就不会投靠神仙皇帝，不会信仰有神论，不会上伪科学的当。

第二，发展无神论学会会员，加强与国内外无神论者的联系，把能够团结的无神论者尽量团结起来，壮大无神论者的队伍。

第三，坚持不懈地、通俗易懂地向社会各界说明科学无神论宣传的重要和必要，力争使各级党校、团校，各地中学、小学，都把科学无神论思想的教育列为学员和学生的必修科目；力争使各种宣传媒体、出版部门把科学无神论的宣传作为必要内容，不断地、一代一代地向我们的党员、团员，向我们的子孙后代宣传科学无神论，帮助他们树立科学无神论的世界观。

第四，办好《科学与无神论》杂志，吸引更多读者，同时准备不定期编辑出版《科学无神论文集》。

第五，不断注意伪科学、新有神论发展的动向，研究各种新的理论问题并尽可能地做出科学的回答。

第六，继续认真贯彻执行党的宗教政策。

我们把反对伪科学、新有神论作为工作的主要目标，进行科学无神论研究、宣传、教育，不是以宗教信仰者作为特定的对象，不是针对合法的宗教活动。我们在进行无神论的研究、宣传、教育中，一定要正确贯彻执行国家宗教信仰自由政策，坚持政治上团结合作、思想信仰上互相尊重的原则。

在反对伪科学、新有神论的斗争中，我们和宗教界曾经有、今后仍然会有许多共同语言。因为伪科学、新有神论同样也危害着正常的宗教信仰。但是，我们也必须指出，由于历史的和现实的原因，宗教和巫术也有着千丝万缕的联系，而巫术正是伪科学、新有神论活动的基本内容。因此，无神论的宣传、教育必然会涉及有神论产生的根源、发展规律、表现形式以及同无神论斗争等问题。这就必然会涉及宗教世界观等问题。所有这些，我们希望得到宗教信仰者的理解和尊重。我们将和宗教界共同维护宪法和法律赋予公民的基本权利。

各位代表，各位同志，科学无神论的研究和宣传是一项伟大的事业。彻底的无神论思想是马克思主义产生之前人类最伟大的思想成就之一。它否定了人类过去由于无知和愚昧自己给自己套上的思想枷锁，使人类开始找到了自我，把命运掌握在自己手里，从而获得了根本的解放。可以说，现代文明的一切成就，都是在无神论世界观的基础上所取得的，都是无神论的胜利。科学无神论思想是先进文化的重要组成部分。没有科学无神论思想就没有人类今天的进步。我们党提出“科教兴国”的战略思想是非常正确、非常及时的。科学无神论思想的研究和宣传，就是为“科教兴国”战略的实施尽一份清洁道路的职责，清扫掉那些愚昧迷信的垃圾，给人们创造新生活的事业提供一个较为干净的思想环境和社会精神氛围。我们相信，在马克思主义、毛泽东思想、邓小平理论的指引下，切实贯彻江泽民同志关于“三个代表”的重要指示，这支时代的“清洁工”队伍将会一天比一天成长壮大。

让我们高举科学无神论的旗帜，为发扬科学精神、提高民族的思想素质而共同奋斗！

科学是人类最可靠的朋友*

这些年来，由于种种原因，一些人对科学产生了偏见，认为科学的发展固然给人类带来了物质利益，但也造成了环境污染、生态破坏；还有的人认为，科学只追逐物质利益，造成了道德滑坡。这些偏见从负面影响着“科教兴国”战略的实施，而科学又是无神论的坚实基础，所以我们有必要对这个问题表明态度。

科学研究是不断发展着的人类追求与客观实际相符合的确切知识的认识活动。获得与客观实际相符合的确切知识是科学的唯一使命，也是科学的唯一功能。技术则把科学所获得的知识变成一种可操作的程序。人类获得了知识，是否把这些知识变成操作程序，变成了操作程序后是否就付诸实行，在什么时间、什么地点付诸实行，是在工程或者说是在工业的层面上发生的？迄今为止，有许许多多未曾变成技术的知识，也有许许多多被搁置起来的技术。也就是说，如何运用科学技术，决定因素是人。

被指责造成环境污染、生态破坏，还有核军备竞赛的事件，是在工程或工业的层面上发生的，是在人们运用科学技术的过程中发

* 原载《光明日报》，2000年11月14日。又载《科技文萃》2001年第1期。

生的。在这里，应受指责的不是科学技术，而是工业或者工程，更确切地说，是从事工业或工程的人。我们不能把核军备竞赛的责任归于发现镭的居里夫妇和发现相对论的爱因斯坦；同样，也不能把环境污染、生态破坏的责任归于科学或者技术。这就是通常所说的科学技术的中性立场。

人类从诞生的那一天开始就改变着原始的自然生态。像发明用火，就开始破坏原有的自然生态了。只要按科学所揭示的自然规律办事，取之有度，用之有节，人与自然是可以并存互利的，与万物并育而不相害。科学不会危及生态，而是一些人不懂科学或违反科学规律，或者是只知其一、不知其二，只见局部、不见全体，只顾眼前、不顾长远，甚至仅仅为了自己或者某些小集团的私利，导致了生态环境的破坏。而要保持应有的生态平衡，就必须按科学规律行事。因此，科学不仅能使人类改善生活条件，也能改善人类的生存环境。科学永远是人类最可信赖的朋友。

生态问题是人类生存的自然环境问题，道德问题则是人类生存的社会环境问题。在这个问题上，科学也同样是人类最忠实的朋友。

自然科学以研究自然为对象，揭示了自然界的规律；社会科学以人类社会为对象，揭示社会存在和发展的规律。自然科学不能干涉自然界的运动，而只是认识这种运动；社会科学也只是认识各种社会现象，并不可能制造社会存在和发展的规律。但是，科学的认识可以使人们明白各种言行的前因后果，从而引导人们正确地选择自己的言行。在道德问题上，科学的指导作用与迷信神灵相比，科学的指导才是可靠的指导，科学的特性就是讲实话、揭示真相，而只有在讲实话、揭示真相的基础上，人类才能获得真正的自由。人类获得自由绝不是建立在对鬼神的畏惧、谄媚、贿买和奉献财物的基础上的。因此，在道德问题上，科学也是人类最可靠的朋友。

千百年来，善良的迷信者向鬼神祈求保佑，从未中断过，但人们并没有真正获得保佑。人类历史表明，人与自然、人与人之间的矛盾（包括利益集团的冲突），旧的矛盾解决了，又产生了新的。凡是科学尚未达到的地方，必然是鬼神迷信滋生的土壤。这是照人类认识世界的一般情况来说的。社会上只要有为了私利而存在的某些集团，就总会有些为私利所驱使的人，利用诈骗手段，害群众、肥自己。当前，屡禁不止的伪科学便是明证。

彻底破除迷信，必须清除迷信赖以滋生的土壤，这不是不可能，但不是短期可以达到的。因为社会充满了矛盾，人们生活在社会矛盾之中，面对多变而复杂的情况。社会科学发展到今天，有了马克思主义，这是解决社会矛盾，使人类进入自由王国的必由之路。历史唯物主义已找出了社会问题的病因，治疗方案还在不断探索、前进之中。其中有些是成功的，有些方案还有待改进。人类社会实践还有待充实。即使有了正确答案，还要取得广大群众的共识，使它化为群众自己的智慧才能付诸实践，使理想变为现实。这是一个相当长期的过程。未来社会将是一个生产发展、分配合理、人们相互理解和尊重的社会。

无神论教育与科教兴国*

——2003年11月28日在中国无神论学会2003年学术年会上的讲话

每一个知识分子都熟悉人类从远古钻木取火到今天利用各种能源发展生产、改善生活，依赖于科学技术的发展。科学使人类认识自己生存的世界，技术改变着人类自身的命运。科学技术的发展程度是人类文明程度的标志。

几千年来的科学发展，步伐越来越快。中国上下五千年，后一半的发展速度远远超过上一半。中国曾经发明了指南针、造纸、火药、活字印刷、造船航海，对世界科学技术的发展做出了第一流的贡献。从公元纪年起算，后一千年又快于前一千年。后一千年包括20世纪，科学技术发展速度更快，一百年的发展抵得上人类以前所有发明创造的总和，其中前五十年，核能发现，相对论、量子论取得重大成就；后五十年，人类进入信息化时代。

就在这后五十年里，新中国成立，不仅使近代长期落后的东方大国从此改变了自己的命运，也改变了16世纪以来的世界政治格局。

* 原载《科学与无神论》2004年第1期。本文摘编曾以《加强无神论教育》为题发表于《光明日报》，2004年3月23日；后转载于《长春工程学院报》2010年第3期。

中华人民共和国五十年的历史也分成两半，前二十五年走过弯路，后二十五年国内生产总值有了飞快增长。后二十五年再一分为二，最近的十年，其飞快发展是我们亲眼看到的，也是公认的。中国进入信息化时代，个人电脑在十年间换了三次。这是“科教兴国”成效的表现。

随着科学技术的发展，人类相互交流的手段也日新月异。变化之大前所未有，为我们亲身感受。我们变化大，世界别的国家变化也很大，他们有些方面的发展比我们还快。在世界经济连成一体的情况下，如果我们发展步子不快，就要落后挨打。挨打的滋味，今天的青年一代甚至中年一代很少尝过，但我们老年一代，许多人都有亲身感受。我们没赶上第一次世界大战，赶上了第二次。日本帝国主义侵略中国，烧杀抢掠，中华民族到了最危险的时候。

为了摆脱挨打亡国的命运，中国志士仁人求解放、闹革命，迎来了中华人民共和国的诞生。新的政权要改变中国贫穷落后的命运，使中国人从此不再挨打受辱，“科教兴国”是唯一的出路。

我们所说的科学，不光是物理、化学、天文、地理、生物、数学，社会科学也是科学。自然科学认识自然，为创造物质财富提供知识；社会科学认识社会，认识人类自身，说明人类社会发展的规律。人类的前途，国家的命运，事业的成败，人文科学、社会科学有时起着决定性的作用，在一定的条件下，它甚至有一票否决权。回顾建国五十年间在建设中出现的失误，不是自然科学的责任，而是社会科学、人文科学的规律受到挑战。其后果十分严酷，可以死人，可以把千百万人的劳动成果化为泡沫，其物力损失、人员伤亡不亚于一场战争。

“天下兴亡，匹夫有责。”我们无神论学会是民间组织，有责任以自己的方式为科教兴国尽一把力。

建国五十年来的历史，改革开放以来二十多年的历史，都充分说明，愚昧无知、不尊重科学是妨碍“科教兴国”的阻力，也是妨碍社会进步、人民幸福的阻力。“特异功能”横行二十年，导致“法轮功”邪教出现。他们打的是科学的旗号，行的是反对科学的事，所以是伪科学。伪科学不仅在自然科学领域造假，也在社会科学领域制造骗局。最大的骗局就是造神，宣扬有神论。反对伪科学，反对邪教，需要自然科学家和社会科学家共同努力。科学无神论是社会科学、自然科学天然的结合点。

为什么有人迷信鬼神？因为人们对某些现象（社会的、自然的）不理解，无能为力，对自己失去信心，才去找外力帮助。科学无神论的基本内容就是要告诉人们，鬼神是不存在的，人类要相信自己的力量可以有所作为。就像《国际歌》中说的，创造人类的幸福，要靠自己的力量，而不是靠神仙皇帝。要脱贫，首先要脱愚。我们《科学与无神论》杂志的试刊号正式出刊前有一篇文章，就是讲这个问题。

如果不是妄自菲薄，我们可以说，做一个现代的科技工作者，首先应该是坚定的无神论者；做一个合格的共产党员干部，必须是无神论者。这是从事现代化事业的底线。在这个问题上，没有退路，不能模棱两可。

科学无神论给人真理和智慧*

几年前，我曾经撰文提出，要脱贫，必须脱愚，甚至首先要脱愚。然而，所谓“愚昧”，不仅是文化程度不高、知识不够，还包括由于思想糊涂、认识错误而把自己的吉凶祸福甚至事业成败托付给那些并不存在的鬼神。英国哲学家罗素曾说过，他为什么不信神，因为神是不存在的。所谓“神的指示”，不过是那些假借“神”的名义的人员的指示。这些人不见得就比自己高明，甚至完全不高明。至于近些年来我国出现的那些所谓“特异功能”大师，那些巫婆、神汉，同样并不高明，甚至非常愚蠢，但有那么一些人却听信他们的谎言。因此，进行广泛深入的科学无神论的宣传教育，破除迷信，摆脱愚昧，始终是我们面临的一项重要而迫切的任务。

科学无神论是先进文化的重要组成部分

科学无神论是人类在近代产生的最伟大的思想成果之一，也是

---

* 原载《人民日报》，2004年7月8日。

先进文化的重要组成部分。恩格斯曾把18世纪法国那种彻底的无神论思潮称为“法兰西精神的最高成就”，因为它把一个非常朴素、非常简单也非常伟大的真理昭示给人们：过去数千年间一直被认为是全知全能的“神”，原来并不存在，也没有什么救世主。要认识世界以获得行动的自由，要摆脱苦难去争取自己的幸福，只有依靠自己。这个朴素而简单的真理是在近代科学发展的基础上产生的，所以我们称其为“科学无神论”。这个真理极大地解放了人类的思想，使人类数千年间被压抑的智慧如同火山爆发一样喷涌而出。人类在此后数百年时间里创造的文明成果，比过去数千年间创造的文明成果的总和还要多得多。

科学无神论告诉人们，主宰个人吉凶祸福、国家前途命运的，不是神，也没有神。这是诞生近代意义的国家的重要基础。国家元首不再需要神的加冕，而是要由选举产生。从这个意义上说，科学无神论乃是近代国家立国的思想基础。在政教一体的封建专制时代，“不信神”就是“不道德”的同义语，甚至是“罪恶”的代名词。近代国家实行信仰自由的政策。信仰神灵的人们可以保持他们的信仰，不信神灵的人们也可以有自己的思想自由。信仰神灵的人们可以信仰这个神，也可以信仰别的神。信仰神灵的人们不得再把他们的信仰强加给那些不信仰的人们，尤其不能强加给尚无辨别能力的青少年和儿童，相互之间也不得强行干涉对方的信仰。由有神论信仰者所组成的团体，也就是宗教组织，不得干预国家政治。这就为保障人权和人的尊严提供了前提条件。

马克思主义把科学无神论提高到新的水平，更加深刻地说明了有神论产生的根源和条件，指明了共产党人应该如何对待有神论信仰者的基本原则。遵照马克思主义的基本原则，中国共产党人一面真诚地尊重宗教信仰者的信仰，在革命、建设和改革中与宗教组织结成广泛的统一战线，共同为民族解放、国家富强、人民幸福而英勇斗争；一面广泛而深入地向广大人民群众宣传科学无神论，唤起千百万人民群众自己起来解放自己，创造自己的美好未来。这种广泛深入的宣传教育工作是革命、建设和改革取得成功的重要思想条件，也是纯洁民族精神、提高公民素质、促进人的全面发展的重要思想条件。

把进行马克思主义的宣传教育和进行科学无神论的宣传教育结合起来

在新的历史条件下，我们党作为马克思主义政党，不仅要宣传好马克思主义，而且要大力加强科学无神论的宣传教育。

早在恩格斯健在的时代，在欧洲各工人政党中，无神论就已经是建党的思想基础。恩格斯说，假如不是这样，也就是说，假如在工人群众中还有人信奉神灵的话，那么，最好的办法是在工人中传播18世纪法国唯物主义者的文献。恩格斯认为，这些文献不仅在形式上，而且在内容上，都是法兰西精神的最高成就。同时，恩格斯反对用政权的力量禁止宗教，反对硬性要求所有的人都必须是无神论者，并且认为这样做只能是给“神”效劳。

几十年后，列宁又重提恩格斯的意见，他希望当时的苏联共产党人遵照恩格斯的教导，把18世纪法国唯物主义者的著作重新翻译，向人民群众广泛传播。他说，由于广大人民群众被旧的社会制度置于愚昧无知和囿于偏见的地步，所以企图通过“纯粹马克思主义”的教育这条直路使他们摆脱愚昧，乃是一种“最大的而且是最坏的错误”。他认为，应该把各种无神论的材料提供给人民群众，把实际生活中各个方面的事实告诉人民群众，用各种方法影响他们，使他们摆脱鬼神观念，振作起来，争取自己美好的生活。

历史表明，恩格斯和列宁的主张都是非常正确的。在共产党的宣传教育工作中，要把马克思主义的宣传教育和科学无神论的宣传教育结合起来。忽略了这一点，就会导致严重的后果。

共产党人应该是无神论者。但在实际生活中，对于一个共产党员来说，只有接受必要的科学无神论方面的宣传教育，才会成为彻底的真正的无神论者。马克思主义产生的历史表明，无神论思想产生于马克思主义之前，马克思主义的世界观是在无神论思想的基础上建立起来的。从这个意义上说，马克思主义的世界观和无神论的关系类似高等数学和初等数学的关系。只有具备扎实的初等数学基础，才能学好高等数学；只有具备坚定的科学无神论的立场，才能做一个真正的马克思主义者。马克思主义是科学，要掌握一门科学，必须有坚实的基础知识，科学无神论就是马克思主义的基础知识。

但是，马克思主义和无神论思想的关系又不完全等同于高等数学和初等数学的关系。不懂初等数学或者初等数学的基础不好，就不可能谈论高等数学，所以那些有机会学习高等数学的人必定是具备初等数学基础的人。但有些不具备科学无神论世界观的人却可以随着马克思主义的发展，涉足那些“纯粹马克思主义”的种种问题，并且自认为是马克思主义者。实际上，这些人还不能算作真正的马克思主义者。他们在有神论的进攻之下，往往是非不辨、善恶不分，以致支持、庇护甚至参与有神论的活动。这样的教训，已经不只一件。如果一个人相信“神”的存在，向“神”顶礼膜拜，那就根本谈不上马克思主义，或者说，他的马克思主义是虚假的，是建立在冰雪和沙滩上的“楼阁”。

因此，我们在进行马克思主义宣传教育的时候，一定要同时进行科学无神论的宣传教育，要用各种生动的形式，向群众普及无神论的知识和原理。这样的宣传教育对于一般群众是必要的，对于共青团员、共产党员和党、团的领导干部更是必要的。近些年来，少数共产党员支持甚至参与有神论活动的事实，一些熟知辩证唯物主义和历史唯物主义知识的人为“法轮功”鼓吹的事实，再次证明了列宁的论断，证明了宣传无神论思想的必要性和重大意义。同时也不能忘记，一些敌对势力时刻都梦想着颠覆我们以马克思主义为指导思想的社会主义政权。把我国有神论化，就是他们的战略目标之一。从这个意义上说，科学无神论的宣传教育也是关系我国社会主义制度生死存亡的重大问题。

在真实的世界中摘取“真实的花朵”，实现“现实的幸福”

从与客观实际的关系上说，有神论是一种错误的理论，是颠倒的世界观。从历史发展的进程上说，有神论的产生曾是人类文明的重要成果，是当时先进文化的代表。有神论的出现反映了人类认识的进步，是人类精神有了高度概括和抽象思维能力的产物。

从原始有神论发展到以三大宗教为代表的有神论是人类精神发展的又一个飞跃。新的宗教不再把向神灵贡献祭品的多少作为讨好神灵的条件，更不再实行人祭。它教育人们，只有德行才是取得神灵佑护的条件，从而对人类道德的提升和社会的稳定起到了重要的积极作用。在我国封建社会的历史上，儒教把君主说成是“天子”，认为君主是代表上天来实施对人民的管理和统治的，所以人民应该忠于君主。在当时的历史条件下，这样的观念对于维护国家的统一和社会的稳定，对于保障社会基本生活，对于安慰人民无法解除的现实苦难，都起到了一定作用。然而，历史上有神论在为维护社会安定、促进民族的形成和统一发挥积极作用的同时，也用一种虚幻的最高权威束缚着人类的创造能力和自我意识。当社会发展到需要更多的社会成员意识到自我的价值，进而能够充分发挥自己的创造能力的时候，有神论的负面作用也就日益暴露出来。

随着社会的不断进步，人类认识的不断发展，人类终于认识到神是不存在的。虚幻的权威必须摆脱，被颠倒的世界观应该得到纠正。那种害怕神灵惩罚或者为讨好神灵以求保佑才实行的道德行为，应该变为为维护社会共同利益而自觉遵守的道德行为；那种把灵魂托付给神灵才能得到的心灵宁静，应该变为对自由和必然的正确认识，从而在真实的基础上获得真正的宁静；那种在神的名义下对君主的忠诚，应该变为在维护民族团结、国家统一和社会共同利益的基础上，对民族对祖国的热爱和忠诚。建立在真实基础上的精神家园才是真正可靠的家园。尽管这个家园可能不如虚幻的家园那么美妙，但那才是可以托付感情、托付终身的地方。

马克思在《黑格尔法哲学批判》中指出：“宗教是被压迫生

灵的叹息，是无情世界的感情。……宗教是人民的鸦片。”列宁把“宗教是人民的鸦片”这句名言看作“马克思主义在宗教问题上的全部世界观的基石”。马克思和列宁的论断就是要告诉人们，神是不存在的，人们不可把自己的灵魂、自己的前途命运交给神，犹如不可把财物托付给并不存在的主人一样。处于痛苦和无奈、无助境遇的人们可以从神那里得到安慰，但是不能真正解除痛苦；从神那里所获得的帮助和幸福只是一种虚幻的幸福。要获取真正的幸福，就应该摆脱幻想，面对现实，把跪着的膝盖挺直，脚踏实地地去摘取“真实的花朵”，实现“现实的幸福”。这是一百多年前马克思对处于赤贫状态的广大无产者的期望。这一至理名言，至今仍然具有十分重要的现实指导意义。

无神论学会对国家兴亡肩负重要责任*

我们讲，无神论学会责任重大，它关系到上层建筑问题，关系到国家兴亡问题。为什么这么说？

因为，无神论是我们国家的立国之本。中国共产党领导人民群众进行革命和建设，把马克思主义思想作为指导思想，就是让劳动人民自己解放自己，创造幸福。而有神论者就是不能够自己解放自己，他要靠外界拉他一把。所以，是靠发动人的主观能动性、靠科学精神来获得解放，还是靠外力拉他一把，这是无神论和有神论的根本区别。事实上，如果无神论在我们国家站不住、立不稳，老百姓安身立命要靠求神，那么我们立国就失去了根本，就可能国家衰败。这是一个根本性问题。

中央一直重视无神论宣传和教育。虽然我们做这个工作现在还遇到一些困难，但从我开始，我们都要一贯坚持做这项工作。因为在国内，挂上“中国”两字的学会还不多。我们中国无神论学会在民政部注册，要代表中国的水平，否则就没有这个资格，就不能叫“中国无神论学会”。所以，我们的责任是重大的。

* 本文系作者在中国无神论学会2005年年会上的讲话，后根据录音整理，发表于《科学与无神论》2006年第1期。

我认为，目前我们做的几个方向都是对的。首先宣传科学。没有科学，怎么能行呢？“科教兴国”是立国的根本，没有科学怎么行呢？靠科学以外的东西能兴国吗？不能兴国。我们要坚定不移。我们杂志的研究对象明确了，面向青少年，面向一般的干部，这个方向也是对头的。好多的错事和荒唐的事，有些就是领导干部参与在里面，起的作用更快一些。如果没有一些糊涂领导推波助澜，那些荒唐可笑的错事仅仅靠自发是不会这么快，比如邪教呀，歪门邪道，假借那些干部的名义来进行活动。如果我们有清醒的领导，有清醒的马克思主义者，就不会犯这种错误，所以我们的责任还是重大的。

我们学会的寿命有多长，我看是无限的。为什么这么说呢？从社会发展的理论来说，进入共产主义社会，就是大公社会，没有国家机构了，没有政府了，没有文化团体了。可是，最后还会有宗教，还会有有神论。因此无神论也就会存在，这是一个长远的任务。无神论工作同科学研究不一样。科学研究拿了经费，拿了项目，就可以做了，结果出来以后就算完成了。但是，我们无神论研究没有结项的时候，要永远做下去，战斗未有穷期呀！来日方长，大家要互相勉励，要共同努力，创造美好前景。

李申同志汇报中提到了困难。我看困难是在逐渐地克服着，影响在逐渐扩大着。以前开会从未这么整齐，这么多的成员参加，那实在是困难。但今天已经看到曙光了。接力棒要永远接下去，因为做什么事情，还是希望年轻人能接上来。接力棒传下去了，就会有很好的前途。我相信，无神论作为一个无穷无尽的事业，前途还是很远大，国家很有希望。我们无神论学会的命运和国家的命运紧紧地捆在一起，国家兴旺发达，我们就可以兴旺发达。争取更多的力量来帮助我们，用更多的努力减少失误，把这件事情做得更好，这是对我们的要求，对我们的希望。不要辜负了这种希望。外部因素有不利的一面，也有有利的因素，党中央支持，胡锦涛同志支持，要把基础工作做好，把握好机会。前途无限，就看我们努力得怎么样了。

理直气壮地宣传科学无神论*

编辑您好：

近年来，一些巫术、迷信和伪科学等消极文化沉渣泛起。而由于种种原因，我们对科学无神论的宣传和研究却有弱化之势，有的对宣传无神论心存顾虑，也有的把宣传无神论与尊重宗教信仰自由对立起来，甚至有的地方出现“有神论有人讲，无神论无人讲”的状况。胡锦涛同志最近提出“以崇尚科学为荣、以愚昧无知为耻”，很有针对性和指导性。能否请专家结合当前无神论宣传有所弱化的现状，谈谈为什么要加强科学无神论宣传。谢谢！

北京海淀区沈漳

本刊邀请国家图书馆名誉馆长、中国无神论学会理事长任继愈作答：

·朴素无神论与科学无神论的区别是什么？

·马克思主义宗教观是什么？

* 原载《北京日报》，2006年3月20日。

·宣传无神论与党的宗教政策相矛盾吗?

·社会意识形态的性质是否具有合理性，取决于什么?

·政治上尊重宗教信仰自由与思想上坚持科学无神论，这两者的关系是什么?

现在是“有神论有人讲，无神论无人讲”，这是很让人忧虑的

科学无神论是人类在近代科学发展基础上产生的最伟大的思想成果之一，也是先进文化的重要的组成部分；是马克思主义世界观形成的前提，也是共产党人必须具备的思想条件。恩格斯曾经建议把18世纪法国唯物主义者的著作广泛向工人群众传播，列宁在十月革命以后强调大力宣传科学无神论。我们党在革命和建设年代，一直十分重视科学无神论的宣传。可以说，科学无神论思想是我们党取得革命胜利和建设成就的一个重要思想保障。但是，近年来由于种种原因，科学无神论的宣传和研究却有弱化的趋势，以致有人提出，现在是“有神论有人讲，无神论无人讲”。这是很让人忧虑的。

科学是无神论的天然盟友。马克思主义继承了这一优秀传统，并将科学无神论发展到了一个全新的高度。

无神论是和有神论相对立的思想体系。在西方文化领域里，无神论始终是指对“上帝”真实性的否定。自文艺复兴以来，它一直与思想解放运动同行。在近现代，它有许多变种，所谓“泛神论”“自然神论”“怀疑论”以及“人本主义”都是，而以18世

纪的“战斗无神论”最为坚定；尼采宣布“上帝死了”，爱因斯坦呼吁把“人格神”从宗教中驱逐出去，反映了西方人文科学和自然科学的大趋向。概括地说，无神论可以分为两种：科学革命以前的无神论思想零散而质朴，只能从某些具体问题上揭露鬼神观念的缺陷和自相矛盾，还不能从根本上否认鬼神的存在。这一时期的无神论，我们称之为“朴素无神论”。从哥白尼开始的科学革命，给无神论提供了坚实的思想基础。在这一时期，无神论思想家不仅根本否认鬼神的存在，还对鬼神观念产生的原因进行了正确的说明。这种建立在近代自然科学发展基础上的无神论，我们称之为“科学无神论”。从另一个角度说，近现代的无神论是建立在科学的基础上的，与科学共进，为科学发展开路。因此，科学是无神论的天然盟友。马克思主义继承了这一优秀传统，并将科学无神论发展到了一个全新的高度。

马克思主义的无神论与它的哲学世界观紧密相连，与它的宗教观紧密相连，与它的社会主义实践紧密相连。马克思主义哲学有一个基本观点：社会存在决定社会意识，社会意识反作用于社会存在。有神论是宗教世界观的核心，本质是虚幻的、颠倒的，却是宗教组织的灵魂；宗教组织一旦失去灵魂，就失去了存活的精神支柱，所以，宗教神学总是随着科学和社会的进步，不断地变换自己的论辩形式。宗教组织则是有神论的主要载体，也是创建神学，制造和推广鬼神观念的主体；它们把信仰者联结在一起，形成一个个能够约束信徒和作用社会的物质力量。宗教的社会功能，主要通过它的组织形式表现出来；宗教有神论则主要潜存于精神层面。组织形式的可变性极大，内在的观念相对稳定。因此，同一种宗教信仰，在不同的宗教组织、不同的社会条件下，可以有完全不同的政治立场，对社会起着极其相反的作用；而精神层面的鬼神观念，更具惰性和传统的连续性。因此，对待宗教组织和对待宗教观念，不可混同。

马克思主义认为，宗教的产生、发展和消亡有其历史的客观必然性；“人”是社会关系的总和，宗教是颠倒的世界观，是颠倒的社会关系的虚幻反映。因此，宗教的本质必须从产生它的社会条件中寻找，解决宗教问题必须从变革社会关系上着手。就此而言，马克思主义政党把解决宗教问题列为自己革命和建设的组成部分，反对用单纯的思想教育替代实际的社会变革，更反对脱离党的总路线孤立地“与宗教斗争”。就是说，宗教有自己的社会根源，马克思主义的任务是团结信教群众一起，去除宗教的社会根源，而不能停留在思想斗争上。

宣传科学无神论与党的宗教政策并不矛盾

在以马克思主义为指导思想的社会主义国家，宣传科学无神论是义不容辞的责任。大力加强科学无神论的宣传和教育是巩固马克思主义思想基础的需要，也是提高全民族思想素质的需要。不仅共产党员应该树立科学无神论的世界观，一般群众也应该接受科学无神论的教育。理论和事实都说明，任何人都不是天生的无神论者，也不是天生的有神论者。成为无神论者是后天教育的结果，树立科学无神论的世界观必须进行教育和宣传。

宣传无神论与宪法中规定的公民的宗教信仰自由权，与党的宗教信仰自由政策并不矛盾。中国共产党人宣传科学无神论，主要是教育自己的基本群众，不是针对宗教信仰者，更不是要求人人都成为无神论者。在这一方面，恩格斯的教导永远是我们的座右铭。恩格斯说，如果要硬性地要求每一个人都成为无神论者，就是替神效劳。在这个问题上，过去的错误不应重犯，以往的教训必须吸取，极“左”的做法必须纠正。也就是说，宣传科学无神论与尊重和维护公民的宗教信仰自由是一致的，是并行不悖的。过去是如此，现在也是如此。在这个问题上，我们应该理直气壮，不应有任何的怀疑和动摇。其实，在西方国家还没有我们那么多的禁忌。在那里，无神论者和怀疑论者至今仍坚持对宗教神学的批判。公民的思想自由、言论自由在法律上是平等的。美国的某些领导人自称以宗教立国，但舆论界非宗教和人文主义的呼声在日益高涨。

进一步讲，马克思主义接受宗教信仰自由的原则，但必须指出，它的含义绝不能解释为只有信仰宗教的自由。它也主张，宗教应该与政治分离、与教育分离，但更强调，只是对国家来说，宗教信仰应该成为个人的私事，信教或不信教，信这种教或那种教，个人拥有完全自由的选择权，任何外力不得干涉；而对于马克思主义政党来说，宗教信仰不是个人的私事。我们党的世界观是辩证唯物论和唯物史观，与有神论是对立的、不容调和的；党的组织是统一的，不允许有其他组织的渗入和非组织活动的存在。党必须维护公民宗教信仰自由的权利，在世界观上则必须保持自己的独立性。

在政治上维护和尊重宗教信仰自由的公民权利，与思想上坚持和宣传科学无神论，是对立的统一，而不是形而上学的矛盾

在政治上维护和尊重宗教信仰自由的公民权利，与思想上坚持和宣传科学无神论，是对立的统一，而不是形而上学的矛盾：如果只有信仰宗教有神论的自由，而没有宣传科学无神论的自由，那是自由的缺失，公民就失掉了最重要的选项；相反，如果以无神论名义，向信教民众发动政治上或人格上的攻击，那就是侵犯公民的神圣权利，就会破坏人民的团结，干扰党的总路线和总任务的实施。

社会意识形态的性质是否具有合理性，取决于社会制度和社会发展的历史进程，不单是由某种信仰或教条决定的。文化的多元性，思想认识的差别性，以及信仰、信念和价值观上的共存和争鸣，是一个健康社会的正常现象。无神论和有神论、宗教和非宗教、此教与彼教同生于一个社会共同体中，不但可以丰富和活跃人们的精神生活，而且可以互相沟通、互相比较，这有助于人际的交流、认识的提高、道德的完善，有助于推动社会的整体进步。

建议尽快查处李洪志的“法轮佛法”组织*

江泽民、李鹏、朱镕基、李瑞环、胡锦涛、李岚清、尉建行同志：

以李洪志为首的“法轮佛法”组织，打着“气功”旗号，披着“佛法”外衣，露骨地反对科学文明，宣传迷信和愚昧，制造和散布妖言邪说，宣扬以李洪志个人崇拜为中心的一套新神学教义，妄图把李洪志捧为一个在全世界至高无上的宗教和社会领袖。李洪志先后在许多大中城市举行传法报告会，非法建立和发展既非气功团体又非宗教团体的非法传法组织——“辅导总站”“辅导站”，组织大量出版自己传法的图书、录像带、录音带、挂像等，影响所及已达上千万人之众，遍布全国，甚至传至国外。“法轮佛法”组织不是气功团体，不是宗教组织，它含有海外邪教组织的主要特征，李洪志妄图做全世界至高无上的新的教主。李洪志和该组织严重干扰“科教兴国”和社会主义精神文明建设，愚弄信众，损害人们身心健康，成为影响社会稳定的一大隐患。“法轮佛法”这类组织和活动之所以得不到及时有效的制止，其中一个重要原因是处理这类

---

* 任继愈先生领导中国无神论学会向中央反映“法轮功”问题，此为报告原文。曾载《科学与无神论》2009年第5期。此信由国家宗教事务局培训中心研究员段启明起草，文后的注也系段启明所做。

组织和活动的政策法令不完善，政府主管部门职责不明，查处、揭露和批判不力。我们建议，尽快组织政府有关部门对李洪志和“法轮佛法”组织及其活动进行深入调查，查实其非法和违法犯罪事实，坚决予以查禁并明令取缔。同时，对类似“法轮佛法”这类伪科学、伪气功和封建迷信组织和活动制定相应的政策法令，明确政府主管部门和相关部门的职责；支持理论界、科技界和新闻界，及时、彻底揭露这类组织和活动的荒诞性、欺骗性和危害性，加强科学无神论宣传，促进社会主义精神文明建设。

中国无神论学会理事长、北京图书馆馆长　任继愈
中国无神论学会副理事长、中科院院士　何祚庥
中国无神论学会副理事长、社科院世宗所研究员　杜继文
中国无神论学会秘书长、社科院世宗所研究员　李　申
中国无神论学会理事、中国科协科普所研究员　郭正谊
中国无神论学会理事、原国家宗教局政策法规司司长　段启明
1999年4月24日

附件：李洪志“法轮佛法”组织的社会危害

注：报告中有个别地方有错误：第一，尉健行与李岚清前后排名顺序颠倒，且尉健行同志的姓名书写有误；第二，“法轮功”人数“上千万”使用了“法轮功”组织宣称的数字；第三，“北京图书馆馆长”应为“国家图书馆馆长”。

给李岚清的信

岚清副总理:

您好！

现将中国无神论学会及其创办刊物的有关情况向您做一汇报。

中国无神论学会是以社会科学界、科技界、教育界、新闻出版界和党政有关部门一批专家学者为主组成的一个全国性群众学术团体，成立于1978年，宗旨为促进马克思主义宗教学理论和无神论世界观的研究与传播，社团登记证号码0424号，由中国社会科学院主管，挂靠在该院世界宗教研究所。现任理事长是国家图书馆馆长、世界宗教研究所名誉所长任继愈教授，副理事长是中国社会科学院原副院长刘吉研究员、中国科学院院士何祚庥研究员、世界宗教研究所原所长杜继文研究员，秘书长是世界宗教研究所“国家级有突出贡献的中青年专家”李申研究员。

中国无神论学会成立以来，对总结历史上无神论学说的成果和经验、研究和宣传科学无神论思想做了大量的工作，特别是近年来，在发扬科学精神、破除愚昧迷信观念、批判伪科学伪气功，包括探讨揭露“法轮功”之类的社会现象等方面，发挥了具有实效性和预见性的积极作用。

在当前形势下，为落实江泽民等中央领导同志关于坚持用正确的世界观、人生观、价值观教育广大干部和群众，坚持开展唯物论、无神论宣传的指示精神，我们认为，中国无神论学会亟应拥有自己的宣传媒体，以填补唯物论、无神论宣传舆论工作的一项空白，进一步加强马克思主义世界观、人生观和科学精神的普及教育，这一设想得到了您和有关领导部门的肯定和支持，我们对此十分感谢！

从现实的可能出发，我们考虑：这个宣传媒体以杂志的形式出现比较适宜。有关部门的领导同志也同意我们的意见。我们将这份杂志定名为《科学与无神论》，双月刊，16开，64页，由中国无神论学会主办，纳入中国社会科学院期刊管理的范围。该刊的方针是以马克思主义、毛泽东思想、邓小平理论为指导，准确、完整、生动、通俗地宣传辩证唯物论、历史唯物论和科学无神论，全面提高国民素质，促进社会主义精神文明建设；宗旨为宣传科学精神，开展无神论教育，维护公民宗教信仰自由权利，推动科教兴国战略实施。读者对象以包括青少年在内的一般群众为主，适当兼顾有较高文化程度的社会各界公众。目前，中国社会科学院已向新闻出版署办理申请刊号，应该不会遇到意外的阻力。

一旦刊号获得批准，我们面临的一个重要困难将是办刊经费问题。由于无神论研究和宣传本身的性质，以及学会会员构成上的特点，中国无神论学会难以获得社会赞助，也无从开办经营性事业，以往完全依靠行政拨款，但中国社会科学院受经费和社团管理规定的限制，每年只能向该学会注入数千元资助，学会活动始终处于艰难的经济环境之中。如果刊物办起来，在一段时期内不会有较高的发行额，加上聘用编辑财会人员、在国内组织地方通讯员队伍以及日常办公开支，每年的数千元远远不敷使用，必须另外获得充足而稳定的经费来源。据初步预算，每年至少需要固定经费30万元，才能基本保证刊物的持续生存和发展。预算细目如下：

1. 印刷、制作费（以每年6期，每期印刷10000册计）：22.68万元。

2. 稿费、编辑费：4.2万元。

3. 编辑部人员聘用费：6万元。

4. 地方通讯员网补助费：3万元。

5. 办公费：3万元。

6. 宣传费：4万元。

以上合计42.88万元。按每册定价4元，平均发行折扣六折，每册可收回2.4元；印数10000册，按留存1000册、售出9000册计，每年6期可收回12.96万元；收支相抵，每年需净补贴29.92万元。

此外，据我所知，世界宗教研究所没有力量提供新办刊物所需的房屋，如果我们不得不租房办公，每年还需经费约6万元。而且，在创办刊物之始，不能不购置一些必要的设备，如电脑、摄影器材和办公用具等，这样就需要在第一年单独增加开办费10万元左右。

以上的经费问题是决定我们的刊物能否问世的关键，但中国社会科学院无法解决，依靠集资则缺乏可靠保障。希望您在百忙中给予关注，帮助我们找到可行的办法，为《科学与无神论》的早日出版催生。

专此

即祝公绥！

任继愈

1999年5月14日

关于进一步加强科学无神论研究和宣传教育的建议

锦涛同志暨政治局常委全体同志：

1999年“4.25”“法轮功”事件后，党中央、国务院直接部署中国无神论学会创办《科学与无神论》杂志，为清除邪教的思想基础，推动科学无神论的研究和宣传创造了有利条件，四年来取得了一定的成绩。然而，当前无神论研究和宣传教育的整体情形仍不容乐观，具体表现如下：

第一，“法轮功”坐大成势的思想理论根源尚未彻底消除。“法轮功”被粉碎后，批判主要集中在揭露其政治面目和邪教性质方面，对导致其产生和膨胀的思想理论根源，特别是在所谓“人体特异功能”问题上长期存在的大是大非，一直没有进行认真系统的清理，以致至今对“特异功能”的迷信在学术界和党员干部中仍有市场。“特异功能”与海外反科学、反理性的思潮相通，在知识界有一定影响；也是我国近代“灵学”的持续，对普通群众有蛊惑作用。若不清理，就是隐患。

第二，境内外为宗教造势的力量相互呼应，具有很强的政治性质。境外各种宗教势力几乎都把在中国传教作为自己的战略目标，尤以基督教和一些“新宗教”最为突出，合法与非法并进，极具危险性。有些则完全出于政治目的，挑动信教者对不信教者的歧视，甚至把有神论作为反共的舆论手段，最近在学校发现的《神州》光盘是其中的一例（附《神州》光盘）。世界性的宗教国家主义化和民族主义化是一种新趋势，是国际恐怖主义、民族分裂主义和宗教极端主义的直接根源。对这一切，我们缺乏必要的研究和理论应对。

第三，新、旧有神论对党员干部思想侵蚀严重。仅据报刊披露，党员干部，有进寺烧头香的，有请道士驱邪的，有靠算命先生指导工作的，有在机关大院埋“镇物”的。而据我们所知，这些不过是冰山一角。类似丛福奎（河北省原副省长）那样认为“老百姓都要信佛就好了”“信佛人多了，社会就安定了”的观点，在不少党员干部的思想中相当普遍。党员干部是群众的带头人，在宗教迷信活动中带头，影响特别恶劣。

第四，青少年无神论世界观培养面临体制困难，学术界的无神论研究和社会上的无神论宣传教育继续受到漠视或歧视。据抽样统计，中小学生有鬼神迷信观念的约占8%~10%，实际比例可能更高。大学生拜佛信道、进教堂的现象也很普遍。这些情况并未引起教育部门的足够重视。吸取“法轮功”的教训，教育界提出“校园拒绝邪教”的口号，但没有明确认识到培养青少年无神论世界观才是拒绝邪教的有效途径，科学无神论至今难以进入教育系统，在全国数十所宗教研究的学术单位和高等学校中，片面地为宗教评功摆好的氛围相当浓。由于利益的驱动，“媚教”“吃教”的学者不乏其人。给国外宗教势力提供大学讲坛，让他们变相传教布道的事情屡有所闻。

与之相对照，从事无神论研究和教育的专业和兼职人员屈指可数，不少学者甚至党员干部对“无神论”三字是避而远之厌之。多年来“有神论有人讲，无神论无人讲”的状况积重难返，科学无神论的宣传教育甚至难以得到教育和宣传部门的理解和支持。

有人怕宣传无神论会影响和宗教界的关系，其实不必。中国共产党几十年来的理论和实践都证明，影响和宗教关系的是某些时期或某些地区没有正确贯彻党的宗教政策，不是因为向自己的群众宣传了科学无神论。

改革开放以来，公民在宗教信仰的选择上有了更加宽松的空间，这是国家民主法制建设的重大成就之一。但在宗教信仰自由的宣传解释上，有把不信教和坚持无神论从信仰自由中排除出去的倾向，这是造成宗教出现无序现象的一个原因。如果在对待宗教有神论思潮与科学无神论世界观的问题上偏离方向、失去平衡，将会带来难以挽回的后果。“法轮功”的出现以及敌对势力总是在宗教问题上向我们攻击都是警钟。

面对有神论的步步进逼，我们不能采取关闭国门的政策，也不能仅凭行政手段解决。理论的力量、学术的氛围、文明的风气可以辨别是非真伪，起潜移默化的作用，不能忽视，其中科学无神论的研究和宣传教育是不可缺少的一环。它有能力同有神论争夺思想阵地，至少会造成一种针对有神论的制衡机制。从长远看，科学无神论也是提高国民的科学文化素质，建设先进文化的重要方面。

宗教和迷信的存在是长期的，科学无神论的研究和宣传教育也是长期的，因此国家应该有一个长期的全局性的战略考虑。我们建议：

第一，把科学无神论的研究纳入自然科学和社会科学的整体规划，将它作为一个分支学科建设起来，鼓励出版有关的优秀学术成果。

第二，在相关教育系统，扶持和培养科学无神论的研究和宣传教育人才，尤其是研究生，我们极需要一批这方面的专家。

第三，在党和国家设置的宗教研究和教学单位必须以科学无神论为指导并开设有关课程，以全面把握党的宗教政策。

当前，中国社会科学院、中央党校有条件，可以首先试点。各级党校、干校要把科学无神论作为必修课程。宣传部门要把科学无神论的宣传作为长期坚持进行的重要内容。宗教管理干部要接受科学无神论教育。

学术界与海内外宗教界的对话和交流是必要的，但必须禁止宗教进入学校，利用学校讲堂传教布道。

我们深知，科学无神论的研究和宣传必须以“三个代表”重要思想为指南，服从党的中心工作和社会稳定大局，为国家发展和民族振兴服务。因此，要贯彻执行党的宗教信仰自由政策，维护信教和不信教群众的团结，坚持说理，提倡学术争辩，依法平等相待，反对简单粗暴。

是否有当，敬请批示。

中国无神论学会理事长、中国国家图书馆馆长、
中国社会科学院世界宗教研究所名誉所长　任继愈
中国无神论学会副理事长、中国科学院院士　何祚庥
中国无神论学会副理事长、《科学与无神论》杂志主编、
中国社会科学院世界宗教研究所前所长　杜继文
中国无神论学会副理事长兼秘书长、上海师范大学教授　李　申
2003年8月12日

关于创建无神论研究机构的建议

长春同志:

您好!

锦涛总书记2003年8月对《关于进一步加强科学无神论研究和宣传教育的建议》的批示指出:“无神论研究和宣传教育是一项长期任务，需纳入科学研究规划和宣传思想工作的总体部署。”您也指示，贯彻锦涛同志的批示，要抓住五个“关键环节”，其中包括“社科研究”。根据中央领导同志的指示，去年中组部、中宣部等六部委下发的《关于进一步加强马克思主义无神论研究和宣传教育工作的通知》明确要求“办好”无神论研究机构。可是，国内实际上迄今为止并没有一个无神论研究的专门实体（由中国社会科学院主管的中国无神论学会是松散的民间社团，不是实体性机构）。因此，首先是要创建这样的机构，然后才谈得上“办好”。在我国现行体制下，我们党能否拥有和掌握一个有固定人员编制的无神论研究专责机构，是中央指示能否真正落实、无神论学科建设能否重新起步、无神论研究和宣传教育工作能否锲而不舍地开展下去的关键。

当前，国内无神论宣传教育仍然面临着非常严峻的形势。“法轮功”虽然被摧毁了，但是使它坐大成势的“特异功能”问题在理论上并没有认真清理，近来似有重新抬头的迹象；宗教在国内的发展，受到许多地方官员在局部经济利益驱动下的变相怂恿，其意识形态地盘和社会影响不断扩大；国际基督教组织把使中国基督教化作为他们的战略目标，并得到以美国国内反华势力为首的国际敌对势力强大的财政支持；国内现有的宗教学术研究和教学机构由于种种主客观原因，无法承担系统的无神论学科建设任务，更无法带动无神论研究和宣传教育的全盘工作；一些领导干部的马克思主义世界观、人生观发生动摇，理想信念出现偏移，不加分析地认为依靠宗教可以挽救世道人心，有不少人自己也暗地归信了某种宗教或某个“大师”，甚至动用公款或不义之财扶植风水、卦相等迷信活动。据2004年对北京市大学生的抽样调查，有24.74％的学生宣称信仰宗教，接受各种迷信思想观念的学生比例也高于社会平均水平。不能不承认，国民教育体系中无神论教育的缺失是造成这种状况的原因之一。国内现有宗教刊物和宗教研究刊物上百种，专门宣传无神论的杂志只有一家（即1999年“法轮功”事件后由当时的中央领导同志批准中国无神论学会创办的《科学与无神论》双月刊）；主流媒体上的无神论宣传零散而薄弱，不能引起受众关注。国内外传播宗教的因特网站上万个，仅基督教的就有约7100个；专门宣传无神论的国内中文网站只有一个，而且是个人创办的，没有经费来源。如此微弱的无神论宣传的声音，并且小心翼翼地基本做到了不直接批评任何传统的宗教信仰体系，却还是不免随时遭到来自有神论阵营及某些学术界人士的攻击和贬抑。锦涛同志关于“共产党员牢固地确立唯物主义的世界观与贯彻党的宗教信仰自由政策并不矛盾”的重要观点，在党内和社会上远未得到广泛深入的理解、阐释和践行。事实表明，如果没有一个专门机构以科研为龙头、以学科建设为中心牵动无神论研究和宣传教育的整体工作局面，中央领导同志的有关指示和六部委《通知》的精神是难以持续贯彻落实的，很可能流于表面文章，变成一阵风。

因此，我以为，现在中央有必要切实考虑创建无神论研究机构的问题。这个举措对于在意识形态领域坚持马克思主义的指导地位，繁荣发展哲学社会科学事业，建立保持共产党员先进性的长效工作机制，提高民族精神文明素质，构建长治久安的社会主义和谐社会，都将产生重要的意义。

无论这个研究机构设在哪个部门，叫作什么名称，它的任务应该包括：

第一，进行理论研究。

一是系统研究科学无神论的理论和历史，以及与马克思主义和社会主义运动的关系。

二是研究国内外无神论的历史发展和社会、文化背景及其与科学、哲学和神学的关系。

三是在实地调研的基础上了解和掌握与有神论影响有关的社会动态，包括国内外宗教发展变化的态势，建立信息系统，展开相应的对策性、预案性研究。

第二，培养专业人才。

必须将无神论作为人类知识系统中一个专门的学科，才能运用正常的学科建设的方法和手段保证其专业人才队伍的发展和积累。目前，能够从事无神论研究和教育工作的高级专业人员十分分散，基本上都是兼职，而且年龄大都超过六十岁，我本人已年近九十，学科人才断档非常严重。因此，培养后继力量是当务之急。本机构应该具有每年招收和培养一定数量的硕士和博士研究生的资格。在本机构人员暂时短缺和受到编制限制的情况下，可允许分散在各教学、研究单位的条件适合者跨机构担任本学科学位授予点的研究生导师。

第三，开展宣传教育。

一是将现有的《科学与无神论》杂志一分为二，一个办成学术版，作为该机构的核心刊物，着重于理论研究和学术探讨，提高在学术界的影响力；一个办成普及版，由哲学社会科学界与自然科学界联手操作，向社会大众推广。

二是适时创办有一定规模的无神论宣传教育网站。

第四，参与制订研究规划，推动学术交流。

一是参与制订国内无神论研究和宣传教育工作的规划，促进国内无神论研究和宣传教育力量的联系与整合。

二是加强对外学术交流，建立广泛的无神论研究和宣传的国际统一战线。

由于长期忽视无神论学科建设的结果，目前可以并且愿意从事无神论研究和宣传的人才非常缺乏。初创的无神论研究机构应本着“宁缺毋滥”的原则，慎重挑选政治思想合格、业务能力相宜的负责人和专业人员，编制数控制在二十人左右，在经费核定、职称结构方面适当从优安排，同时引进全员聘任制等必要的竞争激励机制；还可给予一定的政策倾斜，允许其在全国范围内聘请若干客座研究人员。该机构的人员经费和日常业务经费应由国家财政全额拨款，部分研究项目接受委托或参加竞标，以获得各级各类课题资助作为经费补充来源。

以上意见是否恰当，请指示。

此致

敬礼

中国国家图书馆馆长、中国无神论学会理事长　任继愈

2005年3月10日

给陈奎元的信

奎元同志：

您好！

几次面谈和电话交谈，感到您对加强无神论学科建设非常支持，我们看法几乎完全一致。当前，无神论这一学科面临着乏人的危机，我提出一些建议，供您和院党组领导参考。

2003年8月，我在给胡锦涛总书记及政治局常委全体同志的信里提出，把无神论研究作为一个专门的学科进行规划，组织队伍，培养学生，才能保证其活力和战斗力。胡锦涛同志批示："关于无神论研究和宣传教育是一项长期任务，需纳入科学研究规划和宣传思想工作的总体部署，锲而不舍地进行。尤其是共产党员应牢固地确立唯物主义的世界观。这与贯彻党的宗教信仰自由政策并不矛盾。"李长春同志批示："请认真研究贯彻锦涛同志的批示，提出贯彻意见。要抓住国民教育体系、大众传媒、社科人文研究、群众性精神文明创建活动及各级党校培训这几个关键环节。"

为落实胡锦涛同志批示精神，中组部、中宣部、中国社科院等六部委于2004年5月发出《关于进一步加强马克思主义无神论研究和宣传教育工作的通知》，提出："要加强马克思主义无神论学科建设和人才培养，办好无神论研究机构和高校有关专业，建立和培养一支用马克思主义武装起来的无神论研究工作队伍。”当时收到了一定的效果，随后又沉寂下去。

2005年3月，我写信给李长春同志，表示现在国内没有一个无神论专门研究机构，认为在我国现行体制下，拥有一个有固定人员编制的无神论研究机构是有条件办到的。李长春同志批示：“建议中国社科院加强对无神论的研究。”您批示：“现在封建迷信泛滥、宗教传播深广，进行无神论的研究、宣传和教育确是文明建设中不容忽视的任务。”您给予了大力支持，每年增拨了经费，以扶持《科学与无神论》杂志。

我国无神论科学研究的骨干及学科带头人日益老化。我今年九十三岁，杜继文七十九岁，李申六十二岁。1979年建立的中国无神论学会面临后继乏人的困境。急需建立一个无神论研究机构，培养无神论方面的人才，使无神论的研究和宣传不断发扬光大。

从中央各部门到中国社科院，经过多年努力，建立一个无神论研究机构已基本具备了条件。此举有助于社科院落实胡锦涛等中央领导同志指示精神，对巩固马克思主义意识形态主导地位、坚持社会主义核心价值体系很有意义。

可否考虑成立一个科学无神论研究室，机构设置在社科院马克思主义研究院比较有利于更快地开展工作。人员编制开始时可以先三五个人，最多为十人左右，研究室的任务主要是培养青年专业人才，系统研究当前国内外无神论发展和研究动向对策性研究等。科学无神论研究室的研究生，除外语等公共课由研究生院统一安排，各专业课由中国无神论学会邀请专家导师。《科学与无神论》杂志仍挂靠在宗教所，人员体制一切不变，研究室的科研经费可以和《杂志社》捆绑使用。

以上意见请院领导供参考。

此致

敬礼

任继愈

2009年1月6日

给中国社会科学院马克思主义研究院院长的信

中国社会科学院马列研究院院长同志：

我在医院里接到社科院通知，说我给陈院长写信建议在贵院建立无神论研究机构事已经通过，并说科学与无神论杂志社及其经费亦全部归马研院，甚感欣慰。无神论研究和宣传终于有了一个可靠的根基。胡锦涛同志讲过，提倡宣传无神论和宗教研究并不矛盾。但宗教所领导认为，宣传无神论影响了与宗教界的关系，所以无神论研究在宗教所得不到大力支持。科学与无神论杂志社及其经费归马研院，已经征得了宗教所的同意。目前，专门从事无神论研究的学者为数极少，特推荐中国无神论学会秘书长习五一同志到贵院筹办研究室事。习五一同志原是北京社会科学院历史研究所所长，当初调她到世界宗教研究所，目的是要她接任当代宗教研究室主任，由于她明确的无神论思想立场，未能实现，且在所内甚感孤单。而在马研院则人尽其才，也是无神论事业之幸！

此致

敬礼

任继愈

2009年4月1日

《任继愈哲学文丛》后记

本丛书赖有华东师范大学陈卫平教授、上海师范大学陈恒教授的策划，得以成功申报国家社科基金重点项目；赖有国家图书馆出版社原社长郭又陵先生的推荐，得以在广西师范大学出版社出版。在本丛书将要出版之际，仅向上述诸先生致以诚挚谢意！

本丛书的出版得到了广西师范大学出版社北京文献出版中心乔祥飞先生、莫久愚先生、张涛先生和陈显英女士的积极策划和大力帮助，编辑刘洪洋先生、闫曦先生等做了大量的编校工作，对他们的所做的努力，我们表示衷心的感谢！

本丛书采取丛书主编总负责，编委分工负责方式。各分册主编（或负责人）如下：

《中国哲学总论编》分册主编：蒲创国、庞旭。

《天人之际编》分册主编：侯艳芳、胡朝阳。

《儒家与儒教哲学编》分册主编：朱俊艺。

《道家与道教哲学编》分册主编：周贇，副主编：宁艳红。

《诸子哲学编》分册主编：张二远、王泽春。

《佛教哲学编》分册主编：吕建福，副主编：宁艳红。

《宗教学与无神论编》分册主编：习五一，副主编：韩琪。各分册主编对分册的文字准确性负责。

此后记。

丛书主编　李　申

2021年8月30日